上海文化发展基金会图书出版专项基金资助项目
“十三五”上海重点出版物出版规划项目
社会工作流派译库·军队社会工作系列
军队社会工作丛书

军队社会工作手册：行为健康干预

［美］艾伦·鲁宾　尤金尼娅·L.维丝　乔斯·E.科尔　著
王宇红　主译　　张　曙　审校

華東理工大學出版社
EAST CHINA UNIVERSITY OF SCIENCE AND TECHNOLOGY PRESS
·上海·

图书在版编目(CIP)数据

军队社会工作手册:行为健康干预/(美) 艾伦·鲁宾(Allen Rubin),(美) 尤金尼娅·L.维丝(Eugenia L.Weiss),(美) 乔斯·E.科尔(Jose E. Coll)著;王宇红主译.—上海:华东理工大学出版社,2021.1

(军队社会工作丛书)

书名原文: Handbook of Military Social Work

ISBN 978-7-5628-5740-2

Ⅰ. ①军… Ⅱ. ①艾… ②尤… ③乔… ④王… Ⅲ. ①军队—社会工作—美国—手册 Ⅳ. ①D771.27-62

中国版本图书馆 CIP 数据核字(2018)第 302386 号

HANDBOOK OF MILITARY SOCIAL WORK — Allen Rubin, Eugenia L. Weiss and Jose E. Coll

原著 ISBN: 9781118067833

著作权合同登记号: 图字 09-2015-869 号

策划编辑 / 刘　军
责任编辑 / 孟媛利
装帧设计 / 徐　蓉
出版发行 / 华东理工大学出版社有限公司
地址: 上海市梅陇路 130 号,200237
电话: 021-64250306
网址: www.ecustpress.cn
邮箱: zongbianban@ecustpress.cn
印　　刷 / 江苏凤凰数码印务有限公司
开　　本 / 710 mm×1000 mm　1/16
印　　张 / 20
字　　数 / 330 千字
版　　次 / 2021 年 1 月第 1 版
印　　次 / 2021 年 1 月第 1 次
定　　价 / 198.00 元

丛书总序

军民融合发展是新形势下我党指导国家建设、国防建设和军队建设的重大战略方针。推进军民融合式发展，涉及政治、经济、社会、军事、科技等诸多因素，是一个复杂的系统工程，也是当前我国急需开展政策研究及实践创新的新课题。

在理论研究层面，我国理论界对军民融合发展的研究大多侧重讨论经济建设与国防建设的关系、军民技术的双向转移等问题，很少从国防建设与社会建设关系的角度研究社会福利制度和社会服务体系对促进军民融合、军队政治工作的科学发展、提升军队战斗力所具有的作用。该领域的学术团队一般都隶属于军队政治学院或各高等院校中的思想政治工作学科点，大多数研究都只是侧重从传统的军队思想政治工作的角度去开展，没有将军队建设、军人支持与服务还原至军人或退伍军人应有的社会生态系统中去。同时，我国优抚安置工作中积累的许多本土的“拥军优属、拥政爱民”的工作经验，因研究力量有限，难以获取相关研究资料，导致从理论上对其加以科学总结的研究成果比较少，且研究的广度、深度有限。

在实际工作层面，传统的以政府为主导、主要依靠行政计划手段为退役军人安排工作以实现对其优待和保障的管理方式日显局限。地方政府在拥军、优抚、安置制度和服务方面，大多只针对在籍军人或退伍军人本人，多通过金钱补偿、工作岗位开发、就业培训等方式提供支持，故而社会支持系统不健全、服务手段较为单一、专业服务严重缺乏。为解决上述问题，政府虽投入大量资金，但许多问题需要修订社会福利政策、健全社会服务体系与改革军队内部结构的密切配合才能得以化解。

社会工作是现代社会应对纷繁复杂的社会问题而形成的职业活动，即由受过社会工作专业训练的人针对困难人群的各类需求，综合运用专业知识和方法，整合社会资源，提供专业性的社会服务，以协调社会关系、解决社会问题。2006 年 10 月，中共中央十六届六中全会做出《中共中央关于构建社会主义和谐社会若干重大问题的决定》，决定推动我国社会工作职业化和专业化，以满足社会大众日益提升的各类社会发展需求。

随着社会工作在中国的快速发展，军队社会工作逐渐引起人们的关注。军队社会工作是军事学与社会工作学的交叉学科。我国社会各界对军队社会工作（Military Social Work）这个术语相对陌生，在一些发达国家和地区，其已逐渐发展为职业化、专业化的社会服务事业。美国在第二次世界大战期间首次运用社会工作理念和方法处理军队中的各类问题，并取得了良好的成效，之后逐渐形成了“军队社会工作”的名称。军队社会工作者所提供的各项福利服务渗透到军人及退伍军人事务的方方面面。例如，对退伍士兵、伤残军人的医疗卫生状况及社会服务需求做出评估，帮助他们治疗在战争中留下的心理创伤（创伤后应激障碍），解决军人退伍后的社会适应、教育接受、就业、组建家庭、子女教育、家庭支持等方面的实际问题。

目前我国军队社会工作的研究尚未起步，从理论研究到实务研究都存在研究对象不明确、研究范畴和概念界定不清、对军队社会工作和军队政治工作的一致性与差异性缺乏深入细致的对比分析等问题。研究理论的系统性、研究方法的科学性、研究成果的可应用性都有较多不足。

为推动军民融合发展，有效应对我国军队改革过程中出现的一系列问题，提高我国社会工作者将国际先进科学知识和专业服务方法与我国传统的、群众性的拥军优属服务、优抚安置工作相结合的能力，我们组织了相关领域的学者和政府相关管理与服务部门的工作者，编撰了《军队社会工作理论与方法》系列丛书。

本丛书针对我国军队社会工作在理论和实务发展中急需解决的问题引进并翻译了四本国外军队社会工作著作——《军队社会工作手册：行为健康干预》《军队社会工作手册：家庭照顾服务》《创伤后应激障碍治疗指南（上册）》《创伤后应激障碍治疗指南（下册）》，以帮助我国军队社会工作领域的研究及从业人员及时了解发达国家军队社会工作发展的现状，掌握军队社会工作发展所需的专业知识。同时，对我国军队社会工作的本土经验进行提炼研究，我们试图进行系统化、理论化的梳理与总结，编撰了三本军队社会工作知识和方法普及读本——《军队社会工作：理论与实务》《军队社会工作：政策与实务》《军队社会工作案例评析》，以增进我国相关领域的研究人员和实务工作者在军队社会工作中理论与实际的整合能力。

本套丛书由中国社会工作学会会长、北京大学社会学系王思斌教授担任学术顾问，南京理工大学公共事务学院社会学系张曙教授担任总主编。各分册分别由南京理工大学的相关研究员负责，负责情况如下：《军队社会工作手册：行为健康干预》《军队社会工作手册：家庭照顾服务》由王宇红任主译；《创伤后应激障碍治疗指南（上册）》《创伤后应激障碍治疗指南（下册）》由沈黎任主译；《军队社会工作：理论与实务》由张曙任主编，王永益任副主编；《军队社会工作：政策与实务》由吴炜任主编，王宇红任副主编；《军队社会工作案例评析》由王永益任主编，王宇红任副主编。

本丛书出版之际，我们要感谢提供相关研究成果的海内外社会工作学者：美国南加州大学社会工作学院玛丽莲·弗林（Marilyn Flynn）院长、卡尔·卡斯特罗（Carl Castro）教授、安东尼·哈桑（Anthony Hassan）教授，中国社会工作教育协会副会长、北京大学社会学系马凤芝教授，广州市社会工作协会副会长关冬生，郑州轻工业学院政法学院副院长闻英教授，云南大学社会工作系李艳华博士等，是他们的知识和经验给我们以启发，丰富了本书的内容。感谢积极参与各分册翻译工作的南京理工大学社会工作专业的海内外毕业生及在校研究生。感谢参与各分册撰写工作的作者，特别是在军队相关研究部门和管理部门工作的同行。感谢江苏省扬州市民政局为我校社会工作专业研究生提供的专业实习安排。他们的大力支持和辛勤劳动保证了本丛书的按时出版。

南京理工大学公共事务学院教授　张　曙

中文版序

军队社会工作是社会工作的一个重要分支。人们普遍认识到，军人、退伍军人和他们的家庭没有得到充分的服务。退伍军人经常在离开军队时带着明显的未解决的心理和生理健康问题。还有些军人很难找到一份可保障其生活的有良好收入的工作。此外，军人的家属在军人服役期间和之后也面临着很多挑战，这一点也被认识到了。

军队服务现在被视为一种独特且要求较高的职业，需要专门为军人量身定做具体的预防、干预和治疗。为了回应这个观点，我和我的同事们发展了一个军人心理健康专业模型来指导临床医生、研究人员和政策制定者们识别军人对与军队相关的特殊的健康照顾之需求，明确何时是提供服务以确保服务对象获得最大健康和服务成效的最佳时机。军人心理健康专业模型包括一些重要的概念，如复原力、单位凝聚力、领导力、行为健康、心理健康治疗和重返岗位等。事实上，这一框架已被许多国家采用，并成为一个统一的模型来支持军人及其家庭。

与社会工作专业一样，军队社会工作目前缺乏普遍的理论框架。理论之所以重要，是因为它不仅解释了为什么变量之间是相互关联的以及哪些变量之间会相互关联，它也对重要结果做出预测，并识别出可防止负面结果发生的最佳干预点。虽然已经有很多理论模型被建构，但这些理论往往倾向于把焦点放在与军队服役如军事调派及战斗相关的工作需求上。处理这些重要军事活动的理论很重要，但其他有关军队的挑战也很重要。

为了解决这个理论上的不足，我和我的同事们发展了军队转型理论。军队转型理论相对于其他理论而言是一个重大的进步，它运用军队生命历程的视角，把军队视为社会中的一种独特文化，还提出一个多层观点，包括军人、家庭、领导、政策、项目和社区，并定义幸福是由健康（身心和行为）、家庭、就业、住房、生活满意度组成的。我和我的同事们最近的研究表明军队转型理论非常有效。

随着社会工作不断成长为一门独立学科，军队社会工作也将在建构军队社会工作理论以及应对未被充分服务的群体的需要方面做出贡献。通过将军队社会工作建基在像军队转型理论这样一种坚固的理论框架上，军队社会工作的子领域将能持续地引导旨在减少军人、退伍军人及其家庭之不必要痛苦的科学创新及其应用。

卡尔·卡斯特罗

原著序言

这只是一个时间问题。尽管被拖延了很久，我们的课堂和专业书架上难觅其踪，但最终，这本向社区社会工作者和其他行为健康服务人员介绍有关军队文化、军队中的挑战以及为军人、退役军人及其家庭提供实务的书还是被完成了。

在美国历史上，伊拉克战争和阿富汗战争是延时最长的战争。在“持久自由军事行动”(Operation Enduring Freedom, OEF)、“伊拉克自由行动”(Operation Iraqi Freedom, OIF)和“新黎明行动”(Operation New Dawn, OND)中，参战的是一支小规模军队，都由志愿兵组成，他们只占不到美国人口的1%。是什么激励这些人应征入伍呢？很多入伍的男女参加这些战争是因为受到爱国主义精神的感召，或者他们的家庭有入伍的传统。无论是什么原因，他们入伍的时候就准备好了将他们的生命奉献给自己的国家。然而，他们和他们的家庭在十年战争之后却变得脆弱了。

显然，军人、退伍军人和他们的家庭所承受的心理压力和个人压力比我们所知的更普遍、更大。持续高频率的军事行动总是伴随着一些看不见的伤害，也伴随社区回归的各种挑战，它们已经造成了负面影响。有证据显示，自2001年起，有近240万美国军人受雇参加了伊拉克战争和阿富汗战争，他们遭受的主要精神健康问题包括外伤性脑损伤、创伤后应激障碍、药物滥用、抑郁、焦虑、婚姻问题和自杀，而且这些问题可能是叠加出现的(Schell & Tanielian, 2011)。当军人从战场上回来，努力完成回归社区的转型时，我们可以预期，这些问题会增加。这是我们从越战(指越南战争，下同)老兵的困境中学到的一个教训。健康照顾工作者和家属会被他们看似相对平稳的从部队回归家庭的过程所误导，认为这些军人一切都好；然而，当回家之初的兴奋减退，随着时间的推移，越来越多的军人将面临艰苦挣扎。从OEF、OIF和OND三大战役退下来的退伍老兵汇入美国精神健康照顾系统的数量已经达到了顶峰，但显然这个过程仍在继续。

很多人认为精神健康照顾系统没有为处理这一波不可避免的退伍军人

潮做好准备。近期的报告表明，美国没有足够的精神健康方面的专业人员来满足这些从战场中退下来的人的需求(Cameron，2011)。这不是因为社会缺乏对他们的同理心或社区缺乏对健康照顾的兴趣。虽然很多民间组织和专业人士很有热情去与军人及其家庭一起工作，但事实是，受军队影响的人群和普通市民之间存在着一个文化鸿沟，尤其是与军人精神和战争创伤体验相关的部分。普通的民间临床工作者缺少途径去全面理解这些部分，但它们对军人及其家庭的生活是有影响的。这导致已经小心翼翼寻求服务和精神健康治疗的那些受军队影响的个体，会遇到一些虽然心怀善意却没有准备好帮助他们的临床工作者，这些帮助包括合适的精神健康和医疗照顾、就业调适、培训支持、教育和财务指导，以及其他一些重要服务和转型期的支持。

军队以及军人产生的各种生理、心理和社会性的挑战，从其开始至今已经成为这个国家历史的一个组成部分。军人和市民群体之间的这一文化鸿沟在健康领域是如何持续的？一个原因是，对军人及退伍老兵的服务在历史上被严格地从市民群体中独立出来。美国职业军人培养的专门化和选择性特征，导致了独立的军队文化很少被普通市民所理解。以我个人作为一名军人在陆军和空军服役 25 年的经验来讲，我相信在与现役军人和退伍老兵一起工作时，行为健康从业者要能用一种“我理解你”的姿态来与他们建立关系，这真的是有效的。如果你不能在第一阶段与现役军人和退伍老兵建立关系，他或她将不会再来求助。

遗憾的是，在行为健康教育领域，我们很少在军队文化能力和以证据为本的服务这两方面增加服务该人群的劳动力供给。美国社会工作教育协会(Council of Social Work Education，CSWE)的特殊工作组(Task Force)制订了专门的军队社会工作教育和实务指导原则。这个特殊工作组由一群服务现役军人和退伍老兵的精神健康专家组成，他们发展了各种高级实务技巧、行为和伦理操作指导，这些指导原则界定了军队社会工作现在所依凭的一套核心能力要求，要求从业者在服务军人时必须具备这些能力。另外，南加州大学的社会工作学院首先(在社会工作硕士学位项目中)建立军队社会工作方向，他们从这些能力要求出发设置课程，并给学生提供实习机会；他们也成立了一个研究中心，该研究中心用来研究现役军人和退伍老兵问题。我很高兴地告诉各位，已经有越来越多的教育、研究和培训项目在美国各地获得累累硕果。

然而，为了充分了解并解决受军队影响人群的行为健康问题，了解他们能够获得的照顾质量，以及照顾提供者的不足，地方、州和联邦各级机构必须协调一致，共同努力（同时与教育机构合作）。我们需要汇集多种资源，并保证这些资源不是零碎的。我们也要在公共和私人部门找到支持这些受军队影响的人群所需要的各种服务的新的机会。我们需要确保为将来打下一个稳固的基础，以使它不仅可以应对伊拉克战争和阿富汗战争，还能应对其他有可能发生的战争。

对社区行为健康服务人员、服务项目和服务机构的需求表明，解决我们的退伍军人及其家庭目前所面临的行为健康方面的挑战从未像现在这样至关重要。我们需要提升自己的能力，以更好地服务那些曾经英勇保护我们的人，只有这样，我们才能更加有效地协助退伍军人及其家庭解决他们的困难，恢复其潜能。我们迎接这些挑战的能力将通过这本及时的、综合性的手册中的宝贵经验获得提升。

安东尼·哈桑

参考文献[①]：

Cameron, P. (2011, July 20). Vets face shortage of therapists. *Chicago Tribune*. Retrieved from http://www.chicagotribune.com/health/ct-x-0720-vets-mental-health-20110720, 0,66678.story.

Schell T. & Tanielian, T. (Ed.). (2011). *A needs assessment of New York State veterans. A final report to the New York State health foundation*. Retrieved from http://www.rand.org/pubs/technical_reports/TR920.html.

① 为方便读者查阅，本书按原版复制参考文献。

前　言

本书是为了教育与训练那些正在或即将服务于我们英勇的军方人员及其家庭的社会工作学生或从业者而特别撰写的。社会工作者们需要极其冷静地协助这些现役军人、国民警卫队成员、预备役军人或是全球反恐战争的退役老兵们，因为他们正面临着前所未有的且令人畏惧的种种挑战。

本书不仅可指导那些正式的军队社会工作者，也可指导那些为上述目标人群服务的民间社会工作者。实际上，从伊拉克战争或阿富汗战争中返回美国本土的需要服务的军人，很可能会超过退伍军人事务部(Department of Veteran Affairs, VA)和诊疗中心(Vet Centers, VC)等附属于该部门的项目所能接待的能力。这些服务对象可能会转为向社会部门寻求服务，如社区精神卫生中心、健康维护组织或其他私人服务部门。对于民间社会工作者而言，由于缺乏处理此类案例的专业知识而将退役军人转移到退伍军人事务部已经不可行了。因此，撰写本书的一个目的，是帮助那些民间社会工作者积累足够的专业技能，以期能够更好地服务此类人群。希望本书也能帮助那些渴望成为正式的军队社会工作者的人，也希望他们做好准备，以民间社会工作者的身份更好地服务于现役军人、国民警卫队成员、预备役军人、退役老兵，以及他们的家庭。

一、全书的结构

本书的内容囊括了社会工作者服务于此类人群所需了解的各种挑战、能力和干预方法。[①] 第一部分的章节介绍了为现役和退役人员提供社会工作服务的基本知识，包括社会工作和军队的历史，从业者为取信于现役、退役人员及其家庭所必须了解的特殊军队文化，正式军队编制的社会工作者

① 原著《军队社会工作手册》(*Handbook of Military Social Work*)的译著分“行为健康干预”“家庭照顾服务”两部分出版，本书为前一部分。

和民间社会工作者常常面临的伦理困境，女性在军队中所经历的成功与挑战，以及社会工作从业者在服务经历过战争或其他类型的生理或心理创伤的退伍老兵时所常常体验到的二次伤害情况。

第二部分的章节则涵盖了现役和退役人员的行为健康问题和相关的干预方法：创伤后应激障碍（PTSD）和共生障碍，以及它们的治疗方法、外伤性脑损伤（TBI）、药物滥用、自杀预防。

第三部分的章节叙述了社会工作者在帮助退役军人适应市民生活时所面临的挑战：预防无家可归以及重新安置那些无家可归者；引导退役军人及其家庭应对复杂的照顾系统；帮助退役军人找到稳定的工作、充足的住房，以及获得教育和医疗方面的退役军人福利；通过让军人融入社区活动并找到新的"使命"，来帮助他们度过失去战友和凝聚力的伤痛。

最后一部分——第四部分，包含了有关受军队服役冲击的家庭的章节。这些章节讨论了服役经历给家庭带来的冲击，以及这些冲击给社会工作者的角色带来的启示，包括家庭压力和复原力的内容，如多轮部署对家庭福利的影响，家庭暴力及其预防和治疗，国民警卫队和预备役军人的特殊情况和帮助他们的方式，有残疾孩子的军人家庭，军人家庭的哀伤、失落和丧亲之痛——尤其关注自杀带来的损失方面，长期家庭照顾，遭遇父母服役冲击的儿童和青少年面临的挑战，针对军人夫妇和家庭的经验支持疗法，以及服役经历对家庭产生的影响的概念性及历史性回顾。

本书的大部分章节都提供了案例插页，以阐释这些章节主题的实务操作内容，案例插页上还有问题讨论，还提供了反映本章主要概念的位于章节末尾的讨论题——这些问题特别适合教员在教授这些概念时加以运用。

二、EPAS 核心能力

本书每章的内容都涉及美国社会工作教育协会（CSWE，2010）发布的《教育政策和认证标准》（*Educational Policy and Accreditation Standards*，EPAS）中描述的核心军队社会工作能力。例如，EP 2.1.1 中关于适当的职业行为与第二章中论述的军队文化和在服务军队人群时所需的文化敏感性是相对应的，就如同第四章中论及的有关伦理抉择的内容一样。第四章还论述了对社会工作者在服务现役军人和退役人员时的伦理要求，并提供了与 EP 2.1.2 关于指导专业实务的伦理原则的内容相符的伦理方面的广泛内容。

EP 2.1.3 的批判性思维的组成要素反映在本书的第二、第三和第四部分的大多数章节中，特别反映在分析服务对象、家庭、军队和退伍军人组织中的关系及考虑在军队社会工作中实施各种评估、预防和干预模式等内容中。

在 EP 2.1.4 中突出论述的关于多样性的组成要素，与第二章中论及军队文化和不同群体的大部分内容相一致，也与第三章论及的军队中的女性、第二十一章讨论的有特殊需要的儿童的家庭，以及第二十五章讨论的夫妇治疗中建立联系的文化响应性的内容相呼应。此外，许多其他章节中的案例插页也涉及了文化多元性的案例。

EP 2.1.5 中所论述的有关社会和经济正义的部分，与本书第一、第二和第三部分的所有章节的内容相呼应。例如，本书的第二章讨论了军人在因心理问题寻求帮助时所感受到的耻辱，第十二章和第十三章则讨论了他们因药物滥用问题寻求帮助时所感受到的耻辱。第十五章讨论了与无家可归相关的贫困和经济困难。第十六章则提供了一个“路线图”来帮助经济困难的退伍军人获得资源和福利。类似地，第十七章讨论了社会工作者怎样才能帮助转型期的军人获得就业机会、足够的住房和退伍军人福利。第二十一章讨论了有特殊需要的儿童的家庭可以获得的各种资源。

实际上，本书讨论到干预手段的每一章都会提到这些干预手段的经验支撑材料，它们中的很多都是以证据为本的。因此，这些章节与 EP 2.1.6 相符(涉及以研究为本的实务)。这一点在第三和第四部分的章节中表现得尤为明显。例如，第三章论及了运用证据为本的实务干预方法和认知行为治疗模式去干预一名曾被性侵并患有 PTSD 的女性退役人员。第六章讨论了对 PTSD 各种理论和干预措施的证据支持。第八章介绍了暴露疗法，这一疗法是公认的最循证事实的治疗 PTSD 的手段。第十二章和第十三章介绍了动机性访谈和寻求安全这两种有实证支持的治疗药物滥用的方法。第二十三章讨论了基于经验的压力过程模型。第二十五章介绍了被用于受服役冲击的夫妇和家庭的经验疗法。

事实上，本书的每一章都包含与 EP 2.1.7 相对应的关于人类行为与社会环境的广泛内容。EP 2.1.8 中关于增进社会和经济福祉的内容也与本书的大部分章节相呼应，尤其是在第三部分的章节中，包含了防止无家可归、帮助退伍军人及其家庭应对复杂的照顾系统，帮助退伍军人获得稳定的就业机会、足够的住房和各种退役福利的内容。

EP 2.1.9(关于影响实务的情境)被反映在本书的许多章节中，特别是反映在第一章的历史性内容和第二章的文化性内容中，它们是与 CSWE 关于社会工作从业人员在与军队服务对象一起工作时应当了解服务"军人、退伍军人、他们的家庭和社区"的历史和当今趋势的建议相一致的。其他与EP 2.1.8相适应的内容可以在本书第三部分的章节中找到，尤其是第十六章，它论及帮助老兵驾驭整个照顾系统的内容。

EP 2.1.10(a)-(d)涉及在不同的实务层次上建立关系、预估和干预的相关内容。这些广泛的内容在本书的几乎所有章节中都有体现。如果要一瞥本书呈现 CSWE 所列的能体现 EP 2.1.10 核心能力的各种实务行为的方法的话，人们只要去看目录部分的内容即可。如果要举出所有这些方法的实例，则将超出本前言的范畴，所以我试举几例。首先，EP 2.1.10 与 EP 2.1.6 中关于投入以研究为本的实务的内容是相重叠的；因此，上文提供的关于该能力的例子在此也一并适用。其他一些例子如下：关于与服务对象建立关系，第二章阐述了如何与部队人员、退伍军人和他们的家庭建立治疗联盟关系，且这部分内容需要对军队文化有相应的了解。第五章阐释了评估、预防和治疗服务的提供者在对参加过战争的退伍军人开展工作时受到二次创伤后如何工作的方法。第七章提供了一个认知过程疗法的概览，这是一种针对 PTSD 的经验性治疗方法。第十章和第十一章讨论了对外伤性脑损伤(TBI)的评估和治疗。第十五章和第十七章对帮助退伍军人过渡到普通市民生活的各种组织和社区的努力给予了相当程度的重视。第十八章和第十九章讨论了小组方法和支持系统方法，以帮助家庭应对来自军队部署周期和其他方面的压力。

全球反恐战争的独特性使现役军人、退伍军人和他们的家庭面临着前所未有的生理、心理、社会问题。这些问题包括分布广泛的外伤性脑损伤(TBI)和创伤后应激障碍(PTSD)，不断增加的自杀倾向和自杀成功的数量，多轮的和长久的调派可能对军人及其家庭产生的破坏性影响，在几轮军队部署和退役后的普通市民生活之间存在着的过渡困难，以及其他种种问题。因此，社会工作者比以往任何时候都需要了解这一人群所面临的多方面问题，并协助我们支持国家的战士和他们的家庭。我们希望本书能够激励读者产生服务现役军人、退伍军人和他们家庭的意愿，并能够提高他们与这一目标人群协同工作的有效性和信心。

参考文献：

Council on Social Work Education (CSWE). (2010). *Advanced social work practice in military social work*. Retrieved from www.cswe.org/File.aspx? id542466.

致 谢

特别感谢威利(Wiley)的四位工作人员,因为他们的帮助,本书的出版才成为可能。威利的副总裁兼发行商佩姬·亚历山大(Peggy Alexander)从一开始就支持本项目。高级编辑蕾切尔·利夫西(Rachel Livsey)为本书提供了早期灵感,她是整个过程中的一个可靠的支持来源。编辑助理阿曼达·奥伦斯坦(Amanda Orenstein)从一开始就为本项目努力工作着,我们对她的宝贵协助的感激之情难以言表。同时,我们要感谢本书的制作编辑金·尼尔(Kim Nir)。也感谢我们非常了不起的章节作者们,是他们的出色工作和及时交稿,才得以使本书如期出版。此外,我们也感谢军队和退伍军人服务对象和他们的家庭,他们与我们分享了自己或艰辛或喜悦的故事,向我们分享了关于牺牲和荣誉的精神财富。最后,我们也要感谢退伍军人社会工作学生,他们渴望通过自身有意义的服务来回馈军队社区,是他们的激情和付出促进了社会工作专业的发展。

概　述
理解并干预军人及其家庭

Allen Rubin

在社会工作专业的发展史上，社会工作者一直都有与军方人员、退役军人和他们的家庭一起工作的先例。这么做的同时，他们已经进行了全方位的专业社会工作活动。随着每一次新战争的爆发，军队社会工作者的价值越来越被认可，他们也更多地被雇用到军队的所有分支部门中。如今，对军队社会工作者的使用的不断增长，不仅体现在有军人编制的正式社会工作者中，也体现在那些与后方基地签约开展工作的社会工作者中，还体现在退伍军人管理局（VA）和其下属的中心、联邦政府的其他部门（如国土安全部），以及社区机构或私人执业的社会工作者中。

随着每一次新战争的爆发，军队社会工作者的角色逐渐增多。今天，军队社会工作者（包括军人编制内和编制外的）在社会工作实务的所有层次上开展工作，扮演从直接实务一直到行政（执行）和政策（制定）层面的多种角色。他们的各种服务突出地表现为个案管理、各种模式的心理治疗、咨询、家庭心理教育和倡导、医务社会工作和安养照顾、社区项目、政策和程序的开发。他们处理的典型问题包括创伤后应激障碍（PTSD）、家庭暴力和儿童虐待、外伤性脑损伤（TBI）、药物滥用、自杀预防、家庭丧亲问题、战斗压力、退役军人的无家可归问题及转向普通市民生活的重新调适问题。

随着当前全球反恐战争的逐步升级，社会工作在帮助现役军人、退伍军人及其家庭方面的角色得到了拓展。如今，美国现役军人、退伍军人和他们的家庭都不得不面对前所未有的生理、心理和社会问题。从生理上说，因为没有一个清晰划定的前线范围，即便是非战斗军人，也很容易在战争中被路边炸弹危及而造成外伤性脑损伤（TBI）。在心理上，因缺乏明确的前线范围所带来的持续不断的险情也使得军队中患创伤后应激障碍的人越来越多。军队中的全体人员需要时刻警惕，因为敌人不一定来自另一个国家，而有可能是那些他们正在试图帮助的民众中的一部分。由于意识到广大民众中的任何人都有可能成为敌人，军人们明白攻击可能来自任何时间和任何地点，甚至来自那些穿着很平民化却常常以剥夺妇女和儿童的生命为攻击手段的土生土长的人。这会导致军人产生过度警觉，它是在军人返家后表现出的一种 PTSD 症状，但在其被派遣的过程中，它实际上是一种适应性的反应；但在回归普通市民生活后，却是一种不必要的创伤后应激障碍。这也意味着，他们有时候会在不知道谁是好人谁是坏人的情况下展开杀戮，这会加重他们从战场返回市民社会后的内疚和自责。

因此，治疗战争导致的 PTSD 可能比治疗大多数形式的普通市民的 PTSD 更具挑战性。例如，战争引起的 PTSD 的相关愤怒和攻击水平往往要大于大多数类型的普通市民的 PTSD。此外，与其他障碍并发的合并症在战争引起的 PTSD 中也很常见。因此，退伍军人的 PTSD 趋于复杂化和长期性，并且可能比形式不太复杂的 PTSD 需要更长期的治疗。在提供暴露疗法（一种经验取向的 PTSD 治疗方法，在本书的第二部分将被讨论）给战争中退下来的退伍军人时，通常要比对普通市民更加灵活和精细，它通常也需要对诸如药物滥用、自杀和对冲动的控制力差等并发障碍进行提前或同时干预（Courtois & Ford，2009；Moore & Penk，2011；Rubin，2003）。

如今从毁灭性的创伤中存活下来的伤员比例比过去要大得多。如在伊拉克战争中，每 16 名受伤或生病的士兵中只有 1 人死亡。这一比例在越南战争和朝鲜战争中为 3∶1，在第二次世界大战中是 2∶1（Hall，2008）。因此，要帮助退伍军人及其家庭应对多种创伤造成的长期的生理、心理和社会经济冲击，各种模式和各个层次的社会工作实务干预都是必要的；多种创伤不仅包括外伤性脑损伤和创伤后应激障碍，还包括肌骨和脊髓的损伤、截肢、烧伤和视觉问题（Owens et al.，2008）。

同样地，军队中有自杀意图和实际完成自杀的人的数量也达到了空前的水平。据沃克（Walker，2011）报道，美国海军中有自杀意图的人的数量一直居高不下，2011 年前 11 个月统计的有自杀意图的人的数量比 2002 年全年数量的两倍还多。其实，早在 2002 年，美国海军陆战队就开始有记录和报告存在自杀意图者的统计数据了。类似的趋势也出现在陆军中，他们的自杀率在 2004 年到 2009 年呈逐年上升趋势，其之后几年的自杀率比 2001 年的两倍还多（Ritchie et al.，2011）。精神卫生专家把军队中自杀和企图自杀者的增加归因于当前伊拉克战争和阿富汗战争的特点，还有其他应激因素中的长期频繁被派遣的压力（Walker，2011）。

正如施瓦茨（Schwartz，2011）所讨论的那样，现在许多退伍军人都经历过多次海外任务，在漫长的十年中，他们除了战争一无所知，然后他们回来，努力地适应普通的市民生活。在此之前，没有任何一场战争经历过这样漫长的周期。在两次世界大战中，虽然大多数军人在整个战争期间都在军中服役，但他们也仅被部署了一次。在越南战争中，大多数军人只服役一年时间。然而现在，调派周期混乱，返乡一两个月后，他们可能又会被重新派遣执行新的任务，这对军人及其家庭的心理社会幸福感将造成破坏性的影响。不仅全职军人和他们的家庭要经受这种影响，而且还有被称为“全军”一部分的在预备役和国民警卫队中服役的兼职人员和他们的家庭，也以史无前例的规模一遍又一遍地经历着这种冲击。

美国伊拉克和阿富汗退伍军人组织(the Iraq and Afghanistan Veterans of America, 2011)最近的一份报告总结了一些资料，这些资料反映了在全球反恐战争中服役的超过 300 万军人的配偶、子女和受其赡养的成年家属曾经勇敢、光荣地肩负着巨大负担。下列是有关多次部署对家庭影响的资料，这些资料尤其与社会工作实务在各水平上对社会工作干预的需要相关。

- 高达 36.6%的军人夫妇有精神障碍。
- 三分之一的军人家庭里的 5～12 岁的儿童存在出现心理社会问题的高可能性。
- 军人家庭中发生家庭暴力的比例高于普通市民家庭(Marshall, Panuzio & Taft, 2005)。
- 军人的男性或女性配偶或伴侣中存在高达 26%的失业率。
- 军人的妻子和普通市民的妻子在就业率上有 35%的差距。
- 搬迁(地理迁移)过于频繁：
  - ✧ 给约 20%的军人配偶在办理转移许可和证件时造成了一定的困难，因此她们很难就业；
  - ✧ 造成了幼儿照顾上的障碍；
  - ✧ 导致军人配偶很难获得教育学位，超过 30%的人花了至少 5 年才获得相应学位；
  - ✧ 使得军人孩子的平均转学次数高达 6～9 次。
- 父母被派遣的时间累计超过 19 个月的儿童的考试成绩更低。
- 丧失抵押赎回权的数量上升；2010 年，军人家庭中有超过 2 万例房屋丧失赎回权。
- 比普通市民家庭高得多的信用卡债务水平，三分之一的军人家庭支付每月的账单存在困难，超过五分之一的军人家庭从银行以外的途径借贷。

- 掠夺性贷款公司越来越倾向于在军事基地附近"安营扎寨"，这使得军人和他们的家庭更易受到欺诈或剥削。

军人和他们的家庭在军人服役期间所经历的负担在他们退休或退役后并没有结束。例如，某些在外出执行任务过程中需要的心理状态在回归家庭后还挥之不去，由此经常引发不少问题。其中一个问题是，部队派驻期间强烈的连接感和相互支持感不能与普通市民生活相适应。另一个问题是，退役军人会在回家后仍然怀念并想重新体验战斗中的兴奋。想要重温这种兴奋的想法可能与不同形式的病理性风险相关（如药物滥用或赌博成瘾），这样会更加难以适应（退伍后的）改变，如同下面引述的一名退休海军所反映的那样：

> 兴奋是永远不会消失的，它只是以另外的形式出现。比如，退役之后，我一直寻找那种在夜晚戴着战斗装备跳下 2.5 万英尺高空的冲动。许多年轻的海军陆战队员退役后会购买一个速度非常快的摩托车，但我已经有孩子了，无法保证摩托车后座的安全。因此我发现自己迷上了洞穴潜水。是的，我会多次独自一人深潜入一个200～2 500 英尺深的水下洞穴。这种与世隔绝又充满挑战的感觉特别像我在部队跳伞时的感受。

这些对照，再加上其他如对导致平民死亡的羞愧感和内疚感的问题，可能在军人回归家庭之后造成人际关系的疏远和不和、性欲和性活动的降低、渴望再次被征用及其他并发症，这些后果常常导致配偶们抱怨回归的退役军人变了，不像原来的他/她了。

此外，由军旅生涯过渡到普通市民生活之际——他们经历了生理、心理和家庭方面的巨大挑战——他们在经济衰退期的失业率非常高。因此，上述想要重新被征用的意愿可能会因高达 6 万美元的重新征用奖金而增加（U.S. General Accounting Office，2003）。当然，并非所有的退役军人都处于水深火热之中。例如，很多军人返回家园时怀揣着一个愿望，就是将自己的能力用于帮助他们的社区在自然灾害后恢复重建。

然而，大量在大致相同的时间点上从伊拉克战场和阿富汗战场上退返家园的退伍人员（的需求），可能会超过退伍军人事务部及其所属的相关计划如老兵中心的充分服务他们的能力。尽管退伍军人事务部已经提供了可观的广泛服务，但回国的退伍军人的绝对数量将意味着需要更多地依赖民间社会工作者协助提供服务。民间社会工作者将不再只是基础性地将前来寻求帮助的退伍军人转到基地的退伍军人事务部，即便他们缺乏处理这些个案的足够的专业知识。因此，本书的目的之一是，帮助民间社会工作者和其他精神卫生从业者获得更好地服务于这一人群的必要知识。本书也希望帮助众多学生（包括那些有志成为正式的军队社会工作者的学生，和那些期望以民间社会工作者的身份更好地与现役军人、国民警卫队成员、预备役军人、退伍军人和他们的家庭一起工作的学生）获得这些专业知识。

本书各章节涉及范围广泛的问题和干预措施，这些都是社会工作者需要学习的。第一部分的五章内容讲述了与军人和退伍军人有关的社会工作的基础知识。例如，第一章介绍了社会工作和军队的历史，读者可以了解军队社会工作出现的早期根源（可以追溯到美国内战），以及它如何在之后的战争中发展，包括在陆、海、空三军中的军队社会工作的角色演变。

第二章则描述了军队文化的独特方面，那是从业者所必须理解的，也是从业者被军人和退伍军人及其家庭接受的前提。例如，与这个群体建立治疗关系需要了解作为军队文化一部分的军队权利和权威结构，以及对服务对象生活的影响。它还要求对种族、性别，以及军队文化中性别认同的多样性保持高度敏感，这些内容也出现在第二章中。

第三章聚焦于女性军人面临的挑战，尽管她们面临着许多男性化的军队文化的挑战，但仍然志愿入伍。女性服役于军队的机会正在上升，并且同志情感和支持系统为女性带来的机会也越来越多，但很多女性仍然是军中性侵害的受害者。与男性军人相比，女性军人的婚姻更容易失败。她们在野外训练和被派遣期间，在女性独特的生理过程上面临着巨大挑战。她们比男性更容易体验到家庭照顾的压力。此外，和男人一样，她们也会体验到战争导致的创伤后应激障碍，也和男性军人一样十分脆弱。在讨论了这些挑战后，第三章介绍了帮助患有创伤后应激障碍的同时也是军中性侵害受害者的女性的治疗方法。

第四章讨论了民间社会工作者和军队社会工作者共同面临的伦理困境。其中，有社会工作者对专业伦理和他们所服务对象的忠诚与军队使命于他们的要求之间的冲突。一个相关的冲突是保护服务对象的隐私与指挥官了解军人是否适合参战的需求之间的矛盾。

第五章讨论了在与从创伤性战斗中遭遇生理、心理残疾的退伍老兵一起工作时实务工作者经常体验到的二次创伤。阅读本章后，那些还没有接触过这类服务对象的学生和民间从业人员便可以在个人和专业水平等方面对这些影响产生一定的免疫。该章还介绍了像目前的军队社会工作者一样用于减轻其他服务提供者（这些服务提供者是与经历过其他类型的创伤如军队性侵害的老兵及和其他退伍老兵一起工作的人）的二次创伤的方法，如评估、预防和治疗等。

本书第二部分的九个章节涵盖了现役军人和退伍军人的行为健康问题和相关的干预手段。第六章涉及创伤后应激障碍（PTSD）在退伍军人中的历史，并批判性地评估了各种治疗模式按时间顺序提出的定义和解释。接下来的三个章节讨论了创伤后应激障碍的治疗。例如，第七章讨论了PTSD的神经生物学和它与认知加工治疗（CPT，是治疗PTSD的一种受经验支持的治疗方法）的关联，第七章还提供了一个包含12个步骤的CPT治疗方案的概述。

CPT是暴露疗法的一种形式，第八章聚焦于暴露疗法中的一种很有发展希望的新方法，它将虚拟现实作为改善暴露元素的一种手段。暴露疗法是目前公认的最遵循证据为本的治疗创伤后应激障碍的方法。利用虚拟现实，治疗师控制所呈现的内容，以便增加或减少服务对象与创伤性刺激的接触程度。治疗师可以呈现触发服务对象反应的线索，如在治疗期间，服务对象可以嗅到的与事件相关的气味。此外，治疗师可以在虚拟现实出现时监控服务对象的生理和心理反应。

第九章提供了社会工作者需要了解的对PTSD及其共生障碍进行精神药物干预的基本信息。接下来，第十章介绍了社会工作者需要了解的有关TBI（近期战争的典型创伤）的重要信息。这一章还讨论了创伤性脑损伤（TBI）的普遍性和对它的诊断与治疗、TBI对军人的心理社会功能和对他们家庭的影响、对TBI的治疗和从共生障碍中恢复的意义。第十一章聚焦在第十章中提供的有关社会工作实务信息的意义上，并在此基础上发展了此章。它包含了对与患有创伤性脑损伤的服务对象一起工作的社会工作从业者提出的很多具体建议，第十一章还将这些建议按照五个治疗阶段组织起来，包括从开始的接触到治疗终止。

第十二章和第十三章都聚焦在现役军人和退伍军人中普遍存在的药物滥用问题。在第十二章中，重点是评估、预防和治疗现役军队组织中的这些问题。两个受经验支持的门诊治疗方法在此章中被着重介绍，接着又讨论了在一个生态系统背景中提供这种方法的必要性，并把这种必要性归于军队文化和目前的部署计划，以及考虑到药物滥用与 PTSD 和 TBI 等其他障碍产生合并症的高可能性。美国军队中的牧师帮助现役军人在药物滥用方面所起的作用也被纳入讨论。在第十三章中，讨论的重点是预防与干预退伍军人的药物滥用问题。这一章还深入介绍了这些障碍在退伍军人中发生的普遍性，以及它们与其他障碍并发的情况，接下来讨论了针对药物滥用的最佳实务、预防和治疗方案。

第二部分的最后一章，第十四章，介绍了导致军人自杀的因素，识别了军人自杀潜在的风险因素，讨论了识别处于自杀风险下的人的方法以及如何预防它，并确定了军人自杀预防工作中存在的不足。在“全军健康”(Total Force Fitness)的概念框架下，自杀预防被给予了特别关注，这一概念框架是在所有军队分支机构中提高军人复原力的一个最重要的模型。

第三部分的三个章节论述了社会工作者在帮助退伍军人过渡到市民生活中所面临的挑战。比如，第十五章聚焦于退伍军人的无家可归问题。它描述了这一问题的广泛性，及其对社区的影响，以及对这一问题的预防、康复和支持系统。第十六章论述了如何帮助退伍军人驾驭整个照顾体系。它为社会工作者提供了一个驾驭如退伍军人事务部这样一个复杂系统的艰巨任务的路径图，从而使他们能够更好地帮助退伍军人找到和参与需要的服务。需要特别关注的是无家可归的退伍军人、女性退伍军人、军队中性侵害的受害者、预防自杀的努力，以及过渡期的援助。

第十七章讨论了从全职的军队服役过渡到市民生活的各种经验和挑战，以及社会工作者如何在过渡期协助他们。例如，社会工作者可以提供与就业保障、充分居住以及有关教育和卫生保健的老兵福利相关的信息。第十七章还讨论了通过帮助军人融入社区活动和发现新的“使命”，来抵消他们失去战友情和凝聚力的伤痛的各种方法。

本书的最后一部分，第四部分，包含了服役如何影响家庭的九个章节。最前面的一章(第十八章)提供了一个关于军队服务对家庭之影响及其对社会工作者角色的意义的概念性和历史性的回顾，同时从压力对家庭的影响和家庭对军队使命的影响这两个角度介绍了对家庭重要性的认知是如何在整个美国历史中发展的，其可以一直追溯到美国独立战争时期。它比较了现在的战争和过去的战争对有服役军人的家庭和儿童的影响，并描绘了有服役军人的家庭是如何对每一次战争做出崇高且显著的贡献的。

接下来，第十九章着重描述了部署周期对家庭福祉的影响，尤其着重描述了对家庭暴力的预防和治疗。它描述了部署周期的几个阶段，其中包括部署前、部署中、维持部署、重新部署以及部署后几个阶段。它探讨了每个阶段如何影响家庭，并描述了适用于每个阶段的支持计划。

第二十章着眼于国民警卫队和预备役人员的家庭的特殊需要，以及如何支持他们。这一章指出，国民警卫队和预备役人员的家庭不像其他的军人家庭，他们虽然生活在普通市民社区，但却体会到强烈的被孤立感，并缺乏从邻近的其他军人家庭或支持系统中获取支持的机会，而这些支持系统在军队驻区中是能很方便获得的。

第二十一章讨论了有特殊需要或残疾儿童的军人家庭。它深入描述了特殊家庭成员计划(Exceptional Family Member Program)和计划中的社会工作者及相关人员的角色，这个计划是国防部为有特殊医疗或教育需求的军队家庭强制执行的。

第二十二章探讨军人家庭中的哀伤、失落和丧亲，探讨的重点是自杀带来的丧亲之痛。配偶在军队中死亡不像配偶在普通市民世界中死亡一样，它涉及的面更复杂。在这些独特的复杂性中往往涉及死亡的暴力特征、遗体的状况、死亡津贴和荣誉，以及丧失生命的(军事)方式。了解了这些及其他特殊情况之后，本章论述了相关的临床性问题(如反移情)，并提出了干预建议。

第二十三章介绍了一种支持长期家庭照顾的方法——压力过程模型。这一模型提供了一个思考与照顾其他正在发生的生活中的与压力事件有关的压力、评估和应对之间交集的框架。该章讨论了这种模型如何被从业者用于减轻军人和退伍军人照顾者的负担和压力。

第二十四章的重点是受父母军队服役经历影响的儿童和青年。该章描述了正在进行的多个部署周期对儿童和他们的家庭的影响，如军旅生活体验是如何积极或消极地影响孩子的情绪发展和生长发育的，以及为帮助他们更好地应对这些影响，各种机构开发的服务计划和干预措施都有哪些。

第二十五章提出了一种适用于多次部署和重新部署后再次融入压力的夫妻治疗方法。该方法涉及当代的依恋理论、二次创伤、文化响应性，以及两性对创伤的不同回应。

最后，第二十六章回顾了压力、理论模型，以及对受服役影响的军人夫妇和家庭的评估和干预策略。同时，本章也提供了在前面各章中涉及的有关军人家庭生活压力的一些综合性材料。这一章描述了目前正被实施于受服役影响的夫妻和家庭的一些经验性疗法。在本章小结部分，还讨论了为什么某些需要这些治疗的军人及其家庭没有接受这些治疗。

正如之前各章所概括的一样，本书的重点被放在社会工作者和与之合作的想要帮助受当今全球反恐战争冲击的现役军人、退伍军人及其家庭的其他专业人员目前所面临的挑战上。然而，我们也认识到，从早期战争（如越南战争、索马里战争、海湾战争等）中退下来的退伍军人也需要他们的帮助，我们并没有忘记这些历史上的英雄。尽管本书讨论过的很多问题和干预措施也与这些过去战争中的退伍老兵有关，但深入研究这些退伍老兵所面临的独特问题超出了本书的研究范畴。

本书的绝大部分章节在结尾部分列出了反映本章主要概念的相关问题——这些问题特别适合教员在教授这些概念时使用。此外，本书的大多数章节也提供了案例插页，以阐释这些章节主题的实务应用。大多数的案例插页下都有与案例相关的讨论题。

无论你目前是一名实务工作者、学生还是一名教师，我的合著者和我都希望你觉得本书是有用的。最重要的是，我们希望它能对你们改进工作有帮助，有助于你们帮助我们英勇的军人及他们的家庭，应对因他们是现役军人、国民警卫队成员、预备役军人或从正在进行的全球反恐战争中退下来的退役军人所面临的前所未有的巨大挑战。

参考文献：

Courtois, C. A. & J. D. Ford (Eds.). (2009). *Treating complex traumatic stress disorders: An evidence-based guide*. New York, NY: Guilford Press.

Hall, L. K. (2008). *Counseling military families*. New York, NY: Routledge.

Iraq and Afghanistan Veterans of America. (2011). *Unsung heroes: Military families after ten years of war*. media.iava.org/reports/unsungheroes_quickfacts.pdf.

Marshall, A. D., Panuzio, J. & Taft, C. T. (2005). Intimate partner violence among military veterans and active duty servicemen. *Clinical Psychology Review*, *25*, 7, 862 - 876.

Moore, B. A. & Penk, W. E. (2011). *Treating PTSD in military personnel: A clinical handbook*. New York, NY: Guilford Press.

Owens, B. D., Kragh, J. F. Jr., Wenke, J. C., Macaitis, J., Wade, C. E. & Holcomb, J. B. (2008). Combat wounds in operation Iraqi Freedom and operation Enduring Freedom . *Journal of Trauma*, *64*, 295 - 299.

Ritchie, E. C., Morales, W., Russell, M., Crow, B., Boyd, W., Forys, K. & Brewster, S. (2011). Suicide prevention in the US army: Lessons learned and future directions. In E. C. Ritchie (Ed.), *Combat and operational behavioral health. Textbooks of military medicine* (pp. 403 - 421). Washington DC: Borden Institute.

Retrieved from http://www.bordeninstitute.army.mil/.

Rubin, A. (2003). Unanswered questions about the empirical support for EMDR in the treatment of PTSD: A review of research. *Traumatology*, *9*, 4 - 30.

Schwartz, J. (2011, November 6). After a decade of war, soldiers face a difficult transition. *Austin American-Statesman*, 1, 10, 11.

U.S. General Accounting Office. (2003, November). *Report to the subcommittee on defense, committee on appropriations, house of representatives*. Retrieved from http://www.gao.gov/new.items/d0486.pdf.

Walker, M. (2011). *Military: Marine corps reports record number of suicide attempts*. mlwalker@nctimes.com/Posted: Wednesday, December 7, 2011, 7 p.m. Retrieved from http://m.nctimes.com/mobile/article_49c8abd1 - 520e - 5fb5 - b4ba - df0a02aba98b.html.

编者介绍

艾伦·鲁宾(Allen Rubin),PhD,得克萨斯大学奥斯汀分校社会工作学院的伯特·克鲁格·史密斯百年纪念教授(Bert Kruger Smith Centennial Professor),他从1979年开始就在那儿工作。他发表的很多关于研究和证据为本的实践的论文著述享誉国际。1997年,他成为社会工作和研究学会(Society for Social Work and Research)的"发表研究杰出榜样"荣誉的获得者之一。他是七本专业杂志的顾问编辑。他是社会工作和研究学会的创始成员之一,并在1998年至2000年担任杂志的主编。1993年,他获得匹茨堡大学社会工作学院的杰出男校友奖。2007年,他获得美国社会工作教育协会授予的社会工作教育奖卓越终身成就奖。2010年,他正式成为美国社会工作和社会福利学会的成员。

尤金妮娅·L. 韦斯(Eugenia L. Weiss),PsyD,LCSW,目前是美国南加州大学社会工作学院的助理教授。她在"军队家庭的社会工作实务"课程中担任指导教师,是南加州大学精神健康方向(Virtual Academic Center, VAC)的协调员,也是VAC军队社会工作子方向上的共同协调员。韦斯博士有18年的私人实践经验,主要治疗军队人员和他们的家庭。她因一篇合著的名为《军人文化和退伍军人世界观对心理健康治疗的影响:对退伍军人寻求帮助和健康的实践意义》("The Influence of Military Culture and Veteran Worldviews on Mental Health Treatment: Practice Implications for Combat Veteran Help-Seeking and Wellness")的论文与同事共同获得国际卫生、健康和社会协会的论文奖。韦斯博士是多本同行评审期刊论文的作者和合著者,也是专业书籍《平民顾问的初级咨询老兵》(*A Civilian Counselor's Primer to Counseling Veterans*, 2nd ed., 2011)的合著者之一。韦斯博士现在是《军事行为健康杂志》(*Military Behavioral Health Journal*)编辑委员会的成员。

乔斯·E. 科尔(Jose E. Coll),PhD,现任得克萨斯州立大学社会工作学院院长。曾任圣里奥大学社会工作系的副教授、退伍军人学生服务部主任。2011 年之前，科尔博士是南加州大学社会工作学院的一名临床副教授，也是圣地亚哥学术中心的主任和军队社会工作的主席。2012 年，他因合著的名为《军人文化和退伍军人世界观对心理健康治疗的影响：对退伍军人寻求帮助和健康的实践意义》（"The Influence of Military Culture and Veteran Worldviews on Mental Health Treatment: Practice Implications for Combat Veteran Help-Seeking and Wellness"）的论文与同事共同获得国际卫生、健康和社会协会的论文奖。科尔博士是多本同行评审期刊中有关军队社会工作方面的论文作者和合著者，也是专业书籍《平民顾问的初级咨询老兵》（*A Civilian Counselor's Primer to Counseling Veterans*, 2nd ed., 2011）的合著者之一。他是哈佛管理发展项目（MDP）的毕业生。科尔博士还是一名海军陆战队的退伍军人。

作者介绍

戴维·L. 奥尔布莱特(David L. Albright),PhD,MS,MSW,社会工作助理教授,军队社会工作研究生认证协调员,密苏里大学哥伦比亚分校退伍军人和军人家庭教育研究中心主任。他是前陆军步兵军官。他专研军队和退伍军人健康照顾服务,以及治疗与战斗有关的多发伤。奥尔布莱特博士是《社会工作实务研究》(*Research on Social Work Practice*)的执行主编,也是《社会工作与研究协会杂志》(*Journal of the Society for Social Work*)和坎贝尔协作网社会福利组(Campbell Collaboration's Social Welfare Group)的编辑委员会成员。

萨拉·阿斯穆森(Sarah Asmussen),PhD,彭德尔顿营国防和退伍军人脑损伤中心的联合高级科学主任/神经心理学家,服现役于海军陆战队,也是南加州大学的兼职讲师。她在帕洛阿尔托大学与斯坦福心理学博士联盟计划下完成正式的专业训练,后在帕洛阿尔托退伍军人管理局和詹姆斯·A. 哈利退伍军人管理局专门从事各种神经疾病的治疗/评估。她还拿到两年的奖学金,在巴罗神经学研究所专门从事神经心理学研究,研究焦点是癫痫、康复和急性损伤。她参加过很多全国性的专业会议,并发表演讲,在加州地区广泛授课,在各地区培训服务提供者。

威利·G. 巴恩斯(Willie G. Barnes)拥有婚姻和家庭系统的博士学位。巴恩斯上校在陆军国民警卫队担任牧师长达23年,他在国民警卫队联合牧师战略目标咨询委员会任职。他在全国范围内发表了关于精神康复、军队文化、部署动态、自杀预防和与战争相关的伤害等主题的演讲。巴恩斯博士曾担任应用神学副教授,并在秘鲁和牙买加的大学担任客座讲师。他是美国婚姻和家庭治疗协会的临床研究员和督导成员,拥有25年的临床、学术和军队经验。

凯瑟琳·巴沙姆(Kathryn Basham),PhD,LICSW,教授,博士项目的联合主

任和《史密斯学院社会工作研究》(*Smith College Studies in Social Work*)杂志的编辑,从事与现役军人、退役军人和他们的家庭再适应相关的研究、写作、实务和教育。她拥有 MSW 和临床社会工作博士学位。她已被任命为三个国会授权委员会和美国医学会的成员,负责评估增进军人家庭精神健康的方法。她还被授予美国医学会杰出临床医师的荣誉,并与他人合作撰写了多篇论文在国内外发表。

辛西娅·博伊德(Cynthia Boyd),PhD,是圣地亚哥海军医疗中心国防和退伍军人脑损伤研究中心的神经心理学家和高级科学主任。在这个岗位上,她评估从战场上归来的军人是否患有创伤性脑损伤和创伤后应激障碍。博伊德博士在全美范围内介绍与外伤性脑损伤、创伤后应激障碍以及认知和心理症状的伪装相关的各种神经心理学问题。她还在法医神经心理学方面有独立实践的经验,擅长对脑损伤、创伤后应激障碍、暴力犯罪者和跟踪行为进行刑事和民事评估。

布鲁斯·凯普哈特(Bruce Capehart),MD,MBA,达勒姆退伍军人管理局医学中心 OEF/OIF 项目医学主任,杜克大学医学院精神病学助理教授。他的临床兴趣是对退伍军人进行精神病学评估和管理,尤其关注外伤性脑损伤等神经疾病。他的研究兴趣包括创伤后应激障碍和爆炸伤的生物力学和病理生理学。他曾担任美国陆军战斗创伤咨询师和民事爆炸伤害诉讼专家证人。他是美国陆军预备役的一名老兵。2003 年,他完成了阿富汗之行。

蕾切尔·布尔达-赫梅莱夫斯基(Rachel Burda-Chmielewski),MSW,LISW,是加州圣地亚哥退伍军人管理局医疗中心的一名注册临床社会工作者。她参与了酒精和药物治疗项目,擅长评估和治疗同时患有物质使用障碍和创伤后应激障碍的退伍军人。她还通过在空军和海军陆战队家庭服务中心的实习,与现役军人及其家人一起工作。

爱德华·V.卡里略(Edward V. Carrillo),MSW,LCSW,是圣地亚哥医疗系统退伍军人事务部的临床社会工作者。他的专长是治疗战斗和犯罪受害者创伤后应激障碍(PTSD)患者,并在退伍军人管理局(VA)"退伍军人无家可归者健康护理计划"(Health Care for homeless veterans Program)中向无家可归的退伍军人伸出援手。他是南加州大学社会工作学院的兼职网络讲师和社区网络浸入式讲师。他是一名越战老兵,最近加入了一个佛教禅宗团体"the Order of Interbeing",成为其中的一员。

科兰达·凯托(Colanda Cato),PhD,MA,是一名注册临床心理学家与创伤后应激障碍和暴力问题预防的专家,任职于卓越防御中心,复原力和预防理事会。她为军队高级领导人设计和制作有关 PTSD、自杀和军队暴力的风险与预防因素的简报,并在全国各地的许多会议上发表演讲。她目前负责复原力、预防因素和项目评估方面的研究。她在各种军队工作团体中担任主席、联合主席和主要成员,并担任心理学助理教授。凯托博士有超过 11 年的军队经验,是一位杰出的空军资深心理学家。

艾莉森·N.克拉克(Allison N. Clark),PhD,贝勒医学院物理医学与康复系助理教授。她也是 TIRR 赫尔曼纪念医院脑损伤研究中心的一名研究专家。她感兴趣的领域包括后天脑损伤后的情绪功能、知识转化、团体干预和认知康复。克拉克博士曾在很多国家和地区会议上发言,并与人合作发表了 30 多篇文章和摘要,其中包括 16 篇同行评议的出版物。

约瑟夫·J.科斯特洛(Joseph J. Costello),MSW,是加州圣马科斯退伍军人中心的团队领导。自 1994 年以来,他一直在退伍军人事务部工作,主要负责退伍军人和他们的家庭再适应问题。他的专长是治疗与战争相关的 PTSD 和药物使用障碍。科斯特洛在全国各地就伊拉克和阿富汗退伍军人的适应和过渡问题发表了演讲。他还在南加州大学创新与研究中心教授军队文化继续教育课程。科斯特洛是阿富汗战争的老兵,2010 年从陆军预备役退休。

托德·克里杰(Todd Creager),MSW,是南加州大学社会工作学院的兼职讲师。他是一名注册临床社会工作者和注册婚姻家庭治疗师。他以对夫妻和性问题的研究而闻名,并著有《漫长而热烈的婚姻》(*The Long, Hot Marriage*)一书,该书帮助夫妻重新燃起激情和活力。他还发表了许多关于夫妻、沟通和性的文章。他在加州奥兰治县有一间私人诊所,并作为一名关系专家出现在各种电视和广播节目中。

朱迪丝·丘克(Judith Cukor),PhD,是威尔康奈尔医学院精神病学心理学助理教授。她在各种人群中广泛从事创伤后应激障碍的治疗工作，包括军人、灾难工作者和烧伤幸存者。丘克博士为创伤后应激障碍的专门治疗提供培训和督导，并撰写了有关创伤相关疾病的学术论文和书籍章节。她是纽约长老会医院赫斯特烧伤中心的顾问，也是几项研究的联合研究员，这些研究涉及在不同创伤人群中开发 PTSD 治疗方法。

詹姆斯·G.戴利(James G. Daley),PhD,MSW,LCSW，印第安纳大学社会工作学院副教授。他发表和报告了一系列国际军队社会工作方面的论文，并担任《社会工作前沿》(*Advances in Social Work*)杂志 2012 年军队社会工作春季特刊的联合主编，是 2010 年军队社会工作年会的主讲嘉宾，并作为指导委员会成员参与开发 CSWE 的《军队社会工作能力要求指南》(*Competencies in Military Social Work Guidelines*)。他还担任过多所大学的军队社会工作课程顾问。他是《军队社会工作实务》(*Social Work Practice in the Military*)杂志的编辑。

朱莉·达米科(Julie D'Amico),MA，是加州大学洛杉矶分校塞梅尔神经科学与人类行为研究所(UCLA Semel Institute for Neuroscience and Human Behavior)FOCUS 项目干预服务输送和支持专家。她是一位经验丰富的治疗师和家长教育者，她的专长是帮助有发育障碍和行为障碍的儿童。达米科女士获得了心理咨询硕士学位。在与 FOCUS 合作之前，她还在加州大学洛杉矶分校美泰儿童医院(Mattel Children's Hospital UCLA)担任志愿者，帮助患有严重疾病的儿童及其家人。

塔拉·德布拉伯(Tara DeBraber),MEd,MSW，一名圣地亚哥退伍军人无家可归预防示范项目的社会工作者。她受美国金融业监管局(FINRA)金融顾问项目资助，成为 2012 年的一名军嫂研究生。她也是美国海军陆战队救援协会(Navy Marine Corps Relief Society)的一名个案工作者。

乔安·迪菲德(JoAnn Difede),PhD，精神病学心理学教授，威尔康奈尔医学院焦虑和创伤压力研究项目主任。迪菲德博士专门治疗焦虑、情绪和创伤相关的疾病，并与"9·11"世贸中心幸存者、烧伤患者、灾难工作者和军事人员广泛合作。她是创伤后虚拟现实疗法应用的先驱，也是多项创伤后应激障碍创新治疗研究的首席研究员。她是美国焦虑症协会(Anxiety

Disorders Association of America）科学顾问委员会成员，也是杰里科项目（Jericho Project）的顾问委员会成员，她还在美国各地的军事医疗中心督导VR治疗。

凯塔·富兰克林（Keita Franklin），PhD，LCSW，美国海军陆战队总部行为健康分部负责人。她管理着性侵预防和处理、家庭倡导、自杀预防、作战压力控制和药物滥用等项目。她负责该处的政策规划、培训、技术援助、资源管理和宣传工作。她的专长集中在军队部署和创伤后应激障碍（PTSD）对军人家庭成员的影响上。她就影响军人及其家庭的议题，包括服役压力、二次创伤、女性服役问题、军人父母以及当今军人的行为健康需求等发表过多篇论文和演讲。

埃迪扎·加西亚（Ediza Garcia），PsyD，是加州大学洛杉矶分校塞梅尔神经科学与人类行为研究所内特森家庭复原中心的模型导师。她接受了预防和治疗儿童和家庭创伤性压力方面的专门培训。她是《FOCUS军人夫妇复原力训练手册》（*FOCUS for Military Couples Resilience Training Manual*）的联合作者，也是全美军人家庭协会“紫色家庭撤退行动”的顾问，她还是加州大学洛杉矶分校儿童与家庭创伤精神病学服务（UCLA Child and Family Trauma Psychiatry Service）的临床协调员，她在那里培训儿童精神病学研究员，帮助他们进行优势为本、创伤知情治疗的评估。

玛丽罗丝·杰拉迪（Maryrose Gerardi），PhD，是埃默里大学医学院精神病学和行为科学系的助理教授。她通过创伤和焦虑康复项目提供认知行为治疗服务和督导，并在进行中的研究中担任治疗师和督导角色，研究虚拟现实暴露疗法和长期暴露疗法，以治疗与军队有关的PTSD。她还训练专业人员使用虚拟现实暴露疗法。

弗兰·戈德法布（Fran Goldfarb），MA，MCHES，是洛杉矶儿童医院南加州大学发展障碍者卓越教育计划（USC UCEDD）的家庭支持主任。她是一名拥有硕士学位的健康教育专家，但她在UCEDD的角色是因为她曾经是一名自闭症儿童——现在已经基本成年的家长的生活经历。她有丰富的经验，协助机构提供家长培训和支持，以及培训专业人士与家长合作。她是洛杉矶阿斯伯格综合征父母支持小组的创始人。

克里斯蒂娜·哈尼特(Christina Harnett),PhD,MBA,是约翰·霍普金斯大学教育学院的注册心理学家和助理教授。她一直积极参与马里兰州国民警卫队的部署周期支持项目,包括培训和课程开发,并发表了关于预备役文化对军人和家庭的影响以及退伍军人重新融入社会的挑战的论文。她参加了多个与军队行为健康问题有关的州立委员会和国家委员会,并通过外展培训积极参与马里兰州行为健康服务提供者的能力建设。她是马里兰国防军/第十医疗团的一名少校,也是《国际紧急心理健康杂志》(*International Journal of Emergency Mental Health*)编辑委员会的成员。

杰西·J.哈里斯(Jesse J. Harris),PhD,教授,巴尔的摩马里兰大学社会工作学院荣誉退休院长,美国陆军上校。他主要工作于沃尔特里德陆军研究所,在那里,他隶属于第82空降师。他的很多著作都涉及他在西奈沙漠与维和人员打交道的经历,以及他被国务院派往莫桑比克评估被俘儿童士兵状况的经历。哈里斯博士还撰写了大量关于军队社会工作历史的著作。他在国际上做过演讲,并在民间机构和退伍军人机构的董事会任职。

海伦娜·哈维(Helena Harvie),MSSW,完成了在得克萨斯州中部退伍军人医疗保健系统和在德国兰德斯图尔地区医疗中心的实习,其间她与患有严重创伤后应激障碍的现役军人一起工作。她在得克萨斯大学奥斯汀分校(University of Texas at Austin)开展服务军人的研究,并帮助开发了一门服务军人及其家庭的社会工作课程。

安东尼·M.哈桑(Anthony M. Hassan),EdD,LCSW,南加州大学退伍军人和军人家庭创新研究中心(CIR)主任。他是一名退役的空军官员,拥有25年的军队社会工作和领导经验。哈桑博士在2004年的伊拉克自由行动中服役,他是第一个加入陆军部队的空军战斗压力控制和预防小组的成员。他在社会工作、领导和高等教育管理等方面有大量的著述和演讲。哈桑博士领导CSWE的特别工作组,为军队社会工作制定国家指导方针。

马修·杰弗里斯(Matthew Jeffreys),MD,是得克萨斯州圣安东尼奥UT健康科学中心的精神病学副教授。自1995年以来,他一直是南得克萨斯退伍军人医疗系统的PCT医疗主任,2008年起,他通过国家PTSD中心(NCPTSD)担任VISN 17的PTSD导师。从2010年到2011年,他为

NCPTSD的咨询项目提供咨询。他曾提供的其他服务包括作为工作组成员参与修订退伍军人管理局/国防部PTSD临床实践指南,他的兴趣包括正在进行的与PTSD治疗相关的教育和研究项目。

吉尔·哈林顿-拉莫里亚(Jill Harrington-LaMorie),DSW,LCSW,国家军人家庭丧亲研究所创伤压力研究中心资深实地研究员,灾难遗眷援助计划的前专业教育主管。她在服务受创伤、悲伤和损失影响的个人和家庭方面有丰富的临床经验。拉莫里亚博士是最早发表有关美国军人家庭丧亲之痛论文的作者之一。她曾受邀为几所大学、非营利组织、军队和临终关怀院做演讲。拉莫里亚博士是死亡教育与咨询协会的董事会成员;《死亡与临终欧米伽杂志》(*Omega-Journal for Death and Dying*)的同行评议者,也是美国社会工作者协会的成员之一。她积极参与各项慈善活动,为遇难者家属、退伍军人和军人家属提供帮助。

苏珊娜·利曼(Suzanne Leaman),PhD,埃默里大学精神病学系的研究心理学家。她与来自不同人群的创伤幸存者如难民、退伍军人和现役军人合作,她的研究兴趣集中在创伤后应激障碍和相关疾病的治疗和识别上。利曼博士发表了多篇同行评议的期刊文章,并在国际会议和研讨会上展示了有关PTSD和人际暴力的研究结果。目前,她是多个PTSD治疗和早期预测研究项目的合作研究者。

格雷戈里·A.莱斯金(Gregory A. Leskin),PhD,加州大学洛杉矶分校国家儿童创伤压力中心(UCLA National Center for Child Traumatic Stress)军人家庭行动项目的主任,该项目与国家儿童创伤压力网络(NCTSN)保持联络。他为国防部和退伍军人事务部提供了创伤后应激障碍(PTSD)、外伤性脑损伤(TBI)、焦虑症、复原能力训练、儿童创伤应激和证据为本的干预方面的教育、培训、项目开发、评估和咨询。他已经发表了30多篇关于这些主题的学术论文和书籍章节。

帕特里西娅·莱斯特(Patricia Lester),MD,是加州大学洛杉矶分校塞梅尔研究所精神病学的简和马克·内特森家庭精神病学教授(Jane and Marc Nathanson Family Professor of Psychiatry)。她主管以建立军人家庭复原力为目标的FOCUS (Families OverComing Under Stress)项目,同时也协同管理加州大学洛杉矶分校欢迎回归退伍军人家庭恢复力中心（UCLA Welcome Back Veterans family resilience Center）。莱斯特博士的研究和临床工作致力于为面临创伤事件、父母疾病和战时部署的家庭和儿童制订、评估和实施以家庭为中心的干预措施。她就上述课题发表了 40 多篇研究论文和著作章节。

詹姆斯·马丁（James Martin），PhD，BCD，是布林莫尔学院社会工作和社会研究教授。他的学术成就、教学和公共服务专注于社会和行为健康问题；他的研究和公民参与主要面向军队和退伍军人群体。作为一名退役的陆军上校，吉姆在陆军医疗部 26 年的职业生涯包括临床、研究、高级管理（指挥）和政策任务。吉姆是第一次海湾战争期间波斯湾战区的高级社会工作官员，他编辑了《海湾战争与心理健康：综合指南》（*The Gulf War and Mental Health: A Comprehensive Guide*）一书。

莫妮卡·M.马蒂厄（Monica M. Matthieu），PhD，MSW，LCSW，是华盛顿大学布朗社会工作学院的研究助理教授。从 1995 年到 2000 年，她是退伍军人事务部、新奥尔良退伍军人资源中心的临床社会工作者。2008 年，她重返圣路易斯退伍军人管理局医疗中心，担任社会工作研究者。在退伍军人管理局和布朗学院的联合任命下，她继续关注退伍军人的问题，并对循证实践、创伤治疗、暴力和伤害预防的干预进行研究。

德博拉·麦高夫（Deborah McGough），BA，目前是特殊家庭成员项目（Exceptional Family Member Program）和学校联络项目的项目经理，这两个项目都支持加州的一个海军陆战队基地和其他武装部队的多个单位，她还担任了四年半的陆军 EFMP 项目经理。麦高夫接受过正规的心理学培训，特别聚焦于残疾儿童的心理健康，并作为多重残疾儿童的养父母有丰富的生活经验。她的专长是协调和利用民用和军用资源，并代表现役 EFMP 家庭进行宣传倡导。

迈克尔·梅塔尔（Michael Metal），2013 级 MSW 学生，也是一名退役海军老兵。他的专业方向是军队社会工作领域的精神健康。他积极参与多项与上述领域相关的慈善事业。迈克尔曾在全国范围内发表关于老兵世界观的演讲，并发表过同样的文章。

凯瑟琳·E.莫吉尔(Catherine E. Mogil),PsyD,是加州大学洛杉矶分校大卫·格芬医学院(David Geffen School of Medicine)塞梅尔神经科学与人类行为研究所(UCLA Semel Institute for Neuroscience and Human Behavior)的助理临床教授。她是一名注册临床心理学家,担任内特森家庭复原中心(Nathanson Family Resilience Center)的培训和干预发展主任,以及儿童和家庭创伤服务(Child and Family Trauma Service)的联合主任。摩泽尔博士是军人家庭项目的联合开发人员,并为包括美国军人家庭协会、健康科学统一服务大学和洛杉矶县精神健康部门在内的军人家庭服务组织提供咨询和相关主题的专业知识。

阿伦·诺林(Aaron Nowlin),CADC 2,BA,是加州拉霍亚退伍军人事务医院的药物和酒精问题咨询顾问。他的专长是治疗那些被诊断为滥用化学品或依赖化学品的人,特别是现役军人和退伍军人。在过去五年里,他一直受雇于VA,而在此之前,他受雇于圣地亚哥洛玛岬(Point Loma)的药物滥用(SARP)康复计划长达三年半之久,他还在一家住院治疗机构工作。在SARP期间,他为被诊断为化学品依赖的现役军人提供治疗。

凯莱布·尹·拉(Caleb Yoon Ra),LCSW,目前是圣地亚哥退伍军人保健系统"退伍军人无家可归者保健诊所"的资深社工。他负责为圣地亚哥县长期无家可归的退伍军人提供个案管理服务。他在美国海军陆战队服役8年,在伊拉克的锡安沙漠执行作战工程任务。他完成了两次战斗任务(2003年,2005年),之后光荣退伍,是一名中士。

阿尔伯特·斯基普·里佐(Albert "Skip" Rizzo),PhD,南加州大学创新技术研究所副所长,精神病学和老年学研究教授。Skip的专长是研究和开发用于临床评估、治疗和康复的虚拟现实系统。他的研发团队创建了虚拟伊拉克/阿富汗VR暴露治疗系统,用于治疗现役人员和退伍军人的PTSD。此外,他还撰写了200多篇学术论文和著作章节,内容涉及他在普通民众和军人中使用VR进行的一系列心理、认知和运动临床健康研究。

珍妮弗·罗伯茨(Jennifer Roberts),MSW,LCSW,是南加州大学的社会工作兼职助理教授。她是退伍军人管理局圣地亚哥医疗系统的资深项目经理。她在影响女性退伍军人的问题上有专长。她在圣地亚哥县各地发表有关军人家庭和女性退伍军人问题的演讲。

芭芭拉·奥拉索夫·罗特鲍姆(Barbara Olasov Rothbaum),PhD,精神病学教授,临床研究副主席,埃默里大学创伤和焦虑康复项目主任。她专门研究对焦虑症患者的治疗,已经撰写了200多篇学术论文、著作章节和六本专著。她曾担任国际创伤应激研究会主席,是美国焦虑障碍协会和强迫症基金会的董事会成员,也是使用虚拟现实疗法治疗心理障碍的先驱和Virtually Better网(www.virtuallybetter.com)的合作创立者。

艾莉森·桑托约(Allison Santoyo), MSW,毕业于南加州大学社会工作学院。她目前已在行为科学委员会登记注册,并获得了几个小时的许可。她在一家急症医院担任医务社会工作者,为不同的人群提供服务,包括外科病人、妇幼保健、患有精神疾病和药物滥用障碍的病人。

吉米·斯特伯格(Jimmy Stehberg),PhD,是智利安德烈斯·贝略(Andres Bello)大学的助理教授,安德烈斯·贝略大学生物医学研究所神经生物学实验室主任和副研究员。他的专长是研究记忆和精神疾病,在啮齿动物和人类身上进行研究。他发表过几篇关于记忆的研究文章和书籍章节。

玛格丽特·A.斯特鲁森(Margaret A. Struchen),PhD,临床神经心理学家,赫尔曼纪念医院(TIRR Hermann Memorial Hospital)心理学和神经心理学服务的经理。她也是贝勒医学院物理医学和康复学助理教授。她有丰富的经验,为住院病人和门诊病人的脑损伤和其他神经损伤或疾病提供心理服务。斯特鲁森博士曾担任多个联邦政府资助的外伤性脑损伤患者康复研究和培训项目的首席研究员和联合研究员,其中包括担任外伤性脑损伤患者社区融合康复研究和培训中心的联合研究员。

安杰拉·B.斯温森(Angela B. Swensen), BS, Ronald E. McNair Scholar (2010),是华盛顿大学乔治·沃伦·布朗(George Warren Brown)社会工作学院心理健康服务专业的MSW学生。她在圣路易斯退伍军人事务部(Department of Veterans Affairs)完成了一项研究和实习开发,目前正在退伍军人事务部(VA)的老兵正义外展计划(Veterans Justice Outreach)中完成她第二阶段的实习。

芭芭拉·吉冈·惠勒(Barbara Yoshioka Wheeler),PhD,RN,南加州大学凯克医学院临床儿科学副教授,洛杉矶儿童医院 USC UCEDD 副主任。她有 30 年的研究生培训经验,并在系统中为服务发展障碍患者及其家庭的服务人员培育能力。作为一名职业陆军中士的女儿,国家对支持军人家庭的兴趣使她的学术工作重新聚焦在"卓越家庭成员计划"上。她于 1995—2000 年在总统的智力迟钝委员会工作。

杰弗里·S.雅尔维斯(Jeffrey S. Yarvis),PhD,是贝尔沃堡社区医院行为健康的副总指挥,马里兰州贝塞斯达的健康科学统一服务大学(USUHS)家庭医学助理教授,在弗吉尼亚联邦、温莎大学(加拿大)和休斯敦大学的社会工作学院兼职教授。他被授予 2008 年美国陆军和军队服务社会工作者的年度荣誉。24 年来,他在全球范围内就军队福利机构的精神健康问题进行了广泛的演讲、治疗和研究。他最近出版了一本关于退伍军人 PTSD 阈下的专著。

目 录

第一部分 现役军人及退伍军人社会工作的基础

第一章 军队和退伍军人社会工作简史 ………… Allen Rubin & Helena Harvie 3

第二章 军队文化及其多样性 ………… Jose E. Coll, Eugenia L. Weiss & Michael Metal 23

第三章 军队中的女性 ………… Eugenia L. Weiss & Tara DeBraber 41

第四章 军队社会工作中的伦理抉择 ………… James G. Daley 55

第五章 军队社会工作中的二次创伤 ………… Allen Rubin & Eugenia L. Weiss 74

第二部分 对现役军人及退伍军人行为健康的干预

第六章 退伍军人的创伤后应激障碍 ………… Jeffrey S. Yarvis 89

第七章 创伤后应激障碍的神经生物学和认知加工治疗 ………… Jimmy Stehberg, David L. Albright & Eugenia L.Weiss 109

第八章 运用虚拟现实暴露疗法治疗战争引起的创伤后应激障碍 ………… Suzanne Leaman, Barbara Olasov Rothbaum, JoAnn Difede, Judith Cukor, Maryrose Gerardi & Albert "Skip" Rizzo 124

第九章 创伤后应激障碍及其共生障碍的精神药理学 ………… Bruce Capehart & Matt Jeffreys 155

第十章 外伤性脑损伤和军队 ………… Cynthia Boyd & Sarah Asmussen 180

第十一章 外伤性脑损伤和社会工作实务 ………… Margaret A. Struchen, Allison N. Clark & Allen Rubin 198

第十二章　评估、预防和治疗现役军队中的药物使用障碍 …… Allen Rubin & Willie G. Barnes　211
第十三章　对退伍军人物质使用障碍的预防和干预 …… Rachel Burda-Chmielewski & Aaron Nowlin　231
第十四章　军队中的自杀行为 …… Colanda Cato　249

第一部分
现役军人及退伍军人社会工作的基础

第一章　军队和退伍军人社会工作简史

Allen Rubin & Helena Harvie

自第二次世界大战以来，各种社会机构中的社会工作者在为现役军人、退伍军人和他们的家庭提供行为健康服务中发挥着越来越重要的作用。今天，军队和退伍军人事务部(VA)仍然是雇用社会工作者的主要部门。持证社会工作者可以作为军队或民间社会工作者全职工作于退伍军人事务部或诊疗中心。他们也可以作为民间社会工作者与军队或退伍军人事务部签署劳动协议，提供兼职或全职服务。除此之外，他们还可以以私人从业者的身份通过军方的 TRICARE 健康保险计划，或为现役军人提供短期治疗服务的员工援助计划(Employee Assistance Program, EAP)，来为军人家庭和退伍人员服务。另外，包括国民警卫队和预备役在内的军人及其家庭，也在和 VA 签约的社区精神健康机构的民间社会工作者的工作范围内。如果你以“军队中的社会工作”为关键词进行搜索，你可以找到各个军队分支机构的网站，上面描述了军队社会工作者是做什么的，以及成为持证社会工作者的必备条件等。你也可以在 VA 的官方网站 www.socialwork.va.gov 上找到类似的信息，它会告诉你如何才能成为一名社会工作者。VA 雇用了超过 13 000 名社会工作者(Partners for Public Service, 2010)，并为社会工作学生提供了一个临床培训项目，该项目每年大约培训 900 名学生(Department of Veterans Affairs, 2010：1)。

就目前军队组织重视社会工作的程度而言，你可能会惊讶地了解到，直到第二次世界大战快结束时，社会工作才作为军队内的一个职业被美国军队正式承认。然而，军队社会工作的历史可以追溯到更早时期，就像社会工作职业比它作为一个专业出现得更早一样，其也因为关注慈善及如何应对贫困在历史发展过程中一直存在着。同样地，美国的军队社会工作可以追溯到 1636 年，当时《普利茅斯的朝圣者》(*Pilgrims of Plymouth Country*)声称照顾伤残退伍军人是殖民地的责任，如此，第一部照顾退伍军人的法律得以颁布(Department of Veterans Affairs, n.d.)。

美国军队社会工作的近代起源与美国内战(1861—1865)有关,当时美国红十字会的创立者克拉拉·巴顿(Clara Barton)不仅为受伤士兵提供医疗上的帮助,还协助士兵寻求社区资源、从家庭成员处获取并传达信息(American Red Cross, 2011)。志愿者们也在内战期间慰问联邦士兵,为他们提供支持和安慰(Raiha, 2000)。但直到内战结束,美国红十字会才成为一个官方组织。

然而,直到1898年的美西战争,美国红十字会才作为一个官方组织为战时的美国武装部队提供服务(American Red Cross, 2011)。虽然美国红十字会主要为军人提供医疗照顾,但它同时也提供非医疗服务——用一种特定的通信服务来处理军人家庭的咨询。1898年是专业社会工作教育诞生的一年,同年,哥伦比亚大学开设了第一门社会工作课程(National Association of Social Workers, n.d.)。美西战争期间,美国红十字会的很多服务都是由社会工作者提供的,因此,"军队社会工作"这个词可以被看作起源于那个时期。1898年以前,某些公民可能已经在履行社会工作的义务了,但直到这个职业出现,专业社会工作者才开始做这些工作。

一、第一次世界大战及其后果

第一次世界大战期间,对精神病社会工作者的需求的增长越来越为人们所熟知,当时有近100 000名现役军人和退伍军人被军队医院确诊为患有神经及精神障碍(Harris, 2000)。1905年,第一批精神病社会工作者作为跨学科临床服务团队中的一个组成部分被雇用到一些神经科的诊所工作。他们的基础作用是获得精神科医生所需的与家庭背景和过去的生活经验相关的信息。后来,精神病社会工作者也负责为精神病人的返家做家庭方面的准备(O'Keefe, 2009)。精神病社会工作于军队的价值是在1918年红十字会的推动下显现出来的,当时红十字会的第一名社会工作者被雇用到纽约普拉茨堡的美国陆军总医院第30院下属的神经症专科医院工作。社会工作者的职责是"协助医务人员获取正在接受治疗的士兵的个人、家庭和社区背景信息,以此作为诊断、治疗和制订出院后计划的辅助手段"(O'Keefe, 2009: 1)。这个项目的成功,不仅使得这所医院的精神病社会工作者的数量迅速增加,也使得红十字会开始向所有医院分配医务社会工作者(即医疗机构的社会工作者)。

1919年3月的战争结束后，军医总监要求红十字会在联邦医院建立一个类似于平民医院现有的精神病学项目的社会服务计划（Harris，2000）。当时的美国公共卫生服务部主要负责照顾退伍军人，红十字会则承担包括规划社会服务项目、制定政策、招聘人员和协助组织在内的所有工作。到1920年1月，42所联邦医院设立了社会服务部，并主要服务于退伍军人和现役军人（O'Keefe，2009）。

红十字会一直承担着这些精神医学社会服务的所有责任，直到退伍军人管理局（Veterans Bureau）在1926年6月16日建立了自己的社会工作部。《退伍军人管理局总则》（*The Veterans Bureau General Order*）制订了社会工作计划，并规划了退伍军人管理局的组织架构和职能（Department of Veterans Affairs，2010）。第一年入职的员工中有14名社会工作者被分配到精神病医院，另外22名社会工作者被分配到全国各地的地方性医院。（退伍军人管理局的社会工作计划的）第一任负责人是艾琳·格兰特·达林普（Irene Grant Dalymple），她是一位在医疗机构中提供社会工作服务的先锋人士（Department of Veterans Affairs，2010）。这个计划的早期阶段主要关注患有精神疾病和肺结核的病人。最终，根据第一次世界大战后的实践，达林普将社会工作服务纳入退伍军人管理局的服务体系中，而无须与外部组织签约来获取社会服务（Department of Veterans Affairs，2010）。

二、第二次世界大战及其后果

根据对第二次世界大战爆发的预测，美国武装部队在1940年和1941年开始扩张。然而社会工作者的贡献大多已经被遗忘，因此社会工作专业队伍并不在其扩张范围之内（O'Keefe，2009）。这是因为社会工作并不被认为是军队医疗组织中不可或缺的一部分。

> 国家事务的某些责任必须被放置到社会工作领域，但在珍珠港事件之前，它没有和任何军队分支建立起工作关系。这种情况的一个表现是，国家资源规划委员会的科学与专业人员名单（the National Roster of Scientific and Specialized Personnel of the National Resources Planning Board）并没有将社会工作列为一种职业。精神病学在当时没有得到军队的足够重视，在第二次世界大战的动员阶段，精神病社会工作也没有获得领导和高层的支持（O'Keefe，2009：1）。

由于缺乏必要的认识，在第二次世界大战初期，红十字会承担起了社会工作者的所有任务。"1942 年到 1945 年，约有 1 000 名美国红十字会的精神病社会工作者被分派到美国本土和海外的多家综合医院或地方医院。"(Harris，2000：3)

直到 1942 年，军队才允许军人作为精神病社会工作者进行工作。6 名应征到美国陆军部队的具有精神病社会工作者专业资格的士兵被分配到新泽西州的蒙默思堡新成立的心理卫生咨询中心中(Mental Hygiene Consultation)。"这是第一次让经过精神病社会工作者训练的军队人员作为精神病社会工作者在军事单位中任职。"(Harris，2000：4)1943 年 10 月 18 日，美国陆军部(The War Department)颁布的针对精神病社会工作技术人员的《军事职业类别》(*Military Occupational Specialty*)中的第 263 条将这个职位定义为：

- 在精神科医生的督导下开展精神病人的个案工作，协助对需要精神科医生指导的士兵进行诊断和治疗；
- 如精神科的管理者要开展面谈，应以有关精神病诊断的相关因素为重点完成病历的记录；
- 开具心理卫生处方，并记录治疗进展，以形成一个完整的病历；
- 通过红十字会或其他机构来获取士兵家庭环境的补充信息，以此形成可能的出院计划；
- 必须具备人格结构和人格发展的动力学知识，知晓病人情绪失调的原因(Harris，2000：5)。

尽管对精神病社会工作者的需求很大，但那些已经是入伍士兵且受过专业训练的社会工作者并不能自动期望被授予精神病社会工作者的职业称号。这些士兵大多被选派进美国陆军，并已经占据了一些需要被填满的职位，这使得职位的重新分类对他们而言变得十分困难(O'Keefe，2009)。然而，在美国陆军中，一个未经正式任命的士官可以申请重新分类职位而成为一名精神病社会工作者。具有讽刺意味的是，军队的备忘录也承认陆军部队的现役军官或海军、海军陆战队员、海岸警卫队员、海军修建营成员或妇女军团(WAC)中的任何人都不能申请重新分类职位。"1942 年到 1945 年，共有 711 名男性士兵和妇女军团成员以精神病社会工作者的角色进行工作。他们被分配到就职中心、综合医院或地方医院、驻地医院及撤离区医院、作战师。"(Harris，2000：5)

有两大主要的专业机构负责在美国陆军中建立社会工作部门。这两大机构分别是战时美国社会工作者协会的战时人事委员会(The Wartime Committee on Personnel of the American Association of Social Workers)和美国心理卫生委员会(The National Committee for Mental Hygiene)。后者的负责人在第一次世界大战期间与卫生局局长合作代表社会工作者群体开展工作(Harris, 2000)。1942 年 10 月 19 日,美国精神病社会工作者协会的战争服务办公室(The War Service Office of the American Association of Psychiatric Social Workers)建立,并一直工作到 1945 年 12 月 1 日(O'Keefe, 2009)。这个办公室由伊丽莎白 · H. 罗斯(Elizabeth H. Ross)——美国精神病社会工作者协会的前任秘书——进行指导。在她的指导和带领下,战争服务办公室成为提供军队服务的社会工作者们的联络中心和信息来源,其也为卫生局局长办公室提供专业资源。她也在一个军队精神病社会工作项目中发挥作用(O'Keefe, 2009)。

受这三大机构的影响,社会工作者在美国陆军中的正式地位最终在 1945 年得以确立。"1945 年 7 月 1 日,陆军少校丹尼尔 · E. 奥基夫(Daniel E. O'Keefe)被任命为陆军精神病社会工作部(The Army's Psychiatric Social Work Branch)的首任主管。"(Harris, 2000: 6)但是,8 月底,随着战争结束,几乎所有的社会工作者队伍都被从服务中解散。奥基夫少校在被解除军职前只负责了 8 个月,但是,他确立了一种集中指导的社会工作项目标准。1946 年 2 月,陆军部队承认了受过专业训练的精神病社会工作官员为军队职业体系中的专业人才(MOS 3506)。尽管这发生在许多社会工作者已经离开之后,但它保证了陆军部队社会工作的连续性(Harris, 2000)。

奥基夫少校离职后,卫生局局长邀请伊丽莎白 · H. 罗斯担任平民精神病社会工作的顾问,直到招募并任命了一名合格的非军队编制内的官员为止(Harris, 2000)。罗斯在帮助社会工作进入军队领域上贡献卓著。她提议士兵应取得自己可获得的职位,并重新分类成为精神病社会工作者的机会,她还为这个职位的基本权益向卫生局局长多次倡议。随着第二次世界大战之后复员大潮的到来,在军队中重建专业社会工作变得十分紧迫(Harris, 2000),这也在更大程度上推动了招募具有硕士学位的社会工作者的进行。军队训练计划的最初目的是训练为军队工作的精神病社会工作者。"人员的选择将从男研究生、军队秘书处批准建立的社会工作研究生院招募的社会个案工作学生和期望在正规军医疗服务队工作的人中进行。"(Harris, 2000: 16)

陆海空三军不同分支中的社会工作

第二次世界大战期间,在陆海空三军的各个分支部门中,军队社会工作的成长和它产生的直接结果并不相同。如上文中所讨论的，它首先是在美国陆军中得到发展，直到 1947 年才在美国空军中独立成为一个军队部门。陆军的许多组织特征开始移植到空军，其中包括社会工作服务。它最初是医疗服务队的一部分，但最终进入生物医学科学队。

> 最初，社会工作者会被分配到由高级社会工作者担任社会工作服务部主管的大型医疗机构。然而，在 20 世纪 70 年代早期，最常见的做法是单个社会工作者被分配到一个小型医疗机构，有时作为多学科心理卫生服务团队中的一员，偶尔也会作为唯一的心理卫生服务的提供者来提供服务(Jenkins，2000：28)。

美国空军部队的社会工作从 1952 年最初的 6 人被正式任命为社会工作官员开始，到 1988 年达到最大规模的 225 人(Jenkins，2000)。

在海军中，有许多类型的医疗和管理人员在海军医疗机构中提供社会工作服务。海军救援协会(The Navy Relief Society)是一个最大的提供社会支持的社会服务机构，该协会首次提供社会工作者去帮助海军家庭是在第二次世界大战时。然而，大多数专业的社会工作活动仅限于培训志愿者，他们(美国海军医疗服务队)才是提供直接社会服务的人，直到越南战争时，海军中的军队社会工作才开始迅速发展(这将在下文中得到论述)。

三、朝鲜战争及越南战争的开始：1950—1970

20 世纪 50 年代到 60 年代，长期的海外冲突交替发生，军队社会工作服务供给不断扩大。第一次世界大战和第二次世界大战为朝鲜战争和越南战争提供了教训，这两次世界大战导致美国对现役军人及其家属的社会服务增多。社会工作在许多不同的军事领域和退伍军人社区找到了自己的生长空间。从监禁(stockades)到家庭倡导，社会工作者不断巩固着自己对军队的价值。

在这两场战争(朝鲜战争和越南战争)期间，社会工作者被派遣到战区的心理卫生单位并继续在医疗机构工作(Daley，2000)。社会工作者也在精神健康机构和社区服务组织工作(Daley，2000)。越南战争结束的时候，军队社区被永远地改变了。

(一) 监禁

军队是社会的一个缩小版，它的很多系统都反映出市民社会的真实模样。在20世纪50年代至60年代，这样一个体系变得越来越令人担忧。军事刑罚制度在惩罚和协助罪犯进行矫正恢复之间苦苦挣扎（Harris，2000）。国会议员、卫生局局长办公室神经精神医学和神经病学部的主管威廉·C.门宁格（William C. Menninger）上校说：

> 在处理军事罪犯时，康复应该是我们的首要目标，但我们也应该认识到，某些可能不愿悔改的罪犯会从军队中被剔除。罪犯到达后，处理的第一步应该是从精神病学和社会的方面进行评估，以确定问题的性质和最有希望帮助其恢复的步骤。为了完成这个使命，从指挥官到守卫的每个工作人员都必须懂得并会应用心理卫生的原理（Harris，2000：12）。

然而，把康复治疗的各种举措整合并实施到监狱的过程是缓慢的。心理卫生单位一直以某种方式作为监狱的一部分而存在，但它们往往缺乏某些使它们成功的特征。例如，它们几乎没有覆盖到所有囚犯，而且它们从未努力达成一种精神病工作人员和军事指挥官之间的真正合作（Harris，2000）。

1957年9月，第一个对狱中罪犯开展的筛查开始生效。《军队条例》（*Army Regulation*）210－181详细介绍了这项军队监狱的筛查计划，这项计划“提供对精神失调士兵的早期识别，如果可能的话，提供治疗措施给这些人，这对服务本身也很有用”（Harris，2000：13）。精神病评估是在监禁的最初几天内进行的，通常在精神病学家的督导下由社会工作者有效进行（Harris，2000）。这个筛查计划被誉为军队矫正领域的主要成就，也是有组织的努力中的一部分，它使得监狱成为一个康复中心而不是隔离罪犯的地方，更不是一些人认为的免费劳动力的来源（Harris，2000）。

但是，社会上也存在着对这些早期康复措施的批评。一个批评论及监狱中开展了大量的项目，但这些项目是否有效呢？大部分项目聚焦于传统的一对一的心理治疗关系或各种团体治疗。另一种批评的声音是说社会工作者们都被用于新囚犯的筛查而不是更多地投入治疗过程（Harris，2000）。尽管社会工作者们都参与个人治疗，但很多人都感觉需要将军队社区作为一个整体来加以改善（Harris，2000）。

1968年，矫正训练机构（The Correctional Training Facility，CTF）在堪萨斯州的莱利堡成立。成立这家机构的目的是为军事罪犯提供必要的训练和帮助，以使他们重返岗位或光荣退役（Harris，2000）。社会工作者在CTF及其项目的发展和实施过程中发挥着重大作用。

(二) 军队社区服务(ACS)：家庭支持计划的开端

在第二次世界大战开始至越南战争结束之间的那些年里，军队的人口特征发生了很大变化：

> 1940 年，军队中有 67 000 户家庭。到 1965 年，就大约有 45 万户家庭和 130 万个需供养的军人家属了。1940 年，入伍的军人需要经过上级的批准才能结婚。到了 1965 年，60%的入伍军人和 80%的军官都已经结婚。然而，这造成的一个后果就是，超过 10 万名女性因军队责任而被迫与丈夫分离(Harris, 2000: 14)。

指挥官收到越来越多的来自自己部队的反映家庭问题的报告。这些报告中的问题涉及长期的财务困难、子女的身心健康等。这些问题导致军队在留下尽职的士兵和鼓舞常规军的士气上遭遇困难(Harris, 2000)。为了研究这些抱怨及军队怎样才能大刀阔斧地解决这些问题，一个为期两年的调查被展开。这项调查的结果使得军队社区服务计划(ACS)发展起来，这个计划首先在新泽西州的迪克斯堡、俄亥俄州的本宁堡和华盛顿州的刘易斯堡展开。计划发展到后期，它在所有的军事基地都开展起来，并有超过 500 名军队社会工作人员入驻军队。

ACS 的使命是建立起一个集中的在地服务中心，它能在军人遇到超出家庭资源解决范围的个人和家庭问题时为其提供各种信息、帮助和指导。这个计划认可并回应了军队工作人员及其家庭的需求。它最初被确立的目的是减少耗费在指令—人事问题和士兵为复杂的个人及家庭内的分歧寻求帮助的时间。另一个目的是通过提高职业满意度来提高工作者的留职率。"提供的服务包括介绍经济援助的信息，介绍可用的住房、交通，解决家属的迁移和安置问题，提供医疗和牙科保健，提供法律援助以及解决更复杂的家庭和个人问题。"(Harris, 2000: 14)

一开始，有 42 名社会工作管理人员和 19 名现役的社会工作人员被任命。这是社会工作者首次作为一个团队被任命并被指派去传授他们在医疗服务之外的知识和技能。除了专业人员外，ACS 也非常依赖志愿者的服务。ACS 的初衷是建立一个由军人妻子组成的志愿者队伍，由她们去支援一个小型的军队督导团队和民间的督导团队(Harris, 2000)。在 ACS 的创始阶段，有两名军人的妻子在其中发挥着重要作用，她们分别是乔治·S.巴顿(George S. Patton)上将的妻子比特丽斯·班宁·艾尔(Beatrice Banning Ayer)和在1964—1968年任职的陆军参谋长哈罗德·K.约翰斯顿(Harold K. Johnston)上将的妻子多萝西·雷尼克斯(Dorothy Rennix)。

"截至1966年11月,全球已经建立起超过90家ACS中心,132 000多名士兵接受过这些中心的服务。"(Harris, 2000: 15)ACS中心也被建在主要的医疗机构中,包括华盛顿特区的沃尔特·里德(Walter Reed)陆军医疗中心、科罗拉多州的菲茨西蒙斯(Fitzsimmons)总医院和宾夕法尼亚州的福吉谷(Valley Forge)总医院。在全球的ACS医疗中心里,社会工作者在实施和建立ACS计划的过程中发挥着重要作用(Harris, 2000)。1967年1月16日,美国陆军副参谋长的人事服务部建立了一个ACS的分部,这是一个里程碑式的成就。这项成就巩固了ACS项目在军队社区中的地位,也使ACS项目成为家庭支持计划——军队社会工作的一项重要发展(本章后面将深入探讨)——的基石。

(三) 越南战争后到冷战结束

20世纪60年代末70年代初是社会剧烈变迁的时期,军队也不例外。由林登·B.约翰逊(Lyndon B. Johnson)总统所作的名为《伟大的社会》(*The Great Society*)的演讲,提高了人们对贫困、种族矛盾与包括儿童虐待和家庭暴力等在内的家庭问题的认识。这种意识觉醒为包括海军社会工作项目在内的军队社会服务领域带来了巨大的变化。

由于越南战争期间军队对受过专业训练的心理健康专家的需求不断上升,红十字会决定停止提供社会心理服务。需要服务的军人及其家庭成员的规模太过庞大,超过了机构本身的负荷能力。当红十字会在20世纪70年代停止它的服务时,在海军医疗机构内出现过的社会工作服务也短暂减少,而其他卫生保健专业人士则要负起填补社会工作者空缺的责任。然而,在红十字会退出前,几个民间精神病社会工作者已经为海军中的一个官方社会工作项目打下了一定的基础。最终,对大量战俘(POWs)和被列为战斗失踪人员(MIA)的关注成了一个提升社会工作在海军中地位的催化剂(United States Navy Medical Service Corps, 2000)。1972年,战俘研究中心在加利福尼亚州圣地亚哥的海军健康研究中心内成立。这个研究中心的成立表明,强大的外展服务、与其他机构的合作、心理健康咨询对于帮助回归的战俘及其家庭是非常必要的。这直接使得社会工作者被雇用到几家海军治疗机构。社会工作者在其中发挥了协调社区服务并促进被遣返的战俘及其家庭顺利过渡到社区生活的作用。在这些治疗机构中，很多项目最初都是通过提供个人和家庭咨询来帮助军人家庭和他们的子女的（United States Navy Medical Service Corps，2000）。

20 世纪 70 年代，还有一些事件提升了社会工作在海军中的地位，包括 1971 年的海军戒毒中心、1976 年的家庭支持计划以及 1978 年的海军家庭服务中心系统的成立。然而，在这些项目发展的早期，都只有为数很少的社会工作者参与其中。例如，海军医院中只雇用了 19 名社会工作者。相比较而言，军队的其他分支却有着非常强大的社会工作项目，每 15 名医生就配有 1 名有军队编制的或民间的社会工作者。这个比例在海军中是每 170 名医生只有 1 名民间社会工作者（United States Navy Medical Service Corps，2000：25）。而这些民间社会工作者不仅要负责照顾海军士兵，还要负责照顾海军陆战队的队员。

社会工作者的缺乏使得海军士兵和海军陆战队员的照顾问题不断增加，1979 年，当时的医疗与外科局（The Bureau of Medicine and Surgery）批准了招募并任命 13 名社会工作者进入医疗服务队的请求，这使得社会工作者在海军中的作用有了突飞猛进的发展。因此，1980 年 1 月，美国海军第一位有军队编制的社会工作者被任命为（初级）中尉，并被分配到圣地亚哥的海军区域医疗中心去建立一个社会工作部门（United States Navy Medical Service Corps，2000）。到 1980 年底，这个部门增加到 11 名有军队编制的社会工作者。1979 年，另一个轰动性的事件是海军的第一所家庭服务中心建立起来。在接下来的 5 年里，海军中的社会工作在医疗机构、戒毒与戒酒中心、家庭支持等项目中继续发展，并向个人、家庭和小组扩展临床性服务（United States Navy Medical Service Corps，2000）。

（四）家庭计划

如杰西·哈里斯（Jesse Harris）在本书第十八章中所讨论的，也许对军队社会工作的发展贡献最大的因素是现役军人和退伍军人的家庭和子女经受的生活压力，以及军官们意识到的家庭压力对军队使命的影响。最大的一个军队家庭服务项目是家庭支持计划（FAP），这个项目我们在前文中讨论过，它出现在越南战争时期，它的前身是一些主要关注儿童虐待的反家庭暴力计划。尽管这些项目最初的关注点是儿童虐待方面的医疗问题，但是预防和教育问题也很快被跟进（Nelson，2000）。

很多公民认为，在军队社区，儿童虐待就像传染病一样普遍存在。但是在那个时候，并没有集中的数据肯定或否定这一点。之后的研究显示，20世纪70年代，军队中的儿童虐待实际上比普通大众中的比例要低（Nelson，2000）。但是，这个污名仍在持续，并导致了“公法93－247”（Public Law 93－247）即《儿童虐待预防治疗法案》（*Child Abuse Prevention Treatment Act*）的通过。

> 这项立法要求联邦给各州发展和加强儿童虐待预防与治疗项目拨款，专门要求各州都建立起一套举报并调查涉嫌虐待儿童的人员的制度。该法案也建立了国家儿童虐待和忽视中心（National Center on Child Abuse and Neglect，NCCAN），它强力倡导在国防部（DOD）内开展一系列项目（Nelson，2000：54）。

这项立法通过后，美国国防部创建自己的识别和治疗项目的压力倍增。然而，国防部并不情愿这样做，它只鼓励曾在军队工作过的公民来担负起创建这个项目的职责（Nelson，2000）。

1975年，空军成为第一个建立儿童支持项目的服务部（Nelson，2000），到1976年底，每个服务部都拥有了自己的儿童支持项目。除此之外，海军把配偶虐待也纳入它的项目（Nelson，2000）。然而，在这些项目中，没有一个是国家直接拨款或给予重视的，因为所有这些项目中的被分派的工作人员都只能履行额外的或附属的职能（Government Accountability Office，GAO，1979）。纳尔逊（Nelson，2000：55）评论道：“由此可见，这些项目与把现存结构形式化的管理机制几乎没什么两样。当时不存在任何对抗或预防儿童虐待的额外的资源。”

改变军队中儿童支持项目发展方向的催化剂是1979年通过的美国审计总署的报告《军队儿童支持项目：忽视的受害者》（*Military Child Advocacy Programs: Victims of Neglect*），它以文件的形式确立了在实施军队家庭暴力项目中国防部进行综合性指导的必要性。这份报告指出，儿童支持项目在不同部门中发展得不一致、不协调，也没有得到适当的资助，其在军队机构设置中也没有占据合适的位置。这份报告还指出，这些项目面临着人手不足、需要一个统一持续的国防部政策、更好的资源配置，以及扩展教育与培训等问题（Government Accountability Office，1979）。为了回应这份报告，国防部建立了军队家庭资源中心（Military Family Resource Center，MFRC）。国防部还颁布了第一部关于家庭暴力的指导意见，并向军队家庭支持项目拨付了资金(Nelson, 2000)。

军队家庭资源中心建立于1980年10月，它是基督教青年会军队服务部(the Armed Services YMCA, ASYMCA)的唯一使命。它的建立，是为“服务于军队家庭的专业人员提供信息和技术支持，为军队内部的互惠服务和跨学科合作提供便利，与其他服务家庭的联邦和民间机构保持联络，并为所有的军队家庭暴力项目提供财政监督”(Nelson, 2000: 56)。尽管它建立的初衷是想有一个信息共享的场所，但它慢慢演变成了一个管理项目发展和培训的机构，它也成为家庭支持项目发展的催化剂(Nelson, 2000)。到1990年，ASYMCA放弃了对MFRC的控制，但它仍在军队家庭支持项目的创建和实施过程中发挥着重大作用。

1981年，国防部颁布了一个指导意见，该意见使儿童支持项目得以扩展，把配偶虐待也包含在内，并为每种服务设定了一套常规定义。该指导意见从仅关注儿童支持转向整个家庭的支持。它要求每种服务都建立起一套自己的儿童和配偶虐待的预防、识别、报告、治疗和跟进的程序。FAP最初确实面临着国防部的犹豫不定，因为它对到底如何协助国防部支持现役军人的主要使命并不清楚(Nelson, 2000)。但是，到1983财年，FAP直接由国防部拨款。“家庭虐待资金的集中在统一个人和彼此不协调的服务活动，并在使之成为一个连贯的国防部计划中至关重要”(Nelson, 2000: 57)，这在1979年的美国审计总署的报告中被提到过。1987年，第一个记录儿童和配偶虐待的标准化集中登记报告被要求创建起来(Nelson, 2000)。

目前，FAP的使命是预防、识别、干预、治疗儿童虐待与忽视以及配偶虐待的所有方面(Nelson, 2000)。FAP还被设计为在不损害受害者利益的前提下保持家庭的完整性，该项目还和各州及地方的民间儿童保护服务机构进行合作。它们还通过提供包括培训、教育和初级及中级的预防项目在内的服务和项目的方式来使家庭变得更加强大，其涉及从建立非暴力社区到针对高危人群的各种项目(Nelson, 2000)。

社会工作者在FAP的创建和发展过程中发挥着重要作用。民间社会工作者开辟了道路，但是控制权很快就被转移到了有正式军队编制的社会工作者手中。早期项目都是由社会工作者管理的，他们通常作为心理健康官员被分配到各处。儿童支持官员履行的是额外的职责，因此他们不得不平衡众多彼此矛盾的工作要求。这些要求包括指令性的评估、咨询、顾问以及对儿童虐待案件的评估、治疗和个案管理等。但遗憾的是，这就意味着儿童虐待案件并不总是能够得到最优先的考量(Nelson, 2000)。直到20世纪80年代末90年代初，儿童支持才成为社会工作者的专属工作。

（五）药物滥用计划

如同在本书第十二章中将要讨论的，药物滥用已经成为越南战争时期的军队的一个大问题，从越南战争中返回的士兵往往对鸦片、海洛因、大麻等上瘾。因此，1971年通过的"公法92－129"强制要求在各军队服务的分支机构中开展药物和酒精依赖者的识别和治疗项目。军队药物滥用预防计划与普通市民的雇员协助计划（EAP）相似，但是又不像EAP那样把追求经济利益当作自己的目标，这些军队计划旨在确保军力（Newsome，2000）。

在早期阶段，主要的治疗模式是匿名戒酒协会（Alcoholics Anonymous）的12步治疗模型。无论住院项目还是门诊项目，都依赖于这个12步治疗模型，而且成为一名治疗者的主要标准就是他们自己必须是"在康复中"。这一标准产生了一些辅助专职人员的工作者，并一直持续到20世纪80年代。每个分支机构对顾问角色的认识都不相同。陆军和海军虽然都在康复项目中雇用了很多这种顾问，但是陆军把顾问设置成了一个特定岗位，而海军则将顾问当成一种额外工作，并保留他们在海军中的正式岗位。所有的康复服务都由被派到一个叫作"社会行动"的综合性服务机构的顾问来提供。这家机构也处理雇员关系、种族关系和机会平等问题。空军中的工作者会将一个"社会行动"顾问和一个医疗咨询师的初始评估结合起来。现役社会工作者主要担任医疗咨询师的角色，而且他们大多被分配到基地的精神健康诊所（Newsome，2000）。

（六）PTSD

1980年，创伤后应激障碍被《精神障碍诊断与统计手册（第三版）》（*DSM*－*Ⅲ*）正式确认为一种病症（Lasiuk，Hegadoren，2006）。尽管军人的创伤应激反应在早期的战争中是以别的名称存在的（这会在本书的第六章中进行讨论），但直到20世纪六七十年代末，退伍军人才开始努力想把精神健康问题视作因作战导致的一种损伤。在PTSD成为一种官方诊断前，退伍军人无法因为他们的PTSD症状得到伤残补助（Lasiuk，Hegadoren，2006）。这项新诊断使得退伍军人医院和军队的精神健康诊所的精神健康社会工作者的数量不断增加（Daley，2000）。然而，这也是军队的精神健康诊所中有军队编制的正式社会工作者数量减少的一个时期。正式的社会工作者在家庭支持和药物滥用项目方面不断发展他们的专业知识和技能，导致他们渐渐失去在精神健康诊所的地位(Daley，2000)。

(七) 退伍军人管理局(Veterans Administration)

这个时期,退伍军人管理局也增加了很多服务项目。1979 年的《退伍军人健康照顾修正案》(*Veterans Health Care Amendments Act*)通过后,VA 建立起遍布全国的诊疗中心网络,从而和 VA 的其他机构区别开来。为了回应越战退伍军人的特殊需求,诊疗中心起初只对越战退伍军人开展服务;但是,后来扩大到为所有的退伍军人服务(Department of Veterans Affairs，VA)。

1975 年,为了回应日益增多的老年退伍军人和他们的特殊需求,VA 开始训练跨学科的健康照顾专家团队。20 世纪 80 年代后期,VA 开始对无家可归的退伍军人和慢性精神疾病患者特别感兴趣(Department of Veterans Affairs，VA)。很多服务这些新目标人群的专业工作者岗位都被社会工作者占据。

(八) 海湾战争到“9·11”事件

20 世纪 90 年代是军队社会工作的扩张时期,也是它的转型时期。在冷战和 1990—1991 年的海湾战争(代号“沙漠盾牌行动”或“沙漠风暴行动”)结束后,很多由军队社会工作引领的项目在资金和规模上都不断扩大。家庭支持项目在这段时期扩展得尤为迅速。总体来看,社会工作的角色在军队和退伍军人医院中也是如此。在海军中的发展就是这种扩张的典型。“在沙漠盾牌行动/沙漠风暴行动期间,社会工作者首次乘坐 Comfort 号、Mercy 号和 Fleet Hospital Five 号三艘医院船(hospital ships)被派遣到战区。他们提供咨询、介绍以及精神健康支持服务。”(U.S. Navy Medical Service Corps，2000：26)

(九) 家庭支持计划

家庭支持计划的预算从 1988 年到 1993 年翻了好几倍——从 1 420 万美元到 6 220 万美元。FAP 的工作人员的工作面逐步拓展,以保证报告和培训政策及延伸性预防项目的标准化。所有这些预防项目都有资金支持,其中包括在 1995 年获得 2 000 万美金资助的新父母支持计划(Nelson，2000)。

到 20 世纪 90 年代末,不断增长的资金和资源被 FAP 撤回,这是因为军队的规模也在缩减。截至 1995 年,国防部约比 5 年前少了三分之一的军人；大量军事设施被关闭，尤其是那些在海外的；还有一些设施不断地向美国国内基地转移。但是，即使在缩减，到 1998 年底，FAP 仍然是一个每年拥有超过 1 亿美元资金支持和雇用 2 000 多名提供广泛的干预和预防服务的大型综合性跨学科组织（Nelson，2000）。

（十）药物滥用计划

药物滥用计划在 20 世纪 90 年代也经历了巨大的变化和增长。公民社会中开始流行这样一种趋势：人们更加注重门诊治疗而不是之前短暂的住院治疗，这影响了军队对药物滥用的治疗。转向门诊机构的行动使得住院治疗机构减少，这无疑在国防部希望减少预算时起了作用（Newsome，2000）。

由于转诊病人的方式从任意转诊变为授权转诊，军人在接受酗酒治疗前需要先接受 DSM 诊断。军队药物滥用预防和治疗项目的经理们中的许多人都是社会工作者，他们需要确保尽可能少地使用违禁药物，以使军队战备达到最佳状态。这一责任意味着顾问们必须发展出能检测出早期水平的酒精滥用障碍的方法。使用信誉良好、具有高灵敏度的专门的检测工具——如世界卫生组织（World Health Organization）的酒精使用障碍鉴别试验（Alcohol Use Disorders Identification Test，AUDIT）——被证明在早期评估的准确性方面是至关重要的（Newsome，2000）。

违禁药物的使用也成为 20 世纪 90 年代的一个大问题。在 20 世纪 80 年代早期，军人能够在有限权限通信项目（Limited Privilege Communication Program）下接受违禁药物使用的治疗；然而，到了 20 世纪 80 年代中期，"零容忍"政策被施行，在这种情况下，任何使用违禁药物的报告——无论是自己报告的还是别人报告的——都会导致行政解雇甚至刑事起诉（Newsome，2000）。

1998 年，空军开始施行酒精和药物滥用预防和控制项目（Alcohol and Drug Abuse Prevention and Control，ADAPT），该项目允许那些自我检定为使用违禁药物的个人从刑事起诉中获得有限保护（Newsome，2000）。VA 会提供治疗给那些主动同意接受行政解雇的个体。ADAPT 的建立是首次把评估项目的努力付诸实施。这个项目的一个要求是，要对当事人的行为和工作表现分别进行为期 3 个月、6 个月、12 个月的跟进评估。社会工作者和其他行为健康专家负责执行这些跟进评估，并负责对违禁药物上瘾的军人进行治疗。

(十一) 退伍军人管理局

20世纪90年代，VA将它的注意力都集中在海湾战争的退伍军人照顾方面。很多海湾战争的退伍军人回家时都患有原因不明的慢性疾病。这些原因不明的疾病使得VA开展了多项调查研究，并改变了决定与服务相关的赔偿金的政策(Department of Veterans Affairs, n.d.)。

20世纪90年代，女性退伍军人也渐渐占据了退伍军人的很大比例。为了回应这种增长，"VA为女性军人增加了医疗机构和相应服务，并努力使她们认识到她们平等地享有各种老兵福利。1992年颁布的《退伍军人健康照顾法案》(*The Veterans Health Care Act*)为一系列特定性别的服务对象和各种服务项目赋予了权威性，也方便了他们更好地照顾女性退伍军人"(Department of Veterans Affairs, n.d.)。

第一所为女性退伍军人开放的VA中心成立于1994年11月。它的使命是确保女性退伍军人拥有和男性退伍军人一样的接受VA健康照顾和享有各项福利的权利，并且VA中心还对女性退伍军人的特殊需求给予了回应。它还致力于提高女性退伍军人的福利和资格标准(Department of Veterans Affairs, n.d.)。

VA在保护女性免受性侵犯方面也迈进了一大步。尾钩丑闻(Tailhook scandal)涉及海军的多名见习船员性侵多名女性，该丑闻发生后，国会开始注意到性骚扰和性侵犯对女性退伍军人的伤害。以下是从VA网站摘录的消息：

> 1992年7月，参议院退伍军人事务委员会举行的一系列关于退伍女兵问题的听证会，第一次使得军队中的性侵犯问题引起政策制定者的关注。国会以通过"公法102-585"来回应这些听证会，这些条款在1992年11月被签署为法律。除此之外，"公法102-805"为了帮助退伍女兵克服她们在军队服役时因经历性侵害或性骚扰而造成的心理创伤，批准相关单位为她们提供健康照顾和咨询服务。后来，法律又将这一福利扩大至男性退伍老兵，废除了对服务期限的硬性规定，并延长这些福利提供的时间到2005年(Street, Stafford, 2004)。

VA十分关注军队中的性创伤，在接下来的十年里一直为经受这种痛苦的女兵和男兵提供相关福利。社会工作者在帮助遭遇过军队性创伤的退伍军人的过程中经常扮演性创伤咨询师和军队性创伤协调者的角色。

(十二) 全球反恐战争

2011 年 9 月 11 日，美利坚合众国被永久地改变了。在“9·11”事件发生前，军队一度认为它的大小和范围都会不断缩减(Daley, 2000)。然而，“9·11”事件后，军队增加了它的规模以抵御全球恐怖战争，包括阿富汗的“持久自由行动”，以及后来演变成“新黎明行动”的“伊拉克自由行动”(其他国家也在进行多种多样的反恐行动)。这是自越南战争后美国军队首次进入一场持久战争，这场持久战争改变了美国军队的社会环境。这场战争没有“前线”，所以女兵们也要时刻处于战时状态，这在以前的战争中是从未有过的。这种女性平等的状态虽然显示了女性的能力，但也表明了女性军人可能随时会处于来自同事的性骚扰和性侵犯的危险境地中(Hyun, Pavao, Kimmerling, 2009)。

在战争期间，当单一年度的自杀数量开始多于战争伤亡数量时，军队也对自杀问题给予了重点关注(Donnelly, 2009)。服役期间可否公开同性恋性取向的“不要问，不要说”(Don't Ask, Don't Tell)政策被推翻。此外，这两场战争的标志性伤亡——创伤性脑损伤——被带入了公众视野。所有这些事件导致军队内有一段时间发生了问题不断增长的变化，军队社会工作者发挥的作用越来越大。军队社会工作者现在广泛存在于行为健康机构、战事压力控制分遣队、士兵过渡机构，这些机构专注于服务负伤返回部队的士兵，并帮助他们顺利过渡到市民社会。

(十三) 性侵

2000 年左右，性侵预防和反应办公室(Sexual Assault Prevention and Response Office, SAPRO)建立。2005 年 10 月 5 日，《指导性意见 6495.01》(*Directive 6495.01*)颁布。这份指导意见概述了 SAPRO 的职责，并建立起第一家监测和记录发生在军队内的性侵案件的机构。这份指导意见被用于整个国防部以及军队的每个分支机构。这个项目的目标是减少发生在军队内部的性侵案件(Department of Defense, 2005)。社会工作者和其他行为健康工作者经常作为性侵案件协调员开展工作，并担任支持军队中的受害者的志愿者。

另外一个变化是军队如何看待男性的性侵案件。在军队中，男性受害者的数量往往比女性更多，而军队中实际报告上来的性创伤数量却显示男性和女性是一样的。在军队中的所有男性中，1%报告了性侵案件，而在军队中的所有女性中，这一比例是 20％～40％（Hyun et al.，2009；Kelly et al.，2011）。

VA 采取了一系列措施来解决性侵带来的问题。“VA 的一系列指导性意见强制对所有退伍军人进行普查，以完成一份军队性创伤病历，并强制要求每个机构确定一名军队性创伤协调员来监督筛查和治疗转诊过程。”（Street，Stafford，2004：68）这些职位通常由社会工作者来填满。

（十四）自杀预防

如我们在前文中所提到的，在全球反恐战争期间，自杀事件在军队中越来越受到重视。陆军副总参谋长皮特·基亚雷利（Peter Chiarelli）上将对这个问题很感兴趣，并把减少军队中的自杀事件作为自己的个人使命来执行。被执行的一个项目是在 2007 年为现役军人和退伍军人建立全国热线中心。“自从它建立起以来，退伍军人危机热线（Veterans Crisis Line）已经接听了超过 50 万通电话，并挽救了超过 18 000 条生命。2009 年，VA 增加了一个匿名网上聊天服务，也帮助了超过 28 000 人。”（Department of Veterans Affairs，2011：1）这个热线中心由危机干预和精神健康技术方面的专业人员来提供服务（Department of Veterans Affairs，2011）。社会工作者通常在 VA 医院和军队医疗机构的行为健康部门负责危机预防咨询师的工作。

（十五）今天的军队社会工作

今天，社会工作者至少要具备硕士学位才能为退伍军人或在军队中服务。最近几年，国防部更愿意雇用在进入军队系统前拥有 2 年硕士研究生经历并且/或者有独立临床社会工作实践执照的社会工作者。而且，每个分支机构都会为新进的硕士水平的社会工作者创造实习机会，以帮助他们在工作的同时获得临床执照（Department of Veterans Affairs，2011）。

VA 中社会工作者的角色在不断变化。现在，所有的病人照顾领域都负有治疗责任。这些责任包括：帮助 VA 病人及其家庭的适应能力和处理能力提升至最佳，并促进他们的职业康复和心理社会康复（Department of Veterans Affairs，2010）。社会工作者是跨学科团队中的一个组成部分。他们参与治疗方法的拟定和实施。他们与急、慢性病的医疗环境和安养院的病人一起工作，并在获得跟进允许后继续提供照顾服务。他们协调解聘计划并提供个案管理服务（Department of Veterans Affairs，2010）。社会工作者继续为几乎所有的 VA 目标人群服务，包括从全球反恐战争中退下来的、无家可归的、年老的、有精神疾病的退伍军人和他们的家属。

退伍军人事务部和 180 多所社会工作研究生院合作。正如本章开头提到的那样，它"为社会工作专业的学生提供最庞大和最综合的临床培训项目——每年培训 900 名学生"(Department of Veterans Affairs, 2010: 1)。2010 年，VA 雇用了 13 000 多名社会工作者，且每年的数量还在不断攀升(Partners for Public Service, 2010)。

四、结论

本章简短地介绍了军队和退伍军人管理局中社会工作的历史起源和发展。从它的早期起源即内战时期的医疗社会工作到全球反恐战争中的社会工作，社会工作者一直负责美国负伤退伍军人的照顾服务。社会工作者在执行许多军队的社会改革项目如家庭支持计划、药物滥用计划、性侵预防和反应办公室中已经发挥了重要作用。在过去的 100 年里，社会工作者的服务范围也已经从单纯的精神健康和医疗领域扩大到了更多的实务领域，而且还将在未来继续发展下去。

参考文献：

American Red Cross. (2011). *Military and Red Cross partnership*. Washington, DC. Retrieved from http://www.redcross.org/portal/site/en/menuitem.d8aaecf214c576bf971e4cfe43181aa0/?Vgnextoid =b9681b655eb3b110VgnVCM10000089f0870aRCRD&vgnextfmt=d.

Daley, J. (2000). Military social work practice in mental health programs. In J. Daley (Ed.), *Social work in the military* (pp. 123 - 136). Binghamton, NY: Haworth Press.

Department of Defense 6495.01. (2005). *Sexual assault prevention and response program*. Washington, DC.

Department of Veterans Affairs. (n. d.). *Veteran's affairs: A history in brief*. Washington, DC. Retrieved from www.va.gov/opa/publications/archives/docs/history_in_brief.pdf.

Department of Veterans Affairs. (2010). *History of Veteran's Administration social work*. Washington, DC. Retrieved from http://www.socialwork.va.gov/about.asp.

Department of Veterans Affairs. (2011). *Suicide prevention*. Washington, DC. Retrieved from http://www.mentalhealth.va.gov/suicide_prevention/index.asp.

Donnelly, James. (2009). More troops lost to suicide. *Congressional Quarterly*.

Retrieved from: http://www. congress. org/news/2009/11/25/rising military _ suicides? referrer5bk.

Government Accountability Office. (1979). *Military child advocacy programs: Victims of neglect*. Washington, DC: Author.

Harris, J. (2000). History of army social work. In J. Daley (Ed.), *Social work in the military* (pp. 3 - 22). Binghamton, NY: Haworth Press.

Hyun, J. K., Pavao, J. & Kimerling, R. (2009). Military sexual trauma. *PTSD Research Quarterly*, 20, 1 - 8.

Jenkins, J. (2000). History of air force social work. In J. Daley (Ed.), *Social work in the military* (pp. 27 - 48). Binghamton, NY: Haworth Press.

Kelly, V. A., Skelton, K., Meghna, P. & Bradley, B. (2011). More than military sexual trauma: Interpersonal violence, PTSD and mental health in women veterans. *Research in Nursing & Health* 34(6), 457 - 467.

Lasiuk, G. & Hegadoren, K. (2006). Posttraumatic stress disorder part I: Historical development of the concept. *Perspectives in Psychiatric Care*, *42* (1), 13 - 20.

National Association of Social Workers. (n.d.). *Social work history*. Washington, DC.

Nelson, J. (2000). Development and evolution of the family advocacy program in the department of defense. In J. Daley (Ed.), *Social work in the military* (pp. 51 - 66). Binghamton, NY: Haworth Press.

Newsome, R. (2000). Military social work practice in substance abuse programs. In J. Daley (Ed.), *Social work in the military* (pp. 91 - 106). Binghamton, NY: Haworth Press.

O'Keefe, D. (2009). Psychiatric social work. In *Neuropsychiatry in World War II*. Washington, DC. Retrieved from http://history. amedd. army. mil/booksdocs/wwii/NeuropsychiatryinWWIIVolI/default. htm.

Partners for Public Service. (2010). *Social work jobs in the federal government*. Washington, DC. Retrieved from http://www.makingthedifference.org/federalcareers/socialwork. shtml.

Raiha, N. (2000). Medical social work in the U. S. armed forces. In J. Daley (Ed.), *Social work in the military* (pp. 107 - 122). Binghamton, NY: Haworth Press.

Street, A. & Stafford, J. (2004). Military sexual trauma: Issues in caring for veterans. In *Department of Veterans Affairs & National Center for PTSD (2004) Iraq War Clinician's Guide*. Washington, DC.

United States Navy Medical Service Corps. (2000). History of navy social work. In J. Daley (Ed.), *Social work in the military* (pp. 23 - 26). Binghamton, NY: Haworth Press.

第二章　军队文化及其多样性

Jose E. Coll, Eugenia L. Weiss & Michael Metal

一、简介

本章的主要目标是让读者熟悉什么是军队文化。军队情境中的文化主要包括价值、信仰、惯习、规范、观念以及行为，如同外部世界一样，军队中的文化影响着军人思考、交流和人际互动的方式(Exum, Coll & Wesiss, 2011)。玛丽·爱德华兹·沃茨奇(Mary Edwards Wertsch, 1991)对第二次世界大战后军人家庭中成长起来的成年人进行的研究把军队文化隐喻成"堡垒"，它象征着军队生活与社会其他部分的隔离。"文化"的烙印也同样决定了军人如何看待他们的生活功能、地位以及军队在美国社会中的角色。

今天，社会工作学科基础中的一个关键信条就是社会工作者要能对他们所服务的目标群体的文化有充分的理解。然而，大部分服务于现役军人、退伍老兵以及他们家庭的职业社会工作者对军人这个群体知之甚少(Freeman & Bicknell, 2008)。现在，随着服务需求者对那些提供行为健康服务给回归市民生活的退伍军人的民间社会工作从业者的依赖性越来越强，这种鸿沟也日趋明显。在这些归国的军人中，大部分是国民警卫队和预备役部队的成员，他们几乎占到全军的一半。这些公民士兵并不是全职的军队人员，除非他们被激活和被派遣任务(Maxfield, 2008)。此外，还有一些退休或者离开现役的老兵可能无法进入传统的退伍军人事务部的诊所进行治疗，因此，他们会转向求助于社区精神健康机构或者私人执业者。因此，为了能够提供与他们的文化相协调的服务，熟悉军队的生活方式及它的相关优势和需求对于这些从业者而言就显得非常重要了。

除了介绍军队文化，本章还概述了曾经服役或者正在服役的来自不同民族或种族的群体之间的差异，凸显了他们对美国国家安全所做的牺牲和他们重要的历史贡献。本章的内容还包括了下面一些部分，如老年退伍军人、男同性恋军队人员、女同性恋军队人员、双性恋军队人员，以及他们特有的职业压力和所付出的牺牲。

二、军队文化能力和咨询服务

临床社会工作者及其他精神健康从业者需要理解并重视服务对象的世界观(包括文化意义上的世界观)、价值观和经验(Weiss, Coll & Metal, 2011)。这种理解就是要"培养跨文化的理解力"以及促进"人际的亲密接触"(Berg-Cross & Takushi-Chinen, 1995；引自 Ponterotto, Gretchen & Chauhan, 2001: 86)。真实文化的获得能力是指我们在试图了解某种文化群体的"广泛的世界观"时，能通过调查"对这些观点的个体表达"来把握这些观点的能力。在咨询行业，文化能力作为伦理守则通过指导精神健康实务工作者去理解不同背景的服务对象而被带到实务的一线，并提供在文化上有胜任能力的服务(American Psychological Association, 1992; National Association of Social Workers, 1999)。此外，根据社会工作教育委员会(Council on Social Work Education, 2008)的《教育政策和认证标准》(*Educational Policy and Accreditation Standards*)的规定，社会工作学生在伦理上有义务为来自不同文化背景的人提供识别、分析并执行有效的实践策略的服务[CSWE, Educational Policy, 2.1.10(a)-(d)]。

借鉴咨询的多元理论如文化适应和民族认同感发展等概念，可以用来理解军队服役人员和退伍老兵这种不同的文化。例如，文化适应模式探索了移民同化和适应当地文化的程度(D.W. Sue & Sue, 2008)。民族认同感发展模式考察了有色人种在面对种族主义或体验到当地文化或主流文化的歧视时遵循他们自己的文化传统的程度(D.W. Sue & Sue)。格里格和蓬特洛托(Grieger & Ponterotto, 1995)提出了一个框架，认为在咨询过程中应该考虑服务对象的文化适应程度。他们假设：服务对象适应当地文化(即美国中产阶级白人的社会价值观)的程度越高，服务对象对咨询的过程越有可能感觉舒适。把这些概念运用于军人或者退伍老兵，可使治疗师能够检测那些从军队回归市民生活的军人的文化适应程度以及文化认同度。这也提供了一种弄清老兵对咨询过程看法的途径。

军队中的士兵和军官都被灌输了一种概念，那就是精神健康问题和心理问题源自懦弱，所以军人对咨询的认知是矛盾的(尽管目前军队正尝试去除精神健康服务的污名)。这种文化驱动的价值观可被视为治疗过程中的潜在障碍。治疗师应该在第一次探访服务对象的时候说明这个问题，并确认该军人会参与治疗。据格里格和蓬特洛托所言，临床工作者应该评估服务对象在理解、解释和定性个人问题方面的心理悟性（psychological-mindedness，或称洞察能力）。在军队文化中，服役人员一般会被劝阻不要去过多地考虑个体性的方面；相反，他们会服从上级的命令，并作为集体的一分子来行动，且被告知集体利益优先于个人利益。在服务这些高度认同军队文化的老兵时，这种集体主义的观点给精神健康从业人员带来了挑战（Coll，Weiss，Draves & Dyer，2012）。许多退伍老兵甚至在离开军队后仍然依据他们对军队的认同来指导他们的生活。认同是指一个过程，通过这个过程，人们定义他们自己，它也决定着人们的态度和行为，以及他们与别人进行交流的方式（Ashfoth，Harrison & Corley，2008）。本章的作者假设，一名退伍老兵对军队文化的过度认同会影响他或她成功过渡至市民生活世界的能力，也影响到他或她在治疗关系中建立良好关系的能力（特别是退伍老兵的认同与民间治疗师的认同有冲突的时候）。另一方面，有些退伍老兵在结束军队服役后会选择不去继续严格地与军队保持一致的认同。换言之，这些个体对军队的认同度低，这在一定程度上降低了他们融入新的市民生活的难度（Kreiner & Ashforth，2001）。所以，临床工作者应该知道，并不是所有的退伍老兵都是一样的，正如在一个既定的文化中，群体内也会存在多样性（D.W. Sue & Sue，2008）。

总体上，文化能力要求实务工作者考虑他们自己的文化背景以及他们对待服务对象的态度（Lonner & Ibrahim，1996），尤其在服务于军人或者退伍老兵时。例如，有些实务工作者可能对军队服役有偏见，或者信仰反战主义，而这些信仰的表达会造成与退伍军人服务对象之间的疏远。此外，这样做会违反实务伦理，因为助人职业的伦理基础是建立在尊重服务对象差异性的基础上的（Coll et al.，2012）。

三、军队文化：价值观和信仰

军队文化，如前面所述，由价值、信仰、惯习、规范、观念以及行为组成，它支配着军人思考、交流和人际互动的方式。这种文化观念同样决定了现役军人和退伍老兵如何看待他们生活中的角色。无论来自哪个部队或哪个战争年代，所有的退伍老兵都共享着某些价值，如荣誉、勇气、忠诚、正直以及奉献等并反映在军队核心价值观的教化或社会化过程中。这些核心价值观通过诸如

“我将具有真正的信仰和忠诚”“我会服从命令”“永远忠诚”等教条形式引导军人内化最高伦理原则(U.S. Marine Corps values;引自 Exum et al., 2011)。

作为行为标准,这些价值观决定了军人的行为。不管军人是否穿军装,这些行为标准都在起作用。军队作为一个社会化的机构,它相信广泛应用这些行为标准是必要的,因为军队成员必须随时为战斗做好准备(Exum et al., 2011)。此外,戴利(Daley, 1999)提出,超时服役的军人会发展出一种独特的认同,他称之为族群(ethnic)认同。个人和家庭进入军队文化中所遭遇到的共享特征最后形成了这种独特性。例如,共享特征包含以下几个方面:军队中独特的用语、排他感、在指挥部中的地位、番号以及有无战斗经验。这些就是形成一种“我们感”或深刻的共享经验的全部原因。此外,那些一起参加过特殊军事行动的人彼此之间会产生更深刻的联系,它被戏称为一种“部落般”的经验。

四、军队文化的独特性

当我们试图理解军队文化的时候,我们会自动地将我们自己的文化作为与之对比的一个参照物或标杆。例如,对于许多美国民众来说,他们的文化强调个人或个人成就、人身自由和追求社会流动性。这些典型的市民文化的特征与军队文化的特征截然相反,军队内部有一套分层结构,并且更强调使命、指挥系统(直接报告)和群体的团结(Exum et al., 2011)。军队中的社会地位是明确的,军官的地位高于应征士兵,并且军官和应征士兵根据军衔来进一步排列地位。职责、义务、工资、生计安排和互动方式都取决于军衔的高低(下一部分将具体描述)。军队文化向其成员提供了一个明确的解释,军人的个人目的是通过忠诚、服从及荣誉来帮助其完成个人使命。个人成就价值对军人在多大程度上高效高质地完成上级所分派的任务是很重要的(Exum et al., 2011)。

也许市民文化与军队文化的最显著的区别在于在军队文化提倡献身于自己的使命,即像在人道主义的救援任务中一样,为国家、为同志,甚至为素不相识的人或组织牺牲个人生命。所以,军人都懂得他们要服从合法的命令,也完全明白这意味着在完成命令的过程中他们可能会严重受伤甚至牺牲(Cook, 2004)。他们的献身精神对他们的影响是深刻的,可能会影响他们对没有参过军的人的看法以及与他们的关系。军人形成了一种反映军队文化价值的世界观,正因为如此,他们往往在回归市民生活后觉得自己格格不入。重新调整军人回归市民生活不像我们想的那么简单。那不仅仅意味着脱下军装。对于许多老兵来说，转变意味着要学习新的生活方式、语言和适应新的文化（详细资料请参考科尔和韦斯所著的第十七章）。

五、军队组织

美国军队是一个科层组织，军衔代表着组织中的权力等级（Kadis & Walls，2009：1）。组织中的等级结构包括三个主要的类别——士兵、准尉和委任军官，每一个类别都有独特的职责以及领导方式，它直接影响着（军人的）收入潜力、生活环境和在军队中的地位（Daley，1999）。

美国军队由四部分组成（归国防部管辖的），每一部分有其独特的使命、目的和内部文化。他们包括：陆军（Army，代表美国主要的地面武装）、海军（Navy，执行海上任务）、海军陆战队（Marine Corps，两栖作战），以及空军（Air Force，空中、太空和通信）。陆军是历史最悠久、最大的分支，由现役部队（Active Army）、国民警卫队（Army National Guard）和预备役部队（Army Reserves）组成。海军是第二大分支，由现役和预备役部队组成。海军陆战队是军队里最小的分支，由一支现役部队和一支预备役部队组成。空军是最年轻的分支，它成立于第二次世界大战结束后，由一支现役部队和两支预备役部队组成，其中两支预备役部队分别是空军预备役部队和空军国民警卫队。需要注意的是，美国海岸警卫队（United States Coast Guard）不属于国防部（Department of Defense，DOD）管辖，它隶属于国土安全部（Department of Homeland Security，DHS）。海岸警卫队的主要职责是确保海事安全、防卫、机动性、国家防御以及自然资源保护[Center for Deployment Psychology (CDP)，n.d.；Exum et al.，2011]。

服役于美军的总人数超过 360 万。这个数字包括国防部现役部队、国土安全部现役部队和海岸警卫队预备役部队，退休和备用的预备役部队的成员，属于以及不属于国防部的民兵。根据国防部的统计数据（DOD，2011），现役部队和海岸警卫队现役部队占了军队的最大部分，约占 39.4%；预备役占了 29.2%；国防部民兵占了 24.9%。值得注意的是，除此之外还有大量提供帮助、技术支持和咨询服务的私人的与军队签署合约的公司（参见 Singer，2004）。

资格：为什么参军？

美军对每一个年龄处于 18～35 岁的美国公民或持绿卡的美国居民都

是开放的。参军条件包括一份高中学历、一份无罪记录和一份身体健康(证明)。然而,其中有些条件曾一度被废除,特别是在战争时期或兵源短缺时期(Exum et al., 2011)。

直到最近,那些认同自己是男同性恋、女同性恋或双性恋的人仍被禁止参军。国防部的官方政策和1993年通过的“公法103－160”第654部分的第十条规定同性恋禁止参军。2010年10月22日被写入法律的《2010年“不要问,不要说”废除法案》废除了男同性恋、女同性恋或双性恋禁止参军的规定(详细的信息将在本章后面部分讲述)。

人们参军都有着不同的原因。有些人是为了获得旅行的机会,有些人可能是为了捍卫家族参军的传统,有些人可能是出于爱国主义,或者根据《“9·11”后退伍军人法案》(*Post－9/11 GI Bill*)的规定在高中毕业后把参军视为一种既能节省上大学的费用又能学习实用技能的机会。对很多人来说,参军是有保障的,工资和晋升机会对每个人都是平等的,同时还能为家里带来巨大的收益(Exum et al., 2011)。

女性参军的某些原因与男性相同。志愿兵的出现去除了以前一度限制服现役女性比例为2%的限额,最终增加了女性在军队中的就业机会(参阅第三章《军队中的女性》)。霍尔(Hall, 2008)提道,“有多少参军的人就有多少参军的理由”。除了上述原因,霍尔总结了更多的心理原因,如想要获得勇士的身份认同,想要逃避家里或私生活中的问题,等等。霍尔呼吁,民间顾问在服务军人和他们的家庭时应多去探索他们参军的原因。

六、战斗准备：美国军队的使命

对服务于退伍老兵的实务工作者来说,确认所服务的老兵参加过哪些战斗或战争,理解军队服役的历史、社会、政治以及文化意义是非常重要的,因为每个老兵的履历与其他老兵都是不同的。历史上,美军已经提出了四项为其推翻国际法(关于战争的部分)中关于互不干涉条款的“正当理由”:第一条是被邀请干预一个正被另一个国家包围的国家;第二条是根据协议的权利干涉一个国家的事务,该协议规定美军能够干涉参与共同防御的问题国家的事务;第三条就是保护美国公民在其他国家的生命和财产安全;最后一条,似乎是最好地诠释“正义战争”原理的一条,即以人道主义干预的组成部分为由参加战争(O'Brien, 1984)。

与精神健康从业者相关的是军队如何理解使用武力来完成它的使命。

上一次通过国会宣战的战争是第二次世界大战。大部分的美军军事行动并没有被严格定义为战争，而且很多参与军事行动的老兵很少或从不被媒体所报道。然而，这些“非战”行动仍然是危险的和高风险的，甚至可能会造成平民或军人的丧生。社会工作者需要明白，当部队被部署一次“被批准的军事行动”如“永恒自由行动”（也就是阿富汗战争）时，也就意味着他们将被派往战区。而这些经历将改变他们。相应地，当他们回归市民社会时，他们需要适应或减弱他们的战争反应到一个新的正常水平（new normal）。霍格（Hoge，2010）解释道：从战争到回归家庭的转变并不意味着放弃成为一个勇士，相反地，它意味着军人能够学会根据情况适时地调出或收敛一下勇士的反应。霍格提出，可以用LANDNAV（首字母）模型来帮助退伍老兵适应这种转变（我们相信，大部分对战争应激的心理治疗都基于这个模型所提供的一些元素）。

● L代表求生技能（Life Survival Skills），定义了老兵需要了解身体是如何对压力和战争做出反应的（如生存机制）。

● A代表参与（Attend），描述了老兵如何去注意和调节他们心理的（情绪的和认知的）以及生理的反应。

● N代表叙述（Narrate），强调了参战的老兵需要向人们叙述他们的战争故事。

● D代表（学习）处理[（Learn to）Deal]，表示老兵们需要想出可选择的（积极的）处理技巧。

● N代表掌握（Navigate），退伍老兵及其家庭成员需要学习如何掌握复杂的老兵健康照顾和服务系统。

● A代表接受（Acceptance），涉及老兵在生活中接受那些与丧亲经历相关的事实的重要性。

● V代表视觉、声音、群落/社区和胜利（Vision，Voice，Village/Community and Victory），退伍老兵应该赞美他们在社区和家庭生活中幸福美好的方面并对未来满怀希望。

七、军队文化与市民社会

如前面所述，军队生活与市民生活是根本不同的。军队社会有其独特的法律、规则、习俗和传统，包括大量对个人行动的限制及缺乏个人自由，而这些在普通市民世界是无法被接受的。军队文化确实完全地遵照《宪法》中有关个人权利和自由的条款，但是又衍生于功能主义的不可避免的“战场胜利”和集体利益高于个人利益的价值(Hooker, 2003：6)。

因此，军队的特殊责任、在军队服役的特殊条件、军队凝聚力的重要作用都需要军队以一个独立的特殊型社会而存在，即使它也在市民社会的控制之下(Davenport, 1987)。所以，正如达文波特(Davenport)所说，民众对军队的力量有一种矛盾心理，加上军队对团体凝聚力的执念，造成了两种文化间冲突的可能性。然而，胡克(Hooker, 2003)指出，军队文化和市民社会之间的心理距离和所谓的隔阂被夸大了。他声称，大量老兵和后备军人混居在市民社会中，这增进了两部分美国人从心理上和物理距离上接近和理解彼此的程度。虽然军队文化包容和利用了一系列较多的限制个人行为的价值观，但普通民众似乎也接受了军队中强调集体高于个人和组织成功大于个人成功的军队理论。

但是，市民文化与军队文化之间的动态紧张状态并未达到最大程度，它们远没有那么危险(Hooker, 2003：16)。对社会工作者和其他精神健康从业者来说，这种反差(市民文化和军队文化间的差别)之间的关联就是每个个体都深受其所处环境的影响，亦即每个人都要经历某种形式的社会化。因此，助人专业的从业者需要通过评估他们对可能遭遇的任何一种不同人群的个人态度和观念来评估他们自己的社会化程度(O'Neal, 2012)，在这里，“不同人群”主要指现役军人或者退伍老兵。更进一步说，即便是在一部分特定人群中，从业人员也需要让自己去面对不同的观点和多种多样的现实情况；且应牢记于心，从业者需要熟悉各种影响不同环境中个体的历史和多元文化的情境与政策因素。

这引导我们进入本章的下一部分内容，我们将讨论军队中的不同民族和种族的群体(由于军队长期以来被当作社会进步和变迁的标志)。讨论针对不同民族的群体及他们对美军的贡献，这提供了一个历史性的概括，还给那些为不同民族的军人服务的社会工作者提供了一个必要的背景。我们对民族或种族多元性的讨论从西班牙裔和拉丁美洲裔开始。

(一) 西班牙裔和拉丁美洲裔

美国历史上的每一次主要冲突都有西班牙裔和拉丁美洲裔的军人参与，他们通常因他们的成就而被人认可，而他们的民族身份却并不总是被注意到。例如，在墨西哥—美国战争期间，本土的墨西哥后裔成了美军的契约侦察兵。第一次世界大战期间，尽管被允许服役并被给予机会获得最高的军衔，西班牙裔的大部分军人仍然被转移到整个军队中相对比较被隔离的单位。第二次世界大战期间，尽管西班牙裔军人被整合进大多数单位，但其独立单位仍然存在，且散布在全球各地，大多数西班牙裔军人被部署的任务是防止日本军队入侵加勒比海。越南战争中出现了一个很大的变化，即军队从全员志愿兵变为（强制性的）义务兵为主，这种变化也带来了一系列的问题。它对西班牙裔和非洲裔造成的影响相对于白人来说是失衡的，因为白人更可能获得上大学的机会而免于服役。服役给参加越南战争的西班牙裔军人带来了很大的苦难。盛行的种族主义以及缺少来自军队社区的支持被认为是造成西班牙裔军人在战时和战后深受创伤后应激障碍影响的一大原因（Pole，Best，Metrler & Marmar，2005）。在侵入阿富汗之初，首批士兵中被杀死的三个人就是西班牙裔，他们当时还没有成为正式公民[如海军一等兵乔斯·古铁雷斯（Jose Gutierrez），他是来自危地马拉的新移民]。布什总统承认非在册移民在军队中与在册移民一样做出了努力，并签署了行政命令（executive order，美国总统颁布的具有法律效力的条令）来追认在这次行动中牺牲的士兵的合法公民身份。该命令虽然得到了部分人的称颂，但是大部分人把这视为对那些还没有被美国正式接纳但为美国捐躯的人的侮辱（Estrada，2009）。

（二）非洲裔美国人

非洲裔美国人参与了美国独立战争和美国内战，那时候大陆军和同盟军意识到对兵力的需求，并把获得解放的奴隶视为重要的兵力补充。与白人士兵不同，美国独立战争结束后，黑人士兵不被允许留在部队里；而美国内战结束后，虽然允许黑人士兵继续留在部队，但是通常被安排在远离市民社会的边远哨所。对非洲裔美国士兵的区别对待本质上是白人军官和士兵对黑人的贬低，隐藏着白人军人的种族主义和种族优越感（Trudeau，1998）。在第一次世界大战期间，非洲裔美国人再次被号召参军，并被允许在世界上任何发生冲突的地方服役。多达 350 000 名黑人穿上军装参加了第一次世界大战。然而，大部分黑人士兵被安排在后勤岗位上，如炊事班和洗衣部。对兵员的需要要求在军事行动中征用非洲裔美国人，他们也确实在行动中展示了他们的勇气和在战争中的杰出能力。一个颇具代表性的人物是亨利·林肯·约翰逊（Henry Lincoln Johnson）中士，他来自完全由黑人组成的纽约第 369 步兵团（New York all-Black 369th Infantry Regiment），他也是第一个获得英勇十字勋章（French Croix de Guerre）的非洲裔美国人。

约翰逊死后，在2003年被追授了紫心勋章（Purple Heart），在2004年又被授予了铜十字英勇勋章（Distinguished Service Cross）。他们取得的成绩有助于改变公众对支持扩大和给予美国黑人少数民族平等权利的社会运动的看法（Barbeau，Henri & Nalty，1996）。

第二次世界大战给军队中的少数民族带来了巨大变化。虽然非洲裔美国人大部分仍然只是处于后勤支持性的岗位上，但在第二次世界大战期间，他们也曾去到前线服务。1945年，美军整合了后备军官学校，标志着非洲裔美国人和白人首次可以共同服役了。那年夏天，非洲裔美国人组成的部队被送到西欧战场增援白人部队，且作为一个积极的榜样得到了杜鲁门总统的支持，他在1948年签署了第9981号《行政命令》（*Executive Order*），最终使得军队中的种族歧视被废除（Evans，2001）。

（三）土著美国人

土著美国人参与了美印战争和独立战争。最开始，土著美国人参军与他们对平等权利的追求是一致的（DOD，1996；NHHC，2012）。在年轻的美国大地上发生的各种战争中，土著美国人都做出了突出贡献，这也包括1866年成立的美军印第安侦察队。在1898年西班牙—美国战争期间，这些印第安侦察队为特迪·罗斯福（Teddy Roosevelt）服务，并在古巴作为他著名的骑兵部队的一个组成部分参与战斗（DOD；NHHC）。第二次世界大战期间，土著美国人再一次展现了他们浓烈的爱国主义。虽然都有资格被选上，但是99%的土著美国人在筛选前就已经被征召入伍了；这个比例说明他们已经成为战争中最具代表性的族群。在越南战争初期，土著美国人再一次被呼吁参军。这一次，由于他们的应征人数与白人不成比例，他们很少有人自愿参与那些在整个过程中都对他们有歧视的战争（DOD；NHHC）。超过42 000名土著美国人参与了越南战争，他们中的90%志愿提前应征。应该注意，那些土著美国人最有可能被派到危险的敌后去执行侦察任务，因为人们认为他们天生能够有效地完成这些任务。侵入敌后被戏称为在“印第安国家”旅行。在巴拿马、格林纳达和“沙漠盾牌行动”中，土著美国人仍然继续践行着他们建立的光荣参军传统，这在20世纪的后几十年一直持续着（Cross，2005）。

（四）亚裔和太平洋岛民

亚裔和太平洋岛民和很多其他的少数民族一样，在美国的发展进程中扮演了重要的角色，并在美军中表现得非常英勇。尽管在第二次世界大战期间他们的忠诚度曾经遭到美国政府的怀疑，但太平洋岛民始终表达着他们的参军意愿（DOD，2012）。在刚移民到美国之初，太平洋岛民就受到了种族主义歧视。19世纪中期以前，即使他们曾在军中服役，太平洋岛民也仍然是第一个被禁止成为美国合法公民的族群。与其他少数民族群体一样，这一点直到世界级大战爆发才得到突破，比如在第一次世界大战中，太平洋岛民以更多的人数在更大范围内获得参军的机会，但是最重要的是，第一次世界大战为太平洋岛民赢得了公民身份。菲律宾军事基地以及其他太平洋岛国基地的建立，给年轻的美国军人提供了在当地接触太平洋岛民和了解他们文化的机会（Nash，2010）。但不幸的是，美国在第一次世界大战后以法律形式再次出台了针对太平洋岛民的歧视性政策，如1934年的《泰丁斯-麦克杜菲法案》（*Tyding-McDuffie Act*），该法案确认菲律宾裔的公民身份是非法的，该法案也得到了1910年的《外国土地法》（*Alien Land Law Act*）的支持，它声明所有没有合法公民身份的人不能拥有自己的土地（Wing，2005）。

随着20世纪30年代欧洲战场迫在眉睫的威胁，罗斯福总统主张秘密侦察应分布在西海岸且应主要集中在夏威夷的日本人身上（DOD）。巴顿将军同样也把夏威夷的日本人视作威胁，并在差不多的时间开始编制一份在夏威夷的杰出日本人以及日本裔美国人所居住社区的领导人和商人的名单。1941年10月7日，日本偷袭了珍珠港；紧接着，1942年，《战争搬迁法案》（*War Relocation Act*）出台，这份法案把定居美国的日本人和日本裔美国人视作"不一样的敌人"，并于战争期间在整个美国设立拘留帐篷以供日本人和日本裔美国人居住（DOD，2012）。

然而，超过35 000名第二代日本裔美国人选择支持美国并参军服役于欧洲前线。太平洋岛民在第二次世界大战中表现出来的奉献精神和爱国主义精神终于为他们赢得了信任，美国对太平洋岛民的排斥也终于被解除（Yenne，2007）。具有讽刺意味的是，第二次世界大战结束后，第二代日本裔美国士兵非常努力地回归正常生活，而就在几个月前，他们还被人贴上敌人的标签。

克林顿总统通过正式的致歉承认在第二次世界大战中拘留日本人和日本裔美国人的行为是错误的（Nash，2010）。克林顿总统同样承认太平洋岛民是一个被忽视的人群，并划拨了项目资金以改善在美国的太平洋岛民的资源状况。在2001年的全球反恐战争之初，布什总统声明已意识到各种亚裔美国人和太平洋岛民的后代曾经为战时的美国做出了巨大贡献。在下一部分，我们会提供一个亚裔美国社会工作官员的案例插页，并以她为例，来说明服役的代际影响和文化碰撞（如市民的与军队的）。

案例：爱丽丝

爱丽丝(Alice)是一位31岁的亚裔美国人，同时也是美国空军的一名社会工作官员(队长)。她的丈夫罗伯特(Robert)33岁，是高加索人，目前失业在家。爱丽丝形容她的丈夫是一个有耐心和富有幽默感的人，非常支持她以及她在军队中的相关工作。爱丽丝非常热爱她的工作，也非常受她的上级赏识。然而，自从他们俩转移到一个新的军事基地之后(每两到三年转移一次)，她的丈夫开始不开心了，因为那片区域缺少就业机会，她丈夫没办法找到工作。他在以自己工程师的身份自豪的同时，军属配偶的身份也使他感觉烦恼，因为这使他因必须经常随着妻子搬家而无法长久专注于一份工作。罗伯特感觉像被军队文化淹没了一般，丝毫感觉不到自己是军队的一部分。

爱丽丝在军队任职过程中同样出现了一些问题。她最近的任务本该是到一个对她的职业生涯有所裨益的海外基地工作，但是由于配偶不能同往，她拒绝了，然后她和她丈夫来到国内的一个军事基地工作。爱丽丝打算留在军队工作，但同时也希望能够挽救自己的婚姻。她的家族有服军役的传统，并以此为骄傲，她的许多家族成员从第二次世界大战开始就忠实地服役于军队。如果她离开军队的话，她担心这会让她的家人失望(事实上，她的丈夫希望她离开军队)，同时她梦想自己能够成为美军历史上第一个少将社会工作者。她感觉她的丈夫需要时间来试着像她一样学会热爱军队生活。

案例问题讨论：

在这个案例中，出现了在考虑军队文化与市民文化区别时应当提到的几个概念。从案例中，我们可以看到荣誉和服役于爱丽丝的重要性。她来自军人世家，所以军队传统与她的身份有很深的联系，其联系之深使得她无法让自己不成为其中的一部分。然而，对于她的丈夫来说，军队就像生活中的外国文化一样，他无法认同成为一名军人所意味的东西。下面提出的问题可以作为这个案例的一些讨论点。

1. 面对军队生活，爱丽丝和罗伯特有哪些方面的观点不一样？

2. 他们感觉军队生活给他们的哪些方面带来了阻力和挑战？

3. 社会工作者可以通过哪些途径使这对夫妻理解各自的不同观点？

4. 作为民间社会工作者,你对这个案例感觉如何?这个案例中的哪些方面会成为你或其他民间社会工作者的难点?

5. 在这个案例中,军队文化与族群是如何交织关联的?

(五) 军队中的同性恋

在美军发展的早期,很少有关于同性恋的记录(Ells, 1996)。在第一次世界大战之前,甚至没有关于同性恋的特别法律,相反,在直接管理那些所谓特殊群体的低级别命令中出现了相关规定。

1942 年,同性恋测试成了筛选兵员的要求之一。被征召入伍的人要通过一个心理测试的评价,根据结果,那些被认为是同性恋的人(例如,表现得像"娘娘腔")将会被认为不适合服役。

虽然军队在 1948 年废除了种族歧视政策,但是一种私下的基于种族身份和性别取向的制度体系在军队中蔓延开来。1950 年,军队开始通过发展美国的《统一军事法典》(*Uniform Code of Military Justice*, *UCMJ*)(Evans, 2001)来保护他们最后的种族歧视壁垒。《统一军事法典》中的第 125 条涉及同性恋,它特别指出禁止鸡奸行为,包括同性成员之间的性接触。军队中的非法同性性行为成了进一步歧视同性恋以及指责某人同性恋行为的手段,同性恋者将被关禁闭甚至被羞耻地解雇。

1965 年,国防部设立了一条规则,赋予被控同性恋的服役人员可以在有上级军官的陪审团面前为自己辩护的权利(Evans, 2001)。在这项政策通过之前,根据无权为自己辩护的主张,现役人员可能被解雇(Evans, 2001)。尽管 1971 年成立的防御机会平等管理研究所提供了平等机会的培训,但国防部于 1981 年发布的 1332.14 决议抹杀了军队之前为接受同性恋所做的所有努力,该决议特别规定了任何形式的同性恋行为(都不被接受)。在此决议之前,官方对同性恋的处理都是自由放任式的,但由此,同性恋行为与《统一军事法典》中的其他禁忌行为一样被放在了同等的位置。20 世纪 80 年代,这项政策导致 17 000 名同性恋士兵被处罚,成为长期以来对同性恋排斥的高峰(Evans, 2001)。

随后,1993 年,克林顿总统致力于解决这一问题,签署了总统令"不要问,不要说,不要深究"(Don't Ask, Don't Tell, Don't Pursue),禁止军队排斥同性恋行为。从那之后,任何人不得询问服役人员是不是同性恋,不能强迫任何被怀疑有同性恋可能的人说出自己的性取向。这同样意味着不能通过带有侮辱性质的处罚来迫使被怀疑者袒露自己为同性恋。该政策同样适用于同性恋者和反对、排斥他们的人(Halley, 1998)。

当意识到这是不公正的政策而美国民众正迫切需要公正时，美国政府也采纳了他们的意见，于是在2010年最终废除了"不要问，不要说"政策(Don't Ask Don't Tell policy, Public Law No.111－321)。虽然它要到2011年9月才生效，但该政策的废除被视作争取同性恋平等权益过程中里程碑式的成就。最初人们想要废除法案立即生效，但是军方请求并得到了10个月的缓冲过渡期来发展、测试和补充用来保护新增加的性取向少数群体的合法军衔。

(六) 老年退伍军人

2010年，将近40%的退伍老兵年龄在65岁以上。所以，意识到那些早期参加第二次世界大战、朝鲜战争以及越南战争的老兵将面对不同于参加近期军事行动的士兵所面对的挑战是非常重要的(Chatterjee, Spiro, King, King & Davison, 2009)。

作为一名老年退伍军人，我们注意到他们对医疗利用率有着不同的观点。例如，相对于年轻的退伍军人，70～79岁的老兵更倾向于自己安静忍受关节炎和其他随着年龄增加而来的小病痛，而不是采取医疗手段(Appelt, Burant, Siminoff, Kwoh & Ibrahim, 2007)。

退伍军人事务部主导的一项研究指出，老年退伍军人的身体以及精神健康问题在非退伍老年人身上并没有那么明显。然而，在现役军人或者那些经常运动的人之中，他们的身体健康状况要比普通民众好得多。另外，那些长久保持坐姿的退伍军人与普通民众相比，其健康状况更差(Peterson, Crowley, Sullivan & Morey, 2004)。此外，军队官员在身体和精神健康方面都好于普通军人。虽然这项研究并没有阐明造成这些差异的原因，但是他们确实发现那些服役少于四年的普通士兵的生活水平与普通民众差不多(Peterson et al., 2004)。

老年退伍军人可能发现他们要么患上晚发性的创伤后应激障碍(PTSD)，要么在过去的战后50年生活中一直患有创伤后应激障碍。对于许多人来说，创伤后应激障碍的症状会随着年龄的增加而加重。退伍军人事务部总结了四条先验的原因。

1. 退休、退伍军人有更多的时间考虑外伤，同时自己忙碌的时间更少，以致难以从以前的记忆中转移注意力。

2. 多种多样的医疗健康问题影响了他们对自己弱点的认知，此外，他们也不再像以前一样坚强了。

3. 收看负面新闻和实时冲突会勾起他们不美好的记忆。

4. 如果一个退伍军人患上了慢性创伤后应激障碍，这会在选择应对方式时引发主要的改变。例如，如果一个退伍军人过去习惯于用酒精解决问题，一旦突然减少酒精的使用或采用其他的替代方式，那么，创伤后应激障碍或许会更明显。

无论退伍军人是什么年纪，创伤后应激障碍会抹杀他们应对其他挑战的机会和阻碍他们获得完美的生活，而意识到这一点是非常重要的。

八、总结

在这一章中，我们试着让民间从业者能够进一步理解他们的服务对象——退伍老兵的文化和世界观，以此来提高他们从历史的角度对不同的少数群体于美国军事力量的影响的理解力。通过一个案例，讲述了一个亚裔美国服役人员遵从军队使命和她的家族传统对她的影响，以及她传承服务于国家的族群传统的渴望。这个案例不是关于应征退伍士兵患上创伤后应激障碍的事例，相反，在这个女性社会工作者的案例中，它几乎没有提到忠诚价值观的灌输和责任感，这名女性社会工作者有志于成为其专业领域的领头者，她致力于协助那些有需要的服役人员，并且坚持灌输给别人包含在美国军队中的价值观、尊严和荣耀。

本章问题讨论：

1. 你目前所参加的机构(或学校)与军队架构有什么相同和不同之处?

2. 除了本章中所写的一些问题，你能否提出其他的军队文化与市民文化特别不同的方面?

军队文化	市民文化

参考文献：

American Psychological Association. (1992). *Ethical principles of psychologists and code of conduct*. Washington, DC: Author.

Appelt, C. J., Burant, C. J., Siminoff, L. A., Kwoh, C. K. & Ibrahim, S. A. (2007). Arthritis-specific health beliefs related to aging among older male patients with knee and or hiposteoarthritis. *Journal of Gerontology*, *62* (2), 184 - 190.

Ashforth, B., Harrison, S. & Corley, K. (2008). Identification in organizations: An examination of four fundamental questions. *Journal of Management*, *34* (3), 325 - 374. doi: 10.1177/0149206308316059.

Barbeau, A. E., Henri, F. & Nalty, B. C. (1998). *The unknown soldiers: African American troops in World War I*. Philadelphia, PA: Temple University Press.

Berg-Cross, L. & Takushi-Chinen, R. (1995). Multicultural training models and the person-in-culture interview. In J. G. Ponterotto, J. M. Casas, L.A. Suzuki & C. M. Alexander (Eds.), *Handbook of multicultural counseling* (pp. 333 - 356). Thousand Oaks, CA: Sage.

Chatterjee, S., Spiro, A., King, L., King, D. & Davison, E. (2009). Research on aging military veterans: Lifespan implications of military services. *National Center for PTSD Research Quarterly*, *20* (3), 1 - 4.

Coll, J. E., Weiss, E. L., Draves, P. & Dyer, D. (2012). The impact of military cultural awareness, experience, attitudes, and education on clinician self-efficacy in the treatment of veterans. *Journal of International Continuing Social Work Education*, *15* (1), 39 - 48.

Cook, M. (2004). *The moral warrior: Ethics and service in the U.S. military*. Albany: State University of New York Press.

Council on Social Work Education. (2008). *Educational policy and accreditation standards*. Retrieved from http://www.cswe.org/File.aspx? id513780.

Cross, M. J. (2005). Decisive battle and the Global War on Terror. *School of Advanced Military Studies*, *04 - 05*, 1 - 54.

Daley, J. G. (1999). Understanding the military as an ethnic identity. In J. G. Daley (Ed.), *Social work practice in the military* (pp. 291 - 303). New York, NY: Haworth Press.

Davenport, M. M. (1987). Professionals or hired guns? Loyalties are the difference. In M. M. Watkins, K. Wenker & J. Kempf (Eds.), *Military ethics: Reflections on principles — The profession of arms, military leadership, ethical practices, war and morality, educating the citizen soldier* (pp. 5 - 12). Washington, DC: National Defense University Press.

Estrada, J. (2009, November 11). Veterans Day 2009: A tribute to the forgotten force. *La Prensa*, 14 - 15. Retrieved from http://search.proquest.com/docview/368604064?

accountid514749.

Evans, R. (2001). *U. S. military policies concerning homosexuals: Development, implementation and outcomes*. Center for the Study of Sexual Minorities in the Military. Retrieved from http://escholarship.org/uc/item/2wv6s1qb.

Exum, H., Coll, J. E. & Weiss, E. L. (2011). *A civilian counselor's primer for counseling veterans* (2nd ed.). Deerpark, NY: Linus.

Freeman, D. & Bicknell, G. (2008, September). The Army Master of Social Work Program. *Army Medical Department Journal*, 72 - 75.

Grieger, I. & Ponterotto, J. (1995). A framework for assessment in multicultural counseling. In J. G. Ponterotto, J. M. Casas, L. A. Suzuki & C. M. Alexander (Eds.), *Handbook of multicultural counseling* (pp. 357 - 374). Thousand Oaks, CA: Sage.

Halley, J. (1998). *Don't: A reader's guide to the military anti-gay policy*. Durham, NC: Duke University Press.

Hoge, C. W. (2010). *Once a warrior always a warrior*. Guilford, CT: Globe Pequot Press.

Hooker, R. D. (2003). Soldiers of the state: Reconsidering American civil-military relations. Parameters. *U.S. Army War College Quarterly*. Winter 2003 - 2004, Vol. 33, 4,4 - 18.

Kadis, J. & Walls, D. (2009). *Military facts: For non-military social workers*. [Handbook], VHA Directive.

Kreiner, G. & Ashforth, B. (2001). Evidence toward an expanded model of organizational identification. *Journal of Organizational Behavior*, *25* (1), 1 - 17. doi: 10.1002/job.234.

Lonner, W. & Ibrahim, F. (1996). Appraisal and assessment in cross-cultural counseling. In P. B. Pedersen, J. G. Draguns, W. J. Lonner & J. E. Trimble (Eds.), *Counseling across cultures* (4th ed., pp. 293 - 322). Thousand Oaks: CA: Sage.

Maxfield, B. (2008). *Army profile FY 2008*. Retrieved from http://www.armyg1.army.mil/hr/docs/demographics/FY08%20Army%20Profi le.pdf.

National Association of Social Workers. (1999). *Code of ethics*. Retrieved from http://www.socialworkers.org/pubs/code/code.asp.

National History & Heritage Command. (2012). *Native Americans in the U. S. Military*. Retrieved from http://www.history.navy.mil/faqs/faq61 - 1.htm.

O'Brien, W. V. (1984). Special ops in the 1980s: American moral, legal, political and cultural constraints. In F. R. Bennett, B. H. Tovar & R. H. Shultz (Eds.), *Special operations in U. S. strategy* (pp. 54 - 84). New York, NY: National Defense University Press.

O'Neal, G. S. (2012). Teaching note — Self-assessment and dialogue as tools for appreciating diversity. *Journal of Social Work Education*, *48* (1), 159 - 166.

Peterson M. J., Crowley, G. M., Sullivan, R. J. & Morey, M. C. (2004). Physical function in sedentary and exercising older veterans as compared to national norms.

Journal of Rehabilitation Research and Development, *41* (5), 653 - 658.

Pole, N., Best, S. R., Metzler, T. & Marmar, C. R. (2005). Why are Hispanics at greater risk for PTSD. *Cultural Diversity and Ethnic Minority Psychology*, *11* (2), 144 - 161. doi: 10.1037/1099 - 9809.11.2.144.

Ponterotto, J. G., Gretchen, D. & Chauhan, R. V. (2001). Cultural identity and multicultural assessment: Quantitative and qualitative tools for the clinician. In L. A. Suzuki, J. G. Ponterotto & P. J. Meller (Eds.), *Handbook of multicultural assessment: Clinical, psychological and educational applications* (2nd ed., pp. 67 - 99). Hoboken, NJ: Jossey-Bass.

Singer, P. W. (2004). War, profits, and the vacuum of law: Privatized military firms and international law. *Columbia Journal of Transnational Law*, *42* (2), 522 - 550.

Sue, D. W. & Sue, D. (2008). *Counseling the culturally different: Theory and practice* (3rd ed.). Hoboken, NJ: Wiley.

Trudeau, N. A. (1998). *Black troops in the Civil War, 1862 - 1865*. Boston, MA: Little Brown Co. U. S. Department of Defense. (2012). *Asian American Pacific Islanders*. Washington, DC: Department of Defense. Retrieved from http://www.defense.gov/pubs/.

U. S. Department of Defense. (1996). *20th century warriors: Native American participation in the United States military*. Washington, DC: Department of Defense.

U. S. Department of Defense. (2011). *Reserve components: Noble Eagle/Enduring Freedom/Iraqi Freedom*. Washington DC: Department of Defense.

Van Ells, M. D. (1996). The story the soldiers wouldn't tell: Sex in the civil war. *Journal of American Culture*, *19* (2), 140 - 141. Retrieved from http://search.proquest.com/docview/200607761? accountid514749.

Veterans Administration. (2012). *Aging veterans and posttraumatic stress symptom*. Retrieved from http://www.ptsd.va.gov/public/pages/ptsd-older.

Weiss, E. L., Coll, J. E. & Metal, M. (2011). The influence of military culture and veteran worldviews on mental health treatment: Implications for veteran help seeking and wellness. *International Journal of Health, Wellness and Society*, *1* (2), 75 - 86.

Wertsch, M. E. (1991). *Military brats: Legacies of childhood inside the fortress*. New York, NY: Harmony Books.

Yenne, B. (2007). *Rising sons: The Japanese American GI who fought for the U.S. in World War II*. New York, NY: Thomas Dunne Books.

第三章　军队中的女性

Eugenia L. Weiss & Tara DeBraber

一、简介

如今，女性在超过80%的军职专业就职，并且，其中90%的职业生涯就在军队中(Pierce，2006)。事实上，美国军方声称“如今的军队没有性别”(Schading，2007：4)。据穆尔和肯尼迪(Moore & Kennedy，2011)所说，15%的活动部队是由女性构成的，据估计，这个数字将持续增长。尽管女性被允许进入更多的军队职业和被授予军衔，但直接作战的相关职位仍拒绝女性；然而，女性仍然担当战斗支援的角色，同时也经常面临战争相关的风险(Smith，Jacobson，Smith，Hooper & Ryan，2007)。尽管军队政策指出禁止女性参加战斗，但实际上，越来越多的女性最终被派遣了任务并在战斗中起支持作用(Pierce，2006)。此外，即使战斗对女性有限制，但目前在对伊拉克和阿富汗的战争中，战区与非战区之间的界线很难确定。穆尔和肯尼迪(2011)指出，在当前的战争中，对女性的战争限制是一个有争议的话题，因为“前线无法被清晰界定，女性在她们的所在地也有可能被卷入作战行动”。

坚持女性应远离战斗部门的传统理由包括：敌我双方部队中男女之间存在从分手到相爱到强奸的各种不恰当交往的可能性，男兵为女兵承担风险，性骚扰，女性天生生理上“弱”，宗教反对(Schading，2007：4－5)。无论这些论据是否有效，其仍是造成女性服役受限制的原因。

即使增加符合女性条件的职位，总的来说，女性在军队中所占的比例依然偏低(Grube-Farrell，2002)。但女性在传统的男性文化中表现良好，并在克服与性别歧视有关的挑战。女性正渐渐获得平等，2008年，安·E.邓伍迪(Ann E. Dunwoody)上将成为第一位女性四星上将就是一个明证(Clemmitt，2009)。席尔瓦(Silva，2008)描绘的女性蔑视军队，女性的社会形象是“软弱、被动和性感的”。女性通过成功的领导才能、健康的身体和胜任武器的使用展现她们的成就。本章讨论了女性在军队服役时所获得的成功和面临的挑战。本章的案例讲述了一名女性退伍军人遭受了军队性骚扰并患有战争引起的创伤后应激障碍，还论述了对两种治疗干预措施的应用（关于女性参军的历史性纪录，读者可参阅 Cooke，1993；Hoiberg，1991）。

本章开始于对性别刻板印象的研究。紧接着，作者们会讨论以下可能会影响军队女性的领域：军队中的性创伤和性骚扰，婚姻状况，与月经和怀孕有关的难题，性取向和女性老兵的健康问题。

二、性别

与男性相比，女性不得不经常与她们的负面刻板印象做斗争。除了不得不卷入日常的抗争中外，女性还可能因刻板印象的负面影响而影响她们的工作表现和职业生涯。卢尼、鲁滨孙-柯尔皮斯和卢卡特（Looney，Robinson-Kurpius & Lucart，2004）发现，在比较军队中男性和女性的领导力时，女性被认为更具有情感特征（引自 Pierce，2006：101）。像同理心这样的情感特征在军队文化中并不占优势。因此，这种归因可能对女性的军旅生涯具有负面影响，也可能导致女性在获得较高军衔时受限。消极的性别刻板印象甚至可能会说穿军装的女人“不适合这项工作”，这可能造成一种敌对女性的工作环境（Grube-Farrell，2002：341）。这种不够友好的工作环境被赖利（Riley，1999）描述为“肮脏的或不存在的浴室，造成令人恐惧的不安全的工作条件、隔离、缺乏信任和性骚扰的恶意同事”。对女性的威胁或暴力行为也包含在这个定义中。

军中女性经常发现自己被孤立，而且很少有女性领导能作为自己的榜样和导师而存在（Moore，Kennedy，2011）。尽管自 1970 年以来女性被法律允许进入军事学院和志愿去军中服役，但对女性来说，她们往往需要 30 年的时间才能成为一名四星上将（Clemmitt，2009）。美国国防部的一份报告显示，只有 2%的女性军官是准将、海军少将或更高职位的军官（Eagly & Karau，2002：573）。女性在高层职位中的稀缺被假设为源于女性表现出较少的领导职位所需的领导才能和能力特征，而通常军队文化中强调的是男性特征（Browne，1999；Eagly & Karau，2002；Goldberg，1993）。

女性在民间和军队部门很少占据领导职位的另一个理由被称为“玻璃天花板效应”。这个效应被伊格利和卡劳（Eagly & Karau）定义为一种偏见和歧视性障碍，这种障碍排除了女性担任更高的领导职位。这两位作者指出，女性更容易被别人也包括她们的督导在“公认的”特征上进行认识和评价，那些特征被认为是关心他人福利。公认的特征是传统的女性性别特征，表现在女性对他人表达情感的方式、善良、同情和滋养，这使得女性在军队中获得领导角色尤其困难。

鲍德里、伍德和卡西（Boldry, Wood & Kashy, 2001）指出，女性“威胁到了已经建立的男性（军队）文化”。赫伯特（Herbert, 1998）描述说，有些女性为了在军队文化中获得接纳而在行为上以典型的男性化的方式来展现自己（引自 Pierce, 2006）。女性为了获得军队的接纳而表现出的某些典型的男性化品质是自控和坚忍（Silva, 2008）。有些人认为，如果女性被成功地同化进男性主导的军队文化里（即符合男性性别特征），那么女性可能被其他人认为是能胜任的且有获得领导地位的能力的（Carli & Eagly, 2001）。但是男性品质对有些女性可能是有问题的，因为若以男性化的方式来获得认可和接纳，就要求她们拒绝自己的女性品质和身份认同（Boldry, Wood & Kashy, 2001）。女性感觉她们适合军队，军队文化和环境能赋予女性力量。席尔瓦（Silva, 2008）指出，军队需要身体和心理都很强健的、目标明确的、拥有暴力技能的、会使用武器的、有进取心的，当然最终也可能会死亡的士兵。尽管女性和男性对压力做出的反应是明显不同的，但在不同性别对创伤的反应这一领域，我们仍旧需要更多的系统研究（来佐证它），特别是关于军队部署派遣和与作战相关的压力（Pierce, 2006）。

三、与军队相关的性骚扰和性侵犯

军队性创伤（Military Sexual Trauma, MST）被定义成“从接触口头施压到杀人，也包括强迫的性交”（Skinner et al., 2000：292）。尽管 MST 在男性和女性身上都有发生，但这里的论述把重点放在军队性创伤对女性的职业、心理和生理的影响等方面。

军队这样的工作场所可能是一个充满风险的环境，特别是对那些只有初级军衔的女性来说（Campbell, Lichty, Sturza & Raja, 2006; Pierce, 2006）。女性出于各种原因不愿意报告被性骚扰或被攻击的经历，这些原因包括害怕被报复、害怕被仇视和不利的职业影响（Pierce, 2006）。职业问题也可能包括较低的工作士气和工作满意度，以及工作成绩的降低（Skinner et al., 2000）。

如前所述，女性现在在服役时在战争中扮演后援角色，这意味着女性需要面对“多次军事调派、扩大的责任、环境困境、失去朋友和精神与生理上的创伤”(Gregg & Miah, 2011: 136)。此外，有23%～30%在海外服役的女性报告自己是实际的或未遂的MST的受害者(Gregg & Miah, 2011)。在海外服役的女性可能有多种因环境和心理状况造成的作战压力，比如被射击、目睹受伤和死亡，以及贫乏的生活安排(Gregg & Miah, 2011)。尽管作战压力在男性和女性身上都被诊出过，但作战压力和MST的结合可能导致创伤后应激障碍和“功能残疾、长期失业、人际关系欠佳、离婚和无家可归”等风险的增加(Gregg & Miah, 2011: 137)。

MST的女性受害者可能会遭受长期的情绪困扰并体验到信任危机。霍彭(Hoppen, 2006)引用的美国国防部的报告表明，30%的退伍女兵报告她们在值班时被男军人强奸或强奸未遂。霍彭把这种现象描绘为一种基础性信任的灾难，因为“同志之情变得残忍”，这是与攻击者一起服役的结果(Hoppen, 2006: 14)。

经历过MST的退伍女兵也有更高的报告其妇科病症状的频率(Campell et al., 2006)。和MST有关的创伤使女性的压力水平上升，这可能引发躯体的炎症反应并导致长期疼痛状况(Campell et al., 2006)。强迫性交导致的身体创伤可以解释退伍女兵的妇科疾病数量为何如此之多(引自Campell et al., 2006)。除了妇科症状，苏里斯和林德(Suris & Lind, 2008)发现，退伍女兵也报告有骨盆疼痛、月经问题、背痛、头痛、胃肠道症状和慢性疲劳等问题(Suris & Lind, 2008: 262)。除了强奸导致怀孕的风险外，VA医学中心报告称，20%的MST受害者也有因攻击导致的头部受伤(Matsakis, 2007)。

对于某些女性来说，要从性创伤经历中恢复过来，社区意识或归属感是必要的(Skinner et al., 2000)。军队有其自身的社区意识或团队凝聚力，因此遭受性侵的女性服役人员或许得不到社区的支持。因为攻击者可能就是同事或一个更高军衔的人，遭受性侵的服役女兵可能无法离开她们的办公地点去寻求帮助，或未经可能是凶手的上级的许可去参加医疗面谈。女军人如果未经批准离开自己的工作岗位，就有可能受到惩罚(Suris, Lind, Kashner, Borman & Petty, 2004)。另外，服役女兵有时不得不在工作时与她们的攻击者朝夕相处，而且没有其他女性可以去求助。受过侵害的服役女兵与其他军人相比更可能对她的整个军队经验持负面看法(Skinner et al., 2000)。除了上述潜在的后果和精神障碍(如抑郁、焦虑、药物滥用)的高发生率，经历过MST的现役女兵和退役女兵及其他女兵与平民女性相比，有更高的寻求健康照顾的比例(Suris et al., 2004)。

军队对 MST 的反应

尽管 MST 的教育和预防在军队中日益增多，但研究显示，对军队中强奸的连续报道证明了对服役女兵的暴力是一个“无法解决的问题”（Sadler, Booth, Cook & Doebbeling, 2003: 270）。

图尔奇和威尔逊（Turchik & Wilson, 2010）指出，军队文化的某些方面可能是防止性暴力的一个障碍，如像军队接纳暴力行为一样，传统的与军队服役有关的带有性色彩和暴力色彩的语言也是被允许使用的。为了应对 MST 的高发生率，美国国防部成立了性侵预防和响应办公室（Sexual Assault Prevention and Response Office, SAPRO）作为在军队中专门负责性暴力事件的办公单位（Turchik & Wilson, 2010: 273）。尽管指挥官们和执法机构仍负责报告性侵，SAPRO 也给受害者提供照顾和支持，并通过国防部的培训、教育和预防来防止 MST（Turchik & Wilson, 2010）。除了已提供的服务，SAPRO 还启动了一项秘密报告制度来保护受害者的隐私。SAPRO 是对 MST 的一个积极回应，军人需要“被教导要区分何时使用暴力是恰当的（如战斗中），何时是不恰当的”（Wilson, 2010: 275）。

四、军队中的已婚妇女

军队中的已婚妇女在平衡她们的工作场所要求与她们的家庭环境时面临许多挑战。她们必须长时间工作，随叫随到，始终面临坚持将军队使命放在首位的职业挑战。除此以外，还要时刻准备长时间的训练和任务调派，女军人还必须在她缺席期间保证家庭事务的正常运行。维诺克、皮尔斯和巴克（Vinokur, Pierce & Buck）在 1999 年补充说，广泛的准备需要“非凡的计划和多种来源的支持”（Vinokur, Pierce & Buck, 1999: 886）。军队中的妇女可能被 PTSD、TBI、MST、怀孕、漫长的和无休止的调派、直接参战以及她们在军队中的配偶（也就是双军人婚姻）影响。格雷格和米娅（Gregg & Minh, 2001）发现，在军队中服役的妇女的婚姻失败的可能性是男性军人的三倍。

已婚的女军人面临的其他压力还包括来自他们的平民丈夫或军人丈夫的家庭暴力。一个研究发现，从军的女性成为“单方面暴力”受害者的可能性是她们的平民丈夫的三倍还多（Forgey & Badger, 2006: 369）。另一项研究（Helmkamp, 1995）发现，现役女性与平民女性相比有更高的成为暴力受害者的风险（引自 Forgey & Badger, 2006）。福吉和巴杰（Forgey & Badger）指出，军队中的女性处于成为家庭暴力受害者的风险之中，同样，她们也会对她们的平民丈夫使用暴力（即双向性暴力）。然而，在社区样本中，妇女通常会说更多的关于作为亲密伴侣暴力的受害者的她们在生理和心理上遭受的消极影响。这些研究者提出，需要做更多的涉及军队妇女的有关亲密伴侣暴力的研究。

五、月经与怀孕

军中女性面临的一个独特挑战是对她们的军队责任和月经周期进行管理。她们必须发展出独特的应对技能，以在野外训练和被部署时管理女性特有的生理过程。沃德尔和切尔文斯基（Wardell & Czerwinski）在 2001 年宣称，除了使用口服避孕药用激素控制月经外，一个女军人还可以通过子宫切除手术更好地控制她的月经和消除怀孕的风险。事实上，军中女性在她们应对月经时面临了多个挑战，这些挑战包括情绪波动、荷尔蒙变化和缺乏“获得、替换和处理月经用品”的时间（Trego，2007：343）。此外，汤姆森和尼尔森（Thomson & Nielsen）在 2006 年评论道，大多数女性没有获得关于如何在野外处理她们月经问题的信息和训练。

除了月经对女性身体的生理影响，女性还面临着许多环境的挑战。在野外训练和被部署的时候，使用洗漱设施和净水以及淋浴是被限制的。军队这样一个显著的男性环境使得女军人在月经周期中获得及时的卫生保健是困难的。一个女军人提到，护送是特别困难的军事任务，因为驾驶员需要连续驾驶八个小时而不停止。此外，军事部署区域的极端气温也会对女性产生消极的影响，比如，温度的刺激会加重与月经相关的生理和心理症状。

怀孕对于平民女性和驻军女性来说都是重要的压力源，现役女性面临着许多环境的风险因素，如提重物、狭小的工作空间、噪声和毒素（Magann & Nolan，1991）。这些因素可能导致早产，这在低工资等级的女性中可以被发现。尽管怀孕需要两个人参与，但军中女性常常独自面对怀孕的负担（Christopher & Miller，2007）。此外，怀孕的女性不能被部署去出任务，但配偶怀孕的男性的军旅生涯却不会受到影响。克劳莉、本德、沙蒂尼、特鲁德尔和里奇（Crowley，Bender，Chatigny，Trudel & Ritchie）补充道，如果一名现役女性过早地因怀孕而从军事部署中回到家，“这就会被其他战友视为对职责和义务的抛弃，不管其真实的原因是不是因为怀孕”。军中的怀孕女性也会被一种负面的认知所指责，这种认知是，怀孕的现役成员留下了更多的工作给她在部队的战友去完成。奥尔森和斯顿夫（Olson & Stumpf，1978）发现，尽管军中有很多关于怀孕女性的负面看法，但她们缺席工作的时间还是要比男性少，甚至在分娩前也是这样（引自 Pierce，2006）。

怀孕和分娩还给现役女性造成了新的问题，这些问题包括哺乳能力、找到适当的儿童照顾者，以及分离对母子之情的影响。许多研究结果显示，对孩子而言，母乳喂养比用奶粉喂养更好。贝尔和里奇（Bell & Ritchie）在2003年宣称，母亲在返回工作后成功哺乳需要以下四个要素：空间、时间、支持和把关人（Bell & Ritchie，2003：813）。把关人是控制空间、时间和需要的支持以达到成功护理的一类人（Bell & Ritchie，2003：814）。在军队，这类把关人是单位的指挥官。

上述四个要素可能会被军役影响，有野外训练的驻军母亲在她们离开自己的婴儿时也许不得不用吸奶器吸出她们的乳汁来保障婴儿的乳汁供应。此外，这些母亲还需要在3～6小时内快递她们的母乳来保持供给和防止感染，而这会打断她们的野外训练（Bell & Ritchie，2003）。军衔较高的女性军官有更多的权利去控制她们的工作环境和工作安排，可以在很大程度上减少母乳喂养的压力；然而，军衔较低的入伍母亲更需要以母乳喂养的方式来节省成本（Bell & Ritchie，2003）。此外，母乳喂养可能潜在地对女军人的随时待命问题造成影响。处于哺乳期的女性不能接种疫苗，然而，延迟或没有进行疫苗接种的军人是不能被部署任务的（Bell & Ritchie，2003）。

返回工作的同时，她们又要平衡军人、母亲和妻子的角色可能会导致的“角色紧张和角色超负荷”（Pierce，2006：108）。女性必须为她们的日常工作、野外训练和军事调派安排好儿童照顾事宜，这些都可能导致女性军人的压力加大。军中的母亲也可能产生一种矛盾的情绪，既不想放弃她们的工作，也不想离开她们的孩子。一旦被部署任务而不得不离开她们的孩子，母亲们会表现出更多的精神的、情绪的和生理的问题（Crowley et al.，n.d.）。就所有分娩过的女性而言，军队中的母亲还可能经历产后忧郁症（Crowley et al.，n.d.）。

六、双性恋和女同性恋军人

确定是同性恋或双性恋的女性于军队服役期间在“不要问，不要说”（Don't Ask Don't Tell，DADT）政策下不得不延续长久以来的历史而继续隐匿她们的性别认同。克雷格（Craig，2007）认为DADT政策“简化了一种观点，即一个人超出常规的性别或性取向被认为是被合法解雇的充分依据”（Craig，2007：3）。这种职场环境直到2011年DADT政策被废除才在军队中被发现，在此之前，它增加了同性恋和双性恋现役军人的工作焦虑(Craig, 2007)。尽管女性只占了军队总数的很小一部分，但“在 DADT 政策下，女性被解雇的数量与男性相比是不成比例的”(Glauser, 2011)。在 DADT 政策被废除之前，性污名在军队中广泛存在，它通过反对者的声明、暴力和政治迫害来迫使这些个体被解雇(Burks, 2011)。尽管在 DADT 政策实施时关于女同性恋者和双性恋者的 MST 比例和精神健康结果的资料很有限，但是伯克斯(Burks, 2011)发现，军队中确定是同性恋或双性恋的女性罹患 MST 的风险增加，并且在 DADT 政策下，经历过 MST 的同性恋女军人感觉到有更多的阻碍去报告她们遭到的攻击，因为她们害怕可能引起他人对她们的性别认同的关注，或增加她们受到重复伤害的机会。

七、女性退伍军人的健康

尽管女性被派往作战区的数量在增加，但对女军人健康影响的研究还很少。部署的时长增加了男性军人的痛苦，但女性对压力的认识、反应和处理与男性是不同的(Pierce, 2006)。理解不同性别对压力的不同反应是重要的。泰勒等(Taylor et al., 2000)学者假定把这些不同之处归因于“照顾和交友模型”(tend-and-befriend model)，这个模型显示，女性因寻找到社会支持而在长期被部署中获得更好的保护或能更积极地处理长期压力(引自 Pierce, 2006)。在本书第二十五章，巴沙姆(Basham)更深刻地解释了不同性别对创伤的不同反应。虽然女性对于压力的反应不同于男性，但在这个领域，需要更多的关于不同性别对伤害的不同反应的系统研究，特别是与军事部署和战斗相关的压力方面(Pierce, 2006)。女性退伍军人是退伍人口中增长最快的群体，并且需要 VA 提供适当的健康照顾(Pierce, 2006)。

八、治疗影响和案例应用

尽管男性和女性以不同的方式应对创伤，但他们也有共同之处。其中一个共同之处是罹患 PTSD 的风险。读者们在本书的后续章节中将看到，对 PTSD 最具经验主义色彩的一种心理治疗干预模式是认知行为疗法，即 CBT。这种治疗方法由四个阶段组成：心理教育、祖露、认知重建和焦虑管理技术(Harvey, Bryant & Tarrier, 2003)。心理教育包括解释创伤反应和描述 PTSD 症状(Williams & Bernstein, 2011)。这个过程可以帮助服务对象构建治疗关系和正常化服务对象的经历。在这个过程中，治疗师也可以帮助服务对象去识别和接近她的内外部资源，这些资源能帮助她进入恢复阶段。在治疗创伤工作开始前，治疗师也会传授服务对象一些积极的应对技巧，如呼吸练习、内观和渐进的放松技巧（Williams & Bernstein, 2011）。

在 CBT 治疗的第二个阶段，治疗师会帮助服务对象回忆和处理她们的创伤记忆。在这个过程中，伴随着不断袒露，服务对象不断识别自身的记忆以及与记忆相伴随的那些看到和听到的创伤经历。为了有更好的效果，治疗师会让服务对象详细叙述“当下的，以第一人称讲述的，并且确保关注的是最痛苦的那部分创伤”（Harvey et al., 2003: 502）。

为了呈现一个有效的治疗过程，服务对象在充分袒露创伤记忆时找到一种可以监控服务对象体验到的情绪激活水平的方式是重要的（Briere & Scott, 2006）。没有监督和控制，这些创伤记忆也许会将服务对象压垮，会增加她们的回避行为。治疗关系提供了一个环境，在这个环境中，临床医生会调整和精确测量记忆袒露的程度，以适应减少的情绪调节能力或过于痛苦的记忆（Briere & Scott, 2006: 124）。在治疗过程中，服务对象也必须完成治疗师分配的家庭作业，例如，她要能够识别她的创伤记忆的触发机制。

CBT 治疗的第三个阶段是认知重建。在这个阶段，服务对象必须认识到她坚信的关于她自己和这个世界的消极想法。来自创伤经历的消极想法和记忆也会在表达阶段被认识到，一旦消极的想法被描绘出来，治疗师和服务对象将会对消极的经常被扭曲的想法进行取证调查。在消极想法的评估阶段，治疗师将会帮助服务对象去评估“关于创伤、自我、世界和将来的信仰”（Marks, Lovell, Noshirvani, Livanou & Thrasher, 1998;引自 Harvey et al., 2003: 503）。

CBT 治疗的最后一个阶段是焦虑管理技术，在这个过程中，治疗师帮助服务对象识别和练习积极的处理技巧。积极的处理技巧可以帮助服务对象控制恐惧和管理由身体的压力反应系统失调激活的疼痛记忆的触发机制。积极的处理技巧包括自我对话、放松、冥想和内观（Cukor, Spitalnick, Difede, Rizzo & Rothbaum, 2009）。此外，在这个阶段，治疗师会提供一个结构化的方法去使服务对象参与到社会活动中并努力减少她的回避反应和孤立行为（Cukor et al., 2009）。布莱伯格和马科维茨的一项研究（Bleiberg & Markowitz, 2005）发现，CBT 对于 PTSD 而言“在改善社会关系和减少症状方面是成功的”（Cukor et al., 2009: 717）。

“案例：萨莉”提供了一个女退伍军人（之前参军）的例子，她经历过军队性骚扰和战争后应激障碍。

案例：萨莉

萨莉(Sally)作为一名列兵开始了她的军队服役生涯，她的军事职业类别(MOS)是一个雷达修复者。当萨莉在军队服役的时候，她的中士(E－5)同事对她实施了性骚扰。2005年，萨莉被分配到伊拉克进行为期12个月的军事任务，在完成任务时，萨莉卷进一场枪炮战。萨莉的小分队装备了防卫用的炮火，但是她的三个战友在护送她的过程中被杀死。

当萨莉完成任务回到美国时，她去看了医生，并告诉医生她有严重的失眠，她的医生给她提供了一个温和的有助于睡眠的方法，尽管萨莉严格遵循这个方法，但她还是很难入睡，也难以形成持续的睡眠。每到晚上，当她闭上眼睛时，就会看见那三个在枪炮战中死去的战友，她开始把自己跟她的军队朋友隔离开，然而每当她离开岗位或在任何社交场所时，她都会高度警惕。萨莉开始避免去社交场所，去工作时也常常迟到，她的长官把她介绍给军队精神健康社会工作者。在她服役四年后，她作为一个下士(E－4)光荣退伍。

萨莉返回她位于中西部的家乡，并计划去上大学。当她返回家中后，她发现控制她的恐惧以及拒绝离开她的屋子是困难的，甚至她很难找到工作。萨莉也开始在社会上变得孤立，因为她拒绝与她的高中同学联系。当她意识到自己不再合群的时候，萨莉被转介到当地的VA去获得精神健康治疗。

在参军之前，萨莉是她们家三个孩子中最小的那个。她由她的父母共同抚养。她的父亲在工厂工作，她的母亲在很长一段时间内都是家庭主妇。萨莉是一个安静的孩子，且她在公立学校学习期间成绩中等。在她10～14岁时，她被她的舅舅性骚扰，萨莉没有告诉她的父母、兄弟姐妹和朋友，因为她的舅舅恐吓她，即使她告诉别人这件事也不会被报告给权威当局。不久后萨莉从高中毕业，为了有个新的开始，她去参军了。

本章问题讨论(基于案例)：

1. 还需要什么信息来帮助萨莉并为她设计一个治疗计划？

2. 基于CBT制定一个治疗计划。

3. 萨莉的危险因素和优势在哪里？她要怎样利用她在治疗上的优势？

4. 有哪些来自老兵或者平民的经验是可以推荐给萨莉的?

鉴于实证的基础,CBT 是一个适当地减少萨莉的孤立行为和消极想法的治疗方法。在心理教育阶段,萨莉创伤症状的表现和影响将被解释和正常化。在第二个阶段,萨莉将从青少年时期的性骚扰开始叙述她的创伤记忆。她还会叙述她在军队中被性骚扰和在枪炮战中的记忆。在第三个阶段,伴随她的创伤叙述,治疗师将会和萨莉一起重建她的消极想法以及她对自己和他人的信任。萨莉消极想法的重建也会减少她的孤立行为。在治疗的最后阶段,治疗师和萨莉将会发展出一个积极的行为应对技巧去帮助萨莉控制她的焦虑,以使她能够重新融入社会。

九、总结

尽管女性在充满男性气概的军队文化中面临着许多挑战,但她们愿意继续志愿入伍和为保卫美国自由而战。随着更多的军中职位向女性开放,更多的女性决定加入军队,这提供了一个增加女性同志情谊和积极的社会支持系统的机会。尽管女性能够成功入伍,还为军队做出了贡献,但她们中的一些人可能易受 MST 和与战斗相关的 PTSD 的影响。心理治疗如 CBT 能够有效地减少创伤症状,然而仍需要更多的研究去解释军中的性别差异和不同性别对压力后果的不同反应。

参考文献:

Bell, M. R. & Ritchie, E. C. (2003). Breastfeeding in the military: Part II. Resource and policy considerations. *Military Medicine*, *168*, 813 - 816.

Bleiberg, K. L. & Markowitz, J. C. (2005). A pilot study of interpersonal psychotherapy for posttraumatic stress disorder. *American Journal of Psychiatry*, *162* (1), 181 - 183.

Boldry, J., Wood, W. & Kashy, D. A. (2001). Gender stereotypes and the evaluation of men and women in military training. *Journal of Social Issues*, *57*, 689 - 705.

Briere, J. & Scott, C. (2006). *Principles of trauma therapy. A guide to symptoms, evaluation, and treatment*. Thousand Oaks, CA: Sage.

Browne, K. (1999). *Divided labours: An evolutionary view of women at work*. New

Haven, CT: Yale University Press.

Burks, D. J. (2011). Lesbian, gay, and bisexual victimization in the military. *American Psychologist*, *66*, 604 - 613.

Campbell, R., Lichty, L. F., Sturza, M. & Raja. S. (2006). Gynecological health impact of sexual assault. *Research in Nursing and Health*, *29*, 399 - 413. doi: 10.1002/nur.20155.

Carli, L. L. & Eagly, A. H. (2001). Gender, hierarchy, and leadership: An introduction. *Journal of Social Issues*, *57* (4), 629 - 636.

Christopher, L. A. & Miller, L. (2007). Women in war: Operational issues of menstruation and unintended pregnancy. *Military Medicine*, *172*, 9 - 16.

Clemmitt, M. (2009). Women in the military: Should combat roles be fully opened to women? *CQ Researcher*, *19* (40).

Cooke, M. (1993). Woman, retelling the war myth. In M. Cooke & A. Woollacott (Eds.), *Gendering war talk*. Princeton, NJ: Princeton University Press.

Craig, T. Y. (2007). Don't ask, don't tell: Lesbian women and work-relationship conflict. *Forum on Public Policy*, 1 - 19.

Crowley, D., Bender, T., Chatigny, A., Trudel, T. & Ritchie, E. C. (n.d.). Women, mental health, and the military. *Combat and Operational Behavioral Health*, 703 - 716.

Cukor, J., Spitalnick, J., Difede, J., Rizzo, A. & Rothbaum, B. O. (2009). Emerging treatments for PTSD. *Clinical Psychology Review*, *29*, 715 - 726.

Eagly, A. H. & Karau, S. J. (2002). Role congruity theory of prejudice towards female leaders. *Psychological Review*, *109*, 73 - 598.

Forgey, M. A. & Badger, L. (2006). Patterns of intimate partner violence among married women in the military: Type, level, directionality and consequences. *Journal of Family Violence*, *21*, 369 - 380.

Glauser, S. (2011). The end of "don't ask, don't tell." *Hinckley Journal of Politics*, 37 - 45.

Goldberg, S. (1993). *Why men rule: A theory of male dominance*. Chicago, IL: Open Court.

Gregg, G. & Miah, J. S. (2011). Tragedy, loss, and triumph after combat: A portrait of young women veteran survivors of sexual and combat trauma. In D. C. Kelly, S. Howe-Barksdale & D. Gitelson (Eds.), *Treating young veterans: Promoting resilience through practice and advocacy* (pp. 135 - 151). New York, NY: Springer.

Grube-Farrell, B. (2002). Women, work, and occupational segregation in the uniformed services. *Affilia*, *17*, 332 - 353. doi: 10.1177/0886109902173005.

Harvey, A. G., Bryant, R. A. & Tarrier, N. (2003). Cognitive behavior therapy for posttraumatic stress disorder. *Clinical Psychology Review*, *23*, 501 - 522. doi: 10.1016/S0272 - 7358 (03)00035 - 7.

Helmkamp, J. C. (1995). Homicide victims in the military: 1980 - 1992. *Military Medicine*, *160*, 51 - 56.

Herbert，M. S. (1998). *Camouflage isn't only for combat*. New York，NY：University Press.

Hoiberg，A. (1991). Military psychology and women's role in the military. In R. Gal & A. D. Mangelsdorff (Eds.)，*Handbook of military psychology* (pp. 725 - 739). New York，NY：Wiley.

Hoppen，J. (2006). Women in the military：Who's got your back? *Off Our Backs*，*36* (2)，14 - 16.

Looney，J.，Robinson-Surpius，S. & Lucart，L. (2004). Military leadership evaluations：Effects of evaluator sex，leader sex，and gender role attitudes. *Consulting Psychology Journal: Practice and Research*，*56* (2)，104 - 118. doi：10.1037/1061 - 4087.56.2.104.

Magann，E. F. & Nolan，T. E. (1991). Pregnancy outcome in an active-duty population. *Obstetrics and Gynecology*，*78*，391 - 393.

Marks，I.，Lovell，K.，Noshirvani，H.，Livanou，M. & Thrasher，S. (1998). Treatment of posttraumatic stress disorder by exposure and/or cognitive restructuring：A controlled study. *Archives of General Psychiatry*，*55*，317 - 325.

Matsakis，A. (2007). *Back from the front: Combat trauma，love，and the family*. Baltimore，MD：Sidran Institute Press.

Moore，B. A. & Kennedy，C. H. (2011). *Wheels down: Adjusting to life after deployment*. Washington，DC：APA Lifetools.

Olson，M. S. & Stumpf，S. S. (1978). *Pregnancy in the Navy: Impact on absenteeism，attrition，and work group morale*. TR 78 - 35. San Diego，CA：Navy Personnel Research and Development Center.

Pierce，P. E. (2006). The role of women in the military. In T. W. Britt，A. B. Adler & C. A. Castro (Eds.)，*Military life: The psychology of serving in peace and combat* (pp. 97 - 118). Westport，CT：Greenwood.

Riley，J. (1999). Women on the (mostly male) jobsite：Still struggling. *Feminist Collections: A quarterly collection of women studies research*，*20* (2)，5 - 21.

Sadler，A. G.，Booth，B. M.，Cook，B. L. & Doebbeling，B. N. (2003). Factors associated with women's risk of rape in the military environment. *American Journal of Industrial Medicine*，*43*，262 - 273. doi：10.1002/ajim.10202.

Schading，B. (2007). *A civilian's guide to the U. S. military: A comprehensive reference to the customs，language and structure of the armed forces*. Cincinnati，OH：Writer's Digest Books.

Silva，J. M. (2008). A new generation of women? How female ROTC cadets negotiate the tension between masculine military culture and traditional femininity. *Social Forces*，*87*，937 - 960.

Skinner，K. M.，Kressin，N.，Frayne，S.，Tripp，T. J.，Hankin，C. S.，Miller，D. S. & Sullivan，L. M. (2000). The prevalence of military sexual assault among female veterans' administration outpatients. *Journal of Interpersonal Violence*，*15*，291 - 310. doi：10.1177/088626000015003005.

Smith, T. C., Jacobson, I. G., Smith, B., Hooper, T. I. & Ryan, M. (2007). The occupational role of women in military service: Validation of occupation and prevalence of exposures in the millennium cohort study. *International Journal of Environmental Health Research*, *17*, 271 - 284. doi: 10.1080/09603120701372243.

Suris, A. & Lind, L. (2008). Military sexual trauma: A review of prevalence and associated health consequences in veterans. *Trauma Violence Abuse*, *9*, 250 - 269. doi: 10.1177/ 1524838008324419.

Suris, A., Lind, L., Kashner, M., Borman, P. D. & Petty, F. (2004). Sexual assault in women veterans: An examination of PTSD risk, health care utilization, and cost of care. *Psychosomatic Medicine*, *66*, 749 - 756.

Taylor, S. E., Klein, L. C., Lewis, B. P., Gruenewald, T. L., Gurung, R. A. R. & Updegraff, J. A. (2000). *Biobehavioral responses to stress in females: Tend-and-befriend, not fight-or-flight*. Psychological Review, 107, 411 - 429.

Thomson, B. A. & Nielsen, P. E. (2006). Women's health care in operation Iraqi freedom: A survey of camps with echelon I or II facilities. *Military Medicine*, *171*, 216 - 219.

Trego, L. L. (2007). Military women's menstrual experiences and interest in menstrual suppression during deployment. *Association of Women's Health, Obstetric and Neonatal Nurses*, 342 - 347.

Turchik, J. A. & Wilson, S. M. (2010). Sexual assault in the US military: A review of the literature and recommendations for the future. *Aggression and Violent Behavior*, 267 - 277.

U.S. Department of Defense. (2002). *Armed forces 2002 sexual harassment survey*. Washington, DC: Defense Manpower Data Center.

Vinokur, A. D., Pierce, P. F. & Buck, C. L. (1999). Work-family conflicts of women in the air force: Their influence on mental health and functioning. *Journal of Organizational Behavior*, *20*, 865 - 878.

Wardell, D. W. & Czerwinski, B. (2001). A military challenge to managing feminine and personal hygiene. *Journal of the American Academy of Nurse Practitioners*, *13*, 187 - 194.

Williams, I. & Bernstein, K. (2011). Military sexual trauma among U. S. female veterans. *Archives of Psychiatric Nursing*, *25* (2), 138 - 147.

第四章　军队社会工作中的伦理抉择

James G. Daley

为军队工作和与军队工作的伦理实践是复杂的、冲突的，并且会出现在法律和道德这两种冲突的情境里。正式的和民间的社会工作者在照顾士兵、伤兵和退伍老兵时经常面临一些共同的伦理困境。有些特殊的伦理困境是与美国社会工作者协会制定的伦理守则（National Association of Social Workers Code of Ethics）相悖的，并且很多伦理困境也没有明确的定论。这个服务对象是现役军人或空军士兵吗？我们是否有义务去确认一个海军陆战队员已经为战斗做好了准备？如果很明确，那我们能否处理他们随后在战争中的死亡，只因是我们送他或她去的？指挥官是否有权干预我们的临床决定，以使这些决定导向"令人满意"的方向？一个反战的民间社会工作者是否应该为一个已经参战的老兵服务？这些伦理困境都是军队社会工作者经常遇到的。关键问题是，是否有一个伦理选择的模型帮助军队社会工作者处理这些困境？本章将努力解释这些棘手的议题，并为读者提供一个简要的关于合理的伦理抉择的文献概述。

一、作为主导范式的军队文化脉络

军队文化正逐渐变成一种独特的文化（Daley，1999）。军队文化要求（军人）对它的规则、习性和要求完全适应。服装必须按照特定方式穿戴整齐，敬礼必须达到动作标准，无论士兵的个人意愿如何，必须坚决执行上级命令。而且，军队文化中包含着一些重要议题。偶像是重要的，自控行为是被期待的。军队用自己的方式存在于世。使命至上，军需优先。流动性存在于一个不变的世界里，军队的等级制度支配着军队内的社会习俗（Daley，1999）。

这些主要议题是特别针对战争环境的。战争是丑陋的，是无法被原谅的。士兵们都在努力达成一个不可能的任务——为战争寻找意义。军事命令是第一使命，它超越生命，超越理性。一将功成万骨枯。在塞巴斯蒂安·琼格（Sebastian Junger）的伟大叙事《战争》（*War*）中，一位刚刚从战事激烈的战场上退下来的老兵来探访一位住在沃尔特里德医疗中心（Walter Reed Army Medical Center）的老战友。他的这位老战友在一次巡逻中遭遇伏击受伤。“有人提出夜晚巡逻存在问题吗？”“没有，”中尉回答，“我们现在要走了。你打算跟他说什么？”来探访的老兵回嘴说：“滚蛋！”受伤的老兵笑了，但他们都知道他们无法改变使他们受伤的战争本身（Junger，2010：8）。两位老兵都了解军队文化，知道即使有时这会导致不必要的受伤和死亡，但上级下达的命令，军人必须服从。服从命令是军人的天职。这种结构是等级森严的，是独裁的。但是，长官不能被怀疑，命令必须被执行。

军人，尤其是军官，都被教育并被期望遵守军队的伦理。这个伦理包括在军队战争情况下的“良好行为”，也要遵守各种法律如《日内瓦公约》（*Geneva Convention*）。鲍曼概述了四个层面的军队伦理：什么时候动用军事力量是正当的，什么限制性的规定控制了军事行动，怎样才能成为一个优秀的军队领导，一个（合格的）士兵应该是什么样的？（Baumann，2007：35）通过军衔等级制度保持“良好行为”可能是具有挑战性的。军队伦理的崩溃已经导致了各种事件，如古巴关达那摩湾的军事审判、阿布格莱布监狱的虐囚事件（Clark，2006；Wynia，2007）。两伊战争中迅猛的行动速度和反复的军事部署给军人增加了很大的负担，产生了庞大的和不断增长的战争伤亡人数，以及将来一大批存在慢性精神健康问题和家庭需求的退伍军人（Helmick et al.，2010；Khaylis et al.，2011；Pascrell，2009；Peterson，Baker & McCarthy，2008）。

尽管自战时就已对军队心理健康问题有所回应了，但是当心理健康专业与军事专业对接时仍然存在着不少伦理困境。军事专业要求军队把完成军事任务当作首要任务。而（如心理健康专业等）助人专业则把它们自己的伦理标准和文化带入共同努力的过程中。一个有趣的合作是——战争与治疗这两架机器相互合作，彼此尊重。军队需要我们的帮助和专业的技术，但又期待我们遵从军队的惯例和以它为先。经典的争论爆发在“指挥部队的军官”和“军医”之间——你首先是一名军官还是一名社会工作者？这个冲突是需要率先被讨论的军队伦理困境。

二、伦理困境：双重忠诚问题

像其他的军队心理健康工作者一样，军队社会工作者都被困在“双重角色”“双重忠诚”或“多重角色”等这些在战斗中特别明显同时也隐隐出现在所有军事机构中的困境中（Atac, Guven, Ucar, Kir, 2005; Benatar, Upshur, 2008; Gross, 2010; Jeffrey, Rankin, Jeffrey, 1992; Johnson, Bacho, Heim, Ralph, 2006; Johnson, Grasso, Maslowski, 2010; Kelly, 2010; London, Rubenstein, Baldwin-Ragaven, Van Es, 2006; Ritchie, 2007; Robertson, Walter, 2008; Sessums, Collen, O'Malley, Jackson, Roy, 2009; Simmons, Rycraft, 2010; Staal, King, 2000）。伦理困境的基础议题是：“我们应该对我们的职业伦理忠诚还是应该对我们服务的军队环境忠诚?”这个困境不仅仅是社会工作独有的。约翰逊和他的同事(2012)描述了一个被派到阿富汗的精神病专家的案例，在这个案例中，专家建议有几位士兵不适合出任务，因为他们有PTSD，但是指挥官拒绝接受这位专家的诊断结果，要求这些士兵返回岗位，同时向专家施压，要求专家如他要求的那样“让每一个士兵都参加战斗”。约翰逊等学者还描述了另一个案例：一位海军心理学家在一艘航母上成功治疗了一个自主来求助的军人，这名服务对象要被晋升了，需要对他做一个安全调查；作为唯一一名精神健康工作者，这名心理学家被要求完成这项安全调查。这名心理学家的报告被执行官当众宣读，而这名执行官恰恰否定了这个安全调查，因为服务对象的精神健康诊断被显示在这份报告里。这个事件违反了一些伦理标准。

罗伯斯顿和沃尔特(Robertson & Walter, 2008)指出，双重角色的困境不仅仅存在于军队中，还可能存在于法院系统、儿童治疗、非志愿处遇、分配正义和研究计划中。“在双重角色困境出现的每一个领域，精神病学家会发现他/她自己好像在为两个主人服务：一个是他的服务对象，另一个是第三者。无论这个第三者是法庭、服务对象的家庭、雇主还是他所处的社会本身，都会在服务对象身上产生一定程度的影响。”（Robertson, Walter, 2008: 233）这些学者做出一个声明：“精神病学家是在服务整个集体的利益还是服务对象个人的利益之间寻找一个道德的平衡点。”(Robertson, Walter, 2008: 234)换句话说，治疗师有责任去调节双方并努力达成一个平衡的结果。

在两名社会工作者西门斯和里克莱夫特(Simmons & Rycraft, 2010)所做的一项质性研究中，有些访谈内容反映了罗伯斯顿和沃尔特提出的平衡行为。例如，一名空军少校说：“我真的相信(也可能有些例外)对军队或军事任务而言把他们送回去是不好的。我所读过的所有研究报告告诉我，从长远来看，让军队驻扎并完成他们的任务会帮助到他们，而送他们回家则会对他们的精神健康状况造成消极影响。就任务来说，如果我们把他们送回家，就会有其他一些人来代替他们。送他们回家的代价无论是对军人个体还是对整个部队来说都比把他们留下要高。”(Simmons, Rycraft, 2010: 13)很显然，这位少校社会工作者正为这两者烦恼。

塔兰特和莱德伯格(Tallant & Ryberg, 1999)评论过双重角色困境：“很显然，军队社会工作者也会有角色冲突。军队社会工作者需要的是一名专业社会工作者，同时也是一名职业军官。每个专业都有它自己的道德、价值观和伦理准则。每一个人都有他自己的目标和使命。这种角色冲突将造成军队社会工作者的核心伦理冲突。”(Tallant, Ryberg, 1999: 184－185)

民间社会工作者在 VA 服务退伍军人时也有相似的双重角色伦理冲突。VA 为退伍军人提供照顾，但也有一个严格的“问责”文化，即“为残疾人服务”。老兵被接纳的第一步是确定他是否有资格获取服务。如果合适，残疾的退伍军人都会被提供残疾人收入、免费的健康照顾和包括照顾者工资在内的辅助性服务。VA 成了残疾身份的监管部门。两个主要的双重角色问题也就出现了。首先，从待命的军队医疗过程转手到 VA 的福利输送过程，这中间问题重重。如果一名现役军人想要在 VA 内寻找 PTSD 的咨询服务，但又不想让军队(中的战友及上级军官)知道(因为会影响他接受任务调派)，那该怎么办？我问过 VA 的社会工作者，他们说会跟士兵们说清楚这些记录不会被泄露给军队。如果对患 PTSD 的退伍军人的治疗改善了他们的症状，但是他们不想这些检查结果被记录(因为这些结果会减少他们的残疾津贴)，那该怎么办？我参加了一个 PTSD 杰出治疗师的工作坊，他取得了很大的治疗成果，但是 VA 的服务对象们请求他不要记录他们的治疗进展，因为他们的残疾津贴会被削减。这位治疗师没有在病历中记录，在诊断结果中也没有记录改善情况，包括有些已经没有症状的服务对象，他也没有记录。

三、伦理困境：保密和私人问题

第二个伦理困境是精神健康工作者在服务军人及其家庭时缺乏保密性。实际上，使命感和国家安全胜过“治疗师—服务对象”的个人隐私和保密性。一位空军长官评论道：“在军队中几乎没有什么隐私。一个服务对象的情况很快会被他的部队和他的基地知道。在保护服务对象个人隐私的权利和指挥官需要了解的事情之间需要有一个良好的界限。”(Simmons & Rycraft, 2010: 14)杰弗里等(Jeffrey et al., 1992)学者描述了一个个案：一位军官向一名军队的心理治疗师表达了要自杀的想法。这位军官要求不要保存这个记录，因为这会对他的职业生涯产生潜在影响，但是心理治疗师拒绝了这个要求。这个服务对象后来得到了一个去见民间治疗师的机会，但又因为经济原因而拒绝了服务。然后，这名军队的心理治疗师又见了这位服务对象，并进行了八节成功的治疗。在这位心理治疗师被调到海外后，服务对象的上司要求他出具一份关于服务对象工作能力的评估报告。这位军队心理治疗师的督导完成了这份报告，并在报告中描述了服务对象的责任、压力问题和自杀倾向。服务对象的上司在看完报告后很担心；服务对象确定他的职业生涯已经被毁了，只能辞掉现役，但是他向美国心理协会（American Psychological Association, APA）提出书面抗议，谴责最初的那位心理治疗师违反（保密性）伦理（虽然不确定是不是心理治疗师的督导应该对完成的这份报告负责）。杰弗里等学者对伦理问题进行了一个详细的讨论，并得出结论："DOD（国防部）的指令和陆军军规以'需要了解'为由提供了一个（不经患者同意）向国防部官员们发布健康照顾信息的权力。"APA 的伦理中指出，那位军队心理治疗师有违伦理标准（即便他可能没有意识到是他的督导完成了这份报告）。"在 APA 伦理委员会的观点中，这位心理治疗师在将服务对象的信息发给他的指挥官之前应该先获得一份服务对象的签署声明。"杰弗里等学者简要概括了这个事件——"这位心理治疗师虽然遵守了国防部的规章，但是因没有同时遵守 APA 的指示和伦理原则而受到控诉。"而且他们还说道："这个案例显示了告知服务对象保密原则的限制和小心留存服务对象资料的重要性。"不幸的是，这位心理治疗师一直在海外，在他收到违反伦理的控诉前都不知道报告已经被他的督导写好了。作者觉得不清楚的是，既然这个行为是督导做出的，为什么是这位心理治疗师而不是督导受到伦理控诉。

保密性和私人问题可能会因为基地或军舰这种社区比较小且对同事而言比较敏感而被泄露出去。约翰逊等（2006）学者描述了两个案例。第一个案例，一艘航母上唯一的一位心理治疗师有一个与他军衔相同的朋友，这位朋友和他聊了自己的婚姻问题。由于问题多而复杂，这位治疗师最终决定就他的抑郁对他进行面质，并要求他进入正式的治疗过程。这位军官拒绝进入治疗，并终止了和治疗师的接触。

另一个案例显示了一个复杂的动态关系，在这个案例中，唯一的心理治疗师被要求为一位执行官提供一个有关中年问题的治疗，这位执行官自己写了一份健康报告，完成了治疗师的临床检查，并在信中委婉地说明了这次事故。尽管这一临床关系六个月前就结束了，但当这个执行官因与敌军关系密切而遭到控告时，他们的治疗还是成了一个嫌疑事件。律师希望能够复印所有的精神健康记录。尽管这些记录不能帮助服务对象（这位执行官），但这名心理治疗师对发布“所有记录”表达了自己的保留意见。然而，他的指挥官却要求他根据“需要了解”要求把记录给出。这名心理治疗师发出了所有的诊疗记录，但不包括他的注解。这个行为让律师满意了，却激怒了心理治疗师的指挥官，指挥官认为他的行为没有遵从命令。这位心理治疗师的终期绩效报告受到保护服务对象隐私这件事的消极影响。

在我的职业生涯中，有一个案例是关于一位空军社会工作者的，他创造了一个私密的空间，通过与飞行员玩网球游戏来让他们分享烦恼和问题，治疗师是在网球场上进行这个治疗过程的。尽管没有记录，但这个治疗师感觉他已经帮助了很多本来无法得到帮助的空军官员。我非常担心会有严重的突发事件使得这种非正式的方法被揭发，但好在我并没有听说这类事件。

约翰逊等（2006：314）学者总结了九点面对伦理冲突的建议。

1.“在军队中努力保持中立”，这会使你被认为是“可以求助的和无派系的”。

2.“假设军队中的每位成员都是潜在的服务对象。”

3.“提供直接即时的知情同意信息给所有服务对象。”

4.“在严格意义上使用‘需要了解’政策”，尤其是那些“由上级下达的在做决定时会作为关键性证据的命令”。

5.“避免重要的自我袒露”，因为多重角色关系和不能确知的情况会让打算来的服务对象犹豫而不来治疗。

6.当复杂或尴尬的情况出现时，“考虑其他替代性的精神健康服务资源”。

7.“增加对边界交错的容忍度”，因为“玻璃鱼缸”似的小型军队社区中固有着多重的角色关系。

8.至于非临床性的互动，则应积极与服务对象合作，这样你和服务对象就知道如何用非正式的方式来回应彼此了。

9.小心记录那些令人不舒服的多重关系，你也要努力地小心记录对问题的意识和伦理归因，以及努力迅速并且姿态优雅地处理这些两难困境。

（以上九点建议与农村社区的社会工作者所共享的实务指导原则非常相似，他们在农村小型社区中要努力面对多重角色关系、模糊的角色边界和有限的资源，或可以转介的服务或机构。）

四、伦理困境：等级制度和权利问题

第三个与生俱来的困境是军人生活在一个权利封闭的社会。来自后备军官训练团(Reserve Officer Training Corps，ROTC)或者预备军官学校(Officer Candidate School，OCS)的人，选择一个领域被训练成专门地指挥部队的官员，他们被期待能够将全身心奉献给军队文化。从第一天起，他们就被训练成决策者，并严格遵循命令传达链。如果一位高军衔的军官告诉他们去做某事，他们要尽他们的最大努力立即去遵从。如果他们能够证明这个命令是不合法的，他们就可以获得一定的自主权，但是，上级对他们的期待仍然是他们会用他们的生命、他们的全部承诺以及遵从命令的忠诚去完成这个命令所规定的任务。使命的完成是至高无上的。医务工作者(医生、护士和社会工作者等)和他们不同。军队要求医务工作者在上岗之前已经受到一整套的技能训练。他们不希望从头对医务工作者进行训练，他们只是不希望医务工作者“搅乱军队”，正如在我加入空军成为一名社会工作者时他们向我解释的那样，一个两周的紧急训练课程足以让人适应军队。医学院、护士学校和社会工作学院已经为他们成为医务工作者做了精心准备，军队只需做一点补充训练即可。因此，专业文化和军队文化之间经常会有文化冲突。我经常听到这句口头禅：“你首先是一名军人，其次才是一名社会工作者。”一段时间内，我们没人能接受这种说法。我们是社会工作者，我们学习如何引导军队系统更好地运作，用军衔和权力来帮助我们的服务对象，识别惯习和期待带来的军旅生涯中的致命陷阱，并避免不好的情况发生。

西门斯和里克莱夫特(2010)分享了一个空军少校叙述的故事：“我和一位不听从我建议的指挥官共同工作。尽管我努力尝试与他沟通，但是我发现没有效果。我们只是个建议者，而那个指挥官才是对军队做最后决策的人。”约翰逊等学者描述了一位陆军的精神病学家在阿富汗驻扎期间的困境，当时他断定一位士兵必须撤离接受治疗，但他的指挥官“拒绝那些建议并命令这名士兵立即归队参与军事行动”，指挥官严惩了那位精神病学家，并对他说：“如果你愿意，你可以诊断所有的士兵都有 PTSD，但是别忘了你的工作是任何时候都要支持他们奋起战斗，保证他们回到岗位；这就是一个战区的最高长官，他的‘疯狂’还远不止这些。对你们而言，原因很清楚，就是我们正处于战争中。”(Johnson，2010：551)这两个案例都有一个清晰的推断，即尽管精神健康工作者已经作为专家被引入军队中，但是指挥官可能而且的确在临床问题上有更高的权威。不幸的是，很少有指挥官拥有临床评估的训练经历。现实情况是，很多指挥官将士兵看作胜利的基石。临床工作者只是达到目的的一种手段，任何专家都需要经过军队使命的筛选。

这个伦理困境就是如何在军队情境中使用权力以消除等级结构对合适

的照顾造成的阻碍。这个过程是复杂的，但有时是可以成功的。军队中的一个有力原则是，用更高的军衔来对抗军衔。如果你的指挥官想要否决你的临床诊断，你就在指挥链中向更高级别的长官报告，直到有一个更高军衔的医疗官员讨论你的治疗的重要性。当我是一个家庭支持项目的工作者时，我总是要确保有更高军衔的医疗官员而不是一个单位的指挥官来参加我们的家庭支持项目管理会议，只有这样，我们的治疗建议才能被考虑。在军队机构中存在着一场权力争斗，而我们这些社会工作者需要懂得如何为我们的服务对象争取最大的利益。

五、伦理困境的法律和道德背景

上述这些困境都是常见的，并且经常在服从军队要求和遵从我们的专业伦理标准之间取得微妙的平衡。凯莉对护士们经历过的战斗行动做了如下描述："达到军事行动的效果是这些战斗行动的一个特点，每一名军队中的护士都必须接受这一点，其他任何事情都排在它之后考虑，比如护士的自治权或服务对象的自决权，那都是次要的。"(Kelly，2010：640)她强调：在战场上的士兵"必须适合打仗并且能够打胜仗"，因此，"健康照顾服务更多的是一个日用品，而不仅仅是针对某些对健康照顾有特殊需求的个体"(Kelly，2010：636)。她举了一个被炸弹炸伤的士兵的例子，这个护士想要去救助那个垂危的士兵，但是她被命令等待，直到这片区域的炸弹被清除干净。道德的行为是去拯救那名士兵，而合法的行为是遵守命令。凯莉说，战地和普通市民环境之间没有可比性，伦理上的过失是不可避免的。由于战争的独特性，道德行为和法律行为之间的拉锯状态一直持续着。

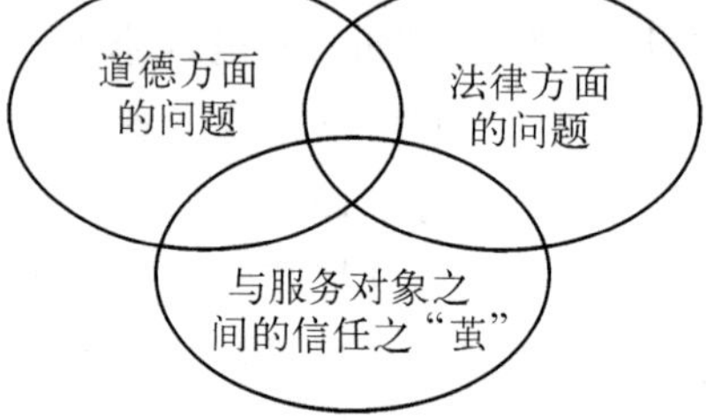

图 4.1　伦理困境三角模式

图 4.1 说明了社会工作者在和服务对象决定某个问题时遇到的伦理过程上的挑战。众所周知的是，社会工作者通过与服务对象建立信任关系来帮助他们，这种关系对于有效干预而言是重要的。然而，有些时候，社会工作者需要决定什么对服务对象是可能的或合适的。这可能是一个指挥官想要一些比较敏感的信息或者拒绝遵从你让一个士兵离开战场的决定，也可能是在等待炸弹被清除的时候目睹一名士兵死亡。这件事可能比较微妙，比如鼓励大家不

要支持一个被虐待的高级军官的配偶，而她的遭遇实际上需要被报道出来。伦理困境的本质是伦理与法律之间的拉锯。道德的立场是以人道主义行动为中心的，它要求我们用最好的方法帮助服务对象，并且努力实现服务对象利益的最大化。法律的立场则是什么是法律或什么是《统一军事法典》允许你做的。尽管法律保护是个体军人可以获得的，但更多的是对军队整体事业的保护和强化。伦理守则是一个把社会工作行为中符合期待的道德标准法典化的方法，但是这个守则也反映了一种法律期许，即社会工作者会遵守伦理准则，以维持执业的合法性或防止违反伦理。治疗师们努力解决什么是值得做的“对的事”。无论哪一种专业行为被选择，与服务对象的关系都可能会被破坏。《统一军事法典》和保护军队使命的这些责任可能导致一个社会工作者建议他的服务对象不要离开岗位。服务对象（军人）可能会对社会工作者生气，尽管社会工作者做了“正确的事情”。

六、伦理选择模型

在复杂和令人困惑的社会工作伦理困境中，如果有一些明确清楚的伦理选择模型将会很有帮助。不幸的是，情况并非如此。但是，几个模型已经被提出来了，有些是专门针对军队的，而另一些则是普遍性的。

（一）ETHIC 模型

一个经典的伦理选择模型是由伊莱恩·康格雷斯（Elaine Congress，2000）提出的。她的 ETHIC 模型大概有 5 个步骤。

1.“检查有关的个人、社会、机构、服务对象和专业价值观。”对军队社会工作而言，这一步意味着社会工作者需要清楚地理解军队的背景、文化、指挥链，并深刻认识那些直接影响服务对象最大利益的上诉或协商的决定。

2.“仔细思考《美国社会工作者协会伦理守则》使用的是什么伦理标准，以及相关的法律和案例判定。”对军队社会工作而言，这一步意味着需要对伦理守则以及何时它会与你现在面临的军队问题产生冲突有一个完全的、透彻的了解。你应该对《统一军事法典》有一个详细的了解，并且能够就这个问题向军队的（也可能是民间的）律师咨询。

3.“假设不同决定可能带来的不同结果。”对军队社会工作而言，利弊是建立在前两步对问题的理解的基础上的。这个关键点是防止在没有考虑所有可能的选择及它们的后果时就匆忙做出决定。

4.“从社会工作者对最弱势群体的责任这一角度出发，辨别谁将获利和谁的利益会被损害。”对军队社会工作而言，这一步是最具挑战性的，因为军队必须对它的使命负责，而不是对那些最弱势的群体负责。

5.“就最大的伦理选择问题向督导和同事进行咨询。”对军队社会工作而言，咨询就是合理地提出建议，也可能包括上达各级指挥部门，和寻求军法署署长(Judge Advocate General，JAG)等官员的法律建议。但当咨询那些可能对军队的背景不甚了解的民间社会工作者时，复杂的情况就是不能与他们分享敏感的军队信息。

康格雷斯的模型努力处理社会工作者面临的法律困境的利弊、后果和影响。这五步有助于减缓做出决定的过程，并且给出一个众意之上的最终决议。然而，在战争情境下，一个社会工作者要按照指挥官的要求立即做出决定，这对管理而言可能具有一定的挑战性。如果军队社会工作者是在一个美国本土的军事基地、一个退伍军人管理局下属的诊所或一个医院里工作，ETHIC模型可能是有用的。在战争白热化的状态下，最好的选择是紧随着各级指挥部门和同事的建议来行事，并为后续的事件做准备。无礼的军队官员一定会成为社会工作者的另一个挑战。可行的方法是，顺着指挥链让事件传上去，这可能会在你的长官和军事小分队的长官之间形成一次意见相左的对话，并略微给军事小分队的长官施点压。我的观点是，伦理模型必须“因事而异”，即依据事件具体情况而定。

（二）洛温伯格和多戈夫的伦理选择问题和伦理原则

洛温伯格和多戈夫(Loewenberg & Dolgoff，1992)主张“伦理选择不是对武断专制的规则的自动应用”。相反地，“熟练的社会工作者必须权衡所有的选择和结果，然后选择一个看上去最符合伦理的选择”。他们提出了在做出最佳选择时需要考虑的七个关键伦理问题(Loewenberg，Dolgoff，1992：55)。

1.“哪些原则、权利和义务对这些伦理问题产生影响?”

2.“哪些额外的信息在辨识这个伦理问题时是需要的?”

3.“哪些是能够被运用的相关伦理规范和原则？这个情境涉及哪一个伦理标准?”

4.“是否存在利益冲突，谁将是这一原则的获益方?”

5.“你将如何对那些你已经确认的伦理问题、伦理规范、伦理原则进行排序?”

6. “从不同伦理规范和伦理原则的运用中将产生哪些可能的结果？”

7. “谁应该来做出这个伦理选择？将伦理选择权转移给另一个人（不是社会工作者）是否合理？应该转移给谁？”

和 ETHIC 模型相似，洛温伯格和多戈夫强调仔细收集关于权力、规范、利益冲突和后果的信息。对军队社会工作而言，这些重要的权力和规范存在于《美国社会工作者协会伦理守则》和《统一军事法典》中，尽管两者有时会发生冲突（如私人问题与军队使命）。他们提出了一些有趣的观点。在发生利益冲突时，军队是否永远都必须是“首要的获益方”？军队社会工作者把伦理选择权转移给一位非社会工作者是否合适，这样是否会使他们开脱自己的责任？例如，一个军法署署长的工作人员告诉你一个合法的决定，你是否接受它？在你的道德义务上会做出什么行动选择以保护你的服务对象？

更进一步地，洛温伯格和多戈夫（1992：60）提出了一个伦理原则的等级排序，他们把它叫作伦理原则筛选（Ethical Principle Screen，EPS）：

伦理原则 1：保护生命原则

伦理原则 2：平等与差别平等原则

伦理原则 3：自主和自由原则

伦理原则 4：最小伤害原则

伦理原则 5：生活质量原则

伦理原则 6：隐私和保密原则

伦理原则 7：诚实与开放原则

原则的关键点是排在前面的原则优先于后面的原则，例如，保护生命原则优先于隐私和保密原则。一个服务对象表达他想要自杀，那么这个服务对象的隐私保护权就无效了。塔兰特和莱德伯格（Tallant & Ryberg，1999）在一次关于军队社会工作伦理困境的讨论中提出，“伦理原则 1：保护生命原则 ”在军队社会工作中需要被补充为“伦理原则 1：保护生命/ 军事使命原则”。他们认为，对军事使命的保护和保护生命拥有同等重要的地位。坦白来说，当军事使命失败时，生命也就失去了，国家安全的优先权被打破，士气也可能被破坏。塔兰特和莱德伯格的可取之处是他们努力革新以弥合双重忠诚问题，并支持建立军队社会工作者经常面对的伦理界限。

（三）戈特利布的选择模型

戈特利布（Gottlieb，1993）描述了一个聚焦于多重关系问题的伦理选择模型。施塔尔和金(Staal & King，2000)将这个理论模型运用到军队心理机构中。戈特利布的模型重点考虑以下三个关键因素：权力、持续时间和结果。“权力”反映了社会工作者对服务对象将会产生多大的影响(例如，一个社会工作者的军官和一个应征入伍的服务对象之间有一个很大的权力差异)。“持续时间”显示了社会工作者与服务对象的关系将持续多长时间。“结果”则反映了服务对象与社会工作者是否能够不断去满足那个期待。这三个因素能够相互作用(例如，如果持续时间延长，那么通常权力也会增加，最终结果——什么对我更好什么就是持续的渴望——也会增加)。从一个伦理选择的立场来看，关键问题是看到权力对专业关系的负面影响(例如，当一个应征入伍的服务对象被要求接受一位社会工作者的评估时，会有一个很大的权力不平等)。持续时间越久(例如，服务对象参与的服务次数越多)，意味着多重关系越复杂，最好明确最终要达到的结果并订立契约(例如，对你们的服务对象与服务提供者之间的关系将如何继续有清晰明确的共同期待)。

当遇到双重或者多重关系时(例如，当被分配到一个服务对象或者一个来自退伍军人管理局的服务对象，他同时又在退伍军人管理局附属的医院做志愿者，并与你的角色有关时)，戈特利布排列好优先顺序的这三个因素就是一个重要的筛选工具。当面临多重关系问题时，一个服务对象的权力等级、投入的时间以及持续接受治疗的动机在一定程度上应该被评估。一位被派到战区的陆军少校军衔的社会工作者描述了一个令人吃惊的案例：“你可能会重复这件可笑的事……与服务对象一起处理他的精神健康问题的感受真是古怪至极，你可能会发现自己一个小时以后就站在这个家伙的右边……而且你们俩都全身裸露着在淋浴。”(Simmons & Rycraft，2010：17)。大多数的多重关系没有那么戏剧性，但是这个案例也说明了在军事活动中一切都有可能发生！

(四) 约翰逊、格拉索和马斯洛夫斯基的伦理—法律冲突管理策略

约翰逊、格拉索和马斯洛夫斯基(Johnson，Grasso & Maslowski，2010)描述了军队中的精神健康服务人员可能面对的法律和道德的冲突，并且推荐了冲突管理的六条策略(Johnson，Grasso & Maslowski，2010：551－552)：

1. “判定这个困境是否构成了一种紧张或冲突关系。”社会工作者应该运用谈判技巧和军队的各级指挥部门来减少紧张并澄清问题，这样，问题才能在法律和道德两个层面上都得到解决。例如，一个合法要求公开精神健

康记录的请求可以清晰地看出什么具体情况(例如,安全考量)可以被服从而无须公开完整的记录。

2. “了解你的伦理规范和相关的联邦法律。”《美国社会工作者协会伦理守则》很有名。自己熟悉基础性法律文件《统一军事法典》。最好的理解《统一军事法典》的办法是和军法署署长及其他工作人员谈论你可能会面临的情境。

3. “发展出一个伦理选择的程序。”作者没有详述这个程序,但强调要有一个缓慢地探究你的观点和权利的过程,并且避免对法律方面的要求做出冲动或幼稚的反应。

4. “要认识到军队服役不是对一个人健康专业的认同和责任的否定。”作者重申了我们对伦理规范的忠诚,并且警告了那些原本应该坚守专业伦理却“转而把最基本的忠诚投放在军队惯例和规章上的人”(Johnson, Grasso & Maslowski, 2010: 552)。

5. “在服务对象的最大利益和国防部的规章之间寻求平衡。”总的来说,作者倡导,如果可行的话,把对服务对象的伤害降到最小,并且保证每一步都与服务对象讨论各种选择。记录你采取的步骤和服务对象的参与程度。

6. “努力减少伦理规范和联邦法律之间的冲突。”倡导法律和政策的合理改变,并在冲突出现时教育当权者们学习有关知识。

约翰逊和他的同事们(2010)提供了一些有用的想法,这些想法能够帮助处于军队复杂环境中的军队社会工作者保持对服务对象最小伤害的关心焦点。这个基本信息就是要事先准备好、博学精明,并且了解怎样驾驭军队文化。如果可能的话,甚至改变军队的法律和政策。

当你考察下面三个案例并考虑你会怎么回答他们讨论的问题时,你可能想把上述伦理抉择的模型记在心里面。

案例:约翰·多伊上尉,MSW

在军队中,有一些规章允许一个有人格障碍和行政冲突的军人快速地被军队辞退。一个新兵因对军队的要求和文化感到不开心来找约翰·多伊(John Doe)——一个社会工作硕士(也是一名军队社会工作者),想要约翰为他做一个人格障碍的诊断,这样他就能被快速地辞退了。他的军士长强烈暗示这名士兵,一个人格障碍的诊断是被迅速辞退的最容易的方法。然而,根据评估,约翰得出结论,那个士兵不符合人格障碍的标准。相反，约翰相信那个士兵符合适应性障碍的标准，适应性障碍是无法使这个士兵拿到被辞退的文书的。

案例问题讨论：

1. 有些军队社会工作者会为了符合服务对象的利益而做出人格障碍诊断，这样，服务对象就不会为了逃离军队而总想着加重自己的症状了。如果你处于约翰·多伊的位置，你会如何处理？是帮助这个服务对象还是确信自己的诊断？

2. 相比之下，有些军人是符合更加严重的精神健康问题（抑郁、焦虑）的诊断标准的，但是他们坚持，如果你给他们做一个温和的诊断如适应性障碍，那么他们保证会只咨询你。如果他们被你精确地诊断为某种障碍，他们可能会被作为一个试点而明确地不能被雇用（即你变成了他们职业生涯的杀手），他们可能会被军队辞退。这时你是否会撒谎来保护他们的隐私？

案例：卡尔

卡尔（Carl）是一个因患严重的PTSD而完全失能的退伍老兵，因为这一原因，在过去六年里，他每月从政府领取2 000美元的补助金。他参加了一个由你执行的PTSD的治疗项目。经过三个月的治疗，卡尔报告症状已经很微小了，他有显著改善，并且不再符合严重PTSD的诊断标准了。卡尔对治疗结果感到很高兴，但是他请求你不要记录他的任何结果，因为这样他会失去他的残疾人补助。

案例问题讨论：

你会保护卡尔还是会精确地记录结果？

案例：琼斯的家庭

杰克（Jack）和吉尔·琼斯（Jill Jones）有一个患有自闭症的孩子。杰克是一名军人，他接到了一个去韩国的任务，这对他的职业生涯来说是个极好的机会，但他需要从家庭支持项目工作人员那里获得优先保证——新的基地会有针对自闭症儿童的服务。基地的工作人员暗示说，他们只能给这个孩子提供非常少的服务。作为一名社会工作者，你判断这个孩子不应该去那里。杰克和你争论说他孩子的需求很少，并且基地能满足他孩子的需求。吉尔承诺说她在新的地方不会找工作，会待在家里带孩子。在新的基地，你把这些信息传递给了家庭支持项目的工作人员，但他们仍然十分担心孩子在海外能否适应的问题。你选择不同意这个家庭去韩国。指挥官选择让杰克一个人去韩国两年，没有家人陪同。吉尔·琼斯和孩子在杰克去韩国之后不得不离开这个基地回到他们的家乡。但是家乡能提供给自闭症孩子的服务也非常少。他们一家对你感到非常生气，杰克在他的部队里对每个人都指责家庭支持项目。因为杰克不高兴，所以他的指挥官也不高兴。

案例问题讨论：

你应不应该同意琼斯一家一起去韩国？

七、总结

就像本章开始所说的那样，很多问题还没有得到明确的答案。伦理困境，无论是双重忠诚问题、保密性问题，还是等级和权力问题，都明确反映了法律、军队意愿与保护和服务对象的临床关系之间的冲突。没有学者对军队社会工作者或 VA 社会工作者的伦理抉择及抉择的结果进行年度的或系统性的研究。西门斯和里克莱夫特(2010)对战争中的军队社会工作者所进行的质性研究很值得推荐，但是仍然需要更加系统的数据采集方式。塔兰特和莱德伯格(1999)用案例很好地阐释了概念性的内容。其他学者提供了一些不同的精神健康专业(Jeffrey et al., 1992; Johnson et al., 2006; Johnson et al., 2010; Staal & King, 2000)和在职医生的案例(Hollon & Hickey, 2010; Sessums et al., 2009)。另一项值得记录的研究调查了 51 名医生对知情同意和拒绝治疗的看法。但是仍然需要发展出一套对法律—伦理冲突和冲突解决实践进行系统取证的方法。政策和法律的演变更适合以这些系统资料来引导。

几个伦理选择模型都提供了一定的资讯给我们，但也经常有彼此重复的部分。综合不同作者的内容，我们得到一个可以提供给军队社会工作者努力达成伦理选择的模型——PSPIDD 模型。这个模型强调五个步骤。

1. 准备（Prepare）：每个作者都强调学习法律、政策和《统一军事法典》。这个步骤是排在伦理和法律冲突出现之前的。仔细阅读附有案例的文献，这些案例能帮助你在可能发生的不同事件中变得更为敏锐，也提供更多应对冲突的方法。回顾《美国社会工作者协会伦理守则》，并找出该守则中有哪些部分可能与军队的要求相冲突。

2. 减速（Slow down）：当冲突发生时，我在前文中所描述的每个模型都建议你减缓回应冲突的过程，这样，在做出决定之前你就不会做出反应。入伍是一个需要付诸行动的选择，有很多压力和努力你会体验到。深呼吸并提醒自己你有权知道你的选择。

3. 利弊分析（Pros and cons）：对被要求的行动进行利弊分析，并且收集你有哪些权利。与你的督导、军法署署长办公室的工作人员，或机构的律师，以及（调查官员舞弊情况的）巡视员办公室的工作人员谈话。把这些需要记录下来。

4. 参与（Involve）：确定你的服务对象参与并理解你将要做的选择有哪些利弊。

5. 决定和记录（Decide and document）：做出最明智的选择，并且记录下你对服务对象工作时的行动和你的决定。建立个案档案，以倡导政策和法律方面的改变。如果你失败的话，根据各级指挥部门来矫正冲突。记住，你的苦恼很可能在全军中反复重演，诸如缺乏对记录的保密性、施压去修改诊断书和忽视我们（社会工作者）建议的问题会不断发生，直到军队允许更好的结果出现。

上述模型提醒军队社会工作者哪些步骤可以为后期可能发生的伦理—法律冲突做好准备和做出反应。记住：也可以使用压力管理手段来控制你自己的焦虑，因为这些事情经常会造成（因纠结而产生的）胃痛，以及害怕军队力量向你施加压力而不确定如何去做。每一件事都有它自己的代价。所以你也要当心你自己！

本章问题讨论：

1. 你是否相信你可以平衡军队作为服务对象和一名军人作为服

务对象？你会把哪一个作为你的“基础服务对象”？你能找到一个把军队作为你的基础服务对象的情形吗？你能找到一个把一名军人作为你的基础服务对象的情形吗？

2. 你是否相信这样的情境是道德的：如果一名军人希望你支持这个军人家庭的要求去同意他被派遣至一个海外任务，而在你的判断里，那里对他们的自闭症孩子的服务是不充分的，你会怎么做？

3. 你是否相信这样的情境是道德的：如果一个患有 PTSD 的退伍老兵已经有显著的改善，但他希望你不要把他的改善情况记录下来，因为退伍老兵的残疾补贴会减少，你会怎么做？

4. 运用伦理选择的 PSPIDD 模型，你认为哪些方法可以“减缓”做选择的过程，并允许你解决你的选择困境？如果你经常受到来自指挥官或被指派者的要求按照他们的期望来行动的压力，你会怎么做？

参考文献：

Atac, A., Guven, T., Ucar, M. & Kir, T. (2005). A study of the opinions and behaviors of physicians with regard to informed consent and refusing treatment. *Military Medicine*, *170* (7), 566 - 571.

Baumann, D. (2007). Military ethics: A task for armies. *Military Medicine*, *172* (12 suppl), 34 - 38.

Benatar, S. R. & Upshur, R. E. G. (2008). Dual loyalty of physicians in the military and in civilian life. *American Journal of Public Health*, *98* (12), 2161 - 2167.

Clark, P. A. (2006, Fall). Medical ethics at Guantanamo Bay and Abu Ghraib: The problem of dual loyalty. *Journal of Law, Medicine & Ethics*, 570 - 580.

Congress, E. P. (2000). What social workers should know about ethics: Understanding and resolving practice dilemmas. *Advances in Social Work*, *1* (1), 1 - 25.

Daley, J. G. (1999). Understanding the military as an ethnic identity. In J. G. Daley (Ed.), *Social work practice in the military* (pp. 291 - 303). New York, NY: Haworth Press.

Gottlieb, M. C. (1993). Avoiding exploitive dual relationships: A decision making model. *Psychotherapy*, *30*, 41 - 48.

Gross, M. L. (2010). Teaching military medical ethics: Another look at dual loyalty and triage. *Cambridge Quarterly of Healthcare Ethics*, *19*, 458 - 464.

Helmick, K., and members of consensus conference (2010). Cognitive rehabilitation for military personnel with mild traumatic brain injury and chronic post-concussional disorder: Results of April 2009 consensus conference. *Neuro Rehabilitation*, *26*, 239 - 255.

Hollon, J. R. & Hickey, P. W. (2010). Select clinician recommendations for military medical practitioners conducting humanitarian and civil assistance activities. *Military Medicine*, *175* (9), 647 - 654.

Jeffrey, T. B., Rankin, R. J. & Jeffrey, L. K. (1992). In service of two masters: The ethical-legal dilemma faced by military psychologists. *Professional Psychology: Research and Practice*, *23* (2), 91 - 95.

Johnson, W. B., Bacho, R., Heim, M. & Ralph, J. (2006). Multiple-role dilemmas for military mental health care providers. *Military Medicine*, *171* (4), 311 - 315.

Johnson, W. B., Grasso, I. & Maslowski, K. (2010). Conflicts between ethics and law for military mental health providers. *Military Medicine*, *175* (8), 548 - 553.

Junger, S. (2010). *War*. New York, NY: Twelve Hachette.

Kelly, J. (2010). Battlefield conditions: Different environment but the same duty of care. *Nursing Ethics*, *17* (5), 636 - 645.

Khaylis, A., Polusny, M. A., Erbes, C. R., Gewirtz, A. & Rath, M. (2011). Posttraumatic stress, family adjustment, and treatment preferences among National Guard soldiers deployed to OEF/OIF. *Military Medicine*, *176*, 126 - 131.

London, L., Rubenstein, L. S., Baldwin-Ragaven, L. & Van Es, A. (2006). Dual loyalty among military health professionals: Human rights and ethics in times of armed conflict. *Cambridge Quarterly of Healthcare Ethics*, *15*, 381 - 391.

Loewenberg, F. M. & Dolgoff, R. (1992). *Ethical decisions for social work practice* (4th ed.). Itasca, IL: Peacock.

Pascrell, B. (2009). Introduction to the report of the international conference on behavioral health and traumatic brain injury. *Clinical Neuropsychologist*, *23*, 1281 - 1290.

Peterson, A. L., Baker, M. T. & McCarthy, K. R. (2008). Combat stress casualties in Iraq. Part 1: Behavioral health consultation at an expeditionary medical group. *Perspectives in Psychiatric Care*, *44* (3), 146 - 158.

Pois, H. & Oak, S. (2007). War & military mental health: The US psychiatric response in the 20th century. *American Journal of Public Health*, *97* (12), 2132 - 2142.

Ritchie, E. C. (2007). Update on combat psychiatry: From the battlefront to the home front and back again. *Military Medicine*, *172* (12), 11 - 14.

Robertson, M. D. & Walter, G. (2008). Many faces of the dual-role dilemma in psychiatric ethics. *Australian and New Zealand Journal of Psychiatry*, *42*, 228 - 235.

Sessums, L. L., Collen, J. F., O'Malley, P. G., Jackson, J. L. & Roy, M. J. (2009). Ethical practice under fire: Deployed physicians in the global war on terrorism. *Military Medicine*, *174* (5), 441 - 447.

Simmons, C. A. & Rycraft, J. R. (2010). Ethical challenges of military social workers serving in a combat zone. *Social Work*, *55* (1), 9 - 18.

Staal, M. A. & King, R. E. (2000). Managing a multiple relationship environment: The ethics of military psychology. *Professional Psychology: Research and Practice*, *31* (6), 698 - 705.

Tallant, S. H. & Ryberg, R. A. (1999). Common and unique ethical dilemmas encountered by military social workers. In J. G. Daley (Ed.), *Social work practice in the military* (pp. 179 - 204). New York, NY: Haworth Press.

Wynia, M. K. (2007). Breaching confidentiality to protect the public: Evolving standards of medical confidentiality for military detainees. *American Journal of Bioethics*, *7* (8), 1 - 5.

第五章　军队社会工作中的二次创伤

Allen Rubin & Eugenia L. Weiss

想象一下你自己作为一个刚毕业的和新聘用的社会工作者在以社区为基础的心理健康诊所为大批回国的退伍军人(他们曾在伊拉克或阿富汗服役)提供服务。很快,你的个案工作就主要由退伍军人组成,并且每个人都有不同的可怕遭遇,告诉你他或她的悲剧、创伤性作战体验和与军旅生活相关的其他挑战。在了解了对心理创伤的实证支持干预疗法后,你理解了鼓励这些服务对象叙述和重复叙述自己创伤经验的具体细节的重要性。

从伊拉克战场中退下来的一位退伍军人,让我们称他为乔(Joe),在对伊拉克的行动中,他是一位陆军专家,他讲述的是他看到好友被路边炸弹炸成碎片的情景,而这辆遭袭的车(悍马)是乔驾驶的。乔在这件事中责备自己,因此呈现出幸存者内疚情绪,你需要尽量帮助他重塑自己的意识,同时尽量帮助他重新适应市民生活。然而后者并不容易,因为从伊拉克回国后,那场爆炸也导致乔自己生理和心理方面存在障碍,他和妻子的关系也恶化了。

另外一位退伍军人驻扎在海军陆战队的步兵营,他叫迈克尔(Michael),他在对阿富汗的行动中服役,他非常详细地描述了他在执行一次安全任务中对敌军的居住区扫荡时意外枪杀了一些阿富汗平民。他描述的发生在那些孩子们身上和家庭里的详细情况是可怕的和令人心碎的。

你开始接触到的第三位退伍军人是你个案工作的一部分,你的服务对象叫杰夫(Jeff),他是陆军中的一名列兵。杰夫在驾驶过程中不小心引爆了一个间歇简易爆炸装置(IED),从而失去了右臂和双腿。你只能开始想象他情绪上痛苦的深度,当他对比他现在的生活与他之前的生活时,他描述道:他在高中作为一个全能体育明星在同学中非常受欢迎,并且有着令人羡慕的约会生活。你也治疗了一位女海军陆战队员,中士,谢丽尔(Cheryl),她在执行伊拉克的“新黎明行动”期间被她的战友性侵,这导致她有自杀和严重抑郁的倾向。

当你负责的个案中有更多的退伍军人，他们真切地叙述着情节不同但同样悲惨恐怖的创伤经历，想象一下，当你重复多次听到这些内容时，所有这些都可能影响到你自己的思想和情感，不论是在你工作期间还是在你回家后。作为一个有同理心的精神健康实务工作者，可能的情况是你很难抵御这些描述对你的影响——不管是在工作上还是在生活中——既受你不断听到的内容的影响，同时又受到要努力帮助你的服务对象的难度所影响，因为你要处理和缓解他们与作战和被调派任务的经验有关的痛苦。在本章的后面部分，我们会确认一些你可以尝试去做的事情，以尽量减少工作中的负面心理的影响。但是，首先，让我们来核查一下哪些方面你可能会受到影响。

你可能会发现自己每天体验到了各种令人烦恼的想法和情绪，无论是在工作中还是在你回家后。你可能无法不去想并感受到情感上的痛苦，因为你在工作中听到了那些悲惨的细节，即使在你正常参加一些愉快的活动时也会想起它们。这些侵入的想法和情绪可能会扰乱你的睡眠，你可能开始有梦魇。你可能会有一些非功能性的行为，如过度饮酒，为的只是尽量避免那些想法和痛苦情绪侵入。

你所遇到的困难可能开始影响你的专业工作。你在与其他工作人员相处时可能会变得烦躁。你可能会开始尝试去拯救你的服务对象，或体验到与他们保持专业关系的界限是困难的。你可能会开始急切地推动你的服务对象去克服困难（以缓解你自己因他们改善不明显而感到的痛苦）。你自己的世界观可能会受到影响，可能会失去希望和对世界的发展持悲观看法。随着时间的推移，你会因为所有的一切而变得不堪重负，因此灰心，你很难保持你的工作积极性，你的服务对象可能会感觉到你的悲观和绝望。而另一个极端是，你可能觉得有必要去否认你所听到的服务对象的悲惨经历。

谁又能责怪你呢！毕竟听闻创伤可能会传染（Herman，1992）。所有这些治疗创伤幸存者的不幸影响，在心理健康专业人员和那些重复听到可怕的极端的人类遭遇的人中间是相当普遍的。这些对从业者的影响与实际创伤对他们的服务对象的影响几乎是相同的，这些影响被称为创伤症状（如再体验、逃避和过度反应），它与PTSD有关，正如本书在后面一部分所讨论的那样。当从业者（或其他更接近服务对象的人）有这些症状时，我们通常用二次创伤（secondary trauma）这个术语来表述这一现象；其他常用的与二次创伤相似的术语还有替代性创伤（vicarious trauma）和同情疲劳（compassion fatigue)(Figley，1995；McCann & Pearlman，1990；Stamm，1995)。

一、二次创伤及相关术语的定义

二次创伤(或二次受创)在精神健康专业人员中被定义为“通过听到创伤幸存者一手的生动详细的对创伤的描述而被间接暴露于创伤中，从业者随后产生了一系列与创伤有关的认知和情绪反应，这些正是由创伤导致的与PTSD有关的一系列症状”(Zimering，Munroe & Gulliver，2003)。

另一个与二次创伤同义的术语是替代性创伤。皮尔曼和卡林吉定义替代性创伤(或替代性受创)为“助人者因同理卷入创伤幸存者和他们的创伤经验而做出的负面转化，这与他们帮助服务对象的专业承诺和责任密切关联”(Pearlman & Caringi，2009：202－203)。虽然二次创伤和替代性创伤通常可以交替使用，但两者还是有细微的差别的：替代性创伤更强调从业人员面对多名幸存者进行工作的累积效应。但这个差别因微乎其微而往往难以分辨，为了让事情变得简单一点，所以在本章中我们就以二次创伤为基本术语。无论使用两个中的哪一个，我们的意图都是相同的，就是它对从业者的生活和工作产生了有害影响，我们尽量去防止它、减少它，或治疗它。

与二次创伤相关的其他术语是同情疲劳和创伤性反移情(traumatic countertransference)(Pearlman，1992)。有些人把同情疲劳定义为二次创伤及其相关创伤症状的另一种说法。其他人定义它更像倦怠或冷漠的概念，指的是生理的、情绪的和精神的耗尽，感受快乐、同理和关心他人的能力减弱。同情疲劳的后一个概念被视为以下两个影响因素中的任意一个或两个：(1)对不断提供这么多的关心和同情感到筋疲力尽；(2)体验到你对自己的期待和他人对你的期待之间的差距，就是你应该做或应该完成的某些服务，而现实限制你做或完成这些服务(Figley，1995；Pearlman & Caringi，2009)。

创伤性反移情有很多不同的定义，但所有这些都是指临床工作者对他们自己对服务对象个人所说或所做的个人反应做出的回应。服务对象的问题或创伤可能类似于临床工作者正试图去处理的糟糕的过往或现在的经验或其他个人问题(Pearlman & Caringi，2009；Rubin & Springer，2009)。应当注意到这些术语实际上的互换性，萨尔斯顿和菲格利(Salston & Figley，2003：167)对它们的定义如下：

治疗犯罪受害者创伤的临床工作者可能体验到的精神健康恶化被称为二次创伤应激(secondary traumatic stress, STS)。研究和实践文献反映了对各种与STS同义的术语的使用。这些术语包括倦怠、同情疲劳、替代性受创(VT)和创伤性反移情。“倦怠”可能会表现为抑郁、焦虑、情绪耗竭等情绪反应,头痛和过度紧张的生理反应,以及失眠、加重成瘾或依赖、人际困难和一般性幻灭的行为反应。“同情疲劳”与创伤后应激障碍(PTSD)的诊断相同,除了创伤事件是服务对象的创伤性体验,这种体验在治疗或与幸存者互动的过程中就已经被分享了。“替代性受创”出现在临床工作者与服务对象创伤的接触后,并开始影响到他自己的世界观、情绪和心理需求、信仰体系以及认知。“创伤性反移情”是临床工作者对服务对象提供的信息与服务对象的行为和情绪产生的无意识的或自发的反应。反移情反应会妨碍临床工作者对创伤的影响做出正确的诊断和治疗。

鉴于这些术语之间本质上的互换性,你可能会感到奇怪,为什么本章要这么麻烦地去定义所有这些术语。为什么不只定义二次创伤?理由是,在你将来的临床工作和阅读中,你几乎肯定会遇到有些同事或作者用到这些术语中的一个,而其他同事或作者会使用这些术语中的另外一些,尽管事实上它们指的是基本上相同的现象和临床意义。为防被不同的术语困扰,至少有三个重要的事项需要你记住。

首先,如果在你对军人或退伍军人的实务服务中,你开始体验到这些反应中的任何一类,这并不意味着你有什么不妥,也不意味着你是一个糟糕的临床工作者。你的这些反应是正常的,因为你正在处理这些可怕的创伤;它们对你的职业是一种伤害。

其次,你需要记住,这些反应会影响你帮助服务对象的能力;因此,你应该在它们对你产生更大的影响之前尽早认识和处理它们。

最后,你可以做一些能减轻和更好地应对这些反应,并防止它们达到阻碍你对服务对象提供服务这一地步的事情,总之不要削弱你从生活中得到的喜悦。

所有上述提到的术语——二次创伤、替代性创伤、同情疲劳和创伤性反移情都反映在下面的“案例:唐娜”中,它描述了一个临床工作者与战争幸存者工作的复杂案例,这个案例被泰森(Tyson, 2007)进行了引用和改编。

案例：唐娜

唐娜(Donna)，40 岁，患有同情疲劳。她是第一代美国人，在纽约市长大，她的父母作为战争移民曾经经历过创伤，但唐娜在美国感到安全并热爱这个国家。不久之后，她作为一位临床社会工作者开始了她的职业生涯，工作地点是离纽约市很近的 VA 门诊诊所。“9・11”恐怖袭击事件发生在世贸中心的双塔大楼，当她知道人们在此事件中遇难或被袭击和流离失所时，这对她造成了深刻的影响，因为她从孩提时代就看着这两座大楼被建起来。几年后，她的工作量增至 80 例，包括为患有 PTSD 和其他并发症的参战退伍军人服务，她对他们采用个案和团体治疗方法。她的一个案例是给一个被害士兵的妻子提供哀伤辅导，这名士兵与她服务的很多其他服务对象一样是同一国民警卫队中的一员。她的另一位服务对象图像化地生动描述了他的爆炸伤和截肢。爆炸伤和截肢的图像越来越侵入唐娜的心里，尤其是在唐娜辅导那位丧亲的妻子时，这位妻子不断地询问她的丈夫是如何去世的。唐娜开始觉得自己像一个无助的旁观者。当她的服务对象讨论他们的冲突时，她发现自己努力想要保持中立：这个冲突一方面是害怕他们不可避免地会被重新派遣到伊拉克或阿富汗地区，另一方面是他们的军人身份和重返战斗的责任意识。她的某些服务对象曾向她展示过死亡战士的照片或美国人被斩首的录像。她最近听说一些她曾治疗过一年的服务对象又重新被部署，最后严重受伤或在战斗中丧生。后来，唐娜的家人和朋友告诉她，她变了。她一直避免与丈夫亲密接触，并过度保护自己的孩子，而且丧失了她曾经的黑色幽默感。她也说她自己的愤怒情绪在增加，但却不知道这些愤怒来自哪里。她现在很少有时间与朋友相处。她以前一直非常爱国，很自豪自己是一个美国人，但现在她变得对政府失去希望。她不能再忍受观看任何关于战争的电视新闻报道。她也很难抵制自己去过度认同服务对象的冲动，并试图拯救他们。她曾经是很乐观的，但现在的她愤世嫉俗，她对世界的悲观观点将影响到她的孩子。她失眠并且经常做噩梦。她无法对自己的服务对象保持不过度(适度)的同理心。她对自己的临床技能和干预措施已经失去了信心。当她的服务对象讲述他们的创伤细节时，她感觉越来越难让自己不走神。她不再觉得自己的工作具有重大的意义和目的。鉴于所有这一切(包括她的疲惫以及自尊感也在减退)，她正在考虑转行。

二、二次创伤评估

与任何其他的临床问题一样，对二次创伤的评估可以用临床面谈或自填式量表来进行。虽然目前没有标准化的临床面谈协议被用来评估二次创伤，但其他一些这样的协议可以用来评估人们二次创伤的 PTSD 症状。比较通用的测量 PTSD 症状的黄金标准临床面谈量表是临床医生用的创伤后应激障碍量表(Clinician Administered PTSD Scale，CAPS)，它的信度和效度已经被研究所广泛支持(Briere & Spinazzola，2009)。此外，齐默林、芒罗和基恩(Zimering，Munroe & Keane，2006)在一项对灾难援助工作者的二次创伤的研究中发现 CAPS 量表是有用的。使用 CAPS 量表的一个实际困难是它所需的时间长度。它通常需要进行 90 分钟的面谈。一个时间较短的版本的量表是 PTSD 症状测评量表—专访版本(PTSD SymptomScale-Interview Version，PSS－I)，它只用花上一个量表一半的时间。CAPS 量表用来测量各种症状的频率、强度和严重程度，PSS－I 量表只测量每个症状的严重程度。

四个可靠和有效的自填式量表已经被开发用于评估二次创伤本身：

1. 心理治疗师的同情疲劳自检(量表)[Compassion Fatigue Self-Test (CFST) for Psycho-therapists](Figley，1995)；

2. TSI 信念量表(TSI Belief Scale，TSI-BLS)(Pearlman，1996)；

3. 二次创伤问卷(Secondary Trauma Questionnaire，STQ)(Motta，Sciancalepore，Hafeez & Diaz，2001)；

4. 二次创伤应激量表(Secondary Traumatic Stress Scale，STSS)(Bride，Robinson，Yegidis & Figley，2004)。

上述工具中有三个被用来评估临床工作者的二次创伤。唯一例外的是 STQ 量表，这是专为所有已经在与受过创伤的人密切接触的人而设计的。

STSS 量表是二次创伤评估量表的最新发展，它被设计来评估社会工作者本身(虽然也可以用于其他的助人专业人员)。它包含了 17 个项目，每个项目后面跟了一个从“1”(从不)到“5”(非常、经常)的格式化回答。五个项目测量干扰症状(Bride et al.，2004：33)，如项目 10，其内容如下：我会考虑对服务对象的服务，即使我不想去想这些。7 个项目评估的是回避症状，如项目 14，其内容如下：我想避免与某些服务对象一起工作。5 个项目测量兴奋症状，如项目 15，其内容如下：我很容易生气。

军队精神健康从业者(如那些有正式军队编制的临床工作者)被认为比民间精神健康工作者处于更高的需要发展二次创伤应激反应的风险中，虽然他们都接触并遭遇到他们正在处理的与军事行动有关的压力。军事行动的压力包括在危险区域提供服务给军事人员，不得不参与多个部署，缺乏“喘息”时间，以及服务对象与服务提供者(即军队作为雇主)在治疗上彼此竞争的伦理要求(Pechacek, Bicknell & Landry, 2011)。美国陆军医疗指挥部(The U.S. Army Medical Command)使用生活质量专业评估量表(Professional Quality of Life Scale, ProQOL)来评估军队编制临床工作者的二次创伤应激，它是CFST(Stamm, 2005)的修订版。它是一个包含30个项目的测量工具，由三个量表组成：(1)同情疲劳或二次创伤应激量表；(2)倦怠量表；(3)同情满意度量表。同情疲劳用10个陈述句来测量，回答的范围是从“0”(从不)到“5”(非常、经常)，它还包含这样一些项目，如“我感觉像在经历我帮助过的那些人的创伤”“我想我可能已经被我帮助过的那些人‘传染’了创伤应激反应”。读者可以参考施塔姆(Stamm, 2005)有关这一量表的进一步详情以及它的信度得分信息。

三、二次创伤治疗

佩查切克(Pechacek)设计了EAT模型，它在美国陆军医疗部的医疗中心和学校被用来教育军队领导人和精神健康临床工作者管理服务提供者的疲劳，这个模型是建立在一个抗逆力建设计划的基础上的(Pechacek et al., 2011)。这个模型也可以用在民间机构。EAT是一个缩写。字母E代表“教育”(Educate)你自己(即谁在受影响？什么是服务提供者疲劳？什么是抗逆力?)。字母A代表“评估”(Assess)你的服务提供者的疲劳在什么水平(什么是服务提供者严重疲劳？抗逆力处于什么水平？怎样增加抗逆力?)。字母T代表“采取行动”(Take Action)(即建立你的抗逆力，创造一个自我关怀计划，并在必要时寻求专业的帮助)(Pechacek et al., 2011: 385)。

虽然服务提供者疲劳的水平可以部分地由ProQOL量表来测量，但临床工作者还应该监控自己和同事的症状“评分”(通过自我报告和自我观察)。症状标志被分为六大类：

1. 情绪评分包括临床工作者感受到的无力感、愤怒感和幸存者的罪恶/内疚感；

2. 认知评分涉及对创伤的低注意力、侵入性思维和偏见；

3. 行为评分包括如下症状，如处于神经兮兮的状态或边缘状态、遭遇睡眠障碍和经历食欲改变；

4. 精神评分通常涉及服务提供者感到无望和质疑先前所持有的宗教信仰；

5. 躯体评分包括身体的疲劳，有疼痛和痛苦、受损的免疫系统和胃肠道问题；

6. 社会评分涉及临床工作者体验到他人的普遍不信任，如被社会隔离、具有人际冲突，此外还包括成为过度保护的父母或领导者。

根据这个模型，为了建立起精神健康从业者的抗逆力，从业者需要能够自我安慰和自我面对。自我安慰的方法可以在图 5.1 中找到，里面有一些关于自我关怀的想法。自我面对是指实务工作者评估他/她自己的焦虑，以及从压力情境中获得的个人的和专业的成长。例如，鼓励从业者问自己：

- 我为什么焦虑？
- 我试图证明什么？
- 我试图打动谁？
- 我试图解决什么？
- 我是否根据别人（的改变）来验证我的自我价值感？
- 这种情况下的成长潜力是什么？

(Pechacek et al., 2011: 386)

临床工作者也被鼓励通过整体功能（即生理的、心理的、情绪的、精神的和社会的）重建的方法来应对战争二次创伤应激反应，这个方法包括许多元素，已经呈现在图 5.1 中，其中隐藏了一些自我关怀的想法。

四、防止二次创伤：政策、组织策略和个人策略

目前已经有很多学者提出如何防止二次创伤的建议了。有些是在政策或组织层面上提出的，其他一些是临床工作者的个人策略（Pearlman & Caring, 2009; Zimering et al., 2003）。

（一）民间部门的政策和组织建议

我们需要充足的机构资金来减少服务提供者遭受二次创伤的可能性。

锻炼
好的营养和慢慢吃
获得充足的睡眠
多和朋友相处
度假旅游
培养一个爱好
提醒自己在工作中要不时地离开工作
提醒自己，你的反应是正常的
舒缓放松的活动
- 冥想
- 瑜伽
- 听音乐
- 按摩
- 长时间泡澡或淋浴
- 遛狗
- 进行艺术活动
- 跳舞

寻求自我滋养的心灵重建活动
- 祷告和宗教（如果可以/如果适用）
- 享受大自然
- 提醒你自己你的工作所具有的重要性和挑战性，只需为你努力帮助我们受过创伤的英雄们感到自豪，而不用在意结果

图 5.1　自我关怀的方法

应该允许雇用训练有素、经验丰富的专业人士来治疗创伤最大的服务对象（除了不太可能被二次创伤的症状淹没外，通常这些专业人员更有可能提供更好的服务）。这些资金应该用来帮助机构避免让任何从业者负担过重，或负担太多受创伤的服务对象，尤其是当这些创伤特别强烈或令人恐惧时。办公室的环境要舒适、私密和安全。还应该提供充足的休息和休假的时间给工作者，工作计划也应该更灵活一些。机构应确保从业者得到充分的关于创伤工作的培训，这样，他们在开始工作之前就已经知道怎么做了。同样，机构还应确保从业者得到足够的、方便的督导，以及同侪支持团队。督导应当记住，把被督导者的行为当作一种职业危害（如前所述）的创伤反应，并将其正常化。督导应该提醒从业者，他们的工作是通过对服务对象充权来达到治疗目的的，而不是解救服务对象或感到要为服务对象是否改变负有责任。

（二）军队中的政策和组织建议

根据前 AMEDD 中心和学校的陆军士兵及家庭支持分部的首席官员约

瑟夫·佩什(Joseph Pecko)上校的观点，最重要的组织元素是军队领导的角色和功能(引自 Pechacek et al., 2011)。据佩什上校所说，军队领导应优先照顾军队的精神健康服务提供者，允许他们在不同的部署之间或在当值期间有足够的休息时间，以使他们可以从精神和身体的艰巨任务中恢复。领导者应该本着开放和“匿名”的政策(不愿透露姓名)，让服务提供者们可以更舒服地来找领导谈论他们的问题和关心的事情。此外，服务提供者应受到尊重和有尊严的对待，并且感到被欣赏。最终，领导者通过示范一种面对逆境的积极态度和抗逆力来为服务提供者定下提高自我关怀和增强抗逆力的基调。

(三) 个人策略

从业者要记得尊重他/她自身的极限，并保留一些时间进行自我关怀活动。同样，从业者也应该采用一些应对策略来进行自我滋养和保持社会联系，包括与同样在处理创伤工作的同事建立起彼此支持的系统。如果上述这些策略没有成功地防止二次创伤症状的加重，从业者应该记得去寻求专业人士的帮助，并在他们的教育培训和督导中对这一可能性保持警觉。

图 5.1 列出了关于自我关怀的不同观点，这些观点已经被推荐用于防止二次创伤(Greenwald, 2005; Meichenbaum, 2003; Pearlman & Caringi, 2009; Tyson, 2007; Zimering et al., 2003)。图 5.1 的最后一项特别重要，它涉及一个概念，即同情疲劳的对立面，它被称为同情满意度(compassion satisfaction)。泰森将同情满意度定义为：临床工作者“从他们的工作中获得很大的意义感和目的感”的能力(Tyson, 2007: 185)。同情满意度可以缓冲与军人一起工作的临床工作者的同情疲劳，尤其是临床工作者能不断提醒自己“与战士及其家庭一起工作具有伟大的目的和意义”时(Tyson, 2007: 185)。

最后，由于应激反应被认为发生在情绪诉求超过内外部资源的时候(Lazarus & Folkman, 1984)，因此需要持续的支持来加强同情满意度和降低同情疲劳的风险。对精神卫生服务提供者的支持可以采取多种形式：通过机构(或工作场所)、同侪的支持，或通过个人督导和/或个人治疗。外部支持的这些形式是至关重要的(Pardess, 2005)。(学者们)对西拉—以色列危机管理中心(Selah-Israel Crisis Management Center)的以色列创伤志愿工作者的研究结果表明，减少创伤服务志愿工作者的同情疲劳和使他们的创伤成长最大化的方法(Tedeschi, Park & Calhoun, 1998)(或者我们可以把它叫作同情满意度)一定是去养成一种归属感和关联感(在志愿者网络里），并帮助他们建立意义和为他们提供持续的支持。帕德斯（Pardess）指出，“当志愿者感受到自己是团队的一部分，他们的努力能获得认可，并有机会参与决策，他们的初衷被增强时，那么，他们的倦怠和二次创伤的风险就降低了”。虽然西拉模型（Selah Model）是针对志愿工作者提出的，但我们认为这些原则同样适用于所有服务于有创伤的服务对象的专业人员，并且我们的机构和组织也从这个模型中学习并得到了一些教训。

五、结论

本章对二次创伤进行了定义，并提供了许多案例。它还讨论了对二次创伤进行评估、预防和治疗的方法。本章还在实践的微观和宏观层面上提出了一些建议，包括从业者自我关怀的理念。本章指出，实务工作者在为返回市民社会的军队参战退伍军人服务时出现一些二次创伤的症状是正常的。所以，如果你体验到某些这样的症状，你不必觉得这消极地反映了你作为服务于这个人群的从业者的能力，抑或你的情绪稳定性（不佳）。不过，这意味着你需要及早认识到二次创伤的症状，并按照本章的建议去缓解该问题，并防止它阻碍你帮助你的服务对象的能力。

本章问题讨论：

1. 当你为有困难或有创伤的服务对象/群体服务时，你将会采用什么样的自我关怀策略？

2. 在期待与有创伤的退伍军人工作时，你会发现服务对象的什么问题是最难处理的？为什么？

3. 你会做些什么来防止同情疲劳？你会如何认识你自身的同情疲劳呢？

4. 你的机构采取怎样的行动才能协助你去预防或治疗同情疲劳？在你工作的地方，是否存在系统性的风险因素？（如果你是一个学生，你可以参考你或你同学的实习机构来讨论这些问题）

参考文献：

Bride, B. E., Robinson, M. M., Yegidis, B. & Figley, C. R. (2004). Development and validation of the secondary traumatic stress scale. *Research on Social Work Practice*, *14* (1), 27 - 35.

Briere, J. & Spinazzola, J. (2009). Assessment of the sequelae of complex trauma: Evidence-based measures. In C. A. Courtois & J. D. Ford (Eds.), *Treating complex traumatic stress disorders* (pp. 104 - 123). New York, NY: Guilford Press.

Figley, C. R. (1995). Compassion fatigue as secondary traumatic stress disorder: An overview. In C. R. Figley (Ed.), *Compassion fatigue: Coping with secondary traumatic stress disorder in those who treat the traumatized*. New York, NY: Brunner/Mazel.

Greenwald, R. (2005). *Child trauma handbook*. New York, NY: Haworth Press.

Herman, J. L. (1992). *Trauma and recovery: The aftermath of violence from domestic abuse to political terror*. New York, NY: Basic Books.

Lazarus, R. S. & Folkman, S. (1984). *Stress, appraisal and coping*. New York, NY: Springer.

McCann, I. L. & Pearlman, L. A. (1990). Vicarious traumatization: A framework for understanding the psychological effects of working with victims. *Journal of Traumatic Stress*, *3* (2), 131 - 149.

Meichenbaum, D. (2003). *A clinical handbook/practical therapist manual for assessing and treating adults with PTSD*. Ontario, Canada: Institute Press.

Motta, R. W., Hafeez, S., Sciancalepore, R. & Diaz, A. B. (2001). Discriminant validation of the modified secondary trauma questionnaire. *Journal of Psychotherapy in Independent Practice*, *2* (4), 17 - 25.

Pardess, E. (2005). Training and mobilizing volunteers for emergency response and long-term support. *Journal of Aggression, Maltreatment and Trauma*, *10* (1/2), 609 - 620.

Pearlman, L. A. (1996). Psychometric review of TSI belief scale revision L. In B. H. Stamm (Ed.), *Measurement of stress, trauma and adaptation*. Lutherville, MD: Sidran Press.

Pearlman, L. A. & Caringi, J. (2009). Living and working self-reflectively to address vicarious trauma. In C. A. Courtois & J. D. Ford (Eds.), *Treating complex traumatic stress disorders* (pp. 202 - 224). New York, NY: Guilford Press.

Pechacek, M. A., Bicknell, G. C. & Landry, L. (2011). *Provider fatigue and provider resiliency training*. In Combat and Operational Health. U. S. Army Medical Department, Borden Institute (pp. 375 - 389). Retrieved from http://www.bordeninstitute.army.mil/published_volumes/combat_operational/combat.html.

Rubin, A. & Springer, D. W. (2009). *Treatment of traumatized adults and children*. Hoboken, NJ: Wiley.

Salston, M. D. & Figley, C. R. (2003). Secondary traumatic stress effects of working with survivors of criminal victimization. *Journal of Traumatic Stress*, *16* (2), 167 - 174.

Stamm, B. H. (1995). *Secondary traumatic stress: Self-care issues for clinicians*, *researchers and educators*. Lutherville, MD: Sidan Press.

Stamm, B. H. (2005). *The ProQOL manual. The professional quality of life scale: Compassion satisfaction, burnout and compassion fatigue/secondary trauma scales*. Baltimore, MD: Sidran. Available at http://www. proqol. org/ProQOL _ Test _ Manuals.html.

Tedeschi, R., Park, C. & Calhoun, L. (Eds.). (1998). *Posttraumatic growth: Positive changes in the aftermath of crisis*. Mahwah, NJ: Erlbaum.

Tyson, J. (2007). Compassion fatigue in the treatment of combat-related trauma during wartime. *Clinical Social Work Journal*, *35*, 183 - 192.

Zimering, R., Munroe, J. & Gulliver, S. B. (2003). Secondary traumatization in mental health care providers. *Psychiatric Times*, *20* (4), 43.

Zimering, R., Munroe, J. & Keane, T. M. (2006). Post traumatic stress disorder in disaster relief workers following direct and indirect trauma exposure to Ground Zero. *Journal of Traumatic Stress*, *19* (4), 553 - 557.

第二部分
对现役军人及退伍军人行为健康的干预

第六章 退伍军人的创伤后应激障碍

Jeffrey S. Yarvis

一、简介

自创伤后应激障碍(PTSD)被引入精神病学术语的范畴后,大多数研究都集中在对它的定义、评估和治疗方法上。然而,定义它是困难的,尽管事实上《精神疾病诊断与统计手册》(第四版)[*Diagnostic and Statistical Manual of Mental Disorders*, 4th Edition, *DSM - IV - TR*; American Psychiatric Association (APA), 2000]和《疾病与健康问题的国际统计分类》(第十次修订本)[ICD - 10; World Health Organization (WHO), 1992]目前已经给出了一个定义用来对PTSD进行诊断和分类,但对它的定义至今仍是一个有争议的话题。原因是PTSD的识别阈值难以确定,而且现有的文献也存在着大量空白。对适当的和具体的治疗方法的研究也被证明是困难的,尤其是对患有PTSD的参战和参与维和的老兵(Shalev, Bonne & Eth, 1996)。根据福布斯、克里默、霍索恩、艾伦和麦克休(Forbes, Creamer, Hawthorne, Allen & McHugh, 2003)的研究来看,学者们报道的大多数创伤受害者(也就是退伍军人)在绝大多数的干预模型中获得较少改善,他们在治疗后仍然有明显的残余症状,而且他们对治疗的反应有相当大的异质性。

兹洛特尼克、富兰克林和齐默尔曼(Zlotnick, Franklin & Zimmerman, 2002)以及马歇尔等(Marshall et al., 2001)学者最近的研究提出了一个在使用通用诊断对应激源、应激反应,以及与应激有关的疾病进行概念化的操作性界定时相似的问题。标准的不同质量和组成这些标准的症状反映存在一个"不稳定的、多种表现形态的"障碍(Solomon, 1993: 104)。多形态障碍的特点是高变异性,它在实证研究中被如此定义:这种障碍表现为从一个时期到下一个时期的快速变化。阈值之争的核心在于建立一个统一的诊断标准，这才是真正的困难之处。如同大多数的临床机构一样，大多数武装部队中的临床社会工作者和军队精神健康专业人员使用《精神疾病诊断与统计手册》(第四版)(APA，2000) 所建立的标准功能量表来诊断和治疗 PTSD。

在这一章中，首先对当前《精神疾病诊断与统计手册》(第四版)建立的PTSD 标准进行讨论，其次对这一障碍分类发展的历史进行讨论，然后对这一障碍诊断阈值进行讨论，最后提供了一个患有 PTSD 的老兵的案例。

二、创伤后应激：《精神疾病诊断与统计手册》的诊断标准

PTSD 被列入《精神疾病诊断与统计手册》(第三版)(*DSM - III*；APA，1980)标志着这一在病因学上与创伤性事件相关的特殊综合征得到了正式认可。PTSD 的诊断标准提供了一个标准化的方法来评估创伤的影响，并在越战老兵中获得初步验证(Zimering，Caddell，Fairbank & Keane，1993)。随着《精神疾病诊断与统计手册》(第三版)的出版(APA，1980)，被广泛多样的人群所体验到的共性症状首先被分在一个独立的诊断类别下(van der Kolk，1996)。这个《精神疾病诊断与统计手册》(第三版)已历经三次修订(*DSM - III - R* 和 *DSM - IV*，*DSM - IV - TR*)。《精神疾病诊断与统计手册》(第四版)(APA，2000)中对 PTSD 的定义来源于各种资源；首先，对相关的临床现象学、流行病学和有关的其他疾病进行文献回顾。这个版本的诊断来源于一系列多元的、临床的和社区的试验(Saigh & Bremner，1999)。

根据《精神疾病诊断与统计手册》(第四版)的定义，PTSD 通常发生在接触到自己或他人的福祉受到威胁或认为受到威胁的遭遇之后；在这本手册中，PTSD 的症状分为以下三类：再次体验事件(如侵入性想法)、回避和情绪麻木(如情感受限)、反应过度(如明显的睡眠障碍和过度反应)。此外，要满足诊断标准，则那个人必须有下列症状或经验：

- 暴露于实际或假想的威胁中
- 强烈的恐惧或无助的感觉
- 至少出现一次重复体验的症状
- 至少出现三次回避和麻木的症状
- 至少出现两次觉醒过度的症状
- 症状必须存在超过一个月

- 必须在社会功能、职业功能或其他功能方面有巨大的痛苦或损害

(Asmundson, Coons, Taylor & Katz, 2002)

最近的调查结果表明,患有终身 PTSD 的人占美国总人口的 9.2%,这些人符合全部的 PTSD 诊断标准;根据《精神疾病诊断与统计手册》(第四版),2.2%的人处于 PTSD 诊断标准的阈下[不满足全部的诊断标准,被定义为有重复体验的群体(B 标准)加上另一个症状群体(C 或 D 症状标准)](Yarvis, Bordnick, Spivey & Pedlar, 2005)。因此,在美国,患有 PTSD 的人的比率超过 11 %(Manzer, 2003);在某些特定的高危人群(如性侵、机动车事故和战斗幸存者)中,患病率更高(APA, 2000)。撰写本文时,在以色列和阿富汗战争中退伍的军人患有 PTSD 的比例被认为是 12.5%,与之前的冲突如越南战争中患病率为 15%和“沙漠风暴行动”中患病率为 9%~24%相似(Hoge et al., 2004; Kulka et al., 1990; Stretch et al., 1996)。然而,有些研究表明,被部署两次或两次以上会增加退伍军人 PTSD 的患病率(Yarvis et al., 2005; Yarvis & Schiess, 2008)。

PTSD 在精神疾病的诊断中是独特的,它的独特性在于它的病源即创伤应激源。事实上,任何人都不能给出一个 PTSD 的诊断,除非服务对象确实满足“应激标准”,这意味着他或她经历了一件被认为是创伤的历史事件。然而,PTSD 诊断的临床经验表明,应对灾难性压力的能力存在个体差异。因此,尽管有些人经历了创伤性事件,却没有患上 PTSD,其他人则继续发展出成熟的综合征。这样的观察提高了对创伤的认识,它像疼痛一样,不是一个可以完全客体化的外部现象。与疼痛一样,在它可以被作为一个非常大的威胁来评估以前,创伤性体验会经过认知过程和情感过程的过滤。因为这个评估的过程存在个体差异,所以不同的人会表现出不同的创伤阈值,有些人可以获得更多的成长,有些人在遭遇极端压力情境后会更脆弱,并发展出临床症状。虽然现在的研究者对创伤经历的主观方面产生了新的兴趣,但必须强调,如强奸、酷刑、种族灭绝、战争和严重战区压力等事件都可以作为创伤性事件被临近的任何人所经验到。但是,还存在着一些军人群体中 PTSD 的独特性。

(一) 参战退伍军人的 PTSD

越来越多的证据表明,军事部署中的身体损伤与战后精神健康问题的更高发病率有关。军人从战斗中返回时会带着不同程度和不同类型的伤,

这与以往的战争不同：在战场上更快速和更综合的医疗反应及防护设备（如凯夫拉防护衣）的改善，可以保护士兵免受致命的内伤，但不能保护他们免受极端的创伤或震荡性的脑损伤。最近的研究表明，最常见的伤害中大约一半涉及头部或颈部。绝大多数的伤是因为爆炸，而且涉及多个躯体部位（多发性损伤）。国防和退伍军人脑损伤中心（Defense and Veteran's Brain Injury Center，DVBIC）对从阿富汗和伊拉克回国的士兵所做的几项研究表明，很多军人都出现了外伤性脑损伤（TBI）。本书的第十章将进一步详细地讨论军事外伤性脑损伤。

在军事部署中，经历身体伤害的人在战后有更高的 PTSD 发病率。塔伯和赫尔利（Taber & Hurley，2009）对从战争中返回的士兵做了一项最新研究，他们发现：9%的军人在战斗中并没有受伤，但是检查显示 PTSD 呈阳性；而在派遣任务中身体受伤的人报告的这一比例几乎是它的两倍（16%）。这个比例与过去一些退伍军人的研究数据相似，这些研究评估了因在战争中受伤而增加的患有 PTSD 的风险，其他研究说明了不同数量的机能损伤对 PTSD 的发病率的不同影响：受过一种伤害的退伍军人的 PTSD 发病率为 14%，受过两种伤害的退伍军人的 PTSD 发病率为 29%，受过三种或三种以上伤害的退伍军人的 PTSD 发病率为 51%（Yarvis et al.，2005）。这些结果同民间严重的整形外科创伤中 PTSD 的发病率相一致。然而，退伍军人经历 TBI 的独特之处是，爆炸引起的意识丧失和记忆障碍会造成战争性 PTSD（Taber & Hurley，2009）。PTSD 和 TBI 在疾病学意义上的分类边界有时是难以捉摸的；然而，现有研究继续支持目前对 PTSD 的定义。

PTSD 现在作为一个有正式的和明确界定的精神疾病诊断而存在。诊断的发展凸显了历史的、政治的和社会性因素的作用，以便对灾难后的个体症状进行正常化。在形成 PTSD 正式诊断的这些年中，许多理论家创建模型来解释应激，并通过实证研究来探索应激的神经生物学机制。以下是对 PTSD 的历史和概念化过程的简要回顾。

（二）PTSD 的历史

PTSD 诊断的生成填补了流行精神病学理解上的一个空白，承认了在正常个体中由极端的创伤性事件造成的慢性临床疾病。压力会导致精神症状的想法起源于早期的灾难文学，压力会使正常人产生精神疾病的观念要早于正式疾病分类系统（Kaplan & Sadock，1998）。PTSD 的研究历史总结于表 6.1。

(三) 当代 PTSD 理论的演变

PTSD 的现代理论始于 19 世纪的外伤性神经症的概念。自 19 世纪中叶开始，铁路事故导致伤者患有慢性疼痛和麻痹的诉讼增多。神经病学最初把这些明显的神经功能缺损归因于脊柱损伤。然而，临床证据和解剖学证据的积累揭示，组织破坏和残疾程度之间只有微小(通常也不一定有)的相关关系。直到 1885 年，"铁路脊柱"(railway spine)被公认为一种功能性的被认可的医学障碍(Jones, 1995)。

夏科(Charcot)，法国的一位神经病学家，1893 年，他就歇斯底里的心理病因向弗洛伊德提出建议，他证明歇斯底里的妇女会发生麻痹等症状(Laughlin, 1967)。夏科坚持他对歇斯底里的神经学病因及其表现的想法。1889 年，夏科的学生奥本海姆(Oppenheim)创造了"外伤性神经症"(traumatic neurosis)这一术语来描述他所认为的神经组织的"分子紊乱"(Robitscher, 1971)。弗洛伊德开始接受这个观念，与布鲁尔(Breuer)一起在他们的《歇斯底里症研究》(*Studies in Hysteria*)中假设了一种机体催眠状态，这种状态让一个人在受到创伤事件的刺激时容易产生歇斯底里症状(Strachey & Freud, 1957)。弗洛伊德认为，歇斯底里的创伤性事件是性创伤。后来，他推断幻想的性创伤也可以产生歇斯底里症状(Freud, 1955a)。此外，弗洛伊德将战争性的神经症归因于自我结构(本我、自我、超我)和本能驱力(性欲与破坏欲，分别对应创造的冲动和破坏的冲动)(Freud, 1955b)之间的冲突(参见表 6.1)。

表 6.1 PTSD 的历史年表

1666 年	塞缪尔·佩尔斯(Samuel Pepys)的日记记录了他对伦敦大火的创伤后反应
1812 年	拿破仑战地外科医生记录了瑞士士兵战斗引起的应激反应
1865 年	军队外科医生记录了如哥斯达黎加综合征、怀旧情结等战斗创伤，以及士兵烦躁易怒的心情
1885 年	铁路事故后，夏科确认"铁路脊柱"是一种以麻痹和慢性疼痛为特征的功能紊乱
1889 年	奥本海姆创造出"外伤性神经症"这一术语来形容"神经组织的分子紊乱"
1893 年	弗洛伊德认为，女性患者的麻痹和其他神经症的症状就是"歇斯底里症"的前身

续 表

1919 年	弗雷德里克·莫特和欧内斯特·索瑟德(Frederick Mott & Ernest Southard)记录了战争对神经病学和心理学的影响。T.W.萨蒙(T. W. Salmon)将其描述为"弹震症"(shell shock)
1943 年	阿德勒描述了波士顿椰子树林大火中幸存者的"创伤后精神紊乱"
1945 年	格林克和施皮格尔(Grinker & Spiegel)列举了从第二次世界大战中返回的"回归者"的"战斗神经症"(combat neuroses)
1952 年	《精神疾病诊断与统计手册》(第一版)中对重大压力反应的诊断陈述了"在战斗或民间大灾难中的严重生理需求或极端应激"(p. 40),这也回应了在第二次世界大战幸存者中被观察到的一些问题
1962 年	集中营幸存者的布痕瓦尔德综合征(Buchenwald Syndrome)被记录下来
1968 年	美国心理学会(APA)的命名,以及统计委员会(Committee on Nomenclature and Statistics)在《精神疾病诊断与统计手册》(第二版)中删掉了重大压力反应,引入了"短暂情境障碍"(transient situational disturbance)
1974 年	伯吉斯和霍姆斯特龙(Burgess & Holmstrom)介绍了强奸创伤综合征(Rape Trauma Syndrome)的概念
1975 年	霍罗威茨和所罗门(Horowitz & Solomon)在研究了东南亚服役过的退伍军人后提出了"延迟性应激综合征"(Delayed Stress Syndrome)的概念
1980 年	《精神疾病诊断与统计手册》(第三版)建立了对 PTSD 的诊断
1987 年	《精神疾病诊断与统计手册》(第三版修订版)(*DSM*-Ⅲ-*R*)成书
1992 年	《疾病与健康问题的国际统计分类》(第十版修订本)建立了与《精神疾病诊断与统计手册》(第三版修订版)不同的创伤后反应的标准
1994 年	急性应激障碍与《精神疾病诊断与统计手册》(第四版)被确立
2000 年	DESNOS(Disorder of Extreme Stress Not Otherwise Specified)非特指的极端应激障碍被引入《精神疾病诊断与统计手册》(第四版)

心理创伤会产生明显的身体残疾的想法渐渐获得公认,特别是在第一次世界大战期间出现了众多"弹震症"伤亡者后(Salmon, 1929)。情况从认为外伤性神经症是基于神经病学而存在转到认为引起外伤性神经症的原因是纯粹的心理问题。最终,外伤性神经症主要被归入转变障碍或躯体障碍,但许多有情绪和行为障碍症状的人并不适合这种分类(Jones, 1995)。

那些研究第二次世界大战作战退伍军人中的精神受害者的研究者给一系列症状贴上了标签,他们把这些症状看作"外伤性战争神经症"(traumatic war neurosis)(Kardiner & Spiegel, 1947)、"战斗耗尽"(combat exhaustion)(Swank, 1949)和"军事行动疲劳"(operational fatigue)(Grinker et al., 1946, Ⅰ.,Ⅱ.)。不管标签是什么,很显然,这些调查者关注到了一种与我们现在所认识的PTSD很相像的状态。例如,卡迪纳和施皮格尔(Kardiner & Spiegel)描述了一种慢性综合征,它主要包括了创伤应激、梦魇、烦躁易怒、惊吓反应增加、愤怒爆发的倾向和一般功能损害这些因素。许多研究者试图通过询问老兵战前的居家生活状况和战后的适应情况以及他们在战斗中的经验来确定该综合征的病因。格林克等(Grinker et al., 1946)学者发现在战斗中有"军事行动疲劳"的空中乘务人员比战斗控制人员更可能报告存在战前焦虑和神经质倾向及更多的症状。类似的结果也发生在飞行人员身上(Grinker et al., 1946,Ⅱ.)。此外,父母不和谐、家庭破碎和父母酗酒(这些因素不在军官中被评估)更有可能发生在军事行动疲劳的士兵身上。斯旺克(Swank, 1949)在对超过2 000例"战斗耗尽"的案例研究后发现了有军人在参军前就有人格障碍的证据,同时也发现接触战斗的数量(如单位伤亡率)可以预测症状。他反对把战斗疲劳看成完全是由参军前的人格不稳定或战斗压力所导致的。

对第二次世界大战退伍军人的追踪研究一直持续到20世纪50年代,当朝鲜战争的退伍军人在一些调查中被列为对照组时,他们很少研究他们自己。慢性病这一主题开始出现。富特曼和皮蒂安-明德林(Futterman & Pumpian-Mindlin, 1951)报道,1950年时,在一组200个精神病患者中,10%患有外伤性战争神经症。他们注意到一个重要事实:许多人并没有寻求治疗,即使在战争已经结束5年之后。布里尔和毕比(Brill & Beebe, 1955)报道了一个大约1 500个老兵的功能持续损害的案例,这些老兵在第二次世界大战中因为"精神神经病"(psychoneurosis)被解雇,其中几乎有一半的人经历了战争性伤亡。阿奇博尔德等(Archibald et al., 1962)学者发现,有"严重应激综合征"(gross stress syndrome)的参与过第二次世界大战的老兵存在一些严重的问题,如惊恐感增加、睡眠障碍和倾向于参加避免使人联想到战斗的活动。在这1 500个样本量中,也包括朝鲜战争的退伍军人,他们与非战斗原因引起的精神病患者和战斗控制人员相比表现出相同的症状群和相对更多的症状(Archibald & Tuddenham, 1965)。阿奇博尔德的研究中值得注意的是,他们使用了明尼苏达多相人格量表——MMPI(Minnesota Multiphasic Personality Inventory),这表明参战的退伍军人的抑郁、歇斯底里和疑病症的程度增加了,并在47个项目上与非战精神病患不同。

多布斯和威尔逊(Dobbs & Wilson, 1960)报道了一个有趣的实验，该实验预示了现在的实验研究与PTSD在生理、心理维度上的相关性。他们把由战争引起精神病症状的第二次世界大战老兵、从第二次世界大战和朝鲜战争中退役的健康的战斗控制人员以及非退伍军人暴露在有战斗声音的录音带中。战斗控制人员比非退伍军人表现出更大的脉搏、呼吸和对刺激的脑电图反应。有战斗经历的群体无法忍受那些声音因而不能做出躯体反应记录。多布斯和威尔逊解释了战斗疲劳的长期性，并讨论了它与神经症的动物模型之间的相似性。

20世纪70年代，当关于越战老兵的文章首次出现时，有关第二次世界大战或朝鲜战争退伍军人的研究却很少。即使有，似乎也只集中在对战俘(POW)的研究上。例如，克洛诺夫等(Klonoff et al., 1976)学者报道了用明尼苏达多相人格量表对战俘进行测量的情况，毕比(Beebe, 1975)报道了战俘的生理和心理健康情况。绝大多数研究表明，被日本和朝鲜扣留的战俘比那些被德国扣留的战俘有更多症状。

PTSD诊断正式形成后，对被隔离个案的研究开始呼吁关注这样一个事实，即有些战争的退伍军人在越南战争前已经有PTSD了。范·戴克、齐尔伯格和麦金农(Van Dyke, Zilberg & Mckinnon, 1985)报道了一位在第二次世界大战中参战的退伍军人，他的身体一直很好，直到到了医学强制退休年龄——53岁——他才第一次开始做与战争经历有关的噩梦。后来，进一步的医疗诊断发现他患有PTSD。

对参加过第二次世界大战的老兵而言，PTSD被视为外伤性战争神经症。人们认为战区中的人员有较高的患病率。杀死或者不加区别地攻击敌方的军人和手无寸铁的平民的负罪感，是患外伤性战争神经症的重要原因。外伤性战争神经症被认为与身体伤害共同发生。对创伤前历史的过度理想化也被认为出现在外伤性战争神经症案例中。外伤性战争神经症个案对创伤性战争经历和战争梦境的单调重复也被视为是因世界变成了一个充满威胁的地方导致的。

越战老兵经常会在心理和社会因素上呈现病态。这场战争也造成了PTSD的出现，并且与之前战争的退伍军人相比，越战老兵有更加严重的PTSD症状，在抑郁、敌意和神经质的测量中得分更高。他们也有更多的幸存者负罪感，工作和反应的损伤，现实感丧失和自杀倾向。越战老兵的恐慌症更加倾向于终身性，他们的酒瘾发病年龄也更早。像参加过第二次世界大战的老兵一样，越战老兵在战后经历了精神病诊断的出现。今天的PTSD

的标志和症状被描述为一种焦虑障碍（APA，1980，1987，1994，2000）。

三、创伤后应激的心理模型

PTSD概念化的演变造成了研究的障碍。一个显著的差异在于，正常的应激与创伤后应激在性质和来源上不同；具体而言，就是怎样将压力结构进行概念化和操作化（Bride，2001；Danieli，1998；Danieli，Rodley & Weisaeth，1996；Lamerson & Kelloway，1996；Lewis，2003）。下面提供了一个与创伤后应激相关的解释理论或称心理模型的一般性简短概述。

创伤后应激传统的心理动力模型已被用来解释压力传输和创伤化的过程。心理动力理论探讨何种程度的创伤性事件会影响一个人对自我或他人的感受。该模型旨在描述受到影响之后的压力反应的环境因素如早期的童年创伤和早期心理冲突的重要性（Krystal，1988）。当自我或他人的意识或无意识表现被创伤改变后，情感反应的结果会导致自我或他人的冲突表现。随后，受创伤者会调动心理防御来应对这些矛盾的意义和情感。随着时间的推移，创伤反应继续，个人可能退回到使用原始的防御，包括分裂（如思考人是好的还是坏的）和解离（Marmar，1994）。创伤受害者将失去对自我意识的控制，并且情绪会不稳定。早期未解决的冲突可能引发与依恋和保护问题有关的早期发展过程中的创伤，从而重新激活了创伤性影响。因此，适应不良的应对会促使创伤受害者重复适应不良的关系模式，导致不稳定的人际关系（Resick，2001）。

各种心理动力取向的治疗方法被提供给PTSD患者，包括不同机构中的个人和团体治疗。这个模型及其相关治疗的问题在于，没有明显的线索将不同的心理干预措施联系在一起，并且没有系统的理论基础与PTSD的治疗类型相联系（Rothbaum & Foa，1996）。

20世纪一项具有重要影响的应激研究出自生理学家兼医生汉斯·塞利（Hans Seyle）。塞利在1936年介绍了一般适应综合征模型（General Adaption Syndrome model），这个模型显示了应激对身体影响的三个阶段。应激最早被定义为反应。应激基于响应的理论来源于塞利早期的医学研究，该研究指出，应激是“身体需求的非特定反应”（Seyle，1956：1）。塞利观察到，任何有害事件都有可能引发生理反应。塞利的定义遵循的是他的医学研究，在该研究中，他将对各种事件的共同性反应称为应激源。他描述的一般适应综合征的应激反应，被很多先驱描述为情感障碍的各种无聊症状，如忧郁、失去动力、食欲不振和丧失活力。他的隐含假设是，应激症状是比较普遍的，因此可以概括应激源的性质（Lewis，2003）。塞利认为，一般适应综合征包括三个阶段：报警和动员、抗拒、耗尽。在第一个阶段，自主神经系统（ANS）和内分泌系统做出对"战斗或逃跑"反应的交感神经反应（Cannon，1914）。这种交感神经反应会使肌肉群、呼吸系统和循环系统给身体提供额外的能量来应对紧急状态。在第二个阶段，只要抵抗应激源的影响是必要的，那么身体的生理反应将继续。在第三个阶段，在这个持续的高能量水平上运作身体是疲劳的，那么从这个水平上下来，应激源就会减弱。塞利对应激的概念化是应激的生物模型、交互作用理论和学习理论相互结合的一个基础，并利于将其应用于创伤后应激模型。这些模型的演变将在以下部分进行描述。

生物模型在创伤研究中并不是一个新概念。1918 年，米金斯和威尔逊（Meakins & Wilson）研究过患弹震症退伍军人的生理反应。卡迪纳（1941）把创伤应激标记为躯体神经症，并确定了对压力的心理反应与生理反应之间的联系。当研究人员开始研究创伤应激和 PTSD 时，他们便假设生物过程将反映对压力的正常反应，这后来被概念化为塞利（1956）的一般适应综合征。然而，虽然正常的应激反应是一种迅速恢复体内平衡的快速反应，但是对 PTSD 的生理反应反映了长期性或永久性变化，且随着时间的流逝，反应反而会加强。

利用 PTSD 生物模型进行的研究使得某些结论成为可能。生物学研究已经允许对该障碍的独特性及其与创伤性事件后被观察到的神经生物学变化进行独立测试。例如，PTSD 的一个主要症状群与生理反应（如过度警觉）有关。因此，大量的研究已经将警觉作为 PTSD 的一个标志，从而研究受创伤组（主要是越战老兵）和未受创伤组（对照组）的自主神经系统（ANS）活动、心率、呼吸和血压。在早期的研究中，一些调查也发现 PTSD 患者比未患有 PTSD 的人有更高的心率和更严重的警觉状态（Adler，1943；Meakins & Wilson，1918；Salmon，1929）。然而，最近的研究发现，情况并非如此（Pittman，Orr，Forgue，Altman & DeJong，1990；Prins，Kaloupek & Keane，1995；Shalev，Freedman & Peri，1998）。

在回顾警觉基线的研究中，普林斯等（Prins et al.，1995）学者观察到这些研究存在一些方法论上的差异，这些差异可以解释这些研究结果。对其他焦虑障碍的进一步比较发现它们之间并无显著差异（Pittman et al.，1990）。生物模型的其他缺点也被指出。普林斯等学者认为，这并不是一个生物差异;这些调查都发现,与(健康的)对照组相比,PTSD 患者有更大的预期焦虑或其他形式的焦虑。沙莱夫等(Shalev et al., 1998)学者在一个严格控制的研究中观察到与 PTSD 有关的几个变量。他们证实了塞利关于心率增加的观点;然而,他们还观察到,对巨大压力的其他生理反应可能限制一个人去适应警觉反应,并且在大多数 PTSD 案例中,这些同时或前后的反应对维持 PTSD 症状没有作用。

许多交互影响理论对塞利的假设提出了挑战。例如,拉扎勒斯和福尔克曼(Lazarus & Folkman, 1984)断言,既有研究没有为响应的概念化提供一个理论基础以推导潜在的应激源,也没有对 PTSD 进行描述,并且缺乏一套系统的方法去前瞻性地识别出应激源。库珀、迪尤和奥德里斯克尔(Cooper, Dewe & O'Driscoll, 2001)认为,强调应激反应的理论忽略了那些经常在 PTSD 的文献中被讨论的重要的背景和环境因素,如强度、频率和刺激的持续时间(Lerner, 1976, 1991; Robinson & Lee, 2000)。拉扎勒斯和福尔克曼(1984)认为,没有参考他们的个人情境就无法产生客观的方法来预测心理压力。到目前为止,还未出现实证调查支持交互影响压力的模型。尽管缺乏实证证据,但通过描述常见的生理(van der Kolk, 1996)、心理(Solomon, 1993)和行为的应激反应(Rothbaum & Foa, 1996),拉扎勒斯和福尔克曼基于反应的应激定义对创伤应激文献而言还是有启发价值的。

素质压力模型是所有讨论过的模型的混合体。从严格意义上讲,它认为个体是基因脆弱(素质)的,若有不好的早期童年经历或者脑畸形,都会使他们容易受到心理创伤(应激)(Deykin & Buka, 1997)。对 PTSD 进行基因调查是极有吸引力的。这项研究试图解释个体对创伤的易感素质和不同的应激反应模式。虽然有越来越多的基因证据表明父母患有 PTSD 会使儿童更容易受到 PTSD 的影响(Danieli, 1998),但是,没有证据显示它存在代际传递的可能,故而这可能高估了与 PTSD 相关的基因因素。

虽然许多心理社会理论推断和解释了 PTSD 的病因,但是与其他模型相比,行为模型拥有最广泛的证据支持,并在科学界被更广泛地接受(Bisson, Jenkins, Alexander & Bannister, 1997; Devilly & Spence, 1999)。由基恩、齐默林和卡德尔(Keane, Zimering & Caddell)假定的 PTSD 行为模型提出,有精神创伤的人在各种创伤刺激中容易"获得"条件性恐惧。随后,他们会避免这些刺激。通过较高级的条件反射和刺激泛化的过程,即使在创伤发生后,恐惧性刺激的数量仍然会继续增加。例如,一个老兵如果在交火后看到烧焦的尸体和闻到那种气味,他在烤鸡时也可能会产生创伤反应，并开始恐惧或避免以前那些无条件的刺激，如烧烤。

由福阿、斯特克蒂和罗斯鲍姆（Foa，Steketee & Rothbaum，1989）提出的PTSD认知模型表明，当创伤事件强化了服务对象关于安全和能力方面的负面信念时，PTSD就会发生。PTSD患者认同世界是一个危险的地方这一扭曲的认知，因此他们生活在恐惧之中。这些人还可能认为自己是无能的，并且不太可能面对具有挑战性的情况。根据这个模型，当个人跳过威胁较少的信息，而对实际的创伤或与威胁相关的材料进行优先信息处理时，PTSD仍将继续。这种不良的处理导致他们感知和理解周围环境的方式变得扭曲起来（Lilienfeld，Lynn & Lohr，2003）。

科学研究揭示了一些能改善PTSD症状的有效的治疗程序，其中，大多数是基于行为模型和一些经受住了严格的科学实验的程序。出于同样的原因，很多模型拥有与科学相关的术语，但它们不是在实证科学理论支持的基础上得到的。这些模型未能经受住经验的审查，也未能确定它们的影响效果。因此，不受支持的模型对PTSD分类的理解构成了威胁，并且使得PTSD造成的损伤程度难以理解。

案例：SSG布朗

SSG布朗（SSG Brown）是一位27岁的男性，他在伊拉克战争后光荣地从美国军队退役。SSG布朗是拉丁美洲人，已婚，有两个孩子，受雇于一个国内领先的零售商，他还修习了大学课程。他在“9·11”事件发生两天后参军。当军队仍有很多关于战争、PTSD和TBI导致的主要伤害需要了解时，他已经是一个服役近9年的士兵了，并且参加了2003年巴格达最初的地面入侵战争。

在伊拉克战场上，他在战斗中头部和肩膀受伤，结束了他作为一个侦察排士兵的服役。SSG布朗因为存在PTSD症状而来接受门诊治疗。像许多回归市民社会的战士一样，SSG布朗离开军队后在工作和生活方式上面临着一个不确定的未来。他说：“我不知道我要做什么，或我将如何适应在一般人群中生活。”这种不确定性扩展到核心价值观，如对家庭的看法，SSG布朗说：“我的孩子们甚至不知道我是谁。”但他所受的军事训练和所拥有的军队经验赋予他一种强烈的职业责任感，这种职业责任感也被他用在警察工作中。然而，由于战斗造成的身体伤害，这种利益机会就算不是不可能，也是不确定的。事实上，如今的战士有更高的存活率(与波斯湾战争80%的存活率和越南战争67%的存活率相比，在“持久自由行动”和伊拉克战争中，存活率超过90%)，SSG布朗需要面对伤后生存问题，他甚至困惑自己当时是否应该幸存。

SSG布朗希望回到熟悉的伊拉克。他想念在战区找到的强烈意义感和目的感，怀念他保护战友的能力，以及与战斗环境有关的兴奋感。没有战斗冲动使得SSG布朗试图创造类似的反应，例如，与战友们在公路的废弃路段用时速超过165英里的速度骑摩托车，或通过过量饮酒来麻痹自己。但不管怎么说，SSG布朗还是始终有责任感和存在感的，例如，他和他的战友坚持在校区张贴限速标志——“(我们)不要伤害任何孩子”。从布朗身上，我们可以看到作战的规则在返回美国社会之后不易行得通，这之间存在着复杂的相互作用。

SSG布朗接受了PTSD治疗。他的症状包括闪回、夜间盗汗、失眠、焦躁与过度警觉。由PTSD引起的其他症状还包括过量饮酒和吸毒、无望感、就业问题以及社交问题。SSG布朗面临酗酒的风险，并且难以适应“新常态”的家庭生活。在最近的回国人员中，可以发现，新增的酗酒风险在上升，并且他们比那些未被派遣的军人更有可能产生与酒精相关的问题。这些行为常常被解释为用来自我安慰或自我治疗，以抵消对如愤怒、惊吓反应增加和明显的睡眠障碍等的过度警觉症状。

此外，拉丁美洲人可能存在更高的患PTSD和混合着传统民族问题的再适应的风险。因此，这一族群随后可能有更大的再适应问题。

重返社会是一个过程，不是一个单独的事件。卡特和麦戈德里克(Carter & McGoldrick, 2005)讨论了作为一个家庭成员体验变化轨迹的家庭系统，其运作是以时间序列而非周期进行的，那么家庭的生命历程也是如此。从SSG布朗的情况可以看出，回国后的军人在与周围的人们相处时往往存在困难。患有PTSD的退伍军人则有更大的人际关系问题(如在表达亲密关系上存在困难、缺乏社交能力)，不良的婚姻和家庭关系等。据SSG布朗描述，他还做过其他危险行为，如开快车。值得注意的是，过度警觉带来的适应在战区是有用的，但在市民生活中并不适用。SSG布朗说他怀念与战斗有关的“冲动”。除了在家乡的高速公路上做竞赛驾驶，他还参与过快速驾驶汽车和摩托车等活动，做这些更多是为了怀念那种冲动，而不是对作战适应的一般反应。因作战部署延长而回到军营生活的士兵可能有适应困难的问题，并且他们可能在作战环境中寻求已经习惯的“冲动”。社会工作者必须认识到有必要帮助像SSG布朗这样的战士适应回到军队“后方”或基地的岗位，以及帮助他们控制PTSD症状。此外，社会工作者必须解决战士的责任感与他们在家庭中的角色(问题)，以及(关注到)与他们的使命感相关的复杂的相互作用。

案例问题讨论：

1. 讨论一下你在这个案例中了解到了一些什么，以及SSG布朗和他的家人有哪些可利用的资源？

2. 这个案例的社会、文化和社区背景是什么？

3. 在SSG布朗的世界里，什么因素导致他的问题持续？

4. 你将如何解决这一持续问题？

5. 为了更好地了解SSG布朗，关于这个案例和SSG布朗的情况，你还有什么想要知道的？

四、结论

简而言之，PTSD在各模型中是作为一种应激反应被讨论的。当评估各模型被概念化，即它们是如何将症状从抽象转为可观察时，我们认为应该包括以下流程：(1) 衰减与延续个体不良的和长期的如焦虑、紧张及抑郁程度等心理应激反应；(2) 呈现保持适应不良的精神生物学过程，这些过程包括过度反应、过度警觉、惊吓反应、睡眠障碍、认知扭曲和情感不稳定，它们组成了一个从愤怒到抑郁再到多种形式的焦虑的连续过程。对于每一个关于PTSD的模型来说，可以同时观察和测量这些过程是非常重要的。

依赖未经证实的创伤应激模型和当前的PTSD的诊断分类的研究会导致忽视对创伤后遗症的研究，这一研究缺乏完整的PTSD的标准。对军人来说，全面的、连续的创伤护理是很重要的。最近的研究表明，在军队样本中，PTSD最好被理解为由战争引起的创伤障碍；此外，在教育、治疗和研究退伍军人时，应将包括所谓的阈下创伤后障碍在内的创伤的各个方面纳入考虑(Yarvis et al., 2005; Yarvis & Schiess, 2008)。

本章回顾了 PTSD 被定义的历史、什么 PTSD 模型最能符合它的结构，以及 PTSD 的患病率。这一回顾的重点在对各种 PTSD 人群的实证研究和最能描述 PTSD 的实证模型上。作为在本章中被详细描述的内容，众多应激模型试图抓住 PTSD 的过程，并定义正常的和病理的创伤反应的边界，包括但不限于心理动力模型、一般适应综合征、生物学模型、交互影响模型、行为模型，以及这些模型的各种组合。尽管过去和当前都有相关研究，但是清晰明确的 PTSD 定义仍然缺乏实证支持(Lilienfeld et al., 2003)。目前，出现了更多关于 PTSD 概念化和将正常的应激反应从不良的应激反应中分离出来的伪科学(Lewis, 2003; Lilienfeld et al., 2003; Yarvis et al., 2005; Yarvis & Schiess, 2008; Yarvis & Spivey, 2003)。事实上，并不存在一个通用的模型，每个模型在解释 PTSD 时都是针对某一特定的人群，如退伍军人(Bartone & Asler, 1998; Goodwin, 1987; Lamerson & Kelloway, 1996; Weisaeth, 1994)。所罗门(1993)称，PTSD 是一个不稳定的多态性障碍，因为对 PTSD 的诊断标准和分类模型的依赖，它并不能完全解释退伍军人的相关经历。在对创伤文献进行广泛回顾后发现，没有一个解释模型或 PTSD 分类已被科学证明可以预测退伍军人的临床损伤。

本章还探讨了历史上对 PTSD 病因解释的各种观点。它提出了几种模型来解释 PTSD 的发展以及它是如何影响战士的。

本章问题讨论：

1. 在你阅读本章之前，你对 PTSD 有什么想法和看法？当你阅读完本章后，你的看法有什么改变？

2. 如何将一般的和有创伤的退伍军人的经验与普通居民的经验进行对比？

3. 在精神疾病的诊断中，PTSD 在哪一方面被认为是独特的？

参考文献：

Adler, A. (1943). Neuropsychiatric complications in victims of Boston's Coconut Grove disaster. *Journal of the American Medical Association*, *123*, 1098 - 1101.

American Psychiatric Association. (1980). *Diagnostic and statistical manual of mental disorders* (3rd ed.). Washington, DC: Author.

American Psychiatric Association. (1987). *Diagnostic and statistical manual of mental disorders* (3rd ed., rev.). Washington, DC: Author.

American Psychiatric Association. (1994). *Diagnostic and statistical manual of mental disorders* (4th ed.). Washington, DC: Author.

American Psychiatric Association. (2000). *Diagnostic and statistical manual of mental disorders* (4th ed., text rev.). Washington, DC: Author.

Archibald, H. C., Long, D. M., Miller, C., Tuddenham, R. D. (1962). Gross stress reaction in combat: A 15-year follow-up. *American Journal of Psychiatry*, *119* (18), 317 - 322.

Archibald, H. C. & Tuddenham, R. D. (1965). Persistent stress reaction after combat. *Archives of General Psychiatry*, *12*, 475 - 481.

Asmundson, G. J. G., Coons, M. J., Taylor, S. & Katz, J. (2002). PTSD and the experience of pain: Research and clinical implications of shared vulnerability and mutual maintenance models. *Canadian Journal of Psychiatry*, *47* (10), 930 - 937.

Bartone, M. P. T. & Asler, A. B. (1998). Dimensions of psychological stress in peacekeeping operations. *Military Medicine*, *163* (9), 587 - 593.

Bisson, J. I., Jenkins, P. L., Alexander, J. & Bannister, C. (1997). A randomized controlled trial of psychological debriefing for victims of acute harm. *British Journal of Psychiatry*, *171*, 78 - 81.

Beebe, G.W. (1975). Follow-up studies of World War II and Korean War prisoners, II: Morbidity, disability, and maladjustments. *American Journal of Epidemiology*, *101*, 400 - 422.

Bride, B. E. (2001). *Psychometric properties of the secondary traumatic stress scale.* Unpublished doctoral dissertation, University of Georgia, Athens, Georgia.

Brill, N. Q. & Beebe, G. W. (1995). *A follow-up study of war neuroses*. Washington, DC: U.S. Government Printing office, xviii, 410 (pp. 26 - 55).

Cannon, W. B. (1914) The emergency function of the adrenal medulla in pain and the major emotions. *American Journal of Physiology*, *33*, 356 - 372.

Carter, B. & McGoldrick, M. (2005). *The expanded family life cycle: Individual, family, and social perspectives* (3rd ed.). Columbus, OH: Allyn & Bacon.

Cooper, C. L., Dewe, P. J. & O'Driscoll, M. P. (2001). *Organizational stress: A review and critique of theory, research, and applications*. Thousand Oaks, CA: Sage.

Danieli, Y. (Ed.). (1998). *International handbook of multigenerational legacies of trauma*. New York, NY: Plenum Press.

Danieli, Y., Rodley, N. & Weisaeth, L. (Eds.). (1996). *International responses to traumatic stress*. Amityville, NY: Baywood.

Devilly, G. J. & Spence, S. H. (1999). The relative efficacy and treatment distress of EMDR and a cognitive behavioral trauma treatment protocol in the amelioration of posttraumatic stress disorder. *Journal of Anxiety Disorders*, *13*, 131 - 157.

Deykin, E. Y. & Buka, S. L. (1997). Prevalence and risk factors for posttraumatic stress disorder among chemically dependent adolescents. *American Journal of Psychiatry*, *154*, 752 - 757.

Dobbs, D. & Wilson, W. P. (1960). Observations on persistence of war neurosis. *Diseases of the Nervous System*, 21, 686 - 691.

Foa, E. B., Rothbaum, B. O. & Furr, J. M. (2003). Augmenting exposure therapy with other CBT procedures. *Psychiatric Annals*, *33* (1), 47 - 53.

Foa, E. B., Steketee, G. & Rothbaum, (1989). Behavioral cognitive conceptualizations of posttraumatic stress disorder. *Behavior Therapy*, 20, 155 - 176.

Forbes, D., Creamer, M., Hawthorne, G., Allen, N. & McHugh, T. (2003). Comorbidity as a predictor of symptoms change after treatment in combat-related posttraumatic stress disorder. *Journal of Nervous and Mental Disease*, *191* (2), 93 - 99.

Freud, S. (1955a). Beyond the pleasure principle. In J. Strachey (Ed.), *Beyond the pleasure principle, group psychology, and other works* (*1920 - 1922*) (Vol. 18, pp. 3 - 64). London, UK: Hogarth Press.

Freud, S. (1955b). The war neurosis. In J. Strachey (Ed.), *An infantile neurosis and other works* (*1917 - 1919*) (Vol. 17, pp. 3 - 64). London, UK: Hogarth Press.

Friedman M., Resick. P., Bryant, R. & Brewin, C. (2011). Considering PTSD for DSM - 5. *Depression & Anxiety*, *28*, 750 - 769.

Futterman, S. & Pumpian-Mindlan, E. (1951). Traumatic war neuroses five year later. *American Journal of psychiatry*, *108*, 401 - 408.

Goodwin, J. (1987). The etiology of combat-related traumatic stress disorders. In T. Williams (Ed.), *Post-traumatic stress disorders: A handbook for clinicians* (pp. 1 - 18). Cincinnati, OH: Disabled American Veterans.

Grinker, R. R., Willerman, B., Bradley, A.D. & Fastovsky, A. (1946). A study of psychological predisposition to the development of operational fatigue: II. In enlisted flying personnel. *American Journal of Orthopsychiatry*, 16, 207 - 214.

Hoge, C. W., Castro, C. A., Messer, S. C., McGurk, D., Cotting, D. I. & Koffman, R. L. (2004). Combat duty in Iraq and Afghanistan, mental health problems, and barriers to care. *New England Journal of Medicine*, *351*, 13 - 22.

Jones, F. D. (1995). Chronic post-traumatic stress disorder. In F. D. Jones, L. R. Sparacino, V. L. Wilcox, J. M. Rothberg & J. W. Stokes (Eds.), *War psychiatry* (Part I, pp. 411 - 430). Bethesda, MD: Office of the Surgeon General of the United States Army.

Kaplan, H. I. & Sadock, B. J. (Eds.). (1998). *Synopsis of psychiatry* (8th ed.). Baltimore, MD: Williams & Wilkins.

Kardiner, A. (1941). The traumatic neuroses of war. *Psychosomatic medicine monographs*, *1* (2 & 3).

Kardiner, Abram: and Spiegel, Herbert. (1947). *War, stress and neurotic illness*. New York, NY: Paul Hoeber.

Keane, T. M., Zimering, R. T. & Caddell, J. M. (1985). A behavioral formulation of posttraumatic stress disorder in Vietnam combat veterans. *Behavior Therapy*, *20*, 245 - 260.

Klkonoff, H. Clark, C., Horgan, J., Kramer, P. & McDougall, G. (1976). The MMPI profile of prisoners of war. *Journal of Clinical Psychology*, *32* (3), 623 - 627.

Krystal, H. (1988). *Integration and self-healing: Affect, trauma, alexithymia*. Hillsdale, NJ: Analytic Press.

Kulka, R. A., Schlenger, W. E., Fairbank, J. A., Hough, R. L., Jordan, B. K., Marmar, C. R. & Weiss, D. S. (1990). *Trauma and the Vietnam war generation: Report of findings from the national Vietnam veterans readjustment study*. New York, NY: Brunner/Mazel.

Lamerson, C. D. & Kelloway, E. K. (1996). Towards a model of peacekeeping stress: Traumatic and contextual influences. *Canadian Psychology*, *37* (4), 195 - 204.

Laughlin, H. P. (1967). *The neuroses*. Baltimore, MD: Butterfi eld Press.

Lazarus, R. S. & Folkman, S. (1984). *Stress, appraisal and coping*. New York, NY: Springer.

Lerner, R. M. (1976). *Concepts and theories of human development*. Reading, MA: Addison-Wesley.

Lerner, R. M. (1991). Changing organism-content relations as the basic process of development: A developmental contextual perspective. *Developmental Psychology*, *27*, 27 - 32.

Lewis, S. J. (2003). *A multi-level, longitudinal study of strain reducing effects of group efficacy, group cohesion, and leader behaviors on military personnel performing peacekeeping operations*. Unpublished Doctoral dissertation, Florida State University, Tallahassee, Florida.

Lewis, S. J. (2003). Do one-shot preventive interventions for PTSD work: A systematic research synthesis of psychological debriefings. *Aggression and Violent Behavior*, *8* (3), 329 - 343.

Lilienfeld, S. O., Lynn, S. J. & Lohr, J. M. (Eds.). (2003). *Science and pseudoscience in clinical psychology*. New York, NY: Guilford Press.

Litz, B. T. & Keane, T. M. (1989). Information processing in anxiety disorders: Application to the understanding of post-traumatic stress disorder. *Clinical Psychology Review*, *9*, 243 - 257.

Manzer, J. (2003). APA: Post-traumatic stress plaguing Canadians. Study reveals prevalence higher than in U.S. *Medical Post*, *39* (22).

Marmar, C. R., Weiss, D. S., Schlenger, W. E., Fairbank, J. A., Jordan, B. K., Kulka, R. A., Hough, R. L. (1994). Peritraumatic dissociation and post-traumatic stress in male Vietnam theater veterans. *American Journal of Psychiatry*, *151*, 902 - 907.

Marshall, R. D., Olfson, M., Hellman, F., Blanco, C., Guardino, M. & Struening, E. L. (2001). Comorbidity, impairment and suicidality in subthreshold PTSD. *American*

Journal of Psychiatry, *158*, 1467－1473.

Meakins, J. C. & Wilson, R. M. (1918). The effect of certain sensory stimulation on the respiratory rate in case of so-called "irritable heart." *Heart*, *7*, 17－22.

Pittman, R., Orr, S., Forgue, D., Altman, B. & deJong, J. (1990). Psychophysiologic responses to combat imagery of Vietnam veterans with posttraumatic stress disorder versus other anxiety disorders. *Journal of Abnormal Psychology*, *99*, 49－54.

Prins, A., Kaloupek, D. G. & Keane, T. M. (1995). Psychophysiological evidence for autonomic arousal and startle in traumatized adult populations. In M. J. Friedman, D. S. Charney & A. Y. Deutch (Eds.), *Neurobiological and clinical consequences of stress: From normal adaptation to post-traumatic stress disorder*. Philadelphia, PA: Lippincott-Raven.

Resick, P. A. (2001). *Stress and trauma*. East Essex, UK: Psychology Press.

Robinson, M. & Lee, H. (2000). Developmental contextualism. *International Journal of Welfare for the Aged*, *3*, 44－60.

Robitscher, J. (1971). Mental suffering and traumatic neurosis. In J. J. Leedy (Ed.), *Compensation in psychiatric disability and rehabilitation* (p. 233). Springfield, IL: Thomas.

Rothbaum, B. O. & Foa, E. B. (1996). Cognitive-behavioral therapy for posttraumatic stress disorder. In B. A. van der Kolk, A. C. McFarlane & L. Weisaeth (Eds.), *Traumatic stress: The effects of overwhelming experience on mind, body, and society* (pp. 491－509). New York, NY: Guilford Press.

Saigh, P. A. & Bremner, D. J. (Eds.). (1999). *Posttraumatic stress disorder: A comprehensive reference*. Boston, MA: Allyn & Bacon.

Salmon, T. W. (1929). The care and treatment of mental diseases and war neurosis ("shell shock") in the British Army. In P. Bailey, F. E. Williams, P. A. Komora, T. W. Salmon & N. Fenton (Eds.), *Neuropsychiatry* (Vol. 10, Appendix pp. 497－523). Washington, DC: Office of the Surgeon General of the United States Army.

Seyle, H. (1956). *The stress of life*. (Vol. 2nd ed.). New York, NY: McGraw-Hill.

Shalev, A. Y., Bonne, O. & Eth, S. (1996). Treatment of posttraumatic stress disorder: A review. *Psychosomatic Medicine*, *58*, 165－182.

Shalev, A. Y., Freedman, S. & Peri, T. (1998). Prospective study of posttraumatic stress disorder and depression following trauma. *American Journal of Psychiatry*, *155*, 630－637.

Solomon, Z. (1993). *Combat stress reaction: The enduring toll of war*. New York, NY: Plenum Press.

Strachey, J. & Freud, A. (Eds.). (1957). *Studies on hysteria*. New York, NY: Basic Books.

Stretch, R. H., Marlowe, D. H., Wright, K. M., Bliese, P. D., Knudson, K. H. & Hoover, C. H. (1996). Post-traumatic stress disorder symptoms among Gulf War veterans. *Military Medicine*, *161*, 407－410.

Swank, R. L. (1949). Combat exhaustion: A descriptive and statistical analysis of causes, symptoms, and signs. *Journal of Nervous and Mental Disease*, 109, 475 - 508.

Taber, K. & Hurley, R. (2009). PTSD and combat-related injuries: Functional neuroanatomy. *Journal of Neuropsychiatry and Clinical Neurosciences*, *21*, iv - 4.

van der Kolk, B. A. (1996). The body keeps score: Approaches to the psychobiology of posttraumatic stress disorder. In B. A. van der Kolk, A. C. McFarlane & L. Weisaeth (Eds.), *Traumatic stress: The effects of overwhelming experience on mind, body, and society* (pp. 214 - 241). New York, NY: Guilford Press.

Van Dyke, C., Zilberg, N. J. & Mckinnon, J.A. (1985). Posttraumatic stress disorder: A thirty-year delay in a World War II veteran. *American Journal of Psychiatry*, 142, 1070 - 1073.

Weisaeth, L. (1994). *Preventive intervention*. Paper presented at the North American Treaty Organization Conference. Bonas, France.

World Health Organization (WHO). (1992). *ICD - 10: International statistical classification of diseases and related health problems* (10th rev.). Geneva, Switzerland: Author.

Yarvis, J., Bordnick, P., Spivey, C. & Pedlar, D. (2005). Subthreshold PTSD: A comparison of alcohol, depression, and health problems in Canadian peacekeepers with different levels of traumatic stress. *Stress, Trauma and Crisis: An International Journal*, *8* (2 - 3), 195 - 213.

Yarvis, J. S. & Schiess, L. (2008). Subthreshold PTSD as a predictor of depression, alcohol use, and health problems in soldiers. *Journal of Workplace Behavioral Health*, *23* (4).

Yarvis, J. S. & Spivey, C. A. (2003). Eye movement desensitization and reprocessing: Ethical considerations of EMDR marketing, training, and research procedures. *Scientific Review of Mental Health Practice*, *2* (2), 4.

Yarvis, J. S., Vonk, M. E. & Bordnick, P. S. (under review). PREPS, pre-disaster required equipment package for social workers: A comprehensive guide to disaster social work. *Journal of Social Work*.

Zimering, R. T., Caddell, J. M., Fairbank, J. A. & Keane, T. M. (1993). Posttraumatic stress disorder in Vietnam veterans: An experimental validation of the DSM-III diagnostic criteria. *Journal of Traumatic Stress*, *6*, 327 - 342.

Zlotnick, C., Franklin, C. L. & Zimmerman, M. (2002). Does "subthreshold" posttraumatic stress disorder have any clinical relevance? *Comprehensive Psychiatry*, *43* (6), 413 - 419.

第七章　创伤后应激障碍的神经生物学和认知加工治疗

Jimmy Stehberg, David L. Albright & Eugenia L.Weiss[①]

创伤后应激障碍(PTSD)症状可能是对创伤性事件的一种正常反应的一部分(Rothbaum, Foa, Riggs, Murdock & Walsh, 1992),并且通常会在无外部干预的情况下消失。根据《精神疾病诊断与统计手册》(第四版)(APA,2000),PTSD是一种轴1焦虑障碍(Axis I anxiety disorder),它要求暴露于创伤性事件(标准A),它会导致害怕、无助和恐惧。PTSD症状群的特点是持续时间长于一个月(标准E)的重复体验(标准B)、逃避(标准C)和唤起(标准D),并且会导致功能日渐损失(标准F)。

PTSD的发展和持续可以理解为一个周期。一个个体遭受创伤性事件。创伤性事件引发恐惧和焦虑。共生的刺激也可能与创伤性事件和引发的恐惧与焦虑有关。对刺激—反应的理解可能导致"滞点"(stuck points)(在与创伤经历相关的信息处理过程中的僵化模式),"滞点"抵制变化并让一切继续,尽管事实上最初的创伤事件已不复存在。

本章从心理学的视角强调神经生物学机制,这一机制有助于解释PTSD是如何发生的,以及遭受创伤性事件的人如战斗的个体是如何使PTSD持续的。本章旨在帮助临床社会工作者熟悉创伤的神经生物学基础,以提供更多信息给受创伤老兵的心理治疗实践。

这些神经生物学机制与文献中的流行观点一致,把未解决的创伤看作信息处理不足(information-processing deficit)。这两种视角的一致性反映在西格尔的有说服力的描述中,他把信息处理不足视为"一种平衡区分与整合能量和信息流的先天思维能力的损伤"(Siegel, 2003: 43)。西格尔(Siegel)补

① 我们感谢罗德里戈・莫拉加-阿马罗(Rodrigo Moraga-Amaro)和阿道夫・维拉隆・桑多瓦尔(Adolfo Villalón Sandoval)对本章所做的有益贡献。

充道，通过“偶然的沟通”（例如，治疗关系与和谐关系）和新创造的对创伤性事件的叙述（意义生成以及与替代性解释的认知联系），情感、记忆、学习和联想之间的新出现的突触联系得以进行神经性整合，进而解决“滞点”问题。本章也提供了一个案例，来例证如何对一个遭受创伤的老兵采用认知加工疗法来减轻他的 PTSD 相关症状，以及临床社会工作者是怎样解决“滞点”来帮助服务对象解决创伤的。

一、PTSD 的神经生物学

当面对紧张状况时，我们首先会体验到肾上腺素急剧上升。这种肾上腺素的释放是被自主神经系统通过下丘脑—垂体—肾上腺（hypothalamus-pituitary-adrenal，HPA）轴调控的，它被设计来让人体在应激源的刺激下存活。以下这些过程是当个体对潜在的威胁做出生理反应时的准备：肌肉需要增加氧化作用和升高血糖，心率和呼吸加快，瞳孔放大。然而大脑不仅需要为身体即将面对的压力做准备，还需要处理情境和决定最佳的实施方法。紧接着，若干过程在大脑中开始，这些过程主要由遍布大脑皮层的被称为一元胺（monoamines）的一组神经递质（neurotransmitter）调控（Joëls & Baram，2009）。这些过程包括一个从聚焦感觉信息的处理到对环境的总体检查[被认为是通过神经递质去甲肾上腺素（noradrenalin）调控的]的转变，同时增加风险评估和做出决策[被认为是通过多巴胺（dopamine）调控的]，以及增加应激后焦虑[被认为是通过 5 -羟色胺（serotonin）调控的]。这说明了每一种神经递质的重要程度都取决于应激源的类型和长度（Joëls，Fernandez & Roozendaal，2011）。对人类和动物的研究显示了 PTSD 是恶化的应激反应且伴随大脑中应激途径的功能失调发生。

二、PTSD 是一种记忆障碍

PTSD 可以被认为是一种记忆功能的悖论性紊乱。一方面，它增加对事件特定方面的回忆[例如，记忆增强（hypermnesia）]；另一方面，它与不一致的、断断续续的健忘症（patchy amnesia）[例如，记忆障碍（dysmnesia）]形成鲜明对比（Elzinga & Bremner，2002）。在 PTSD 中，无论个体醒着或在睡着时以梦魇的形式，创伤性事件都可能会被干扰性地、重复地再体验。这些侵入性的图像非常生动，并且包含躯体感觉的、视听觉的和情感的成分。

我们当前关于 PTSD 神经生物学的知识来自这些证据：PTSD 可能与条件反射相似，在条件反射中，创伤性事件在躯体感觉的、视听觉的、情感的方面与对事件的创伤性情感紧密相连（如危及生命的恐惧感和不安全感）。这可以由如下事实证明：大多数相同的 PTSD 症状包括对诱因的夸大反应和对创伤刺激物的持续逃避，这个创伤也可以被概括为其他刺激。对 PTSD 患者的研究发现也证明了这一观点，PTSD 发展的可能性随着对创伤性事件的反应程度的增加而增加。例如，被虐待的战俘（POWs）会比没有受到虐待的战俘表现出更高的 PTSD 现象。相同的研究发现也适用于地震受害者，更接近地震中心的人比距离震中相对较远的人更有可能遭受 PTSD（McNally, 2003）。巴甫洛夫的经典条件反射模式在动物中的应用（如条件性恐惧反应）与 PTSD 类似，并且形成了我们当前对受 PTSD 影响的大脑基质的理解。

三、杏仁体和前额叶皮层

恐惧条件反射在啮齿类动物中已经被广泛研究。几个大脑区域的构成已经被辨别出来，如杏仁体（amygdala）、海马体（hippocampus）、前额叶（prefrontal）和扣带回皮质（cingulate cortices）。这些区域是大脑边缘系统（limbic system）的一部分，也对大部分记忆系统非常重要（LeDoux, 2000）。对 PTSD 患者的研究表明，上述这些相同的大脑区域因创伤提取而表现出异常活动。对于 PTSD 患者来说，对创伤性事件的提取引发了杏仁体中的活动增加（Bremner, 2002; Tanev, 2003）。杏仁体活动的这种增加已经被证实，当一个刺激与一个消极的强化相结合时，人类对刺激的反应是恐惧性条件反射。有趣的是，杏仁体的激活程度与条件反射的强度有关（Phelps, Delgado & LeDoux, 2004）。杏仁体中活动增加是 PTSD 患者的强烈情感反应和创伤性记忆提取的标志。

创伤提取也引发前额叶皮层（prefrontal cortex, PFC）的活动增加，特别是 PTSD 患者大脑正中前额叶皮层（ventromedial part of the prefrontal cortex, vmPFC）、海马体和扣带回皮质（Bremner, 2002; Tanev, 2003）。大脑正中前额叶皮层被认为是用于调节杏仁体活动的（Bechara, Damasio, Damasio & Lee, 1999）。对 PTSD 患者的功能神经影像研究显示，杏仁体的过度反应伴随着正中前额叶皮层的低度反应。在有些研究中，被研究者被要求用非情感性的方式解释事件，以“重新评估”消极场面的情感意义，这些研究发现，杏仁体激活减少与右前额叶皮层激活增加相关（Phelps, 2004）。此外，对PTSD患者更进一步的研究显示，症状严重程度与右杏仁体激活正相关，与正中前额叶皮层激活负相关（Shin et al., 2004）。

总之，当前的研究证据表明，PTSD患者有过度激活的杏仁体和不活跃的正中前额叶皮层，并且正中前额叶皮层调节着杏仁体的活动，并表现出条件反射。最新的研究报告显示，正中前额叶皮层也可以通过抑制促皮质素释放因子（corticotrophin-releasing factor, CRF）的释放来直接抑制应激反应，这对下丘脑—垂体—肾上腺轴的激活是非常重要的（Radley, Gosselink & Sawchenko, 2009）。因此，在PTSD中，正中前额叶皮层活动的减少可能引发PTSD患者的CRF水平的增加（Baker et al., 1999; Bremner et al., 1997），造成应激反应加剧。因此，正中前额叶皮层是杏仁体活动和情绪性地唤醒应激反应的一个主要调节器。

四、情绪记忆和情节记忆

对动物的研究和对人类的研究都已经表明颞叶（temporal lobe）结构如海马体和杏仁体是与两种独立的记忆系统相连的。在情绪性的情境中，这两种系统表现一致，即情绪与记忆相符。杏仁体调节有情绪征兆的海马依赖性记忆（hippocampal-dependent memories）的编码和储存，同时，海马体形成那些事件的情节表现，并可能影响杏仁体对遭遇的情绪性刺激的反应（Phelps, 2004）。

这两种记忆系统是独立的：证据来自有海马体和杏仁体损伤的患者，以及一些映像研究（imaging studies）。有杏仁体损伤的患者表现出在对情绪性的相关刺激的识别和情绪性注意力方面有显著的欠缺，但是在回忆事件（情节记忆）方面不受影响。例如，在人类的恐惧条件反射研究中，有杏仁体损伤的患者不能表现出正常的恐惧反应，虽然他们能够报告一个中性刺激（声调）预示着一次电击。另一方面，有海马体损伤的患者在被预告有电击时对中性刺激物做出了正常的恐惧反应，但是对事件没有有意识的回忆。映像研究也同样表明，情绪唤起的语言激活了杏仁体而不是海马体（Strange & Dolan, 2004）。

上述证据是许多显示杏仁体在获得和保留与事件相关的情绪记忆中至关重要的数据中的一部分，而海马系统则在事件情节表现的获得上非常重要。

五、记忆的巩固和重新巩固

在我们学习时，新的相关记忆由短时记忆(short-term memory)转变为更加稳定的长时记忆(long-term memory)。记忆巩固就是这一转变过程发生的阶段。巩固以脆弱性为特征，这意味着为记忆服务的大脑区域受到干扰时会导致健忘症。例如，强烈的情绪可能引起健忘，而忘掉的那部分记忆在情绪性事件发生前就被巩固了。药物如遗忘剂也同样可以引起失忆。

米桑宁(Misanin，1968)和他的同事们报告了一个著名的遗忘程序，即电休克疗法(electroconvulsive shock therapy，ECT)，如果在表面上看起来非常稳定的长时记忆被提取之后立即实施这一疗法会导致记忆丧失。这表明，当我们每次提取一个先前巩固的记忆时，它会遭遇一个短期的脆弱，现在，这被称为重新巩固(reconsolidation)。在此期间，化学的和行为的干扰可能导致特定记忆的丧失。如果把遗忘剂用在动物的不同大脑区域，和对人类使用行为进行干扰，那么对重新巩固过的记忆进行封锁在几乎所有类型的记忆中都能成功。

因此，这些发现表明，每次我们学习或记忆一些事物，这些记忆会暂时变得脆弱，并且容易受到干扰的影响，这为PTSD的预防和治疗提供了很大的机会。不幸的是，到目前为止，除了一些关于β-受体阻断剂(beta-blockers)和轻剂量的皮质醇(cortisol)的孤立的临床实验外，还没有尝试使用记忆巩固来作为一种治疗PTSD的方法(Brunet et al.，2008)。基于这一理念的新型PTSD治疗的未来发展，可能会影响到杏仁体依赖的情绪记忆，而不影响海马体依赖的情节记忆。

也就是说，重新巩固本身就是对已经巩固的记忆进行更新的过程(Forcato，Rodríguez，Pedreira & Maldonado，2010；Rodríguez-Ortiz & Bermudez-Rattoni，2007)。例如，当我们每次看到父母时，我们会不断地更新他们的形象，而不是提取我们第一次见到他们时的形象。最近，库勒(Schiller)和同事们报告说，人类被巩固的恐惧记忆可以在重新巩固时被不恐怖的信息替代，它打开了把记忆重新巩固作为一种治疗方法的新的前景。

记忆消亡

记忆重新巩固与记忆消亡形成鲜明的对比，记忆消亡是当被给予一个与负强化物相关的无条件刺激时条件反射减少。简单地说，鉴于重新巩固可能是我们更新稳定记忆的一个过程，消亡将会成为两种不同记忆竞争的过程：第一个记忆是一种习惯于厌恶的刺激，随后第二个记忆建立，在那里，同样的刺激现在又出现，它要么是没有情绪效果的，要么与正强化物相关。消亡学习也与杏仁体的功能和它对大脑正中前额叶皮层的管理紧密相关。

六、PTSD 的相关心理治疗

当前的心理疗法主要聚焦于条件记忆的消亡，通过教育患者那些最初诱发对创伤进行条件反射的诱因已经不再是消极的了，来减少患者的焦虑以完成治疗。治疗 PTSD 患者的两种主要方法是延长暴露治疗法（prolonged exposure therapy，PET）和聚焦于创伤的认知行为疗法（trauma-focused cognitive behavioral therapies），包括认知加工治疗（cognitive processing therapy，CPT）。尽管它们的方法存在某些不同，但都基于引起消亡学习。在暴露型的治疗里，被治疗者通过想象暴露法来面对创伤诱因（这点将在第八章进行讨论）。CBT 使用一种消亡学习的形式，在这种方式的治疗中，通过让患者学习到相关的诱因不再是一种威胁的标志（Bryant，Moulds et al.，2008），以及矫正他们对创伤事件扭曲的记忆和认知（Bryant et al.，2006；Foa et al.，1999；Hackmann，Ehlers，Speckens & Clark，2004；Resick & Schnicke，1992），来使恐惧的条件反射得以改善。治疗结果显示，杏仁体的极度活跃显著减少已被证实（Bryant，Felmingham et al.，2008）。当前有证据证明，暴露疗法和认知行为疗法在减轻 PTSD 症状方面是有效的（Bisson & Andrew，2007；Harvey，Bryant & Tarrier，2003；Powers，Halpern，Ferenschak，Gillihan & Foa，2010）。然而，这两种方法的有效性似乎没有显著差别（Bisson & Andrew，2007；Ougrin，2011）。

在认知行为疗法中，临床工作者可以使用暴露与认知技巧相结合的方法。暴露疗法包括给个体提供恐惧刺激，直到恐惧和焦虑减少。当个体同时承认和抵抗出现任何回避行为时，就会被要求面对与他/她的创伤经历记忆有关的刺激。通过这种方式，恐惧和焦虑被体验，并且逐渐习惯或消除。认知技巧试图挑战导致适应不良行为的扭曲的信念。个体被要求通过检查这些基础假设是否合理和有效来质疑上述信念。如果使用这种方法，功能失调的信念可以通过识别创伤、创伤的结果和有关创伤的信念而被改变。

七、认知加工疗法

认知加工疗法(CPT)是认知行为疗法的一种,通常被临床工作者用于治疗 PTSD 症状(Resick & Schnicke, 1992)。它在缓解老兵的 PTSD 中很有前景(Monson et al., 2006; Monson, Price & Ranslow, 2005)。

CPT 以认知理论为基础。就其本身而论,PTSD 被认为是由导致害怕、无助或者恐惧的诱发事件(即暴露于创伤性事件,标准 A)所引发的。这些情绪性后果表现为重复体验、逃避和症状唤起。重复体验(标准 B)症状通常牵涉到触发恐惧感觉的记忆。逃避(标准 C)症状可能表现为某些行为(如药物滥用),这些行为会使个人不能专心于触发创伤事件记忆的情境和经历。唤起(标准 D)症状包括愤怒的增加和失眠。罗斯鲍姆、福阿和同事们(1992)建议道,症状群的存在有可能是因为某些人持有过度刻板的核心观念,换种说法就是,个人不能使他们各自的信念系统与诱发事件一致,并因此可能经历创伤后应激症状。

认知加工治疗的基本目标是通过提供已经制成指导手册的十二节治疗,使创伤前的信念与创伤后的信息一致(Resick, Monson, Price & Chard, 2007)。简单地说,最开始的五节治疗聚焦于对创伤性记忆的讨论,余下的几节治疗聚焦于识别和挑战与创伤性记忆相关的适应不良的信念。退伍军人事务中心的临床社会工作者用认知加工疗法的十二节治疗来减少老兵的 PTSD 症状。每节治疗都有一个简短的概述。我们提供的概述与埃尔南德斯(Hernandez)中士的案例有关[各节治疗的完整解释请参考瑞斯克、蒙森和查德(Resik, Monson & Chard, 2008)的军队和老兵服务对象的认知加工治疗手册]。

案例:埃尔南德斯中士

埃尔南德斯中士在伊拉克服役时是一名机动车驾驶员,她被任命为拉马迪—巴格达走廊的装甲车护卫队驾驶员。埃尔南德斯中士的车引爆了被安装在叛乱者车上的简易爆炸装置(IED)。尽管她幸存下来了,但之后好几次在走廊上护送时,她都在接近车辆时体验到了心理困扰,并且表现为惊吓反应。埃尔南德斯中士在每次护送完成之后都会发现她的同事们喜欢去喝酒喝到醉,于是她也开始沉溺于酒精了。

回到美国后，埃尔南德斯中士仍然持续地回想起那起爆炸事件。她尽量避免开车。当她与别人一同开车时，别人的车辆如果靠得太近，她就会产生易怒情绪。她也仍然沉溺于酒精。埃尔南德斯中士的丈夫说服她去当地退伍军人事务中心的门诊寻求治疗。

在埃尔南德斯中士的案例中，沿着拉马迪—巴格达走廊驾驶车辆是一个中性刺激。简易爆炸装置的引爆是一个无条件刺激，它造成恐惧和焦虑的无条件反射。把沿着走廊驾驶和车辆靠近与简易爆炸装置的引爆相联系，就造成了恐惧和焦虑的条件反射，与驾驶和车辆靠近相联系就变成了条件刺激。模仿同辈群体的喝酒行为（观察学习）使得她的心理痛苦短暂减轻（负强化），这是一种逃避行为（PTSD诊断的标准C）。回到美国后，驾驶和车辆靠近是一种导致恐惧和焦虑的概化刺激。这些条件刺激引发对简易爆炸装置的复现记忆（标准B）和车辆靠近时愤怒的爆发（标准D）。

第一节

第一节的主要目标是提供关于PTSD的认知模型和PTSD症状群的心理教育，介绍了“滞点”的概念，并解释了努力克服逃避的重要性。

认知理论的基础假设是，诱发事件是被个人信念系统过滤的结果。诱发事件可能是情境、想法和记忆。这些事件导致情感后果（即感受）。被信念系统过滤的个人感受和情绪可能包括态度、观念、期待和想法。值得注意的是，信念可能是积极的，也可能是消极的。

根据认知理论，埃尔南德斯中士案例中的诱发事件是在拉马迪—巴格达走廊上发生的简易爆炸装置的爆炸。情绪后果包括随之而来的担忧、恐惧、无助和愤怒。重建患者的信念系统是认知加工疗法的直接目标，所以退伍军人事务中心的临床医生帮助埃尔南德斯中士识别并质疑她的导致情绪后果的、适应不良的想法。

退伍军人事务中心的临床医生解释道，刺激、反应和对两者的理解之间的联系导致了记忆中“滞点”的产生。临床医生解释说，尽管缺乏正在发生着的创伤性事件，但这些“滞点”抗拒改变，一直持续。临床医生对这一观点的介绍很重要，这一观点认为识别和质疑“滞点”是治疗的一个基本组成部分。

退伍军人事务中心的临床医生还解释了努力克服逃避的重要性。治疗情境中的逃避行为会以不同的方式呈现，包括患者不能完成和提交治疗中的家庭作业。克服逃避将从和谐关系的发展中得到帮助。研究同样发现，治疗关系的质量是临床接触成功的重要手段(Kolden, Howard & Maling, 1994; Martin, Garske & Davis, 2000)。西格尔(2003)假设，有效的心理治疗(在人际神经生物学层面上)包括治疗的几个"C"：同情(compassion)、联系(connection)和偶发沟通(contingent communication，它被定义为"一个人对他人的信号做出及时的认知、理解和反应的能力")。

临床医生还给服务对象布置了填写一份影响声明(Impact Statement)和滞点日志(Stuck Point Log)的任务。影响声明聚焦于服务对象认为创伤性事件发生的原因，以及事件如何影响他/她，它并不关注实际的创伤性事件。滞点日志用来让服务对象记录那些让他/她感觉不好的重复出现的想法。

第二节

第二节的主要目标包括开始与服务对象识别滞点，并强化对滞点日志的使用。这一节以让埃尔南德斯中士阅读她的影响声明开始。当她阅读影响声明时，退伍军人事务中心(VA)的临床医生就开始识别她的滞点。例如，埃尔南德斯中士可能分享道，之前的护送一直都是安全的，因此这次的爆炸事件很可能是因为自己做错了什么。她现在还会不合理地认为只要驾驶车辆就不安全。VA的临床医生把这确定为一种扭曲的责任感，并且可能会用苏格拉底式对话(Socratic dialogue)来与她一起评估这种思路，以此来引导埃尔南德斯中士，并解释在美国和伊拉克驾驶车辆的区别；以此来帮助她识别(自己的错误想法)，并用功能性的、区分性的思维来取代概化的思想。如何运用苏格拉底式的对话？比如，临床医生可能会这样提问："你之前护送过几次？有几次发生了简易爆炸装置被引爆的情况？我听说许多军人在伊拉克经历过爆炸事件，你认为这些事件的发生都是因为你的战友们做错了事吗？"在这一节的结尾，临床医生介绍了ABC(诱发事件、信念和结果)工作表，并让埃尔南德斯中士每天填写。工作表将通过让她把正在体验的情绪结果和她关于诱发事件的信念联系起来的方法帮助她。这是一种非常重要的工具，因为它鼓励埃尔南德斯中士批判性地思考她的认知是不是现实的，如果不是，那么什么可以替代这些不合理的想法。

第三节

第三节的主要目标包括回顾 ABC 工作表（ABC worksheets），帮助埃尔南德斯中士意识到想法和感受的区别，并让她写下创伤清单（Trauma Account）。创伤清单聚焦于创伤性事件，并且应当包括尽可能多的感觉细节。

第四节

第四节的主要目标包括让埃尔南德斯中士向临床医生阅读她的创伤清单，识别滞点，并用苏格拉底式对话挑战她的自责想法。第二节简短地例证过，苏格拉底式对话通过询问、澄清问题来探查她的信念，帮助她探索替代性的观点，以及帮助她解释扭曲的信念是如何导致消极的情绪后果的，以此来挑战她的非理性信念系统。它教育她批判性地思考，同时也是服务对象在治疗之外能继续使用的一种工具。它是非指导性的，这意味着治疗者的角色不是去解释，而是帮助服务对象自己去理解适应不良的信念。在本节的最后，VA 的临床医生让她完成第二张创伤清单，清单增加了更多细节和之前遗漏的事项。

第五节

第五节的主要目标包括让埃尔南德斯中士大声阅读第二张创伤清单，帮助她识别第一张和第二张创伤清单的区别，并且直面适应不良的想法和滞点。VA 的临床医生还让她完成挑战性问题工作表（Challenging Questions worksheet），这份工作表聚焦于一些之前识别出的滞点。工作表包括一些让埃尔南德斯中士提供证据来支持或反对她的滞点的问题，以及其他一些促使她质疑自身想法的合理性的问题。这对她的理解很重要，因为可以帮助她改变她的思维模式，并加强她批判性地质疑自己信念的能力。

第六节

第六节的主要目标是回顾挑战性问题工作表，继续用苏格拉底式对话识别和质疑滞点，并介绍问题思考模式工作单（Patterns of Problematic Thinking worksheet）。这个工作单让埃尔南德斯中士识别在之前已被识别出的滞点中的她能够识别的模式。这些模式包括有些还没有证据时就直接跳到结果、过于笼统地概括事件和假设“你有这种感受一定是有理由的”这种情绪性的推理。

第七节

第七节的主要目标包括帮助埃尔南德斯中士继续识别和质疑其信念中的问题模式，帮助她产生合理的信念来代替适应不良的信念，并介绍质疑信念工作单(Challenging Beliefs worksheet)。

第八到十二节

余下几节的主要目标包括分别聚焦于五个核心主题(安全、信任、权力/控制、自尊和亲密)中的一个，并帮助埃尔南德斯中士逐渐认识到这些部分是如何在创伤性事件之后被破坏的。临床医生用最后一节来让埃尔南德斯中士回顾，并扼要重述什么工具可以用来促进认知改变和在治疗中产生实际的收获。

八、结论

本章考察了神经生物学是如何表明外伤性应激呈现一种相互关联的大脑机制和神经功能的复杂性的，这也是认知神经科学最开始掌握的。严重的长期压力所产生的后果之一是对大脑的有害影响，并且被提高的应激激素水平可能损害大脑边缘系统，这个大脑边缘系统与学习和记忆相关(Bremner, 2002)。很多研究指出有些认知行为治疗对改善创伤后应激症状是有效的，本章已深度探讨了其中的一种——认知加工疗法(CPT)。本章通过引用一位老兵在引爆了一个简易爆炸装置后患上 PTSD 的例子，阐明了对 CPT 的应用。作者们阐释了以下内容：通过心理治疗，临床医生利用学习和条件反射模式来帮助服务对象认识对创伤性记忆产生认知和情绪反应的整个过程。

本章问题讨论：

1. 埃尔南德斯中士还有可能表现出哪些潜在的逃避行为?
2. 埃尔南德斯中士和她的临床医生还有可能鉴别出哪些其他潜在的滞点?
3. 运用苏格拉底式对话时，哪些苏格拉底式的问题可能被提出以质疑问题 2 中被识别出的滞点?
4. 把 ABC 模型运用到问题 2 被识别出的三个滞点中。
5. 给问题 4 中已被识别出的适应不良的信念提供合理的信念。

参考文献：

Aerni, A., Traber, R., Hock, C., Roozendaal, B., Schelling, G., Papassotiropoulos, A.,... De Quervain, D. J. (2004). Low-dose cortisol for symptoms of posttraumatic stress disorder. *American Journal of Psychiatry*, *161* (8), 1488 - 1490.

American Psychiatric Association. (2000). *Diagnostic and statistical manual of mental disorders* (4th ed., text rev.). Washington, DC: Author.

Baker, D. G., West, S. A., Nicholson, W. E., Ekhator, N. N., Kasckow, J. W., Hill, K. K.,... Geracioti Jr., T. D. (1999). Serial CSF corticotrophin-releasing hormone levels and adrenocortical activity in combat veterans with posttraumatic stress disorder. *American Journal of Psychiatry*, *156* (4), 585 - 588.

Bechara, A., Damasio, H., Damasio, A. R. & Lee, G. P. (1999). Different contributions of the human amygdala and ventromedial prefrontal cortex to decision-making. *Journal of Neuroscience*, *19* (13), 5473 - 5481.

Bechara, A., Tranel, D., Damasio, H., Adolphs, R., Rockland, C. & Damasio, A. R. (1995). Double dissociation of conditioning and declarative knowledge relative to the amygdala and hippocampus in humans. *Science*, *269* (5227), 1115 - 1118.

Bisson J. & Andrew, M. (2007). *Psychological treatment of post-traumatic stress disorder (PTSD)*. *Cochrane Database of Systematic Reviews*, *2007* (3), Article CD003388. doi: 10.1002/14651858.CD003388.pub3.

Bremner, J. D. (2002). *Does stress damage the brain?* New York, NY: Norton.

Bremner, J. D. (2002). Neuroimaging studies in post-traumatic stress disorder. *Current Psychiatry Reports*, *4* (4), 254 - 263.

Bremner, J. D., Licinio, J., Darnell, A., Krystall, J. H., Owens, M. J., Southwick, S. M.,... Charney, D. S. (1997). Elevated CSF corticotropin-releasing factor concentrations in posttraumatic stress disorder. *American Journal of Psychiatry*, *154* (5), 624 - 629.

Brunet, A., Orr, S. P., Tremblay, J., Robertson, K., Nader, K. & Pitman, R. K. (2008). Effect of post-retrieval propranolol on psychophysiologic responding during subsequent script-driven traumatic imagery in post-traumatic stress disorder. *Journal of Psychiatric Research*, *42* (6), 503 - 506.

Bryant, R. A., Felmingham, K., Kemp, A., Das, P., Hughes, G., Peduto, A. & Williams, L. (2008). Amygdala and ventral anterior cingulate activation predicts treatment response to cognitive behaviour therapy for post-traumatic stress disorder. *Psychological Medicine*, *38* (4), 555 - 561.

Bryant, R. A., Moulds, M. L., Guthrie, R. M., Dang, S. T., Mastrodomenico, J., Nixon, R. D.,... Creamer, M. (2008). A randomized controlled trial of exposure therapy and cognitive restructuring for posttraumatic stress disorder. *Journal of Consulting and Clinical Psychology*, *76* (4), 695 - 703.

Bryant, R. A., Moulds, M. L., Nixon, R. D., Mastrodomenico, J., Felmingham, K. & Hopwood, S. (2006). Hypnotherapy and cognitive behaviour therapy of acute stress disorder: A 3-year follow-up. *Behaviour Research and Therapy*, *44* (9), 1331－1335.

Dudai, Y. (2004). The neurobiology of consolidations, or, how stable is the engram? *Annual Review of Psychology*, *55*, 51－86.

Elzinga, B. M. & Bremner, J. D. (2002). Are the neural substrates of memory the final common pathway in posttraumatic stress disorder (PTSD)? *Journal of Affective Disorders*, *70* (1), 1－17.

Foa, E. B., Dancu, C. V., Hembree, E. A., Jaycox, L. H., Meadows, E. A. & Street, G. P. (1999). A comparison of exposure therapy, stress inoculation training, and their combination for reducing posttraumatic stress disorder in female assault victims. *Journal of Consulting and Clinical Psychology*, *67*, 194－200.

Foa, E. B., Davidson, J. R. T. & Frances, A. (1990). Expert consensus guideline series: Treatment of posttraumatic stress disorder. *Journal of Clinical Psychiatry*, *60* (Suppl. 16), 1－76.

Forcato, C., Rodríguez, M. L., Pedreira, M. E. & Maldonado, H. (2010). Reconsolidation in humans opens up declarative memory to the entrance of new information. *Neurobiology of Learning and Memory*, *93* (1), 77－84.

Hackmann, A., Ehlers, A., Speckens, A. & Clark, D. M. (2004). Characteristics and content of intrusive memories in PTSD and their changes with treatment. *Journal of Trauma and Stress*, *17* (3), 231－240.

Harvey, A. G., Bryant, R. A. & Tarrier, N. (2003). Cognitive behaviour therapy for posttraumatic stress disorder. *Clinical Psychology Review*, *23* (3), 501－522.

Joëls, M. & Baram, T. Z. (2009). The neuro-symphony of stress. *Nature Reviews Neuroscience*, *10* (6), 459－466.

Joëls, M., Fernandez, G. & Roozendaal, B. (2011). Stress and emotional memory: A matter of timing. *Trends in Cognition Science*, *15* (6), 280－288.

Kolden, R. G., Howard, K. I. & Maling, M. S. (1994). The counseling relationship and treatment process and outcome. *The Counseling Psychologist*, *22*, 82－89.

LaBar, K. S., LeDoux, J. E., Spencer, D. D. & Phelps, E. A. (1995). Impaired fear conditioning following unilateral temporal lobectomy in humans. *Journal of Neuroscience*, *15* (10), 6846－6855.

LeDoux, J. E. (2000). Emotion circuits in the brain. *Annual Review of Neuroscience*, *23*, 155－184.

Martin, D. J., Garske, J. P. & Davis, M. K. (2000). Relation of the therapeutic alliance with outcome and other variables: A meta-analytic review. *Journal of Consulting and Clinical Psychology*, *68*, 438－450.

McNally, R. J. (2003). Progress and controversy in the study of posttraumatic stress disorder *Annual Review of Psychology* *54*, 229－252.

Milad, M. R., Rauch, S. L., Pitman, R. K. & Quirk, G. J. (2006). Fear extinction in rats: Implications for human brain imaging and anxiety disorders. *Biological Psychology*, *73* (1), 61-71.

Misanin, J. R., Miller, R. R. & Lewis, D. J. (1968). Retrograde amnesia produced by electroconvulsive shock after reactivation of a consolidated memory trace. *Science*, *160* (827), 554-555.

Monson, C. M., Price, J. L. & Ranslow, E. (2005). Lessons learned in researching an evidence-based PTSD treatment in the VA: The case of cognitive processing therapy. *Federal Practitioner*, *22*, 75-83.

Monson, C. M., Schnurr, P. P., Resick, P. A., Friedman, M., Young-Xu, Y. & Stevens, S. P. (2006). Cognitive processing therapy for veterans with military-related posttraumatic stress disorder. *Journal of Consulting and Clinical Psychology*, *74*, 898-907.

Ougrin, D. (2011). Efficacy of exposure versus cognitive therapy in anxiety disorders: Systematic review and meta-analysis. *BMC Psychiatry*, *11* (1), 200.

Phelps, E. A. (2004). Human emotion and memory: Interactions of the amygdala and hippocampal complex. *Current Opinion in Neurobiology*, *14* (2), 198-202.

Phelps, E. A., Delgado, M. R., Nearing, K. I. & LeDoux, J. E. (2004). Extinction learning in humans: Role of the amygdala and vmPFC. *Neuron*, *43* (6), 897-905.

Powers, M. B., Halpern, J. M., Ferenschak, M. P., Gillihan, S. J. & Foa, E. B. (2010). A meta-analytic review of prolonged exposure for posttraumatic stress disorder. *Clinical Psychology Review*, *30* (6), 635-641.

Radley, J. J., Gosselink, K. L. & Sawchenko, P. E. (2009). A discrete GABAergic relay mediates medial prefrontal cortical inhibition of the neuroendocrine stress response. *Journal of Neuroscience*, *29* (22), 7330-7340.

Resick, P. A., Monson, C. M., Price, J. L. & Chard, K. M. (2007). *Cognitive processing therapy: Veteran/military version: Trainer's manual*. Washington, DC: Department of Veterans' Affairs.

Resick, P. A. & Schnicke, M. K. (1992). Cognitive processing therapy for sexual assault survivors. *Journal of Consulting and Clinical Psychology*, *60*, 748-756.

Rodriguez-Ortiz, C. J. & Bermúdez-Rattoni, F. (2007). *Neural plasticity and memory: From genes to brain imaging*. Boca Raton, FL: CRC Press.

Rothbaum, B. O., Foa, E. B., Riggs, D., Murdock, T. & Walsh, W. (1992). A prospective examination of post-traumatic stress disorder in rape victims. *Journal of Traumatic Stress*, *5*, 455-475.

Schiller, D., Monfils, M. H., Raio, C. M., Johnson, D. C., Ledoux, J. E. & Phelps, E. A. (2010). Preventing the return of fear in humans using reconsolidation update mechanisms. *Nature*, *463* (7277), 49-53.

Schiller, D. & Phelps, E. A. (2011). Does reconsolidation occur in humans? *Front Behavioural Neuroscience*, *5*, 24.

Shin, L. M., Orr, S. P., Carson, M. A., Rauch, S. L., Macklin, M. L., Lasko, N. B.,... Pitman, R. K. (2004). Regional cerebral blood flow in the amygdala and medial prefrontal cortex during traumatic imagery in male and female Vietnam veterans with PTSD. *Archives of General Psychiatry*, *61*, 168－176.

Siegel, D. J. (2003). An interpersonal neurobiology of psychotherapy: The developing mind and the resolution of trauma. In M. F. Solomon & D. Siegel (Eds.), *Healing trauma: Attachment, mind, body and brain* (pp. 1－56). New York, NY: Norton.

Strange, B. A. & Dolan, R. J. (2004). Beta-adrenergic modulation of emotional memory-evoked human amygdala and hippocampal responses. *Proceedings of the National Academy of Science in the United States of America*, *101* (31), 11454－11458.

Tanev, K. (2003). Neuroimaging and neurocircuitry in post-traumatic stress disorder: What is currently known? *Current Psychiatry Report*, *5* (5), 369－383.

Weis, F., Kilger, E., Roozendaal, B., de Quervain, D. J., Lamm, P., Schmidt, M.,... Schelling, G. (2006). Stress doses of hydrocortisone reduce chronic stress symptoms and improve health-related quality of life in high-risk patients after cardiac surgery: A randomized study. *Journal of Thoracic and Cardiovascular Surgery*, *131*, 277－282.

第八章　运用虚拟现实暴露疗法治疗战争引起的创伤后应激障碍

Suzanne Leaman, Barbara Olasov Rothbaum, JoAnn Difede, Judith Cukor, Maryrose Gerardi & Albert "Skip" Rizzo

PTSD是一种长期状态,它发生在经历过威胁生命的创伤性事件的一小部分特殊群体中,其特点是再次体验、逃避以及过度觉醒等症状的持续存在(American Psychiatric Association, 1994)。从"伊拉克自由行动"(OIF)中返回的退役军人中大约有 18%的人受到了 PTSD 的影响(Hoge et al., 2004)。除此之外,这种特殊的心理状态以空前的规模存在于伊拉克战争及阿富汗战争的重伤幸存者中(Blimes, 2007)。治疗的负面标签经常阻碍现役军人、退伍军人去寻求帮助(Hoge et al., 2004),因此,为军人找到一种可接受的治疗方法是目前的首要任务。比起传统的面谈治疗,当前的这一代军人可能更适合虚拟现实治疗方式,因为他们可能更熟悉游戏和训练中的仿真技术。本章将介绍虚拟现实技术的发展和对它的研究,以及虚拟现实技术在心理健康治疗中的应用,包括对战争引起的 PTSD 患者使用虚拟伊拉克/阿富汗系统(virtual Iraq/Afghanistan system)进行虚拟现实暴露疗法的程序。

一、军队健康照顾的挑战

战争可能是人类所面临的最具挑战性的情形之一。战斗环境对生理、心理、情绪和认知的要求给即便是最优秀的军人也造成了巨大的压力。自"伊拉克自由行动"(OIF)/"阿富汗持久自由行动"(OEF)开始以来,大约有190 万人次被派遣(DOD, 2010a)。截至 2010 年 12 月,大约有 5 836 人死亡和 41 583 人受伤(DOD, 2010b; Fischer, 2010)。战斗负伤人员中,共有1 222人被大面积截肢,399 人被小部分截肢,并且有 178 876 个病例在 2010年被确诊为脑外伤(这其中有许多人并没有被计算入战斗负伤人员的数据中，因为轻度的脑外伤常常因为重新部署而被重复记录）。紧张体验是 OIF 和 OEF 这类战争环境的主要特征，它使大量回国的军人处于罹患 PTSD 的风险中。第一次对 OIF 和 OEF 引起的心理健康问题进行系统研究后发现：研究对象中，他们的反应符合对抑郁、广泛性焦虑症或创伤后应激障碍筛查标准的比例，在伊拉克服役之后为 15.6%～17.1%，要显著高于在阿富汗服役之后的 11.2%，或者高于到伊拉克服役之前的 9.3%（Hoge et al., 2004: 13）。从那时起，有学者建议对 OIF 和 OEF 中的 PTSD 和心理障碍比例的报道进行更频繁的统计（Ficher, 2010; Seal, Berthenthal, Nuber, Sen & Marmar, 2007; Tanielian et al., 2008）。举例来说，2010 年，军队健康系统（Military Health System）记录有 66 934 个被确诊的 PTSD 病例（Ficher, 2010）；并且，兰德分析公司（Rand Analysis）也估计，在 150 万军队部署规模中，大约有 300 000 名现役军人和被解雇的退伍老兵将有 PTSD 以及重度抑郁症状（Tanielian et al., 2008）。这些研究发现制造了一个生动的实例来促使我们持续聚焦发展和强化可用的证据为本的治疗，以处理已经对现役军人、退伍老兵及其家人造成影响的心理健康照顾的挑战，因为他们值得我们尽最大的努力来提供最佳服务。

与此同时，虚拟技术的革新已经在虚拟现实仿真技术的临床运用中出现。科技在运算速度和运算能力、图像和影像生成、显示系统、物体追踪、交互技术、触摸感应、软件编辑和人工智能等方面的进步支持降低成本的创新，并使得虚拟现实系统在作为日用品的个人电脑上使用成为可能。虚拟现实技术资产与多种临床治疗方法之间独一无二的契合性得到了许多科学家和临床专家的认可，同时，一个令人倍感鼓舞的研究机构也已经出现，它为虚拟现实技术在很多临床指标上对临床评估和干预的价值提供了证明（Glantz, Rizzo & Graap, 2003; Holden, 2005; Parson & Rizzo, 2008; Powers & Emmelkamp, 2008; Riva, 2011; Rizzo, Lange, Suma & Bolas, 2011; Rizzo, Schultheis, Kerns & Mateer, 2004; Rose, Brooks & Rizzo, 2005）。基础性虚拟现实技术的指数级发展与正在发展中的临床研究机构和临床经验相结合，对临床现实虚拟学科（the discipline of Clinical Virtual Reality）的进步起到了巨大的推动作用。

二、临床虚拟现实技术介绍

在基本形式上，虚拟现实技术可以被视为一种人机交互界面的高级形式，它使用户与计算机模拟的环境进行“互动”，并且“融入”其中(Rizzo, Buckwalter & Neumann, 1997)。虚拟现实感官刺激可以通过各种图像显示技术来提供给用户，这些技术用各种感应输出设备整合电脑图像和/或摄影图像/视频，这些设备可以呈现音频，“强制反馈”触觉甚至嗅觉的内容给用户。与虚拟体验的参与式互动可以通过使用特殊的跟踪定位技术来实现，它能感知用户的位置和移动，并用这些信息来更新呈现给用户的视觉、听觉和触觉的刺激，以创造出一种已经融入并在其中互动的虚拟空间的幻觉。一个通用装置要用到头盔显示器(head-mounted display)，它由单眼独立显示屏、光学显示仪、立体声耳机以及一个可以传输电脑生成的虚拟场景的图像和声音的头部跟踪设备组成，这个虚拟场景与个体在现实场景中的所见所闻是一致的。其他方法则以 3D 显示实现，它把图像投影在一个单壁或一个多壁空间(CAVES 是比较出名的多壁投影室)。此外，基础性的平面显示屏虽然不能给人带来浸入式的体验，但是已经被用于传输交互式的虚拟现实场景中，有时它在传输测试、训练、治疗和用虚拟现实技术进行康复方面的应用已经足够，而且是比较划算的选择。虚拟现实技术能创造可控的、多感官的以及交互式的立体的刺激环境，它也适用于模拟人们在自然情境下所面对的挑战，因此可以提供客观数据给临床研究和治疗使用。

在一份简短的运用领域清单中，临床虚拟现实技术已经被有效利用，包括减缓人的单纯性恐惧(Parsons & Rizzo, 2008; Powers & Emmelkamp, 2008)，治疗 PTSD(Difede et al., 2007; Defede & Hoffman, 2002; Rizzo et al., 2011b; Rizzo, Difede, Rothbaum & Reger, 2010; Rothbaum, Hodges, Ready, Graap & Alarcon, 2001)，癌症病人的压力管理(Schneider, Kisby & Filnt, 2010)，减缓烧伤病人在伤口和物理治疗期间的创伤剧痛(Hoffman et al., 2011)，调节进食障碍患者的身体意象紊乱(Riva, 2011)，开展有运动障碍的儿童和成人的方向感和空间训练(Rizzo et al., 2004; Stanton, Foreman & Wilson, 1998)，进行中枢神经系统功能障碍患者的功能技巧训练和运动机能复健(例如，中风、外伤性脑损伤、脊髓损伤、脑瘫、多发性硬化)(Holden, 2005; Merians et al., 2010)，还有评估和复原临床病人和非创伤群体的注意力、记忆力、空间技能和认知功能(Parsons & Rizzo, 2008; Rizzo et al., 2006; Rose et al., 2005)。为了实现上述功能，虚拟现实领域的专家已经建立了模拟飞机、摩天高楼、蜘蛛人、社交场景、战场、海滩、幻想世界，以及像教室、办公室、家、街道、超市等多种世俗生活的(且高度关联的)功能环境。实际上，临床工作者现在可以创造一个模拟的外部世界环境，并把它用在临床治疗机构中，让服务对象浸入虚拟环境，以帮助达成这一特殊治疗手段的治疗目标和治疗功能。

三、虚拟现实暴露疗法

在多种治疗 PTSD 的方法中，认知行为疗法（CBT）和持续性曝光疗法（PE）被证明是最有效的治疗手段[Cahil, Rothbaum, Resick & Follette, 2009; Institute of Medicine（IOM），2008]。PE 是一种以福阿和科扎克（Foa & Kozak, 1986）的情绪处理理论为基础的暴露治疗方法，情绪处理理论假设 PTSD 是一种病态的恐惧结构，这种结构在遭遇与病态结构相关的信息时会被激活。这些恐惧结构由过去与危险相关的无害刺激构成。成功的治疗需要通过情绪处理过程来改变恐惧结构中的病态元素，如此，那些刺激才能不再唤醒恐惧。影像暴露治疗需要通过在一个安全的环境下重复回访创伤性事件来与恐惧结构建立心理联系。在实践中，一个典型的 PTSD 患者会在临床医生的引导和鼓励下，在医生的治疗室这样一个安全和支持的环境下对创伤性事件进行想象、叙述和情绪性处理。这种方式被认为提供了一个低威胁的情境，在这个情境中，患者可以开始治疗性地处理与创伤性事件有关的情绪，以及通过习惯和消亡的过程来消除对失调的逃避并学习循环的条件反射。1999 年，PTSD 专家治疗指导手册第一次出版，它推荐暴露疗法的 CBT 治疗是首选的 PTSD 治疗方法（Foa, Davidson & Frances, 1999）。暴露疗法也得到了 IOM 报告的比较性的、实证性的支持，它回顾了美国国家科学院（the National Academies of Science）进行的 53 项对 PTSD 进行药物治疗的研究和 37 项心理治疗的研究（IOM, 2008）。报告指出，虽然没有足够的可靠证据证明大部分疗法对于 PTSD 的有效性，但是已经有足够的证据证明暴露疗法对 PTSD 患者的治疗是有效的。

尽管想象暴露疗法的功效已经在多项对各种受创伤人群的研究中建立起来，许多病人还是不愿或没有能力去有效地将创伤性事件图像化。这是一个很重要的问题，因为对与创伤有关的线索和提醒物的逃避是 PTSD 的一个主要症状。事实上，对 PTSD 治疗这一方面的研究指出，无法把情绪（在想象中）卷入预示着一个负面的治疗结果（Jaycox, Foa & Morral, 1998）。为了解决这个问题，研究者近期已经转向把虚拟现实技术用于暴露疗法，让服务对象融入虚拟的与创伤有关的环境中，在这一环境中，场景中的情绪强度能够根据患者的意愿在实验室中被临床医生精确控制。在这种潮流下，虚拟现实暴露疗法（VRE）提供了一种防止天然的逃避倾向的方法，即直接提供多元感官的和与情境相关的线索，而这些线索既能够唤起创伤又无须患者通过尽量提取记忆的方式来努力接触他或她的过往经历。在这种虚拟现实环境下，治疗不必只依赖于患者想象中的隐蔽世界了。

把 VRE 技术首次用于患有 PTSD 的越战退伍老兵被报道在一个个案研究中，这个个案是一名 50 岁的白人男性退伍军人，它符合 *DSM - IV* 中的 PTSD 诊断标准（Rothbaum et al.，1999）。结果表明，所有的 PTSD 治疗方法都带来了治疗后的改善，并在 6 个月的跟踪中能看到这些效果继续被保持着。这个个案研究基于对越战老兵的一项 VRE 的开放性临床实验（Rothbaum et al.，1999）。在这项研究中，16 个患有 PTSD 的越战退伍军人被暴露于用头盔显示器传输的两个虚拟环境中，一个虚拟场景是丛林环绕，另一个是在休伊直升机（Huey Helicopter）上，在这两个环境中，治疗师控制各种视觉和听觉的影响因素（例如，直升机飞过、爆炸、日/夜效应、男人叫喊）。经过 5～7 周平均约 13 节的暴露疗程，在治疗快要结束时，患者的 PTSD 症状有显著的减轻。相似的结果在 6 个月后再次被发现，这表明，VRE 是对退伍军人的 PTSD 进行综合性治疗的一种最有效的方法。

在纽约市的“9·11”恐怖袭击之后，上千名世贸中心的幸存者，包括第一时间做出响应的救援人员和灾后重建人员与市民都处于罹患 PTSD 的高风险中。为了应对这个问题，迪菲德和霍夫曼（Difede & Hoffman，2002）开发出一个虚拟世贸中心软件，通过逐步地系统地将服务对象暴露在一个虚拟的攻击世贸中心的场景中来治疗那些幸存者。在一项由消防员、灾后重建工作者和市民组成的等候控制组的对照研究中，他们中的有些人在前期的影像治疗中并不成功，VRE 却取得了积极的治疗结果（Difede et al.，2007）。与这个等候列表上的对照组相比，VRE 实验组在“PTSD 诊断量表”（Clinician Administered PTSD Scale，CAPS）的测量中，在统计上和临床上都表现出显著的改善。

VR 环境已经在世界范围内被广泛运用于促进对普通民众的 PTSD 的治疗中。在葡萄牙，加米托（Gamito，2007）及其同事建立了一个 VR 的应用系统，以应对从 1961～1974 年在莫桑比克、安哥拉、几内亚战争中的估计 25 000 名患有 PTSD 的幸存者。这个研究小组通过修改一个在 PC 平台上使用的大众化的战斗游戏建立了一个简单的虚拟现实“埋伏”场景。他们报告说，近期已经对一名 PTSD 患者实施了一个以用户为中心的测试，这名患者提供了反馈建议：应设计一套系统来提供逐步传输，以唤起焦虑的触发刺激。乔斯曼（Josman，2007）及其同事近期也正在为以色列恐怖袭击的平民幸存者实施一个虚拟的公交爆炸 PTSD 治疗场景。

用虚拟的伊拉克/阿富汗进行虚拟现实暴露疗法

为了应对从 OIF 归来的退伍士兵中患有战争 PTSD 的数量不断增加的事实，2005 年，南加州大学的创新技术研究所（Institute for Creative Technologies，ICT）开始着手建立虚拟伊拉克情景（Rizzo，Reger，Gahm，Difede & Rothbaum，2009）。这个"虚拟伊拉克"的应用（以及新的虚拟阿富汗场景）是由一系列为 VRE 治疗设计的呈现相关环境的虚拟场景组成的，包括中东的主要城市以及沙漠的道路场景（见图 8.1）。除了在 VR HMD 中出现的视觉刺激外，还有定向 3D 音频、相关的触觉和嗅觉刺激可以被传输。在 VR 情景中，附加的与战斗相关的刺激表现可以通过一个单独的"向导程序"（wizard of oz）的临床界面由治疗师加以控制，同时治疗师也可以与患者进行全面的音频接触。临床界面提供给临床工作者一种使治疗经历更符合患者个体需求的能力，这是这项治疗的一个关键特征。临床工作者可以将患者放在与原来发生创伤性事件的背景相似的虚拟场景地点中，也可以逐渐引入并实时控制刺激的（视觉的、听觉的、触觉的或综合的）"触发"，他们被要求培养患者的焦虑调解能力，这是治疗过程和习惯养成所需要的。最初发表的适用性研究和案例报告显示出积极的结果，依据是军人的接纳度、对治疗的兴趣及临床上的成功（Gerardi，Rothbaum，Ressler，Heekin & Rizzo，2008；Reger et al.，2007，2011；Reger，Gahm，Rizzo，Swanson & Duma，2009；Wilson，Onorati，Mishkind，Reger & Gahm，2008）。

一项开放性的临床实验在圣地亚哥海军医药中心和彭得尔顿营展开，它要评估用 VRE 干预前已经参与过 PTSD 治疗（如团体咨询、眼动脱敏再加工治疗、药物治疗）而没有效果的现役军人的可行性（Rizzo et al.，2011b）。这个标准治疗流程由超过 5 周、每周 2 次、每次 90～120 分钟的治疗构成。这些 VRE 暴露训练采用 PE 治疗的原理（Foa et al.，1999），并为该研究制作了一本手册（Rothbaum，Difede & Rizzo，2008）。自填式量表测量被用在基线和 3、5、7、9、10 这几节之前，以及治疗后的 1 周和 3 个月后，以评估在治疗期间和跟进时的症状情况。被使用到的测量表有 PTSD 清单—军队版（PTSD Checklist-Military Version，PCL-M）（Blanchard，Jones-Alexander，Buckley & Forneris，1996）、贝克焦虑量表（Beck Anxiety Inventory，BAI）（Beck，Epstein，Brown & Steer，1988）和患者健康问卷—抑郁症版（Patient Health Questionnaire-Depression，PHQ-9）（Kroenke & Spitzer，2002）。

图 8.1　最新版虚拟伊拉克/阿富汗场景

资料来源：USC Institute for Creative Technologies。

对完成治疗的最早一批20名现役军人的分析(19名男性,1名女性,平均年龄为28岁,年龄范围为21～51岁)得出了积极的临床结果。这个样本平均接受小于11个疗程的治疗。成功完成治疗的人中有两个被记载有轻度和中度的TBI,这两个案例提供了一个早期证据,以指出这种形式的暴露疗法对这一人群是有用的(且有益的)。在非控制的开放性试验中产生的结果很难被概括化和推广,在解释时也要很小心。此外,要使用被接受的诊断工具来测量,在VRE样本中约有80%的完成治疗者在统计学上和临床上表现出明显的PTSD减缓,焦虑和抑郁的症状在治疗后的3个月内仍在维持。然而,来自患者报告的轶事证据表明他们在日常生活中看到了症状的改善。

其他研究也报告了积极的结果。两个较早的被发表的个案研究也称使用VRE收到了积极的结果(Gerardi et al., 2008; Reger & Gahm, 2008)。在这两项研究之后,一项对现役士兵(n=24)的开放性临床试验研究显示PCL-M得分存在显著的前后差异和大量的治疗效果(Cohen's d=1.17)。在接受平均7个疗程的治疗之后,45%的治疗对象被检出PTSD不再呈阳性,并且,62%的治疗对象得到了可靠的改善(Reger et al., 2011)。

近期,研究者正在使用虚拟伊拉克/阿富汗系统对现役和退役人员进行三项随机比较试验(RCTs)。两项RCTs聚焦于比较VRE和图像化PE的治疗功效,而第三项RCT研究调查的是把D-环丝氨酸(D-Cycloserine, DCS)这种药补充到VRE和图像化PE治疗中后,观察它产生的叠加作用如何。DCS促进消亡学习的效果已经在动物实验中被证明,它们的杏仁体两侧在消亡训练前都被灌输了DCS(Walker, Ressler, Lu & Davis, 2002)。首次结合DCS和VRE治疗的对人的临床测试由雷斯勒等(Ressler et al., 2004)学者实施,它对28例被诊断为恐高症的患者实施。在治疗后的1周到3个月中,接受了DCS+VRE联合治疗的测试参与者在虚拟环境中恐惧减少的幅度明显上升,并在3个月的跟踪随访中比服用安慰剂的对照组在所有的恐高症状和焦虑的心理生理测量上有更显著的改善。

对VRE的研究已经得到了很多支持,这种方法在过去3年内相对快速地被大约55个部队、VA和大学的临床实验点采用。

四、在VRE中使用虚拟伊拉克/阿富汗的建议

对VRE的研究使得临床医生使用VRE技术的标准化治疗程序得以发

展。这些程序为实施VRE治疗的临床医生提供了重要的指导和建议，也点明了临床医生在与患者建立治疗关系前需要重点考虑的地方。

（一）在用虚拟伊拉克/阿富汗进行治疗之前

当收到可能的VRE治疗推荐时，下列信息应该被弄清楚，以确定这对该个体而言是一种合适的治疗方式。

- 转诊资源（他们是怎样了解到这个项目的），以及他们为什么要特地去寻求治疗。
- 他们症状的基本特征，换言之，就是要了解医生是否确诊他们患有PTSD，或做一个基础性筛选，以判断他们是否存在PTSD的症状。
- 他们暴露于创伤性事件的特征。在制订治疗计划之前，先弄清他们创伤的特征看上去是否适合虚拟现实环境治疗；但是，在初次会面之前，不能通过电话来问出他们的全部经历。目前，有三个伊拉克/阿富汗的虚拟环境：一辆虚拟的悍马车独自行驶在沙漠中的高速公路上；一辆虚拟的悍马车行驶在沙漠中的高速公路上，并由一个护航队护航；（虚拟人物）在一个中东城市中巡逻的场景。如果这些场景与患者的创伤性事件的特征均不吻合，你可能会考虑不使用VR的延长影像暴露技术。

（二）治疗的组成

大多数的治疗环节会包含：

- 回顾患者的反应和功能状况（约15分钟）；
- 虚拟现实暴露治疗（45分钟）；
- 在暴露过程中处理浮现的相关信息（20～30分钟）；
- 为下一次治疗布置家庭作业或对本次治疗进行总结（5～10分钟）。

其他可用的组成成分包括：

- 呼吸放松；
- 生动曝光；
- 认知重建；
- 愉快事件的罗列。

（三）治疗的选择

最近，正被使用的严密的治疗程序有了一些细微的变化，而且变化之后似乎更有效果。我们建议把VRE作为一种基本的治疗方式单独使用，让虚拟现实场景符合在治疗开始时患者所描述的最具创伤性的记忆。其他工作者更愿意在最初的一到两节中只用影像暴露技术，然后再让患者逐渐暴露在虚拟场景中，并允许患者在这个场景中游荡和探索，再用一到两节的时间让患者大声描述出被虚拟现实环境唤起的任何记忆。然后，对大多数创伤记忆的影像暴露最终会与患者在虚拟现实场景中的描述相一致。另一些工作者则更愿意在开始用 VRE 之前花一到两节的时间对患者的大多数创伤记忆率先采用影像暴露技术来处理。近期所有研究都以 VRE 开始。

(四) VR 的评估

本章是为用 VRE 技术帮助 OIF 或 OEF 退役军人的临床工作者而写的。最低限度下，我们建议在治疗前和治疗后使用 CAPS、PTSD 症状量表(PSS)(访谈或自填式版本)，或者一些相似的测量工具如 PCL－M 来评估患者的 PTSD 症状，以及用贝克抑郁量表(BDI)或其他相似的测量工具来评估抑郁。我们也推荐在每一节治疗前用 PSS 的自填式版本让患者自己标出他的进展。其他评估工具的有效性依赖于设定。

五、对使用虚拟伊拉克/阿富汗的 VRE 治疗的系统回顾

下面是一个使用"虚拟伊拉克"/"虚拟阿富汗"进行治疗的当前 VRE 治疗程序的部分内容(Difede, Rothbaum & Rizzo, 2011)。对这个内容的描述聚焦于在疗程中使用 VR 但是不包括影像暴露或生动性暴露的家庭作业，它们应当在实施完整个 VRE 过程之后再被使用，并且可以在其他文本中被找到(Foa, Hembree & Rothbaum, 2007; Rothbaum et al., 2008)。很多治疗在这里被呈现是基于临床工作者的这样一种诉求，即让这些文本更方便用户的临床应用。当呈现这些文本给患者时，临床工作者应该对它进行"讨论"，而不仅仅是阅读或给患者做演讲。

(一) 疗程第一节

1. 概述

(1) 介绍本节疗程的安排(5 分钟)；

(2) 提供治疗的概述(30 分钟)；

(3) 获取患者信息(35 分钟)；

（4）呼吸训练(15 分钟)；

（5）布置家庭作业和结束本节(5 分钟)。

2. 介绍本节疗程的安排

“今天的疗程是对我们这项治疗的一个导入和介绍，我将会告诉你我们有哪些期待、关于这项治疗的基本信息，以及对我们将要用到的干预方法进行一个概述，还有它们将如何针对你的症状和问题进行干预。之后，我会要求你告诉我更多关于你的症状、你的经历和你自己本身的信息。最后，我们将向你介绍并练习我们的第一个技能——呼吸技巧，这将对你有所帮助。这整个疗程都是合作性的，所以你随时可以提出问题或表达你的观点。我们要敞开心扉畅谈每一件事，这对我们达成治疗目的是最有帮助的，所以在任何时候，都请放轻松并诚实地讨论各个问题、发表你的观点。在我开始今天的治疗之前，你还有什么问题吗?”

3. 提供治疗的概述

介绍：“根据我们先前的评估，我们发现你有创伤后应激障碍，我们简称它为 PTSD，此外……”(列出其他诊断障碍/问题)“这项治疗的目的是治疗所有的 PTSD 症状，但是我们使用的许多干预手段对减缓抑郁和广泛性焦虑也同样有效果。”

“好消息是，PTSD 是一种失调状态，对此我们有很多有效的治疗手段，而且我们的治疗项目就包括了好几种干预方法，这些方法已经被证明对缓解各种 PTSD 症状和帮助人们从创伤中恢复是非常有帮助的。现在，我将向你介绍这个治疗计划和所用的干预方法，并且，在后面的一些疗程中，我们将会跟你做详细讨论。”

治疗持续时间：“这项治疗从今天开始，之后我们每周见 1 次，持续 8 周，算上本次一共是 9 次会谈，每次会谈持续 90 分钟。”

治疗目标：“本项治疗的目的在于帮助你处理在伊拉克(或阿富汗)所遭遇的问题，并且有望帮助你缓解你所体验到的 PTSD 症状。我们把 PTSD 视作一个人被过去的经历所缠困。在治疗中，我们希望做的是帮助他们处理好那些创伤经历，并且帮助他们平静地面对过去。为了实现这个目的，一些技术将被用来处理两个使 PTSD 症状持续的基本元素：逃避以及无益的想法和信念。我们知道，避免想到那些创伤会导致 PTSD 症状发展成长期性的。当你允许自己在一个相对安全的环境中去考虑过去的创伤的时候，你就可以面对一些消极的想法和信念了；治疗的核心是暴露疗法，不是像在战时的暴露，但是它可以帮助你面对你的记忆，它发生在治疗中，所以变得比较容易。在创伤研究中，暴露疗法被证明是治疗 PTSD 最有效的方法。”

“图像暴露疗法需要个体反复复述他或她的创伤经历，并且用现在时态，就像这个事件现在正在发生一样。因此，这个人会被指导用现在时态来叙述这段经历，大声描述出他/她看到、闻到、听到的任何事物。为了强化再体验的元素，我们在传统的暴露技术的基础上又增加了虚拟现实技术，并将它作为暴露疗法的工具。虚拟现实技术帮助你的感官更加投入，从而使你能够更加真实地再次体验那段创伤记忆。当你在治疗过程中反复去复述你的经历时，虚拟现实技术会帮助到你。尽管如此，这个过程可能是令人畏惧的，而且可能是一项困难的任务，但帮你处理过去发生的事是治疗的重要一环。通过重复进行这个过程，治疗将会越来越容易。”（允许患者这时发表任何与治疗有关的顾虑）

呼吸：“创伤发生后，人们经常会发现自己的身体处于一种持续警觉的状态。像易怒、失眠、注意力难以集中等症状都是很常见的。放松和呼吸练习有助于缓解这类症状。在我们的治疗中，如果某些时候不是做暴露疗法的最佳时机，我们会用一个简单的呼吸放松方法来帮助我们的身体放松并减缓这些症状，比如你马上要睡觉了，正在工作或在开车。”

认知扭曲（无益的想法）：“一个创伤性事件可以改变一个人对自己、对他人以及对整个世界的看法。有时候，这些想法是不正确的。在治疗中，我们会讨论你对自己和对整个世界的看法是否已经改变，并评估这些信念和想法是否正确和有帮助。”

坚持治疗：“正如你所猜测到的，治疗过程是比较紧张的，有时甚至使你感到痛苦。但是，我们之所以这么做，是因为这是一种最成功且最有效的治疗方式。你可能会发现你自己在考虑取消一些疗程，或者因为了解到某些疗程是困难的而不想过来。但这只是一个只有 9 节的短期治疗。你的症状是令人痛苦的，并在你的生命中造成很多问题。如果你能最大限度地去忍受它，8 次面谈之后，你会从困扰你许久的这些问题中获得一定的缓解。”

“如果你感觉到很不想回到治疗中来，那我们的谈论就非常重要了。我不会感到被冒犯。我们知道，对人们来说，直面他们最大的恐惧是很有挑战性的，但是我们也知道，这项治疗涉及很多干预方式，尤其是暴露疗法，它是最有效的 PTSD 疗法，并且，根据我们的经验，大多数坚持治疗的人最后发现它是有价值的。”

“如果你每周都坚持过来，那么这些干预将会很有效果。一旦我们开始暴露训练，这一点真的非常重要。如果因为某些原因你改变计划了，或你的生活中有事情发生导致你的正常出席变得困难，那么，此时重要的是我们要去讨论它，我会尽量弹性地安排疗程，让你觉得更方便。”

探索问题：“我知道我刚刚提供了很多信息。这时候你有什么想问的吗？”如果患者说自己很紧张或者不确定自己是否愿意做这个治疗，治疗师可以这样回答：“这正是你为什么需要做这个治疗的原因。如果这很简单或者没有挑战性，我们就没必要去做这个治疗了。这确实需要勇气，而且我们不会轻易用那样一个措辞（勇气）。我们把勇气定义为即使害怕也会去做自己认为正确的事。”

4. 获取患者信息

“现在我们已经告诉你关于治疗的方方面面了，我想问一些关于你自己的问题。我很想知道你为什么寻求治疗，哪些问题最让你感到痛苦，以及一些你的大致情况。”

从患者处需要得到的信息包括：

- 他或她为什么要寻求治疗；
- 什么症状是最令人痛苦的；
- 描述他或她的军事部署；
- 关于最痛苦的创伤的一些信息，如果有后续安排和有足够的时间来回应，它会被关注并成为暴露的焦点；
- 其他创伤历史；
- 社会环境和任何当前的社会压力源；
- 职业处境和其他职业的或者经济的压力源；
- 在治疗过程中他或她可以依赖的社会支持或资源；
- 自杀想法和安全协议。

5. 呼吸训练

临床医生将为患者解释焦虑和急促呼吸之间的关联，说明缓慢的、平静的呼吸对降低紧张和压力的用处。然后，临床医生会教患者一套缓慢地、平静地呼吸的技巧，并带领患者完成一次呼吸练习。患者会得到一份在本节中做呼吸练习的记录光盘，以便在家中也能练习和发展这个技巧。如果想要一份范例文本，请参考福阿、赫伯里和罗斯鲍姆（Foa，Herbree & Rothbaum，2007）的研究。

6. 布置家庭作业和结束本节

临床医生可以布置以下家庭任务：(a) 每天进行三次呼吸练习；(b) 阅读《延长暴露疗法的原则》(Foa et al.，2007)。提醒患者，他们越多地进行呼吸训练,越能更好地训练他们的身体放松并在他们真的需要它时使用它。

总结本节:(a) 提出问题、疑虑或关心点;(b) 为一起开始这项工作输入希望和兴奋;(c) 确认下一节面谈的时间没有问题,也可以把后面 8 节的时间都确定好,并写给患者;(d) 给患者有联系方式的治疗师的名片;(e) 给患者一份打印版的《延长暴露疗法的原则》。

(二) 疗程第二节

1. 概述

(1) 回顾家庭作业(5 分钟);

(2) 介绍本节安排(5 分钟);

(3) 讨论对创伤的普遍反应和正常化病人的反应(45 分钟);

(4) 介绍暴露疗法的具体原理(20 分钟);

(5) 介绍 SUDS 量表(10 分钟);

(6) 布置家庭作业和结束本节(5 分钟)。

2. 回顾家庭作业

工作者会例行检查患者一周的概况和家庭作业的完成情况,同时也会询问患者对治疗的看法。

3. 介绍本节安排

"这一节我们将具体聚焦在对创伤性事件的普遍反应上,并看看你的症状是否与我们所讨论的有相似之处。然后我会向你介绍更多有关暴露疗法的详细原理,我们下周将开始进行暴露疗法。"

4. 讨论对创伤的普遍反应和正常化病人的反应

工作者会提供 PTSD 的心理教育给患者,并且正常化、正当化患者的症状。工作者会讨论对创伤性事件的普遍性反应(如情绪低落、罪恶感、药物滥用),并给患者一份内容详尽的手册以供他/她本周阅读学习。若回顾"对创伤的普遍反应"手册,请参阅福阿等(Foa et al., 2007)学者的著作。工作者与患者之间的相互交流比患者单方面的聆听更加重要,这最好通过询问患者他/她的体验来实现,如在讲述每一症状后问"你是否体验到了一些什么?"在讨论的最后,如果需要的话,返回最痛苦的症状和/或自杀意图。

5. 介绍暴露疗法的具体原理

"就像我们之前提到的,暴露疗法因为已经被证明是有效的,所以是首选的治疗 PTSD 的方法。你要记住,在进行暴露疗法期间,你会以一种结构化的方式反复地、尽可能详细地叙述你的创伤经历。我现在会稍微花一点时间来解释暴露疗法的工作原理。”

工作者会用不同的方法解释暴露疗法的原理。通常使用比喻的方法比较有效，比如文件柜的比喻，请参考福阿(Foa et al.，2007)等学者的著作。

“这个技术看上去与治疗是背道而驰的，我们的自然反应是不想再回到不好的记忆中；但是，它已经被证明有效了。我很相信这项技术，因为我见到它对很多患者有效，但我也了解你对它的怀疑，因为你不曾见到我曾见过的成功例子。但是我会带你进行这个过程，并且会以你能适应的节奏。这当然不是一项容易的工作，面对头脑中的那些记忆，你需要鼓起勇气。但是，逃避这些记忆是无效的。虽然逃避在一段时间内有助于减少焦虑（即短期作用），但长期来看，PTSD 的症状仍然继续维持，并出现新的问题。这可能是困难的，但也是合适的治疗方式。而且它也属于一种短期治疗。你已经带着这些症状生活了很长时间。这项治疗只有剩下的 7 次而已。虽然开始时会有些痛苦，但反复使用暴露疗法后，痛苦就会减轻。”

区别暴露疗法和侵入性想法：“有些人告诉我们，他们一直都在回想这些创伤性事件，这和暴露疗法不是一样的吗？绝大多数患有 PTSD 的人回想创伤性事件的方式不是治疗性的。打个比方，事件就是一本书，这本书掉下来时正好打开了，他们读了其中的一行，觉得讨厌，然后用力地把书合上。然后因为某件事，他们又一次偶然打开了这本书，他们读了一行，又讨厌它，又用力地把书合上。与此相反，我们这项治疗是由治疗性的暴露所组成的。我们会打开这本书，这一路都会反反复复一遍又一遍地去读、去尝试、去理解它，并在你想读它的时候帮助你感觉它在你的控制中。

“所以，这个治疗模型背后的核心理念就是创伤需要被做情绪处理，或被消化和组织，这样它就变得不那么痛苦了。这个过程很像哀伤处理：当一个他爱的人去世时，这是非常痛苦的，但是如果通过哭泣来体验和表达那种痛苦，并在葬礼上花很多时间聚焦在痛苦上，它反而慢慢地就没那么痛苦了。我们可以想见，如果这个人没有痛哭过，那么丧失所爱将会成为他/她一个永远的痛。”

区分事件和记忆：“你的身体会对事件的提醒物产生反应，就像这个事件又发生了一样。对记忆的暴露帮助身体从事件本身中区分出记忆，识别出记忆是令人不舒服的，但它不是危险的，而且很重要的是，认识到你可以控制记忆。然后，随着你反复地暴露，伴随它的巨大的情绪体验将减少。因此，记忆将一直是悲伤的或令人不舒服的，但是没有什么压倒性的事情可以控制你的人生。

"小结一下，通过暴露疗法直面记忆有助于：(a) 防止逃避；(b) 处理并组织创伤；(c) 把记忆从创伤中区分出来；(d) 让你意识到记忆是没有危险的，并让你把握这个经历，你就能控制你的记忆；(e) 通过一个习惯化的过程降低你在重复面对记忆时的焦虑和不安；(f) 帮你找回控制感和有能力感。暴露疗法赋予你对记忆的控制，而那些记忆恰恰是你原来觉得是它们在控制着你的。"

"在这个过程中，你将需要努力面对记忆和它们引起的任何情绪。任何企图让你自己从这些情绪中逃离的想法都会对治疗产生消极影响。在本节以及之后的几天里，你的脑海里仍然会继续处理这个暴露，这是真的。所以，在治疗期间，感受到一些不好的情绪不是不好的，回避它们才是治疗的敌人。因为这个原因，你要尽量避免服用那些你本来也没有有规律地服用的药物，因为它们会干扰这个过程。这些药物包括你在需要时服用的苯二氮卓类，如阿普唑仑、克诺平、安定、劳拉西泮和止痛药等。如果你服用了任一种这类药物，它们应该被规律性地服用，并且不会对本节中出现的焦虑或不安起效。如果你没有按时服用它们，那你不要在开始一节治疗前的那天，或一节治疗结束后的 24 小时内服用。还包括酒精和违禁药物，你不能在一节治疗前或当天服用，因为我们不希望你来的时候因宿醉(或过量吸毒)而难受，一节治疗结束后的至少 24 小时内，或对这些记忆引起的不安有反应时，请不要服药。你对这些还有什么想法吗?"

6. 介绍 SUDS 量表

对你报告的创伤，我们将会用一个 SUDS(Subjective Units of Distress)量表来评估你的不适。SUDS 量表的得分范围为 0～100。痛苦可能是指焦虑、愤怒、害怕或其他被唤起的情绪。得分为 100 表示你有很高程度的痛苦，得分为 0 则意味着你没有任何痛苦。在你开始暴露治疗之前，我会问你要你的 SUDS 测量得分，然后在暴露治疗完成后再问你要你的 SUDS 得分，而且最后我还会让你报告在暴露治疗期间你达到的最高 SUDS 得分。你只需要给出一个显示你当下即坐在这个房间里与我一起时的感受的得分就行，而不是你在伊拉克或阿富汗时的感受的得分。探索患者在他/她的生命里得分为 0 的时候和得分为 100 的时候，并进行锚定。

7. 布置家庭作业和结束本节

工作者布置以下家庭作业：(a) 继续做呼吸训练；(b) 多读几遍"普遍反应手册"(Foa et al., 2007)，并且像希望的那样与家人和朋友一起讨论它。

(三) 疗程第三节

1. 概述

(1) 回顾家庭作业(10 分钟)；

(2) 介绍本节安排(5 分钟)；

(3) 简短回顾暴露疗法的原理(5 分钟)；

(4) 暴露疗法指导(10 分钟)；

(5) 实施暴露(30～40 分钟)；

(6) 处理暴露和结束本节(15～20 分钟)。

2. 回顾家庭作业

工作者记录患者这一周的总体情况以及家庭作业的具体完成情况(呼吸练习和阅读对创伤性事件的普遍反应)。工作者也应该询问患者对治疗的看法。

3. 介绍本节安排

“我们将从简短回顾暴露疗法的原理开始本节。然后我将给你一个关于如何进行暴露疗法的具体指导，而且我们会实施我们第一次的暴露治疗。暴露治疗开始之后，结束本节之前，我们会花一点时间来处理这个暴露。你对这个安排还有什么疑问吗?”

4. 简短回顾暴露疗法的原理

回顾一下上一节，从长远来看，逃避会使 PTSD 症状得以维持。暴露治疗的目标是在一个有控制的结构化的环境中重新“访问”记忆，来帮助你处理和组织这个创伤，这样在你想起它的时候不再觉得它是巨大的，它也不会侵扰你的生活。通过重复地面对你的恐惧，把对事件的感受和记忆联系起来，你将会学习到记忆并没有危险性，你可以控制与记忆相关的那些情绪，并且更好地控制它。对这些记忆的重复可以促进对记忆的习惯化，并降低焦虑和其他 PTSD 症状。虽然记忆和经历仍然是你的一部分，但是当你想要这样做的时候，你将有能力去选择如何看待它。探析关于暴露治疗原理的任何问题和疑虑。

5. 暴露疗法指导

有关叙述细节：“我将邀请你从事件发生之前的那个时间点开始做详细的、包括全部细节的叙述，叙述这个创伤。这对暴露治疗是很关键的，它可以让你真正沉浸在你自己的记忆中，就好像你又回到了那里一样，即使你知道你实际上是在这个安全的房间里，它只是记忆而已。我们说这就好像一脚踏在现在，一脚踩回过去一样。尝试体验与这个事件相关的所有感受和情绪是非常重要的，你不要试图去把这些情绪逼回去，即使你可能倾向于这样做。”

“为了提高你参与记忆的程度，你要用现在时态来讲述它，就像它就发生在当前一样，如‘我得到命令，发现我想去……，我沿着……开着车，我看到……’，当你复述事件时，可以添加任何你能想到的细节，用你所有的感官去表述你看到、听到、闻到、想到和感受到的这个经历的任何一个方面。在你复述具体细节时，把关注点放在你自己身上，并让你自己去感受所有的情绪。记住，情绪本身不是治疗的敌人，逃避情绪才是；因此，如果你感受到负面情绪，我们不希望你回避它们，实际上，它的出现，意味着我们正在做我们需要去做的事。我们打算做30～40分钟的暴露治疗，因为这个时间长度对开始出现习惯化的过程已经足够了。这意味着在你被治疗的时候，我会让你回到最初的那个点重新开始，而不必让你自己离开记忆。我也可能会问一些问题或做一些澄清，但我会尽量少做这些，因为我不想打扰你沉浸到记忆中。”

患者将沉浸到虚拟世界中，并详细描述最具创伤性的记忆。患者会睁开眼睛来详述他或她的记忆，而治疗师会尽量让虚拟现实环境符合患者所详细描述的情形。虽然工作者的目标之一是尽可能重建一个令人满意的虚拟场景，符合患者报告的创伤性记忆，但是让场景精确地符合创伤事实却是不可能也是不必要的。在这个治疗正式开始的一节，治疗师应该减少所增加的VR感官元件的数量，并可以使用低强度的元件；例如，用小型暴露技术来取代完全的IED刺激，或者让刺激的量保持在较低水平。这个过程依赖于患者的参与投入，他或她会待在这个环境中，而无须添加很多元件。

“我们将用虚拟现实技术来协助你做这个暴露练习。你要聚焦在你自己的体验上，并在沉浸到虚拟环境中的时候讲述这些体验。让我解释一下每个装备的功能。你将会带上一个头戴式耳机和一个头盔显示器(HMD)，显示器能让你看到一个3D的电脑图像。虚拟世界是程序化的，这样我就能通过在键盘上敲击预编程的钥匙键来控制你所体验的场景，并且你也可以通过环顾和移动操纵杆来控制你的移动。你在用头盔显示器观察那个场景时，我也会同时在电脑屏幕上看到同样的图像。我会在一个麦克风里跟你讲话，你则通过你的头戴式耳机听到我的声音，并且，我也可以在你对我说话时听到你的声音。除了图像和声音，你将坐在一个能与特定声音连接而震动的平台上，这是一个触觉元件。触觉元件在这么多节的治疗中是逐步被加入的，节奏则根据对你做的个性化安排来调整。元件和环境也许不能完美地与你的经历相契合，但是我们的经验已经告诉我们，契合不是必要的，能促发你记忆中的一个近似的环境或一些线索已经足够。我们使用虚拟现实来帮助你参与到记忆中。如果某些特定的方面不是很契合，尽量不要让你自己因它们而分心。在我们开始之前，你还有什么疑问吗？”（在工作者向患者介绍头盔显示器和其他 VR 治疗的组件时，应该引导患者坐在适当的椅子上，并戴上头戴式耳机和头盔显示器）

“好了，就像我们刚刚所讨论的那样，你将开始描述导致那天事故的那些事件，描述你看到、听到、闻到、想到和感受到的，并用第一人称和现在时态尽可能详细地描述你经历过的细节。在我们开始前，你能告诉我你现在在这个房间里的 SUDS 得分吗？”（用 SUDS 量表记录下患者的反应）“好了，让我们开始吧！就是今天，你在现场。告诉我现在发生了什么。”

6. 实施暴露

在暴露治疗期间，如果有必要的话，可以用现在时态重复患者刚才的短语来提醒他使用现在时态，如“我正在开回 FOB”。时不时地鼓励一下患者，如“你做得很好”“就是这样”“即将发生什么”“这正是你现在需要做的，继续保持”“你在这里是安全的，继续”，或者“我知道谈论这些对你而言是很痛苦的，但是你做得很好”。

在结束暴露时询问患者最终的 SUDS 得分和在暴露期间曾达到的 SUDS 最高估计值。把这些数据记录进 SUDS 表中。一次暴露练习的时间是 30～40 分钟。

7. 处理暴露和结束本节

工作者指导：除了出现在暴露治疗期间的恐惧消失，你也试图帮助患者从情绪和认知两方面处理这个事件，通过把这个事件放在一个更广阔的背景下，允许它被从不同的角度加以评估，以逐渐获得对这个经历的平静感受。你试着让特定的经历明确具体，例如，通过反复和记忆待在一起，它就会变得不那么令人痛苦。你将试图辨识无益的想法，并帮助患者挑战这些想法，并识别他或她需要什么样的不同方式去思考它们。

完成影像暴露之后，用一个开放式的提问询问患者的反应，如“这个经历对你而言是怎样的？”通常他们会对体验到的那些感受的强度或在暴露过程中回忆起来的某些细节表示惊讶。允许他们与他们的感受待在一起，并正当化他们的反应。始终承认这项任务的艰巨性，肯定并强化完成暴露练习和忍受那些影响的努力。再次提醒他们，这个对情绪的处理是不可能发生在创伤产生的那个时候的，但是需要发生在现在。

分享一些你的观察也是有帮助的，比如你注意到，通过连续的详细描述，呈现在叙述中的细节的数量增加了；你注意到，在很短的时间里有那么多（想法和感受）在发生；你注意到痛苦的程度改变了；或你注意到一些特别困难的地方。协助个体标签化一些他或她的感受可能也是有帮助的。

接近困难点的方法是用苏格拉底式对话提问，例如，如果患者质疑他或她是否做了一些阻碍预期结果的事情，那可以具体去问那些事情是什么，他或她是怎么预计这个事情的，或还有哪些因素与结果相关。另一个重要的疑问是关于患者对自己和他人在工作或做决定这类压力情境中的表现的评价，它可能导致患者承认自己处于一个通常没有更好选择的处境中。在这个方法中，你的目标就是让患者开始增加一些对发生过的那些事情的其他理解方式，以及开始挑战某些可能是不正确的假设或判断。

有时会出现一个明显的主题，而且你可能判断患者还没有准备好去讨论它或找出其他备选的方法；在这个案例中，你不要选择过早地把它提出来。你可以承认它和记录好它，例如，“听上去你好像真的对……很挣扎，我想，它将是我们需要去做工作的很重要的一个部分，我们将会回到这里”。

探索的普遍议题包括与事故相联系的内疚或自责、愤怒和哀伤的感受，还有对事故导致的目前行为的泛化，如仇恨某一种族群体或质疑自己或指挥官的能力等。

（四）疗程第四节

1. 概述

（1）登记（10～15 分钟）；

（2）介绍本节安排（5 分钟）；

（3）实施暴露（30～40 分钟）；

（4）处理暴露（30 分钟）；

（5）结束本节（5 分钟）。

2. 登记

工作者登记患者的一周概况和过去一周症状上的所有改变，包括想到创伤的次数。工作者要正常化这些改变，告诉患者症状增加是合理的，因为他们正面对某些他或她过去努力想要避免的那些事物，但是这其实意味着治疗起作用了。工作者还应该记录下患者关于治疗的想法。

3. 介绍本节安排

“这一节我们将很快进入暴露过程，并且聚焦在暴露过程，处理那些细节。你上次做得很好。这次我们将挖掘得更深一些，我希望你能想起你记忆中的所有事，并用到所有的感官元素。”如果需要，工作者可以问更多问题，以丰富那些细节或唤起情绪。

4. 实施暴露

与上节一样，对整个创伤记忆实施暴露。如果需要，可以在用 VR 时增加更多感官元件。暴露的时长是 30～40 分钟。在暴露结束时，询问患者最后的 SUDS 得分和在暴露过程中达到过的最高 SUDS 估计值，同时记录下这些数据。

5. 处理暴露

暴露过程结束后去问一下患者：“它对你而言是什么？你是否注意到有其他的特别情况?”另外，你可以记录下对前几周的讨论，或者，你可以提出你所注意到的一些议题。

6. 结束本节

安排下一节。

(五) 疗程第五节

1. 概述

(1) 登记(10 钟)；

(2) 介绍本节安排(5 分钟)；

(3) 介绍和辨识热点(10～15 分钟)；

(4) 实施暴露(30～40 分钟)；

(5) 处理暴露和结束本节(20 分钟)。

2. 登记

工作者登记患者的一周概况和过去一周症状上的所有改变，包括想到创伤的次数。工作者要正常化这些改变，告诉患者症状增加是合理的，因为他们正面对某些他或她过去努力想要避免的那些事物，但是这其实意味着治疗起作用了。工作者还应该记录下患者关于治疗的想法。最后，工作者应该识别潜在的热点，例如，询问患者“你是否注意到记忆中有些部分比其他部分更令你烦恼”。

3. 介绍本节安排

“这一节我们将进入暴露的下一个环节，在那里，我们将聚焦在几个热点上。我们会花一些时间来讨论这些热点，然后我们再做暴露练习和处理暴露。”工作者应该从热点开始，只要患者已经准备好。

4. 介绍和辨识热点

热点是创伤记忆中的一些特殊时刻，它与其他叙述相比可引起更多焦虑。它通常是爆炸发生的那个时刻，或枪战开始的时刻，或当患者或一个战友受伤的时刻，或想到他或她就要死了的时刻。有几个热点通常在所有创伤叙事中都有。治疗师应该在暴露到对患者而言最难的时刻时做一些记录，并且在暴露过程中与患者谈论哪些记忆触发了更多焦虑。

为患者做的解释：我们用了两节疗程对从开始到结束的整个记忆进行了暴露。现在我们开始聚焦在经历中更小的片段上，我们把它们叫作热点。我会让你识别创伤中的两三个部分，它们是情绪最强烈的点。这可能是一个 10 分钟的片段，也可能是一个 10 秒钟的片段。然后，我们选择其中的一个开始，你将只对经历中的这个片段实施暴露。你可以试着去揭开这个热点的每一个细节，并在一节中反复地陈述它，可能陈述 8 遍之多。通过聚焦于创伤中情绪最强烈的部分，你可能会真正开始适应这个部分。可见，当你适应这些热点时，你对记忆的其他强度不怎么强烈部分的唤起也会同样降低。

我们认为它就像做按摩。如果你的背不舒服，去做按摩，按摩师会先对你的整个背进行工作，当他/她发现一个结节，他/她将针对这个结节反复地按摩以使它消除。我们正在进行着同样的事——我们集中针对最痛苦的部分并反复去处理它。你是否理解了？你能告诉我哪些对你而言是热点吗？

让患者识别他或她的热点，并从最不强烈到最强烈排序。从最糟的那个开始，反复让患者详尽无遗地暴露在那个热点中，慢慢地，一遍又一遍地，直到它变得容易为止。在那个点上，移动到下一个很高的热点，并重复上述过程。

5. 实施暴露

对具体热点实施暴露。允许患者讲述这个热点，讲完后，帮助他们在随后的复述中去充实它，抽丝剥茧，通过询问“那个时刻你的脑海中闪过什么想法？”“那个时刻你有哪些感受？”“那个时刻你的身体感受到了什么？”“你注意到还有哪些声音？”和/或“描述一下关于……的细节”（可能是着装、人脸、尸体、残骸，等等）讨论应该聚焦的热点。VR 感官元件使用应该符合热点。在暴露结束时，询问患者最后的 SUDS 得分和在暴露过程中达到过的最高 SUDS 估计值，同时把这些数据记录在 SUDS 表上。暴露时长是 30～40 分钟。

6. 处理暴露和结束本节

问一下患者，“它对你而言是什么？你是否注意到有其他的特别情况？”

你可以记录下对前几周的讨论，并且/或者你可以提出你所注意到的一些议题。安排下一节。

（六）疗程第六节至第八节

1. 概述

（1）登记（10～15分钟）；

（2）介绍本节安排（5分钟）；

（3）对热点实施暴露（30～40分钟）；

（4）处理暴露（30分钟）；

（5）结束本节（5分钟）。

2. 登记

工作者登记患者的一周概况和过去一周症状上的所有改变，包括想到创伤的次数。工作者要正常化这些改变，并询问患者对治疗的想法。

3. 介绍本节安排

“本节我们将继续对热点进行工作，并尝试真正参与到那个点上的所有事情。在我们开始前，你还有什么疑问吗？”

4. 对热点实施暴露

如果患者显示出对上次那个热点的习惯，那么我们就继续进行到下一个。如果没有，就重复上次那个热点，目标是在第八节结束时完成所有的热点。计划到第八节的最后，描述所有的细节和习惯所有的感官元件。如果习惯没有出现，与咨询师或督导检查问题所在，以促成习惯养成。在暴露结束时，询问患者最后的SUDS得分和在暴露过程中达到过的最高SUDS估计值，并把这些数据记录在SUDS表上。这次暴露的时长是30～40分钟。

5. 处理暴露

问一下患者，“它对你而言是什么？你是否注意到有其他的特别情况？”你可以记录下对前几周的讨论，并且/或者你可以提出你所注意到的一些议题。处理所有已经出现的议题。

6. 结束本节

安排下一节。

（七）疗程第九节

1. 概述

（1）登记（10分钟）；

(2) 介绍本节安排(5 分钟);

(3) 对整个创伤记忆实施暴露(25～30 分钟);

(4) 处理暴露(15 分钟);

(5) 回顾治疗过程和患者的进步(20～30 分钟);

(6) 结束(10 分钟)。

2. 登记

登记这一周的概况。

3. 介绍本节安排

“本节是我们的最后一节。我们将对整个暴露练习“打包”,然后实施最后一次暴露,请注意你第一次做的暴露与这一次的区别。然后我们将回顾我们在治疗中用到的一些技巧,你在治疗过程中的进步,以及怎样继续努力以获得进一步改善。在我们开始之前,你还有什么疑问吗?”

4. 对整个创伤记忆实施暴露

对整个创伤记忆实施暴露,从开始到最后一次结束,可以分很多次,时间可以达到 30 分钟(注意:可以是一次性通过,也可能不止一次,完全取决于创伤的时间长度)。本次暴露的时长为 30 分钟。

5. 处理暴露

问一下患者,“它对你而言是什么?你是否注意到有其他的特别情况?”“与你第一次暴露有什么区别?在热点上努力过后,现在有什么不同吗?”

6. 回顾治疗过程和患者的进步

回顾技巧:“我们在治疗程序中介绍了一组技巧。我们从描述 PTSD 是什么和有些什么表现开始。我们花了较长时间描述暴露治疗背后的原理。我们用呼吸练习来帮助引出放松的反应。然后我们聚焦在暴露练习上,并在实施处理的过程中评估创伤引起的议题、情绪和认知的改变。哪些对你是有帮助的?”

回顾治疗进展:“在治疗过程中出现了一些重要的改变。”这里要回顾一下那些改变,包括 PTSD 症状的改变、共病障碍症状的改变、关系/生活质量的改变和对暴露的习惯。如果合适,可以说:“我知道还有更多你想要改善的。有很多的个案证据证明了在治疗结束后症状会继续改善。”

症状加剧:“再次出现症状爆发的情况不太普遍。它可能是因为一个特别的触发点,比如一次事件的周年纪念日或遇到与事件相关的人,或来自忧郁。在那些情境中,很重要的一点是记住你能够处理与事件相关的情绪。

确保不逃避，不孤立。确保使用呼吸技巧，并处理你自己的反应。”

对工作的积极反馈：“这是一个困难的治疗，你应该给自己很多信任，因为你一直面对这一切，并为它贡献了你的所有。我很享受跟你一起工作，祝你好运。”

7. 结束

讨论今后的目标，如果合适，可以做一些建议。

案例：安

一个近似于 VRE 的治疗程序被用在一个患者[我们叫她安(Ann)]身上，她是之前讨论过的 ONR 研究中的一个参与者。安是一个 22 岁的女兵，她符合 *DSM-IV* 对 PTSD、复发性重度抑郁症(MDD)的诊断标准。她在伊拉克服役时，在自杀事件和/或简易爆炸装置的爆炸之后被要求立即对当地进行直接评估，并且，她在服役的第一年就遇到了严重的屠杀事件。在回国后，经过评估，安被诊断为患了 PTSD，并同意参与一项标准化的临床研究。这个研究过程用到一个共 10 节的治疗模型，包括心理教育，由最初的影像暴露变为后期的延长 VRE，和每两节之间的以暴露为基础的家庭作业。心理评估工具用的是 PCL-M、PHQ-9 和 BAI。在虚拟现实暴露过程中，每 5 分钟收集一次 SUDS 的得分。家庭作业包括听安自己在参与 VRE 时生成的录音磁带，里面是她口头叙述的与创伤有关的经历。

在 VRE 治疗的过程中，安表现出渐进的改善。在治疗之前，她的 PCL-M、PHQ-9 和 BAI 得分分别是 42、20 和 12。治疗后，这些测量的得分分别降到了 22、3 和 0。在跟进过程中，安不再符合 *DSM-IV* 对 PTSD 的诊断标准，她的 MDD 已经缓解。她在 VRE 治疗中显示出习惯迹象，并自我报告在听记录她创伤叙述的录音磁带时分数也同时下降了。例如，在家做听录音练习时，安最初的 SUDS 得分为 30～35 分，后来在治疗结束时降到了 10～15 分。在结束治疗后，安能够回到她的部队，并且在 3 个月的追踪中，她继续保持在治疗结束阶段被观察到的那些治疗效果，PCL-M、PHQ-9 和 BAI 的得分分别是 18、1 和 1。

案例问题讨论：

1. 为什么在这个案例中使用虚拟现实能提高和加速暴露治疗的效果？

2. 这个案例中的哪些评估议题需要被考虑到，以保证使用虚拟现实对安是安全的和合适的？例如，如果安的PTSD是与自杀意图有共病关系的。

六、结论

最近的一份报告显示，从伊拉克/阿富汗战争退下来的退伍老兵中，那些对精神障碍表现出阳性反应的人中只有23%～40%会去寻求精神健康照顾。对精神障碍表现出阳性反应的人报告了在寻求精神健康照顾中可能遭遇的污名化和其他障碍，而实际人数可能是阴性反应者的两倍(Hoge et al.，2004：13)。虽然军队近些年的训练方法已经让士兵做了更好的战斗准备，但是这些从战争中回来的出现困难的人对寻找治疗的迟疑，尤其是那些迫切需要服务的人的迟疑已经表明军队精神健康照顾是一个需要更多关注的领域。VRE可能是一个吸引人的选择，并且它促进有需求的特定人群去寻求治疗。现在，这一代的年轻军人在数字化的游戏技术下成长起来，确实可能更容易被VR的治疗方法所吸引，从而参与应用并对它感到舒服。VR方法被视为是对传统“谈话治疗”的一种替代(即使这种谈话治疗也很明显地出现在PTSD的多元治疗方法的具体过程中)。用VR技术去治疗有单一恐惧症状的平民的实务工作者也报告了VR的功用，这些普通市民患者已经逃避治疗很多年了，但后来还是选择寻求VRE治疗，这可能和污名化的观念降低了有关。雷格等(Reger et al.，2007)学者也报告了在军人中相似的态度倾向：在那些报告称不愿意寻求标准的精神健康治疗的人中，19%的人认为VR治疗方法更好。

注意，VRE不是一种自助式的自动化治疗程序。当提供其他治疗选择都成为不可能时，这类情绪化唤起的虚拟现实战斗场景的表现最有可能产生治疗效果，因它对PTSD障碍的复杂性和影响已经进行了深思熟虑的专业性评估，并在合适的照顾情境中被运用。

本章问题讨论：

1. PTSD的迹象和症状是什么？

2. 哪一种心理治疗技术已经获得了最强有力的证据证明适合PTSD？

3. 延长影像暴露疗法对PTSD的功效怎么样？

4. 虚拟现实暴露疗法对PTSD的功效怎么样？

5. PTSD的虚拟现实暴露疗法和延长影像暴露疗法有哪些异同？

参考文献：

American Psychiatric Association. (1994). *Diagnostic and statistical manual for mental disorders* (4th ed.). Washington, DC: American Psychiatric Publishing.

Beck, A. T., Epstein, N., Brown, G. & Steer, R. A. (1988). An inventory for measuring clinical anxiety psychometric properties. *Journal of Consulting and Clinical Psychology*, *56*, 893 - 897.

Blanchard, E. B., Jones-Alexander, J., Buckley, T. C. & Forneris, C. A. (1996). Psychometric properties of the PTSD Checklist (PCL). *Behavior Research and Therapy*, *34* (8), 669 - 673.

Blimes, L. (2007). *Soldiers returning from Iraq and Afghanistan: The long-term costs of providing veterans medical care and disability benefits*. John F. Kennedy School of Government Faculty Research Working Paper Series, No. RWP07 - 001.

Cahill, S., Rothbaum, B., Resick, P. & Follette, V. (2009). Cognitive-behavioral therapy for adults. In E. Foa, T. Keane, M. Friedman & J. Cohen (Eds.), *Effective treatments for PTSD* (pp. 139 - 223). New York, NY: Guilford Press.

Difede, J., Cukor, J., Jayasinghe, N., Patt, I., Jedel, S., Spielman, L.,... Hoffman, H. (2007). Virtual reality exposure therapy for the treatment of posttraumatic stress disorder following September 11, 2001. *Journal of Clinical Psychiatry*, *68*, 1639 - 1647.

Difede, J. & Hoffman, H. G. (2002). Virtual reality exposure therapy for World Trade Center post-traumatic stress disorder: A case report. *Cyberpsychology and Behavior*, *5*, 529 - 535.

Difede, J., Rothbaum, B. O. & Rizzo, A. A. (2011). *Enhancing exposure therapy for PTSD: Virtual reality and imaginal exposure with a cognitive enhancer*. USAMRAA: W81XWH - 10 - 1 - 1045. Retrieved from http://weill.cornell.edu/news/releases/wcmc/wcmc_2011/12_12_11.shtml.

Department of Defense. (2010a, December 4). Retrieved from http://www.defense.gov/

news/.

Department of Defense. (2010b, December 4). Retrieved from http://www.defenselink.mil/news/casuality.pdf.

Fischer, H. (2010, December 4). *United States military casualty statistics: Operation New Dawn, Operation Iraqi Freedom, and Operation Enduring Freedom, Congressional Research Service 7-5700: RS22452*. Retrieved from http://opencrs.com/document /RS22452/.

Foa, E. B., Davidson, R. T. & Frances, A. (1999). Expert consensus guideline series: Treatment of posttraumatic stress disorder. *American Journal of Clinical Psychiatry*, *60*, 5-76.

Foa, E. B., Hembree, E. A. & Rothbaum, B. O. (2007). *Prolonged exposure therapy for PTSD: Emotional processing of traumatic experiences, therapist guide*. New York, NY: Oxford University Press.

Foa, E. B. & Kozak, M. J. (1986). Emotional processing of fear: Exposure to corrective information. *Psychological Bulletin*, *99*, 20-35.

Gamito, P., Ribeiro, C., Gamito, L., Pacheco, J., Pablo, C. & Saraiva, T. (2007, June). *Virtual war PTSD: A methodological thread*. Paper presented at the 10th Annual Cybertherapy Conference, Basel, Switzerland.

Gerardi, M., Rothbaum, B. O., Ressler, K., Heekin, M. & Rizzo, A. A. (2008). Virtual reality exposure therapy using a virtual Iraq: Case report. *Journal of Traumatic Stress*, *21* (2), 209-213.

Glantz, K., Rizzo, A. A. & Graap, K. (2003). Virtual reality for psychotherapy: Current reality and future possibilities. *Psychotherapy: Theory, Research, Practice, Training*, *40* (1), 55-67.

Hoffman, H. G., Chambers, G. T., Meyer, W. J., Araceneaux, L. L., Russell, W. J., Seibel, E. J.,... Sharar, S. R. (2011). Virtual reality as an adjunctive non-pharmacologic analgesic for acute burn pain during medical procedures. *Annals of Behavioral Medicine*, *41* (2), 183-191.

Hoge, C. W., Castro, C. A., Messer, S. C., McGurk, D., Cotting, D. I. & Koffman, R. L. (2004) Combat duty in Iraq and Afghanistan, mental health problems, and barriers to care. *New England Journal of Medicine*, *351* (1), 13-22.

Holden, M. K. (2005). Virtual environments for motor rehabilitation: Review. *CyberPsych and Behavior*, *8* (3), 187-211.

Institute of Medicine Committee on Treatment of Posttraumatic Stress Disorder. (2008). *Treatment of posttraumatic stress disorder: An assessment of the evidence*. ISBN: 0-309-10925-6. Retrieved from http://www.nap.edu/catalog/ 11955.html.

Jaycox, L. H., Foa, E. B. & Morral, A. R. (1998). Influence of emotional engagement and habituation on exposure therapy for PTSD. *Journal of Consulting and Clinical Psychology*, *66*, 186-192.

Josman, N., Somer, E., Reisberg, A., Weiss, P., Garcia-Palacios, A. & Hoffman. H. (2006). Bus World: Designing a virtual environment for post-traumatic stress disorder in Israel: A protocol. *CyberPsychology & Behavior*, *9* (2), 241 - 244.

Kroenke, K. & Spitzer, R. L. (2002). The PHQ - 9: A new depression and diagnostic severity measure. *Psychiatric Annals*, *32*, 509 - 521.

Merians, A. S., Fluet, G. G., Qiu, Q., Saleh, S., Lafond, I. & Adamovich, S. V. (2010). *Integrated arm and hand training using adaptive robotics and virtual reality simulations*. Proceedings of the 2010 International Conference on Disability, Virtual Reality and Associated Technology, Chile.

Parsons, T. D. & Rizzo, A. A. (2008). Affective outcomes of virtual reality exposure therapy for anxiety and specific phobias: A meta-analysis. *Journal of Behavior Therapy and Experimental Psychiatry*, *39*, 250 - 261.

Powers, M. & Emmelkamp, P. M. G. (2008). Virtual reality exposure therapy for anxiety disorders: A meta-analysis. *Journal of Anxiety Disorders*, *22*, 561 - 569.

Reger, G. & Gahm, G. (2008). Virtual reality exposure therapy for active duty soldiers. *Journal of Clinical Psychology*, *64*, 940 - 946.

Reger, G., Gahm, G., Rizzo, A., Swanson, R., Etherage, J. & Reger, M. (2007, June). *Virtual reality in operational and garrison psychology: A review of the applications of the VR Iraq at Fort Lewis*. Presented at the Cybertherapy 2007 Conference, Washington, DC.

Reger, G. M., Gahm, G. A., Rizzo, A. A., Swanson, R. A. & Duma, S. (2009). Soldier evaluation of the virtual reality Iraq. *Telemedicine and e-Health Journal*, *15*, 100 - 103.

Reger, G. M., Holloway, K. M., Rothbaum, B. O., Difede, J., Rizzo, A. A. & Gahm, G. A. (2011). Effectiveness of virtual reality exposure therapy for active duty soldiers in a military mental health clinic. *Journal of Traumatic Stress*, *24* (1), 93 - 96.

Ressler, K. J., Rothbaum, B. O., Tannenbaum, L., Anderson, P., Zimand, E., Hodges, L. & Davis, M. (2004). Facilitation of psychotherapy with d-cycloserine, a putative cognitive enhancer. *Archives of General Psychiatry*, *61*, 1136 - 1144.

Riva, G. (2011). The key to unlocking the virtual body: Virtual reality in the treatment of obesity and eating disorders. *Journal of Diabetes Science and Technology*, *5* (2), 283 - 292.

Rizzo, A. (2010). *Virtual Iraq/Afghanistan and how it is helping some troops and vets with PTSD*. Retrieved from: http://www. veteranstoday. com/2010/07/29/virtualiraqafghanistan-and-howit-is-helping-some-troops-and-vets-with-ptsd/.

Rizzo, A. A., Bowerly, T., Buckwater, J. G., Klimchuk, D., Mitura, R. & Parsons, R. D. (2006). A virtual reality scenario for all seasons: The virtual classroom. *CNS Spectrums*, *11* (1), 35 - 44.

Rizzo, A. A., Buckwalter, J. G. & Neumann, U. (1997). Virtual reality and cognitive rehabilitation: A brief review of the future. *Journal of Head Trauma Rehabilitation*, *12* (6), 1 - 15.

Rizzo, A., Difede, J., Rothbaum, B. O. & Reger, G. (2010). Virtual Iraq/

Afghanistan: Development and early evaluation of a virtual reality exposure therapy system for combatrelated PTSD. *Annals of the New York Academy of Sciences (NYAS)*, *1208*, 114 - 125.

Rizzo, A. A., Lange, B., Suma, E. A. & Bolas, M. (2011). Virtual reality and interactive digital game technology: New tools to address obesity and diabetes. *Journal of Diabetes Science and Technology*, *5* (2), 256 - 264.

Rizzo, A., Parsons, T. D., Lange, B., Kenny, P., Buckwalter, J. G., Rothbaum, B. O.,... Reger, G. (2011b). Virtual reality goes to war: A brief review of the future of military behavioral healthcare. *Journal of Clinical Psychology in Medical Settings*, *18*, 176 - 187.

Rizzo, A. A., Reger, G., Gahm G., Difede, J. & Rothbaum, B. O. (2009). Virtual reality exposure therapy for combat related PTSD. In P. Shiromani, T. Keane & J. LeDoux (Eds.), *Post-traumatic stress disorder: Basic science and clinical practice* (pp. 375 - 399). New York, NY: Humana Press.

Rizzo, A. A., Schultheis, M. T., Kerns, K. & Mateer, C. (2004). Analysis of assets for virtual reality applications in neuropsychology. *Neuropsychological Rehabilitation*, *14* (1/2), 207 - 239.

Rose, F. D., Brooks, B. M. & Rizzo, A. A. (2005). Virtual reality in brain damage rehabilitation: Review. *CyberPsychology and Behavior*, *8* (3), 241 - 262.

Rothbaum, B., Difede, J. & Rizzo, A. (2008). *Therapist treatment manual for virtual reality exposure therapy: Posttraumatic stress disorder in Iraq combat veterans*. Atlanta, GA: Virtually Better.

Rothbaum, B. O., Hodges, L., Ready, D., Graap, K. & Alarcon, R. (2001). Virtual reality exposure therapy for Vietnam veterans with posttraumatic stress disorder. *Journal of Clinical Psychiatry*, *62*, 617 - 622.

Rothbaum, B. O., Hodges, L. F. & Smith, S. (1999). Virtual reality exposure therapy abbreviated treatment manual: Fear of flying application. *Cognitive and Behavioral Practice*, *6*, 234 - 244.

Schneider, S. M., Kisby, C. K. & Flint, E. P. (2010, December 10). *Effect of virtual reality on time perception in patients receiving chemotherapy*. Supportive Care in Cancer. Retrieved from http://www. springerlink. com/content/? k5 (au% 3a (Susan1Schneider) 1OR1ed% 3a (Susan1Schneider)) 1pub% 3a (Supportive1Cancer1Care).

Seal, K. H., Bertenthal, D., Nuber, C. R., Sen, S. & Marmar, C. (2007). Bringing the war back home: Mental health disorders among 103, 788 US veterans returning from Iraq and Afghanistan seen at Department of Veterans Affairs facilities. *Archives of Internal Medicine*, *167*, 476 - 482.

Stanton, D., Foreman, N. & Wilson, P. (1998). Uses of virtual reality in clinical training: Developing the spatial skills of children with mobility impairments. In G. Riva, B. Weiderhold & E. Molinari (Eds.), *Virtual reality in clinical psychology and neuroscience* (pp. 219 - 232). Amsterdam, The Netherlands: IOS Press.

Tanielian, T., Jaycox, L. H., Schell, T. L., Marshall, G. N., Burnam, M. A., Eibner, C.,... The Invisible Wounds Study Team. (2008). *Invisible wounds of war: Summary and recommendations for addressing psychological and cognitive injuries*. Rand Report. Retrieved from http://veterans.rand.org/.

Walker, D. L., Ressler, K. J., Lu, K. T. & Davis, M. (2002). Facilitation of conditioned fear extinction by systemic administration or intra-amygdala infusions of d-cycloserine as assessed with fear-potentiated startle in rats. *Journal of Neuroscience*, *22*, 2343 - 2351.

Wilson, J., Onorati, K., Mishkind, M., Reger, M. & Gahm, G.A. (2008). Soldier attitudes about technology-based approaches to mental healthcare. *Cyberpsychology and Behavior*, *11*, 767 - 769.

第九章　创伤后应激障碍及其共生障碍的精神药理学①

Bruce Capehart & Matt Jeffreys

一、简介

PTSD 的首选治疗方法是心理治疗（Management of Post-Traumatic Stress Working Group，2010）。尽管在药物治疗和心理治疗方面有一些直接比较，但在影响范围上，心理治疗研究通常比药物治疗研究的影响范围要大。药物治疗可以作为循证心理治疗的一种有用的辅助手段，但却并不能成为一种带来改善的（心理治疗的）替代或者捷径。

我们有很多理由相信，药物治疗的工作知识对社会工作者或者心理治疗师来说都是十分重要的。在现代健康照顾领域，治疗师和处方医生经常会作为多学科治疗团队的成员合作对同一个病人进行治疗。所以，了解药剂的各种选择，和处方医生使用共同的“语言”是很重要的。病人们通常会对药物治疗和它的副作用有一些合理的常规问题，并希望他们的治疗师可以做出解答。了解药物潜在的好处和风险，有助于治疗师对是否要将病人转诊至一个精神病医生或初级保健医生处（以获得对精神病药物的进一步了解）做出一个明智的决定。

药物通过多种神经递质影响心情和焦虑状态。一般来说，这些神经递质产生于人体的中脑（mid-brain）和脑干（brainstem），再作用于皮质层（cortical regions），来传递情绪效价（emotional valence）到想法和经验。存在于中缝核（raphe nuclei）的 5-羟色胺能神经元（serotonergic neurons）在调节心情和焦虑方面很重要。含有去甲肾上腺素（norepinephrine）的神经元存在于脑干的蓝斑（locus ceruleus）中，并且负责将兴奋性刺激（excitatory

① 本章所表达的观点仅代表作者，而不代表退伍军人事务部。

impulses)运送到大脑和身体的其余部分，引出警觉提高和“战斗还是逃跑”的反应。从外围来说，去甲肾上腺素刺激肾上腺释放肾上腺素，导致进一步的唤起。神经元释放 γ-氨基丁酸——一种存在于整个大脑的产生放松状态的抑制性神经递质。在中脑和中脑腹侧盖区的多巴胺能神经元调节大脑的奖赏和愉悦中枢，并且在控制成瘾和精神病方面扮演了重要角色。尽管对每个神经递质的个体功能和它们在 PTSD 中的相互作用还有很多未知，但在药物的药理学效果和 PTSD 的症状之间显示存在着直接的联系。

目前，被美国食品和药品管理局(The U.S. Food and Drug Administration, FDA)认可可以治疗 PTSD 的两种药物是两种选择性 5-羟色胺再摄取抑制剂(serotonin-specific reuptake inhibitors, SSRI)，即舍曲林(sertraline)和帕罗西汀(paroxetine)[①]。本章讨论的所有其他药物都是在讨论它们的“非标使用”(off-label use)，意思是这些药物在治疗 PTSD 的效果上已经有了科学的证明，虽然它们还没有得到食品和药品管理局的官方认可。舍曲林和帕罗西汀在很多临床试验中都被证明可以减轻 PTSD 的症状，如觉醒过度、重复体验和逃避。文拉法辛(venlafaxine)，一种 5-羟色胺去甲肾上腺素再摄取抑制剂(serotonin-norepinephrine reuptake inhibitor, SNRI)，低剂量使用可以影响血清素(serotonin)，高剂量使用则可以同时影响血清素和去甲肾上腺素。根据现在的美国国防部/退伍军人事务部的《PTSD 治疗实践指导手册》[Department of Defense (DOD)/Veterans Affairs VA, *PTSD Practice Guidelines*]，5-羟色胺去甲肾上腺素再摄取抑制剂和文拉法辛被认为是治疗 PTSD 的首选药物(Management of Post-Traumatic Stress Working Group, 2010)。

有些抗抑郁药也被证明在治疗 PTSD 中有一定的作用。萘法唑酮(nefazodone)和米氮平/米尔塔扎平(mirtazapine)与选择性 5-羟色胺再摄取抑制剂(SSRI)的药理机制不同，它主要是对 5-羟色胺能神经元起作用。它们都有一些证据证明在治疗 PTSD 中有一定的作用。之前的抗抑郁药如三环类抗抑郁药(tricyclic antidepressants, TCAs)和单胺氧化酶抑制剂(monoamine oxidase inhibitors, MAOIs)，也有证据证明它们的药效。但是，这两类药都被限制使用，因为它们可能存在严重的副作用。例如，高剂量的三环类抗抑郁药可能导致心律失常，单胺氧化酶抑制剂如果与某些特

① 药物名称给出的是通用名称。包含的商标并不意味着对特定商标的通用药物的认可。

定药物或者含有酪胺(干燥剂、存放时间长的奶酪和香肠中所含有的一种氨基酸)的食品一起使用,会有引起高血压的危险。

被选的药剂可以用于有针对性地治疗 PTSD 的某些症状,哌唑嗪(prazosin)在治疗 PTSD 中用于减少梦魇。但是,非典型的抗精神病药并不被提倡用来单独进行 PTSD 治疗,2010 年修订的《PTSD 治疗实践指导手册》反对将利培酮(risperidone)用作一种辅助治疗药物。其他抗精神病药物辅助治疗的功效也仍未可知。这些药剂主要针对的是觉醒过度和重复体验的症状。非典型抗精神病药物可能会引起严重的副作用,所以并不被当作治疗 PTSD 的一线药物。

告知病人药物治疗不是治疗 PTSD 的唯一途径是很重要的,尽管药物对很多病人起到了重要的治疗作用,但最好的临床反应还是需要通过心理治疗来处理导致 PTSD 的痛苦经历。本章的作者们都是经验丰富的退伍军人事务部的精神科医生,他们坚定地认为:虽然药物可以减轻 PTSD 的症状,但是心理治疗从症状减轻的长效性来说仍然是唯一的最有效的方法。而且,所有的药物都伴随着潜在的副作用,这些都需要在用药前预先进行论证。有些特定的药物如包括阿普唑仑(alprazolam)、劳拉西泮(lorazepam)和氯硝西泮(clonazepam)和其他药物在内的苯二氮卓类的药物(benzodiazepines)可能会导致病人的逃避和去抑制。苯二氮卓类的药物还可能带来药物滥用的风险,以及阻碍理想的唤起,而这恰恰是有效的创伤焦点治疗所需要的。病人通过药物来控制妨碍有效心理治疗的一面和他们生活中日常功能的症状,以此从治疗中获取最大收益。

二、抗抑郁药

抗抑郁药被建议作为一种对创伤后症状进行治疗的方法甚至在 20 世纪 80 年代早期 *DSM -Ⅲ* 引进 PTSD 的诊断之前就有了。一份 1971 年研究烧伤病人的创伤性神经衰弱症的报告推荐使用阿米替林(amitriptyline)来治疗抑郁的症状,这是一种三环类抗抑郁药,但是这种药物抑制焦虑的效果并不明显。在 1980 年 *DSM -Ⅲ* 出版以后,一份最早的 PTSD 治疗报告证明用单胺氧化酶抑制剂(monoamine oxidase inhibitor, MAOI)苯乙肼(phenelzine)来治疗战争引起的创伤性神经衰弱症是有临床改善的效果的(Hogben & Cornfield, 1981)。1985 年,一项临床试验表明,在用了三环类抗抑郁药后,退伍军人的 PTSD 症状减少了(Falcon, Ryan, Chamberlain

& Curtis，1985）。从那时起，临床试验确定了三环类抗抑郁药[如丙咪嗪（imipramine）、阿密曲替林（amitriptyline）]和单胺氧化酶抑制剂的治疗功效。但是这些药物并不能完全治愈 PTSD。进一步来说，尽管三环类抗抑郁药和单胺氧化酶抑制剂对减轻 PTSD 的症状是有用的，但病人还是会经常体会到药物的副作用。

三环类抗抑郁药会导致抗胆碱能和抗组胺剂的副作用。抗胆碱能的副作用包括口干（dry mouth）、便秘（constipation）和尿不尽（urinary retention）。抗组胺剂的副作用通常被报告为嗜睡（sedation）、认知迟钝（slowed cognition）以及体重增加（weight gain）；并且还可能导致因低血压而头晕。单胺氧化酶抑制剂需要特殊的饮食来配合，以防止突然的心脏病发作、血压升高等情况。出于更多的考虑，三环类抗抑郁药和单胺氧化酶抑制剂都只有有限的治疗指数（therapeutic index），这意味着：它们在治疗性剂量和毒性剂量之间只有一点点差别。有限的治疗指数导致这两类药物在使用时不论是偶发性过量还是有意性过量都有很大的危险。一般来说，病人如果为了治疗 PTSD 或重度抑郁而服用整整一个月的剂量就会致命。尽管在 20 世纪 80 年代，这些药物对于治疗 PTSD 是有用的，人们还是明显需要一种有效、安全、副作用少的药物治疗。弗里德曼（Friedman）在 1988 年的观察强调了这一需要，并认为药物治疗对 PTSD 的治疗只是部分有效，它必须与心理治疗相配合（Friedman，1988）。

（一）一线抗抑郁药

在 20 世纪 80 年代晚期，当选择性 5-羟色胺再摄取抑制剂（SSRI）被介绍使用时，精神科医生被这种有效的新的 PTSD 治疗方法吸引住了，因为这种药物没有三环类抗抑郁药和单胺氧化酶抑制剂那样的有害副作用或过量的危险。很多对选择性 5-羟色胺再摄取抑制剂的研究肯定了它在治疗 PTSD、重度抑郁和其他疾病方面的功效。相对于三环类抗抑郁药和单胺氧化酶抑制剂而言，选择性 5-羟色胺再摄取抑制剂有更高的治疗指数和更少的副作用。临床经验、比较研究和 FDA 的说明都支持推荐选择性 5-羟色胺再摄取抑制剂作为治疗 PTSD、重度抑郁、恐惧症和强迫症的一线药物。

FDA 已经批准了两种选择性 5-羟色胺再摄取抑制剂——舍曲林和帕罗西汀——用于 PTSD 的药物治疗。其他的选择性 5-羟色胺再摄取抑制剂如氟西汀（fluoxetine）和与 5-羟色胺去甲肾上腺素再摄取抑制剂密切相关的文拉法辛，尽管获得的药理学支持各不相同，但依然被认为对治疗

PTSD 有效果。

对药物治疗最强有力的证明，是一种设置安慰剂控制组的随机临床对照试验(randomized clinical trial, RCT)。多次 RCT 试验得出的数据出色地证明了舍曲林和帕罗西汀对治疗 PTSD 的作用。RCT 试验的有些数据也证明了文拉法辛的治疗功效。其他的抗抑郁药通常被称为治疗 PTSD 的“非标”药物。对抗抑郁药的“非标”使用在 2005 年到 2007 年是一种常见的临床实践方法，六种常用抗抑郁药的大约 17%的处方是“非标”的(Walton et al., 2008)。在治疗 PTSD 方面，一些来自安慰剂控制组的 RCT 试验的数据显示了非标使用氟西汀和文拉法辛的作用。文拉法辛因为通常被做成缓释剂型，且每日只服一次，使用方便，故而它被发现在六个月的 PTSD 治疗中优于安慰剂(Davidson et al., 2006)。

其他选择性 5-羟色胺再摄取抑制剂的证据没有那么令人信服，但是一些开放性的试验证明了这些药物可能是有用的。在开放性试验中，处方医生和病人都被告知了在此次处方药物治疗中给的药物还是安慰剂，因此可能在临床结果的测量中出现偏差。选择性 5-羟色胺再摄取抑制剂西酞普兰(citalopram)、艾司西酞普兰(escitalopram)、氟伏沙明(fluvoxamine)和 5-羟色胺去甲肾上腺素再摄取抑制剂度洛西汀(duloxetine)在开放性试验中都被证明是有效的。虽然有些开放性试验证明以上几种药物在治疗 PTSD 中可能有效果，但是可以查到的科学证据则证明了文拉法辛、舍曲林和帕罗西汀可能有更好的效果。

(二) 二线抗抑郁药

上面提到以前的三环类的和单胺氧化酶抑制剂类的抗抑郁药对治疗 PTSD 可能都是有效的，但是它们的功效常常会被药物的副作用和描述过的有限的治疗指数所中和。三环类抗抑郁药的重要副作用包括口干、便秘、尿不尽、嗜睡和潜在的心脏功能改变。心脏效应仅仅在服用过量后典型地出现，但是如果病人存在心脏方面的问题，这种副作用也会在使用正常剂量的情况下出现；心脏效应也可能导致患者在过量服用一个月剂量的三环类药物时直接致命。三环类抗抑郁药可以减慢钠离子进入心肌细胞的速度，这样就会延长引起心脏收缩的电信号的传递时间。因此，这项副作用成为低剂量使用三环类药物治疗神经性疼痛的原因之一，因为减少钠离子运动通道就减少了坏的神经元传递疼痛信号的倾向。

米氯平(mirtazapine)，一种混合有血清素活性和 5-羟色胺去甲肾上腺素能活性的新型抗抑郁药，被一些小型的试验性研究证明可能对治疗PTSD有用。米氯平常见的副作用是体重增加。因为这个原因，已经存在体重问题、糖尿病、高胆固醇或过去的骨伤所导致的慢性疼痛病人可能都不适合首选米氯平。对于越战退伍军人而言，使用橘剂(agent orange)是一种已知的糖尿病风险诱发因素(Henriksen, Ketchum, Michalek & Swaby, 1997)。因此，米氯平仅仅在对特定病人的某些临床治疗中是有用的。

奈法唑酮(nefazodone)是一个非常有用的治疗PTSD的二线药物。但是，在奈法唑酮的临床试验中，因为有少数的被试者因使用奈法唑酮而有肝中毒(即化学性肝损伤)的危险，又因为一线抗抑郁药(如舍曲林、帕罗西汀或文法拉辛)已经被大量高质量的RCT实验数据所证明，所以我们会继续建议优先于奈法唑酮使用那三种一线抗抑郁药物。

无论米氯平或奈法唑酮是多么有效的治疗选择，但是必须在选择性5-羟色胺再摄取抑制剂和文拉法辛两次失效之后才能被使用。尽管肝中毒是奈法唑酮的一个特殊副作用，而且也比较罕见，但是依旧需要定期检查病人的肝功能。

安非他酮(bupropion)被作为现有PTSD治疗上的一项附加药物治疗被测试，这项测试属于一项安慰剂控制组RCT试验，试验对象是30位患有PTSD的退伍老兵(Becker et al., 2007)。最后发现它并没有比安慰剂有更多的效果。但是，作为一种PTSD老兵戒烟治疗的方法，服用安非他酮的老兵有十分之四在六个月内戒烟成功，而不服用安非他酮的老兵仅有五分之一戒烟成功(Hertzberg, Moore, Feldman & Beckham, 2001)。假设在对重度抑郁的STAR＊D试验中加入西酞普兰的功效可以被确信(Trivedi et al., 2006)，那么，无论是在单独治疗重度抑郁时，还是把它当作PTSD的共病障碍来治疗，用安非他酮来强化SSRI或SNRI抗抑郁药的治疗效果就是合理的。这些数据也支持安非他酮在治疗与PTSD有关的尼古丁依赖或重度抑郁方面的作用，但是它不是作为一种单一疗法起作用的。安非他酮，一种非苯二氮卓类有温和抗焦虑作用的药剂，在一项对退伍军人的开放性试验中已经被认可对治疗PTSD及重度抑郁是有效的(M. Hamner, Ulmer & Horne, 1997)。

(三) 抗抑郁药：结论

心理治疗师在治疗PTSD病人时了解药理是很重要的。病人必须按照医嘱吃药，此外，如果在治疗的前8周中这个药物没有起效也不应该丧气。

我们建议鼓励病人和心理治疗师或处方医师进行沟通。或者心理治疗师应该直接和精神科医生沟通。后一个选择通常在像军队或 VA 机构这样有组织的实务场域中更实际。

相较于它们对治疗重度抑郁的作用，开出 SSRI 和 SNRI 抗抑郁药的处方来治疗 PTSD 可能需要用到治疗抑郁症的最大推荐剂量和增加次数来发挥最大的临床药效。我们预期比较难用抗抑郁药治疗（不响应）的退伍军人不会乐意并给出相似的反应，期待对药物治疗抱有单纯信念的病人更有可能对药物表现出反应才是合理的。在我们的临床实践中，我们经常会遇到这样的情况，初级保健医生可能开始先用 SSRI 药物治疗 PTSD，然后因为药物“无效”而把病人转介去做精神治疗。增加 SSRI 的剂量常常会带来好的临床效果。治疗的时间长短与之类似。让病人服药 12 个星期可以看到一个好的临床反应，虽然在前 6 周到 8 周之内看不出这个反应。

一个有意思的结果是，PTSD 症状对舍曲林（Davidson, Landerman & Clary, 2004）和缓释剂文拉法辛（Stein et al., 2009）对 PTSD 的反应是与时间有关的。对舍曲林的研究证明了在进行 1 周的 SSRI 治疗后减少的愤怒和药物治疗在 12 周时取得的总体良好反应之间存在关系。对文拉法辛的研究寻求超越愤怒的更大研究发现，并且这项研究显示第二周的治疗确实减少了对创伤性记忆的激活（即降低易怒性、减少生理反应），这预示着接下来的6～8周有更多其他的 PTSD 症状会被减少。早期生气和易怒的减少一直保持了 12 周的研究时间。尽管这些结果可以再次向病人证明一个早期反应可能可以预示 12 周的总体的好结果，但如果没有早期反应，也不一定就预示着治疗会失败。

我们的临床经验、已出版的研究和临床治疗指南可以总结为一个对 PTSD 药物治疗中如何选择抗抑郁药的总指引。我们首先推荐 SSRI，最好是帕罗西汀或舍曲林，因为它们已经被安慰剂控制组 RCT 试验的数据所证明。如果有必要，其次便是使用 SNRI 抗抑郁药文拉法辛，这是另外一种被安慰剂控制组 RCT 试验数据很好地证明过的药物。当开具一份 SSRI 或 SNRI 抗抑郁药时，需要的剂量可能比典型地用于治疗重度抑郁的剂量要大。愤怒的早期减少或对创伤性记忆激活反应的早期降低可能预示着一个 12 周的好的治疗效果。如果 SSRI 或 SNRI 药物不起效或不耐受，那么其他可选的药物则有米氯平、添加了米氯平的文拉法辛、添加了丁螺环酮的 SSRI 或 SNRI 药，或者奈法唑酮。我们也建议大家对双相情感障碍或者 5-羟色胺综合征加强关注，因为这两种情况都可能导致类似焦虑情绪的产生，并可能会被误解为治疗失败。患有双相情感障碍的退伍军人可能在抗抑郁药的治疗中出现轻度躁狂。5-羟色胺综合征可能由任何血清素的抗抑郁药与其他血清素药物混用所导致，它可能会引起焦虑上升，并伴随发烧、战栗和腹泻(Boyer & Shannon, 2005)。提高对这些并发症的认识可以适当并及时地促进PTSD治疗。

三、苯二氮卓类药物

尽管在治疗PTSD中可以直观地观察到苯二氮卓类药物的治疗效果，但这些药物在PTSD的心理治疗中并不被推荐使用。苯二氮卓类药物作用于γ-氨基丁酸(GABA)的受体[①]，它们降低了神经系统的唤起水平。苯二氮卓类药物在治疗恐慌症和其他焦虑状态上是有效的。但是科学文献却很少支持用苯二氮卓类药物来治疗PTSD，临床试验表明，苯二氮卓药物不能治疗或防止PTSD。

有证据表明，长期压力增加了药物滥用和药物依赖的危险，并且患PTSD的患者有2～4倍的概率更可能有药物滥用问题(Kessler, Sonnega, Bromet, Hughes & Nelson, 1995; Sinha, 2008)。因为在被诊断为PTSD的患者中存在高药物使用障碍的共病情况，那么苯二氮卓类药物会增加PTSD患者药物滥用的危险。尽管苯二氮卓类药物可以降低过度反应，但它仍然可能会导致抑制解除，并且在愤怒控制上造成更多的困难。现在的退伍军人事务部或国防部的《PTSD治疗实践指导手册》反对使用苯二氮卓类药物来治疗PTSD(Management of Post-Traumatic Stress Working Group, 2010)。

苯二氮卓类药物可能对失眠的短期治疗或者像恐惧症这样的PTSD共生焦虑障碍的SSRI治疗是有效的，用于治疗因使用三环类抗抑郁药而导致的并发焦虑症和恐慌也是有效果的。无论开始使用苯二氮卓药物来治疗PTSD的指示是怎样的，在使用前都应该得到一份共病的药物问题的详细病历，对它们的使用应该尽可能保持在最短时间内和尽可能小的剂量。苯二氮卓类药物在治疗PTSD中最好可以被避免，如果非要使用，短效药如阿普唑仑应该避免使用。

① γ-氨基丁酸(GABA)是脑内抑制性神经递质。其他物质如酒精、巴比妥类药物可作用于GABA受体。

四、抗精神病药物

非典型抗精神病药物不推荐作为一种一线药物来治疗 PTSD。它们在面对难治的病人时可以作为一种辅助治疗。最近两项对退伍军人的研究都提出了抗精神病药物的非标使用问题。这些研究估计：2007 年，在 VA 系统中有四十亿美元到五十亿美元的抗精神病支出用于 PTSD 的这类非标药物治疗和另外一些诊断病症（Leslie，Mohamed & Rosenheck，2009；Mohamed & Rosenheck，2008）。利哌酮（risperidone）和奥氮平（olanzapine）是当前仅有的被已发表的 RCT 数据所支持的对 PTSD 有效的非典型抗精神病药物。之前关于利哌酮的旧数据混合了支持它疗效的一些结果和另一些反对其疗效的结果。但在 2011 年，VA 的一项大型合作性研究报告了在一组抗拒治疗的患有 PTSD 的退伍军人中，利哌酮作为一个辅助药物治疗并没有表现出任何明显的疗效。奥氮平的试验同样表现出了喜忧参半的疗效。总的来说，很少有数据来证明使用一线和二线非典型抗精神病药物在疗效上的差异，特别是将它们的些微疗效与高代谢副作用进行权衡时，更显得微不足道。关于它们的副作用，后面将会进一步讨论。

目前留下的所有已发表的对非典型抗抑郁药利哌酮、奥氮平和喹硫平（quetiapine）的研究都是开放性试验（Ahearn，Mussey，Johnson，Krohn & Krahn，2006；Hamner，Deitsch，Brodrick，Ulmer & Lorberbaum，2003；Hamner et al.，2003；Petty et al.，2001；Pivac，Kozaric-Kovacic & Muck-Seler，2004）。这里还有一些使用阿立哌唑的个案报告，但是没有它的对照试验。目前没有可找到的关于治疗 PTSD 的其他非典型抗精神病药物的信息，只有极少量可找到的关于治疗 PTSD 的第一代典型抗精神病药物的资料。1993 年有一份关于用硫利达嗪（thioridazine）治疗 PTSD 的报告。另一项研究表明奥氮平在治疗 PTSD 症状上要优于氟非那嗪（fluphenazine），并且有更少的椎体外系副反应（extrapyramidal side effects）（如肌肉僵硬、躁动、战栗），但是没有安慰剂对照组试验（Pivac et al.，2004）。

虽然与典型精神病药物相比，非典型精神病药较少与神经病学方面的副作用相关，却与其他副作用问题相关，如体重增加、高脂血症、高血糖症和嗜睡。这些新抗精神病药物治疗的更高成本对病人而言也是一个负担。锥体外系副作用和迟发性运动障碍（tardive dyskinesia）可能会发生，虽然与第一代药物相比概率较小。一项研究评估了迟发性运动障碍的年发生率（即障碍导致无意识地重复身体动作)，非典型抗精神病药物导致的年发生率为3.9%，而典型药物的年发生率为5.5%(Correll & Schenk, 2008)。恶性精神抑制药综合征——一种危及生命的神经障碍，虽是罕见的，但也有用任何抗精神病药物治疗都会存在的有潜在性危险的副作用。

五、坚持服药

如果病人没有按规定服药，药物治疗将没有效果。坚持服药是一个复杂的问题，并与其他很多问题相关，其中最重要的因素包括病人和临床医生的信念、药物治疗的耐受性和药物成本。一项最近对新进入VA照顾系统的退伍军人坚持服药的研究表明：外伤性脑损伤的退伍军人和没有外伤性脑损伤的对照组相比，在坚持服药上没有区别。两组被试者都表现出对SSRI治疗最低的配合度。尽管我们知道每个病人的影响因素是不同的，但是这一研究能增加病人坚持服药的因素，包括接受多种药物治疗、与配偶同住、有一些如个人电子产品或高档手机等的记忆装置，以及PTSD的共病诊断(Huggins et al., 2011)。另一项研究发现，有各种不同医疗条件的退伍军人在坚持治疗方面也表现出很大差异性(Neugaard, Priest, Burch, Cantrell & Foulis, 2011)。药物治疗作为帮助病人从PTSD中康复的重要贡献者，评估有哪些有用的方法来提升对药物治疗的配合度是很有用的。

病人和医生之间的交流是任何治疗包括药物治疗成功的关键。仅仅用“医生让你这么做”是不能让病人乖乖吃药的。病人需要并且有必要知道有关药物的效果和潜在副作用的所有信息：包括不服用药物的好处和坏处，关于不吃药所导致的潜在伤害的例子，包括自己用药、持续的关系困难或职业问题，以及军队职责表现上的困难。是否准备好接受药物治疗、对药物副作用的顾虑和其他与障碍相关的问题都必须被考虑到。药物的价格应该告知病人，同时提供其他更低成本的药物选择；如果病人没有医疗保险可以覆盖这些处方药，那么这个建议就是非常有必要的。在下面的例子中，从作者的临床经验中获得的潜在策略可以提供一些方法来提高病人对药物治疗的坚持。

(一) 高成本用药

如果有选择的话，医务工作者应该与病人讨论更低成本的药物，并且社会工作者可以帮助病人申请资金援助。处方医生应该尽量了解每个病人的财政限制，这样就可以首先推荐不太昂贵的药物。对退伍军人而言，如果PTSD是在军队服役时造成的，并且该退伍军人是一名合格的军人，社会工作者就应该鼓励他申请VA与服役相关的残疾补贴或者请退伍军人服务官员来协助他申请VA的残疾津贴。因服役导致的PTSD允许退伍军人免费获得PTSD的药物治疗和心理治疗。并且，在退伍军人事务部的服务系统中，从阿富汗和伊拉克回国的退伍军人在从军队出来的5年内都可以接受任何与服役相关的健康问题的免费照顾。

（二）对药物治疗的消极信念

一个临床医生（医疗的和非医疗的专业人员）应该和他的病人讨论所有有关治疗的问题，包括治疗PTSD的首选——心理治疗。通常来说，对治疗PTSD来说，减少或避免精神病类药物治疗的最好选择就是完成心理治疗的过程。实务工作者应该与病人讨论治疗的利弊并尊重病人的决定，如果处方医生判定病人的情况为一个迫切需要药物治疗的情况，如病人有并发的重度抑郁或者精神病，那么获得咨询和其次的选择可以帮助病人理解药物治疗的必要性。社会工作者也应该推荐病人去做用药评估。

（三）保持按计划服药的困难

对于需要服用多种药物、生活忙碌或有认知缺陷的病人来说，将其信任的家庭成员纳入治疗可能会促进药物治疗的配合度。比如，家庭成员可以与病人建立每周一次的用药备忘本，这样他们就可以有计划地服用药物，并且知道应该什么时候服用。列一个表格或清单等记忆辅助方法也可以帮助他们。如果病人存在外伤性脑损伤，一个有用的建议是用职业治疗法或言语病理学来帮助其进行认知康复。

（四）药物的副作用

如果病人曾经出现过药物副作用或者外伤性脑损伤，处方医师应该在开始时低剂量使用并缓慢用药。医生应该经常性地提醒并强调药物的副作用。很多PTSD患者和其他患有焦虑症的病人的身体机能都非常敏感，即使有一些小的反应，他们也会认为是一个大问题。医生和病人之间开诚布公的沟通是必要的，通过对疑问的解答，可以提高病人对药物治疗的坚持。因此，社会工作者可以帮助双方增进医生和病人之间的交流，同时他自己也可以经常向医生咨询。

六、心理治疗和药物治疗的结合

很少有研究直接比较药物治疗和心理治疗在治疗 PTSD 上的效果。缓释剂帕罗西汀和安慰剂被用在 23 个使用长时间暴露疗法但症状却没有减轻的随机被抽取的病人中。研究结果显示，两者不存在显著的区别（Simon et al.，2008）。另外两项研究比较了 PE 疗法和舍曲林在治疗 PTSD 女性患者上的区别。患有重度抑郁症并且文化程度不高的女性更倾向于选择舍曲林。在这两项研究中，对长期暴露疗法的总偏好分别是 82%和 72.4%。使用舍曲林和长期暴露疗法都表现出一定的效果，但长期暴露疗法在校正分析（adjusted analyses）中优于舍曲林（Feeny，Zoellner，Mavissakalian & Roy-Byrne，2009）。

成功的长期暴露疗法需要达到一个特定的焦虑水平以使治疗有效。某些特定药物如苯二氮卓类药物，若每天摄入酒精过多，都会干扰用长期暴露疗法所需要的那个焦虑水平。苯二氮卓类药物和酒精阻断了由影像暴露和生动暴露带来的情绪反应和认知反应整合造成的有益影响。因此，我们建议不要用苯二氮卓类药物来进行长期的暴露疗法，或在长期暴露疗法之前应阻止这些药物的使用。有研究者将长期暴露疗法与氯硝西泮（clonazepam）——一种长效的起效时间较慢的药物——进行组合来治疗患有并发恐惧症和 PTSD 的退伍军人，并获得了很有趣的体验。长期暴露疗法和氯硝西泮的组合治疗需要心理治疗师和精神科医生的密切配合，给病人提供清楚的说明，包括告诉病人苯二氮卓类药物可能妨碍长期暴露治疗的成功。告诉病人苯二氮卓类药物对焦虑的影响和其可能导致长期暴露疗法无效，这一行为是治疗中很有帮助的一步。

另一项研究比较了眼动脱敏和再加工治疗与氟西汀（fluoxetine）和安慰剂药物治疗，这项研究在 88 名创伤幸存者中展开，治疗过程为期 8 周。被研究者在治疗结束时立即进行了 PTSD 症状评估，6 个月后再评估一次。结果发现：这个研究中有大量安慰剂反应，但是氟西汀在接下来的 8 周里并没有表现得比安慰剂更有效果。在 6 个月以后，57%的眼动脱敏和再加工治疗组的成员表现出无临床症状，而氟西汀和安慰剂药物治疗组的成员则没有这种情况出现（van der Kolk et al.，2007）。

所有这些对治疗 PTSD 患者的临床医生来说意味着什么？就我们目前所知道的来说：有证据证明的心理治疗是一个治疗 PTSD 的最佳方法，对无法接受循证心理治疗的病人和拒绝心理治疗的病人以及同时发生症状减轻如睡眠改善的病人而言，药物治疗可能是有帮助的。抗抑郁药物可以减少 PTSD 的症状，并促进病人进入循证心理治疗，或者它也可以作为拖延至心理治疗开始前的一个临时手段而存在。最好的治疗 PTSD 的方法就是从有提供该类治疗的相应能力和资格的治疗师那里获得充分的循证心理治疗。

七、内科问题和精神病学问题的共病处理

有些内科问题和精神问题的共病可能增加对 PTSD 药理学处理的复杂性，包括疼痛、双相障碍、抑郁和药物滥用。有慢性疼痛的病人需要由初级保健医生或一个对慢性疼痛处理很有技巧的专科医生进行一个细致的医疗评估。慢性疼痛可能由很多复杂的情况造成，这些情况对不同的药物治疗会有不同的反应。接下来，我们将进一步考察三种类型的慢性疼痛，包括神经性疼痛、过度使用损伤带来的疼痛以及头痛。

生病或受伤影响到神经时，神经性疼痛就会产生。而治疗 PTSD 的慢性疼痛时，疼痛的基本原因可以指导治疗。对神经性疼痛来说（如糖尿病神经病变导致的疼痛或神经受伤导致的疼痛），SSRI 和低剂量的去甲替林（nortriptyline）在就寝时间服用可以有很好的效果。最后，这种 SSRI＋TCA 组合疗法的月成本要低于 SNRI 的月成本。

过度使用损伤导致的疼痛在战争老兵、空运部队和肥胖者身上是非常常见的。在战争期间，随身携带一个小的帆布背包和防弹衣、头盔、武器、弹药和水都可能对背部、臀部、膝盖、脚踝造成长期的压力。同样地，过度使用损伤在极为肥胖者的身上也是明显的，他们的关节相比普通身形的人要承受更多的重量。空运部队的退伍军人通常会报告相对较低的因降落伞着陆和高强度身体训练导致的肢体损伤。总体上来看，精神病药物不能对这些因过度使用损伤而导致的疼痛处理产生帮助，但也不会造成危害。

头痛对医生和病人来说是一个令人挫败的话题。在我们的经验中，对头痛的最好干预疗法是每周做 3 到 4 次的三环类抗抑郁药物治疗（TCA）。TCAs 用到与治疗神经性疼痛相同的剂量就可以阻止慢性头疼。托吡酯，一种抗癫痫药物，对某些特定的疼痛如偏头痛是有效的，但是对 PTSD 没有效果。这些治疗头痛的药物可以用来治疗震荡后的头痛（比如在外伤性脑损伤之后）或者偏头痛。

关于 PTSD 和双相障碍的共病处理是精神药理学最复杂的挑战之一。

我们建议心理治疗师在处理有这两种情况的病人时配备一个精神科医生。对于双相障碍Ⅰ型障碍（躁狂）和PTSD来说，推荐使用的治疗方法包括对双相障碍使用情绪稳定剂和对PTSD使用心理治疗方法。如果必须对PTSD使用药物治疗，那么使用小剂量的选择性5-羟色胺再摄取抑制剂（SSRI）是合理的，尽管它可能导致双相障碍的进一步加深（Ghaemi, 2008）。对双相障碍的病人使用抗抑郁药可能导致易怒（El-Mallakh et al., 2008），如果双相障碍没有得到确认，用增加抗抑郁药剂量的办法来处理被误认为是PTSD导致的易怒可能会进一步加重易怒。如果一个有双相障碍和PTSD共病的病人在用一种抗抑郁药物治疗PTSD时进入躁狂阶段，那么抗抑郁药必须马上停止使用。心理治疗师可以在处理这种复杂问题时起到很大的帮助，他们通过强化戒除酒精和违禁药物，每晚都有规律和持续的睡眠，以及与病人的精神科医生按时对所有症状的变化进行沟通来协助病人。对PTSD的循证心理治疗绝对是对这类病人最重要的治疗方法。

有些双相障碍的症状在使用选择性5-羟色胺再摄取抑制剂（SSRI）与5-羟色胺和去甲肾上腺素再摄取抑制剂（SNRI）来治疗PTSD后才有所暴露。在这种情况下，低剂量的抗抑郁剂已经足够治疗焦虑而不会进一步加重双相障碍。病人应该先从循证心理治疗这种方法开始治疗PTSD，并完成这个心理治疗，每个努力都应该用来减少以致最终不需要使用SSRI或SNRI药物。如果抗抑郁剂对治疗PTSD的症状是必要的，并且病人仍然继续存在一些双相障碍的症状，那么加一些稳定情绪的药物可能是一个有效的干预方法。

对于治疗共病重度抑郁，我们发现，通常来讲，治疗抑郁的抗抑郁药也可以用来治疗焦虑。在很多情况下，治疗PTSD的抗抑郁剂可以缓解抑郁症状。如果最初使用的抗抑郁药物治疗没有对抑郁的症状起作用，那么STAR＊D试验在下面的步骤中提供了一个可靠的指导。如果PTSD和重度抑郁的共病没有对最初的SSRI或SNRI产生反应，我们就会倾向于用米氯平作为一种SSRI或SNRI的增强剂，特别是针对有睡眠问题的病人。对于想在治疗PTSD和重度抑郁共病的过程中戒烟的病人而言，在SSRI和SNRI药物中加入一些安非他酮是一个好的选择。使用安非他酮必须小心谨慎，毕竟这类人有较高的发作风险。在使用SSRI或SNRI时加入安非他酮来治疗PTSD可能会有些益处，但是安慰剂对照组的研究证据还有些不足。两个开放性试验都证明了用丁螺环酮治疗PTSD和重度抑郁这一组合时取得了显著的改善（Duffy & Malloy, 1994; Hamner et al., 1997）。安非他酮有一个短半衰期，必须每天服用 2 到 3 次，这对有些病人来说是个挑战。

药物滥用给 PTSD 的药物治疗和心理治疗带来一个很大的挑战。在 20 世纪 80 年代，酒精依赖被当作一种越战老兵 PTSD 的并发症来报告，这些报告建议治疗应该同时处理酒精依赖和基本的创伤(Lacoursiere, Godfrey & Ruby, 1980)。最近，一项退伍军人事务部(VA)的研究发现，超过 11%的从伊拉克和阿富汗退役的军人被诊断至少有一种药物滥用问题(Seal et al., 2011)。这项研究还发现，55%～75%被诊断为存在药物滥用问题的退伍军人同时也被诊断为患有抑郁或 PTSD。另一项 VA 的研究比较了从伊拉克或阿富汗退下来的退伍军人中被检出和未检出抑郁或 PTSD 为阳性的人，发现被检出阳性的人存在酒精滥用问题的可能性是另外那部分人的两倍(Jakupcak et al., 2010)。尽管环丙甲羟二羟吗啡酮在治疗酒精依赖中被确认是安全和有效的(Anton, 2008)，但是对酒精依赖和 PTSD 的治疗仍需要进一步的研究。有一项对患有酒精依赖和 PTSD 病人的双盲 RCT 试验比较了安慰剂、环丙甲羟二羟吗啡酮、戒酒硫，以及戒酒硫和环丙甲羟二羟吗啡酮的混合剂(Petrakis et al., 2006)，结果显示：任何一种治疗都显著降低了酒精依赖。戒酒硫稍微比环丙甲羟二羟吗啡酮更有效果一点，这可能要归因于它对酒精使用的影响，或者也可能是它能直接作用于 PTSD 症状。既然没有任何一种治疗恶化 PTSD 症状，并且戒酒硫可能有突出的副作用，我们推荐用环丙甲羟二羟吗啡酮来治疗 PTSD 和酒精依赖的共病。服用含有鸦片的药物来处理慢性疼痛的病人不能够服用环丙甲羟二羟吗啡酮；初级保健医生应该参与到对病人的疼痛、PTSD 和药物滥用的处理中，以防止因疏忽而过量使用止痛性的处方药的情况。

戒烟对退伍军人和现役军人来说是一个尤其突出的问题，患有 PTSD 同时又吸烟，这将是一个临床难题。根据综合的文献回顾，我们发现40%～85%被诊断有 PTSD 的患者也吸烟。戒烟尝试失败者对创伤记忆有更强的情绪反应(Calhoun, Dennis & Beckham, 2007)。处理 PTSD 和抽烟的最好可执行方案是整合照顾，这是一种对 PTSD 使用咨询治疗和对戒烟使用药物治疗的整合治疗方法。在整合照顾研究中，大约 85%的被研究者至少服用一种药物来戒烟。这些药物包括尼古丁替代品(经皮肤给药的尼古丁贴片、尼古丁口香糖、止咳糖)、安非他酮(bupropion)和伐尼克兰(varenicline)。所有这些药物干预对戒烟都有一定的效果(Eisenberg et al., 2008)。

在我们的经验中，戒烟最有效的方法是病人尝试去停止吸烟。进一步来说，把尼古丁替代品加入安非拉酮是一种被接受的方法。一项对精神分裂症患者、重度抑郁患者、双相障碍患者或焦虑症患者的研究没有显示：使用伐尼克兰或安非拉酮加尼古丁替代品与单一的戒烟治疗相比会导致更高的精神痛苦(Steinberg et al.，2011)。尽管整合照顾项目成功了，但是大约70%的研究对象在18个月内会复吸。因吸烟造成的沉重公共卫生负担强调需要进一步研究针对PTSD患者的戒烟策略。

八、性别议题

一些研究检验了在PTSD抗抑郁药物治疗中性别因素对疗效的影响，并发现目前文拉法辛、帕罗西汀和舍曲林的使用在性别方面没有显著差异(Rothbaum et al.，2008；Tucker et al.，2001)。许多精神病药物在孕期使用是否完全安全或是否会导致出生缺陷还是未知的。出于这些原因，我们建议育龄女性患者在使用药物治疗PTSD期间做好有效的避孕措施。我们也建议把心理治疗作为药物治疗的一个替代，推荐给有怀孕计划的女性患者。

如果一名女性患者说她计划怀孕，精神病药物就应该在四周或者更早之前停用。胎儿在前三个月是最危险的，而且很多女性在怀孕一个月时并不知道自己已经怀孕了。在怀孕期间，须逐个个案(case-by-case)地考虑有限制地使用精神药物以使孕妇受益和保证胎儿的安全。药物治疗的好处包括减少精神病的症状和增强孕妇的自我照顾能力(比如饮食、运动、远离烟酒、保持合适的体重和坚持孕检等)。药物的潜在危险包括出生缺陷、早产和分娩时的并发症。

稳定情绪的药物不能用于妊娠期或者想怀孕的妇女，许多这类药物(如锂、丙戊酸)会导致胎儿出生缺陷。尽管最初的报告显示新的稳定情绪的药物在怀孕期间是可以使用的，最好还是告知患者——报告的结论并不能够代表真正的结果。一个常识是，尝试受孕的女性是不应该服用药物的。抗精神病药物最好也要避免，以便减少怀孕期间糖尿病和体重增加过多的风险。我们建议在打算怀孕前和怀孕的前三个月不使用抗精神病药。SSRI和SNRI抗抑郁药在怀孕的中间三个月及最后三个月可以服用，但是应该在预产期前两周停用，以防出现新生儿SSRI撤药综合征(即新生儿表现出抽搐或SSRI类药物的戒断症状)。在此期间，避免使用氟西汀，因为它有一段半衰期(半衰期是指药效被身体代谢一半所用的时间)。苯二氮卓类药物在怀孕的前三个月也不要使用,因为会对胎儿发育产生不利影响。最后,许多精神病药物存在于母乳中,通过母婴渠道输送给婴儿。一般来说,我们强烈鼓励已经或计划受孕的女性最大限度地使用心理治疗的方法去治疗她们的精神病问题;如果无法完全避免,也要在最小限度内使用药物治疗。

案例

这里用两个案例来说明本章的重要观点。这些案例显示了临床挑战,以及现役军人和退伍军人所面临的真实世界的场景。这些案例完全是虚构的,如有雷同,纯属巧合。

案例:上士琼斯

上士琼斯(Jones)是一个 26 岁的非洲裔美国人,在美国陆军中服役。他高中毕业后进入部队,打算服役满 20 年之后退休,因此在出现了早期精神健康问题后,他承认,自己有些不太情愿去寻求帮助,他怕会影响到自己的工作。但是,在他第二次参加作战区域部署的四年后,他的妻子督促他来寻求治疗。琼斯与自己营队的牧师——一名虔诚的浸礼会教友——谈过之后,他决定在之前的咨询辅导之外寻求医学干预。

琼斯陈述了他的主要问题:"我离开了战略部署区域就不能做任何事情,感觉自己就像一个外星人生活在妻子儿女身边。"琼斯报告了很多 PTSD 症状,并且符合 *DSM-IV* 的诊断标准。他的标准 A 应激是看到他的前班长在战争中被杀死,他否认有过任何寻求精神健康照顾的经历,并且他的病历也只显示了他在空降步兵团曾经受过的轻度损伤。他否认任何战斗伤的存在,尤其否认任何由于钝器或爆炸导致的会造成意识水平改变或失去意识的头部创伤。他没服用过任何处方药,也从来没有服用过精神病药物。他的家族史并没有显示有精神疾病或药物滥用的情况。他和他的妻子婚后育有两个孩子。他的妻子在陆军基地的一所小学做助教。琼斯因为自己的宗教信仰而不饮酒。他也不服用违禁药物。他抽雪茄,但是想戒掉。当与自己的军事任务没有时间冲突时,他会去做礼拜,他认为信仰对自己很重要。他的军旅生涯对他生活的影响是很积极的,他预期在年内会被提升至

E－7级上士。他现在的军衔是一个步兵排的副排长，他所在的部队有可能在未来的6到9个月重新回到作战区域。

琼斯的精神状态测试显示，他是一个年轻的、运动型的男性。他穿着陆军作战部队的统一制服，上面佩戴着伞兵和作战步兵徽章。他与测试人员有很好的眼神交流，在被提问时，他用“是的，夫人”或“不是，夫人”而不是随意的详尽叙述来回答绝大多数问题。他对心情是这样陈述的：“是的，但是并不完全正确，夫人。”他的影响反应是合适的，并限制在一定范围内。他的表述呈现出一个正常的语速、节奏、音量和停顿。他的思维过程是有逻辑的和目标指向的，并且没有思维飘忽或失去关联。他否认有听觉或视觉的幻觉、妄想症或想着去伤害别人。他承认每周有三到四次想自杀，绝大多数情况是回想起他前班长死的时候，但是他否认有任何伤害自己的意图或计划。

案例：洛佩斯女士

洛佩斯(Lopez)是美国海军陆战队的士兵，她是一个26岁的拉丁女性。完成法定服役任务后，她以上尉的身份从她的部队退伍，现在她正在向退伍军人事务部下属的一个门诊诊所寻求精神健康照顾服务。洛佩斯大学毕业后就加入了海军陆战队，她准备今年稍晚一点开始去读法学院。但是她对回军队工作感到非常矛盾：一方面，她意识到自己去法学院学习的学费非常昂贵；另一方面，回到活动部队或预备役部队去工作对偿还她的借款而言是一个合理的选择。她在告诉祖父自己的梦魇后决定去寻求咨询服务。她的祖父是一个越战退伍老兵，并且被VA诊断为PTSD 50%的伤残，他以VA精神健康照顾使用者的身份鼓励洛佩斯去寻求帮助。

洛佩斯陈述了她的主要问题：我经常会惊醒，经常和男朋友吵架，我以前喜欢花所有的时间读书，我喜欢足球，但是我现在甚至不能看完一页体育杂志。她报告了很多PTSD和重度抑郁的症状，她的描述非常符合*DSM－IV*对这两种疾病的诊断标准。她的PTSD诊断标准A应激是，她相信她会在叛乱分子偷袭她的运输队时和叛乱分子的交火中被打死。她表示，大学期间曾经在一次性侵未遂事件后寻求心理咨询服务来帮助处理焦虑问题，但是她否认有精神健康照顾的病史。她的病例显示，她可能在外伤性脑损伤上呈阳性，这个损伤发生在一次交火中。当时，路边的一个简易爆炸装置距离她的非装甲货车只有15英寸，司机失控把车开出了路面。洛佩斯在爆炸醒来后的第一印象是附近有交火，然后她检查了司机的状况以确保她的司机没有受伤。她走出她的车，假想自己是她们海军陆战队的领导，并在随后的交火中用轻型武器击毙了两个敌人。她否认在战争中受过任何伤，她唯一服用的处方药物是口服避孕药，因子宫内膜异位由海军妇科医生给她开的。在那次爆炸以后，她也因为偏头痛每周有2到4天要服用布洛芬。她的家族史没有精神疾病或者药物滥用的例子。她没结过婚，但是有稳定的恋情大约已经一年了。她认为自己应该节省下海外服役时的储蓄，并决定用贷款来付学费。洛佩斯每周喝三种以下的酒，也不会同时喝超过两种酒。她不用烟草和非法药物，但是她一天会喝4到6杯含咖啡因的咖啡。她偶尔会参加宗教服务活动。她认为在陆战队服役是“一次好的经历”。她否认在军队服役时遭受过任何实际的或被胁迫的性侵事件，也没有出现过任何性骚扰或者恫吓的情况。她说她曾经因为一名队员企图侵犯另一名女队员而在她的排里发起一项惩罚行动，而且她报告说，她当时感到很生气，也很沮丧，因为她的营长拒绝进一步调查此事。

洛佩斯的精神状态测试显示她是一个成熟的西班牙裔女性，她穿着合适的普通市民服装。除了谈到她的营长不对所谓的性侵事件采取纪律处分之外，她都能和治疗师有很好的眼神交流。她的表达节奏、音调正常，音量有一点小，停顿有一点多。她的思维很有逻辑性，目的指向明确，没有思想飘忽和缺乏关联的情况。她否认有听觉和视觉的幻觉、妄想症，也没有伤害自己或他人的想法。

案例问题讨论：

1. 假设琼斯开始使用SSRI抗抑郁药物，并且被转介给循证心理治疗。如果他在3周后报告还是无法勃起，他的心理治疗师应该给出怎样一个合适的回应？

2. 琼斯在12个星期的治疗后只有部分好转。他有兴趣戒烟。什么样的心理药物治疗可以处理他的PTSD和戒烟的共病问题？

3. 洛佩斯女士想用长期暴露疗法来治疗 PTSD。她正在服用非 VA 的初级护理医生给她开的劳拉西泮来帮助睡眠。这个情况应该怎么解决？

九、结论

PTSD 的药物治疗对军队、退伍军人事务部和临床医生来说是一个挑战。尽管现在的阿富汗和伊拉克冲突凝聚了更多公众和专业的目光在这些年轻的退伍军人身上，但依然有很多退伍军人受到 PTSD 的困扰。比如从越南战争、沙漠风暴或其他冲突行动中退下来的退伍军人，以及在维和行动或者人道主义救援行动中退下来的退伍军人。也有一些退伍军人患有 PTSD 是因为军队的创伤性事件、机动车事故和军事训练事故。所有这些病人都值得得到最高质量的健康照顾，以获得最好的心理健康状态。

我们向临床工作者、医生和研究者们诚恳地推荐循证心理治疗，推荐把它作为治疗 PTSD 的首选方法。我们认识到，很多 PTSD 患者因为各种理由还没有接受这些治疗中的任何一种：工作或者学习可能会影响到他们每周一次的心理面谈；迫切需要先处理共病中的药物使用障碍；缺少受过恰当训练的心理治疗师来提供循证心理治疗；病人的偏好等。在这些情况下，若开始用 SSRI 抗抑郁药进行治疗，优先推荐帕罗西汀和舍曲林。治疗需要的剂量可能超过治疗重度抑郁的，到 12 周的时候，需要有一个全面的治疗反应。如果首选的药物不起作用，则推荐使用次选的 SNRI 抗抑郁药，优先推荐文拉法辛。进一步的心理药物干预包括使用米氮平或者奈法唑酮。这样选择的目的是尽量减少副作用的产生，以及帮助到那些对其他抗抑郁药物没有反应的人。我们建议，当使用 SSRI 或 SNRI 抗抑郁药对患者不起作用时，要把精神科医生纳入治疗团队中，因为心理药物治疗的决定可能比较复杂。

跨学科团队的价值也不能被忽视。我们相信，跨学科团队能提供最好的 PTSD 治疗。我们的临床实践根据 VA 的 PTSD 临床工作团队的模式将精神病学、心理学和社会工作纳入治疗。这个团队可以协调各方以解决先前存在的或刚出现的共病状况，包括那些影响精神病照顾的药物滥用、其他精神问题诊断或医疗问题。团队成员之间的沟通和合作将促进患者对药物治疗的坚持，并提高疗效。同样，合作和沟通也将鼓励患者进入循证心理治疗过程，以此向他们提供最好的机会，帮助他们从 PTSD 中康复。

本章问题讨论：

1. 你的服务对象认为如果她晚上能睡得更好的话她的阅读能力就会提高。她报告她在很多个夜晚都难以入睡，并且每周都会有 3～5 晚做噩梦，梦见交火，然后她就会惊醒。她的精神科医生根据这样的情况可以给她提供哪三种药物干预方法？

2. 一名退伍军人因为抑郁和 PTSD 开始服用 SSRI 抗抑郁药。12 个星期以后，仅有部分疗效。她一直担心“要吃太多的药物，这种治疗 PTSD，那种治疗头痛，并且我担心如果我的 PTSD 没有好转，我的精神科医生可能会给我增加另外一种药”。哪一种药物会对治疗 PTSD 和偏头痛都有帮助？如果她的家族有双相障碍的历史，又要如何对症下药？

参考文献：

Ahearn, E. P., Mussey, M., Johnson, C., Krohn, A. & Krahn, D. (2006). Quetiapine as an adjunctive treatment for post-traumatic stress disorder: An 8-week open-label study. *International clinical psychopharmacology*, *21*, 29 - 33.

Andreasen, N. J., Norris, A. S. & Hartford, C. E. (1971). Incidence of long-term psychiatric complications in severely burned adults. *Annals of Surgery*, *174*, 785 - 793.

Anton, R. F. (2008). Naltrexone for the management of alcohol dependence. *New England Journal of Medicine*, *359*, 715 - 721.

Becker, M. E., Hertzberg, M. A., Moore, S. D., Dennis, M. F., Bukenya, D. S. & Beckham, J. C. (2007). A placebo-controlled trial of bupropion SR in the treatment of chronic posttraumatic stress disorder. *Journal of Clinical Psychopharmacology*, *27*, 193 - 197.

Boyer, E. & Shannon, M. (2005). The serotonin syndrome. *New England Journal of Medicine*, *352*, 1112 - 1120.

Brady, K., Pearlstein, T., Asnis, G. M., Baker, D., Rothbaum, B., Sikes, C. R. & Farfel, G. M. (2000). Efficacy and safety of sertraline treatment of posttraumatic stress disorder: A randomized controlled trial. *JAMA: The Journal of the American Medical Association*, *283*, 1837 - 1844.

Calhoun, P. S., Dennis, M. F., Beckham, J. C. (2007). Emotional reactivity to trauma stimuli and duration of past smoking cessation attempts in smokers with posttraumatic stress disorder. *Experimental and Clinical Psychopharmacology*, *15*, 256 - 263.

Correll, C. U. & Schenk, E. M. (2008). Tardive dyskinesia and new antipsychotics. *Current Opinion in Psychiatry*, 21, 151 - 156.

Davidson, J., Baldwin, D., Stein, D. J., Kuper, E., Benattia, I., Ahmed, S.,... Musgnung, J. (2006). Treatment of posttraumatic stress disorder with venlafaxine extended release: A 6-month randomized controlled trial. *Archives of General Psychiatry*, *63*, 1158 - 1165.

Davidson, J., Landerman, L. R. & Clary, C. M. (2004). Improvement of anger at one week predicts the effects of sertraline and placebo in PTSD. *Journal of Psychiatric Research*, *38*, 497 - 502.

Dillard, M. L., Bendfeldt, F. & Jernigan, P. (1993). Use of thioridazine in post-traumatic stress disorder. *Southern Medical Journal*, *86*, 1276 - 1278.

Duffy, J. D., Malloy, P. F. (1994). Efficacy of buspirone in the treatment of posttraumatic stress disorder: An open trial. *Annals of Clinical Psychiatry: Official Journal of the American Academy of Clinical Psychiatrists*, *6*, 33 - 37.

Eisenberg, M. J., Filion, K. B., Yavin, D., Belisle, P., Mottillo, S., Joseph, L.,... & Pilote, L. (2008). Pharmacotherapies for smoking cessation: A meta-analysis of randomized controlled trials. *Canadian Medical Association Journal*, *179*, 135 - 144.

El-Mallakh, R. S., Ghaemi, S. N., Sagduyu, K., Thase, M. E., Wisniewski, S. R., Nierenberg, A. A.,... STEP - BD Investigators. (2008). Antidepressant-associated chronic irritable dysphoria (ACID) in STEP - BD patients. *Journal of Affective Disorders*, *11*, 372 - 377.

Falcon, S., Ryan, C., Chamberlain, K. & Curtis, G. (1985). Tricyclics: Possible treatment for posttraumatic stress disorder. *Journal of Clinical Psychiatry*, *46*, 385 - 388.

Feeny, N. C., Zoellner, L. A., Mavissakalian, M. R. & Roy-Byrne, P. P. (2009). What would you choose? Sertraline or prolonged exposure in community and PTSD treatment seeking women. *Depression and Anxiety*, *26*, 724 - 731.

Friedman, M. J. (1988). Toward rational pharmacotherapy for posttraumatic stress disorder: An interim report. *American Journal of Psychiatry*, 145, 281 - 285.

Fu, S. S., McFall, M., Saxon, A. J., Beckham, J. C., Carmody, T. P., Baker, D. G. & Joseph, A. M. (2007). Post-traumatic stress disorder and smoking: A systematic review. *Nicotine & Tobacco Research: Official Journal of the Society for Research on Nicotine and Tobacco*, *9*, 1071 - 1084.

Ghaemi, S. N. (2008). Why antidepressants are not antidepressants: STEP - BD, STAR * D, and the return of neurotic depression. *Bipolar Disorders*, *10*, 957 - 968.

Hamner, M., Ulmer, H. & Horne, D. (1997). Buspirone potentiation of antidepressants in the treatment of PTSD. *Depression and Anxiety 5*, 137 - 139.

Hamner, M. B., Deitsch, S. E., Brodrick, P. S., Ulmer, H. G. & Lorberbaum, J. P. (2003). Quetiapine treatment in patients with posttraumatic stress disorder: An open trial of adjunctive therapy. *Journal of Clinical Psychopharmacology*, *23*, 15 - 20.

Hamner, M. B., Faldowski, R. A., Ulmer, H. G., Frueh, B. C., Huber, M. G. & Arana, G. W. (2003). Adjunctive risperidone treatment in post-traumatic stress disorder: A preliminary controlled trial of effects on comorbid psychotic symptoms. *International Clinical Psychopharmacology*, *18*, 1 - 8.

Henriksen, G. L., Ketchum, N. S., Michalek, J. E. & Swaby J. A. (1997). Serum dioxin and diabetes mellitus in veterans of operation ranch hand. *Epidemiology*, *8*, 252 - 258.

Hertzberg, M. A., Moore, S. D., Feldman, M. E. & Beckham, J. C. (2001). A preliminary study of bupropion sustained-release for smoking cessation in patients with chronic posttraumatic stress disorder. *Journal of Clinical Psychopharmacology*, *21*, 94 - 98.

Hogben, G. L. & Cornfield, R. B. (1981). Treatment of traumatic war neurosis with phenelzine. *Archives of General Psychiatry*, *38*, 440 - 445.

Huggins, J. M., Brown, J. N., Capehart, B., Townsend, M. L., Legge, J. & Melnyk S. D. (2011). Medication adherence in combat veterans with traumatic brain injury. *American Journal of Health-System Pharmacy: AJHP: Official Journal of the American Society of Health-System Pharmacists*, *68*, 254 - 258.

Jakupcak, M., Tull, M. T., McDermott, M. J., Kaysen, D., Hunt, S. & Simpson, T. (2010). PTSD symptom clusters in relationship to alcohol misuse among Iraq and Afghanistan war veterans seeking post-deployment VA health care. *Addictive Behaviors*, *35*, 840 - 843.

Kessler, R. C., Sonnega, A., Bromet, E., Hughes, M. & Nelson, C. B.. (1995). Posttraumatic stress disorder in the national comorbidity survey. *Archives of General Psychiatry*, *52*, 1048 - 1060.

Krystal, J. H., Rosenheck, R. A., Cramer, J. A., Krystal, J. H., Rosenheck, R. A., Cramer, J. A.,... & Stock C. (2011). Adjunctive risperidone treatment for antidepressantresistant symptoms of chronic military service-related PTSD: A randomized trial. *Journal of the American Medical Association*, *306*, 493 - 502.

Lacoursiere, R. B., Godfrey, K. E. & Ruby, L. M. (1980). Traumatic neurosis in the etiology of alcoholism: Vietnam combat and other trauma. *American Journal of Psychiatry*, *137*, 966 - 968.

Leslie, D. L., Mohamed, S. & Rosenheck, R. A. (2009). Off-label use of antipsychotic medications in the Department of Veterans Affairs health care system. *Psychiatric Services*, *60*, 1175 - 1181.

Management of Post-Traumatic Stress Working Group, Departments of Veterans Affairs and Defense. (2010). *VA/DOD Clinical Practice Guideline for Management of Post-Traumatic Stress*. Washington, DC: Office of Quality and Performance, Department of Veterans Affairs.

McFall, M., Saxon, A. J., Malte, C. A., Chow, B., Bailey, S., Baker, D. G.,... Lavori, P. W. (2010). Integrating tobacco cessation into mental health care for posttraumatic stress disorder: A randomized controlled trial. *JAMA: The Journal of the American Medical Association*, *304*, 2485-2493.

Mohamed, S. & Rosenheck, R. A. (2008). Pharmacotherapy of PTSD in the U. S. Department of Veterans Affairs: Diagnostic- and symptom-guided drug selection. *Journal of Clinical Psychiatry*, *69*, 959-965.

Neugaard, B. I., Priest, J. L., Burch, S. P., Cantrell, C. R. & Foulis, P. R. (2011). Quality of care for veterans with chronic diseases: Performance on quality indicators, medication use and adherence, and health care utilization. *Population Health Management*, *14*, 99-106.

Petrakis, I. L., Poling, J., Levinson, C., Nich, C., Carroll, K., Ralevski, E. & Rounsaville, B. (2006). Naltrexone and disulfiram in patients with alcohol dependence and comorbid posttraumatic stress disorder. *Biological Psychiatry*, *60* (7), 777-783.

Petty, F., Brannan, S., Casada, J., Davis, L. L., Gajewski, V., Kramer, G. L.,... Young, K. A. (2001). Olanzapine treatment for post-traumatic stress disorder: An open-label study. *International Clinical Psychopharmacology*, *16*, 331-337.

Pivac, N., Kozaric-Kovacic, D. & Muck-Seler, D. (2004). Olanzapine versus fluphenazine in an open trial in patients with psychotic combat-related post-traumatic stress disorder. *Psychopharmacology*, *175*, 451-456.

Rothbaum, B. O., Davidson, J. R., Stein, D. J., Pedersen, R., Musgnung, J., Tian, X. W.,... Baldwin, D. S. (2008). A pooled analysis of gender and trauma-type effects on responsiveness to treatment of PTSD with venlafaxine extended release or placebo. *Journal of Clinical Psychiatry*, *6*, 1529-1539.

Seal, K. H., Cohen, G., Waldrop, A., Cohen, B. E., Maguen, S. & Ren, L. (2011). Substance use disorders in Iraq and Afghanistan veterans in VA healthcare, 2001-2010: Implications for screening, diagnosis and treatment. *Drug and Alcohol Dependence*, *116*, 93-101.

Shalev, A. Y. (2009). Posttraumatic stress disorder and stress-related disorders. *Psychiatric Clinics of North America*, *32*, 687-704.

Simon, N. M., Connor, K. M., Lang, A. J., Rauch, S., Krulewicz, S., LeBeau, R. T.,... Pollack, M. H. (2008). Paroxetine CR augmentation for posttraumatic stress disorder refractory to prolonged exposure therapy. *Journal of Clinical Psychiatry*, *69*, 400-405.

Sinha, R. (2008). Chronic stress, drug use, and vulnerability to addiction. *Annals of the New York Academy of Sciences*, *1141*, 105-130.

Stein, D. J., Pedersen, R., Rothbaum, B. O., Baldwin, D. S., Ahmed, S., Musgnung, J. & Davidson, J. (2009). Onset of activity and time to response on individual CAPS-SX17 items in patients treated for post-traumatic stress disorder with venlafaxine ER: A pooled analysis. *International Journal of Neuropsychopharmacology/Official Scientific Journal of the Collegium Internationale Neuropsychopharmacologicum*, *12*, 23-31.

Steinberg, M. B., Bover, M. T., Richardson, D. L., Schmelzer, A. C., Williams,

J. M., & Foulds, J. (2011). Abstinence and psychological distress in co-morbid smokers using various pharmacotherapies. *Drug and Alcohol Dependence*, *114*, 77 – 81.

Trivedi, M. H., Fava, M., Wisniewski, S. R., Thase, M. E., Quitkin, F., Warden, D.,... STAR * D Study Team. (2006). Medication augmentation after the failure of SSRIs for depression. *New England Journal of Medicine*, *354*, 1243 – 1252.

Tucker, P., Zaninelli, R., Yehuda, R., Ruggiero, L., Dillingham, K. & Pitts, C. D. (2001). Paroxetine in the treatment of chronic posttraumatic stress disorder: Results of a placebocontrolled, flexible-dosage trial. *Journal of Clinical Psychiatry*, *62*, 860 – 868.

van der Kolk, B. A., Spinazzola, J., Blaustein, M. E., Hopper, J. W., Hopper, E. K., Korn, D. L. & Simpson, W. B. (2007). A randomized clinical trial of eye movement desensitization and reprocessing (EMDR), fluoxetine, and pill placebo in the treatment of posttraumatic stress disorder: Treatment effects and long-term maintenance. *Journal of Clinical Psychiatry*, *68*, 37 – 46.

Walton, S. M., Schumock, G. T., Lee, K. V., Alexander, G. C., Meltzer, D. & Stafford, R. S. (2008). Prioritizing future research on off-label prescribing: Results of a quantitative evaluation. *Pharmacotherapy*, *28*, 1443 – 1452.

第十章　外伤性脑损伤和军队

Cynthia Boyd & Sarah Asmussen[①]

一、概述

外伤性脑损伤(TBI)在全球范围内都是死亡和残疾的一个重要原因。在美国,每年有150万～300万的个体遭受着脑损伤,而这些数据是根据那些寻求医疗救助的人得出的,所以很可能会被低估(Comper, Bisschop, Carniden & Tricco, 2005; Langlois et al., 2003; McCrea, 2008; World Health Organization, 1992)。而15～24岁的男性是受影响最多的人群(American Psychological Association, 1994; Jennett, 1996; Kraus et al., 1996)。损伤的机制虽有所不同,但都包括机动车事故和职业性事故,也就是在职受伤。在现役军人中,大部分脑损伤是叛乱分子使用的爆炸装置引起的。这种战争造成的大规模伤亡是十分骇人的。

剩下的外伤性脑损伤则是由"伊拉克自由行动"和"持久自由行动"造成的。据估计,自2000年以来,超过195 000名军人因被怀疑有脑损伤而被检查(Department of Defense, 2009)。在平民和军人中,有70%～90%的脑损伤患者被诊断为轻度的脑损伤(Kraus et al., 1996; Thornhill et al., 2000; World Health Organization, 1992)。本章提供了一个对外伤性脑损伤的概述,主要聚焦在军队中的轻度外伤性脑损伤(mTBI)方面,包括如何诊断、复杂的影响因素、如何治疗和相关案例。

战争的变化再加上军事医学的进步,使得在战争中受伤的士兵有着较高的存活率。外伤性脑损伤是现代作战的主要创伤,其严重程度从轻度到重度,由爆炸引起的损伤包括穿透性脑损伤和非穿透性脑损伤。熟悉造成军队中的外伤性脑损伤的最常见的罪魁祸首——爆炸——是至关重

① 我们要感谢莱斯利·巴克斯特(Leslie Baxter)博士帮我们获得本章的MRI案例。

要的。简易爆炸装置(IEDs)、火箭推进式榴弹(RPGs)和迫击炮弹是导致中度与重度脑损伤以及“看不见的创伤”即轻度脑损伤的“匿名”(faceless)敌人。

在战区,单一的一个冲击波就可能会导致多处创伤。军人可以感受到冲击波带来的压力(如头部、耳朵和肺部压力),也可能被飞来的残骸断片击伤。爆炸装置引起的爆炸会趋向于以波形方式运动,冲击波的作用力可以使物体和人产生位移,同时对大脑造成穿透伤或钝伤。爆炸的影响在密闭的空间内会得到加强,甚至会导致更严重的伤害(Brenner et al., 2010),就像一个封闭的车辆撞上一个爆炸装置,或者是一枚火箭推进榴弹被发射进一栋建筑里一样。

爆炸会造成各种各样的身体伤害,而外伤性脑损伤是最常见的。关于爆炸引起的外伤性脑损伤的病理生理学解释是复杂且难以完全理解的;这可能类似于由机动车事故或坠落造成的平民中的机械性损伤。快速的压力变化(rapid pressure changes)形成切力(shear)和应力(stress forces),导致如轻度的外伤性脑损伤和脑震荡甚或严重的外伤性脑损伤等损伤。当一个人有中度到重度的脑损伤时,一般很早就会被检测到,并且很快就被采取适当的治疗对策(如计算机断层扫描或脑部影像学检查可引导神经外科治疗)。轻度外伤性脑损伤相比爆炸本身而言不算那么严重,大众对大脑是不是被最初的冲击力伤害到的还不清楚且仍具争议,即使它已经被动物实验所证明(Warden, 2006)。在战争场景中,遭受由爆炸引起的轻度外伤性脑损伤的军人还会出现多种其他复杂的症状。社会工作者和精神健康服务提供者需要了解外伤性脑损伤的基本知识,以帮助他们康复并提供一些治疗的建议。

二、诊断性考虑及严重性

一般来说,外伤性脑损伤已经建立起一整套诊断其严重程度的标准:任何片段的意识丧失(loss of consciousness, LOC)、创伤后遗忘症(posttraumatic amnesia, PTA)、格拉斯哥昏迷量表(Glasgow Coma Scale, GCS)的评级。美国的退伍军人事务部/国防部的《临床实践指南》(2009)将LOC和PTA定义为:

- LOC——任何时期的意识丧失或意识水平降低;
- PTA——在受伤后对事件的记忆丧失。

格拉斯哥昏迷量表(GCS)是一项评估工具，通常由在地的急救医疗技术人员和战斗创伤医务人员使用，以此来确定患者意识受损的严重程度。该量表的得分从 3 分至 15 分，测量患者口头响应指令的能力，以及运动机能和睁眼(Lezak, Howieson & Lorig, 2004)。格拉斯哥昏迷量表的局限性在于它会受任何妨碍患者口头表达因素的影响。如果患者气道被阻塞，那么将无法进行口头响应。这种情况下，格拉斯哥昏迷量表得分会偏低，但这个结果不是对大脑机能的精确测量。此外，严重酒精中毒和服用药物都会对格拉斯哥昏迷量表的测量结果有影响。例如，本章的作者之一博伊德(Boyd)曾接触到一个法医学案件，这个案件涉及一个人，他被描述为“患有严重的脑损伤，因为他在格拉斯哥昏迷量表上的得分很低”。进一步调查之后博伊德发现，他的格拉斯哥昏迷量表得分很低是因为酒精中毒，他醉得很严重，以致不能对指令做出口头的或身体的响应。

表 10.1 说明了如何使用 LOC、PTA 和 GCS 的信息去评估外伤性脑损伤的严重性。外伤性脑损伤的严重程度必须用急性损伤特性来评估，如用表 10.1 中所定义的进行，而不是根据患者报告的症状的严重性来进行评估。症状表现可能存在个体差异性，而且还可能被与外伤性脑损伤诊断不相关的其他因素所影响(如受药物治疗、身体伤害或精神疾病的影响)。如果患者符合表10.1中描述的标准，则患者的外伤性脑损伤就可以被分为轻度、中度、重度三种。如果不止一个标准被满足，就会被认定为程度较严重。例如，如果一名患者有 20 分钟的意识丧失，并且创伤后遗忘症持续了 36 小时(没有使用镇静药物的前提下)，那么它的严重性评级会从轻微脑损伤增加至中度脑损伤。除了众所周知的 LOC、PTA 和 GCS 诊断标准外，其他的评估工具还包括兰乔洛斯阿米戈斯量表(Rancho Los Amigos Scale, 2006)和脑震荡分类测量(category of concussions measurements, Grade Ⅰ-Ⅲ)(Cantu, 1998)。

外伤性脑损伤是个“历史性”事件，即一个符合意识变化的最小阈值的事件。症状会紧接着这个事件发生，在多数情况下，大多数症状的消退会花很长时间(见图 10.1)。外伤性脑损伤不是进行性的障碍，也就是说，症状不会随着时间的推移而恶化，人们比较熟知的进行性疾病如阿尔兹海默病，它是会随时间推移而不断加重的。当大脑受伤后，恢复的过程需要根据受伤的严重程度来定，从轻度到中度脑损伤，个体在几周到几个月之后开始恢复到受伤前的功能水平。一个例外的情况是，如果有其他的并发症如精神疾病、药物滥用和/或慢性疼痛，那又要另当别论了。

表 10.1 TBI 严重性的 GCS、LOC 和 PTA 评分指南

TBI 严重程度评分			
严重程度	GCS	LOC	PTA
轻 度 *	13～15	<30 分钟	<24 小时
中 度	9～12	>30 分钟至 24 小时	24 小时至 7 天
重 度	3～8	>24 小时	>7 天+

* 包括意识改变(AOC)

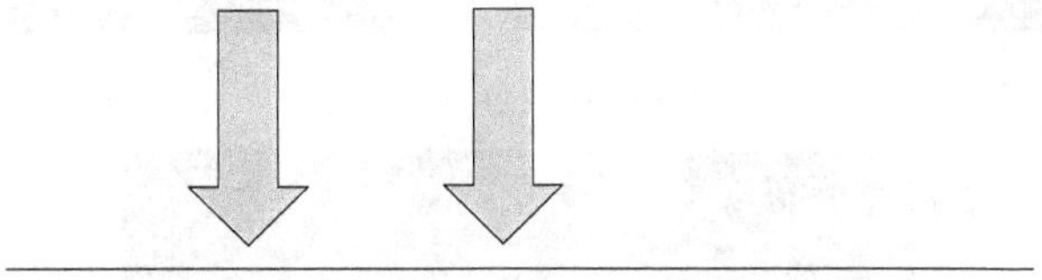

图 10.1 脑损伤症状发作时间线

图 10.1 呈现的是受伤的时间(事件)以及和症状表现的无限接近。

神经影像学可以协助评估外伤性脑损伤的严重性和潜在后果。MRI(核磁共振成像)和 CT(计算机断层扫描)很通用。MRI 用磁信号来生成影像,创建脑部的结构图。CT 生成的是脑部的计算机图片,它由多张 X 射线图像构成。

在 MRI 或 CT 中被发现的异常神经影像,会将外伤性脑损伤患者归入中度至重度的不同类型。例如,如果根据上面的分类,一名患者维持着轻度外伤性脑损伤,并且有异常的 MRI 或 CT 检查结果来证明(如大出血),那么这种创伤的严重程度会被划为中等。

熟悉不同类型的神经影像学十分重要。回顾这些基本知识,大脑的 CT 扫描通常在疑似有脑损伤要去评估潜在出血时立即被完成。脑部的 MRI 可能被用于产生一个大脑的结构图,用以更详细地评估哪些区域受伤。图 10.2 中的 MRI 图像是一个 19 岁女性在机动车事故中受伤之后患上了严重的外伤性脑损伤的脑部成像。正如你所看到的,该 MRI 成像显示:前额和颞叶(左侧图像)有切伤,脑部下侧有明显的对冲性损伤(右侧图像),受创位置对面的颅底组织也有损伤。相比较而言,在 19 岁受伤女性的脑部成像下方,读者会看到一个正常、健康的青少年脑部 MRI 的成像。

在前额、颞叶和对冲区有切伤的脑 MRI(T2)图像

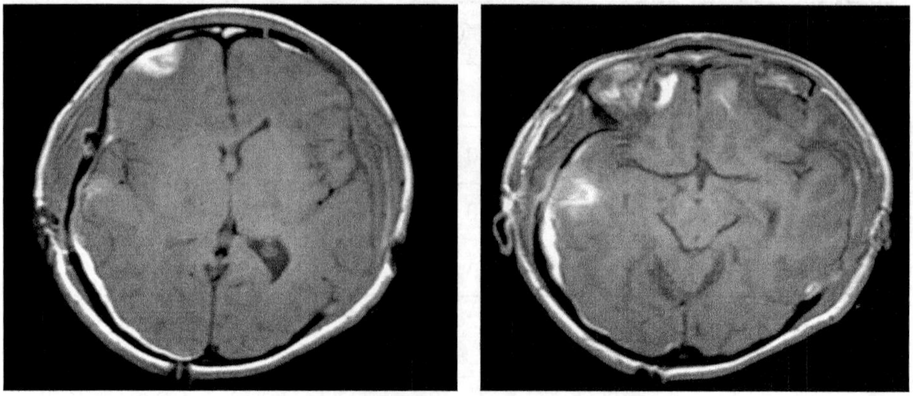

正常大脑 MRI(T2)图像

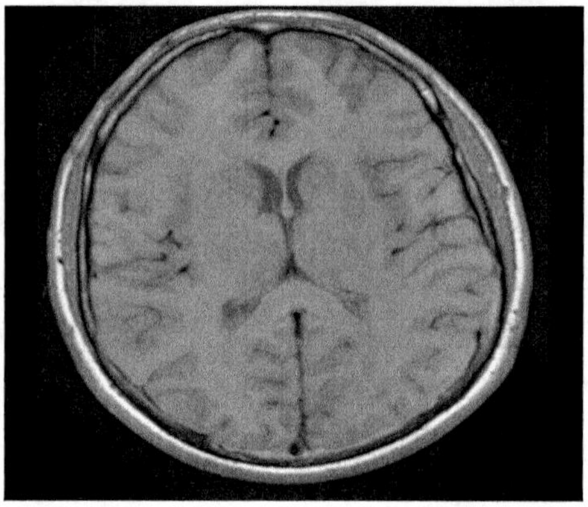

图 10.2　严重外伤性脑损伤患者 MRI 图像(上)与健康大脑 MRI 图像(下)之比较

三、军队中的中度到重度脑损伤

中度至重度脑损伤在军人中已受关注。它们通常在严重程度上有异常神经影像学的证明。加/减速伤如高楼抛物或高速行驶中的机动车事故造成了对大脑的巨大冲击，导致神经轴突的剪切和撕裂，进而造成弥漫性轴突损伤(diffuse axonal injury, DAI)(Morgan & Ricker, 2008)。这可以在核磁共振成像中被检测出来。从图 10.2 中可以看出，19 岁女性在一次机动车事故中严重受伤，导致她遭受重度脑损伤。颅骨骨折、挫伤和眼内/眼外伤在中度至重度脑损伤中是很常见的。继发性并发症如颅内压(intracranial pressure, ICP)、低氧(hypoxia，血液或组织中的氧气不足)、缺氧(anoxia，供

给器官或组织的氧气缺乏)、低血压(hypotension,血压低)和癫痫(seizures)随时可能发生。CT扫描通常用于紧接在TBI疑似中度至严重的情况下,以快速地评估出血(hemorrhage)、血肿(hematoma,血管爆裂导致局部部位因血液充斥而肿胀)和/或水肿(edema,异常的、大容量的液体流入循环系统或身体细胞间组织中的一种状态),因为这都可能导致死亡。

中度至重度脑创伤的急性症状包括:剧烈的头痛伴有进行性加重、头晕、疼痛、疲劳、睡眠困难、反复呕吐或恶心、抽搐或惊厥、无法从睡眠中醒来、一个或两个瞳孔扩大、语言问题、肢体无力或麻木、失去协调、混乱、烦躁和躁动等症状。在军队中,剧烈的头痛和呕吐这些症状被认为是"红色警报"(red flags),需要立即就医。

四、中度至重度外伤性脑损伤的治疗和康复

即刻治疗、中间治疗、康复治疗和过渡性治疗是完成从中度至重度外伤性脑损伤恢复的四个阶段。治疗中的每个阶段都因患者在每个阶段损伤的严重性、身体以及情绪状况的不同而不同。在军队中发生严重的外伤性脑损伤后,军人就会从战区进行医疗撤离。他们需要强化的康复服务,否则不太可能回到全职状态。他们通常将经受功能上的持久性损伤。患中度脑损伤后,军人通常会从战区中撤离。他们一般需要较少的强化康复服务,并且每个人回到岗位的可能性是不一样的。由外伤性脑损伤引发的行为及认知上的改变,可能会让他们面对纪律问题、工作问题以及家庭不和睦等困境。

在中度至重度外伤性脑损伤中,大量的认知恢复(如注意力、记忆力以及它们的恢复速度)首先会在事件发生后的第二年里进行(Schretlen & Shapiro, 2003)。病人脑损伤的严重程度往往决定了其伤势恢复的速度与程度。此外,多处身体伤势的恢复情况会使外伤性脑损伤的恢复变得复杂。由中度到重度的外伤性脑损伤产生的大脑受损可能会导致终身残疾,包括生理功能和心理功能的丧失。日常活动会变得更具挑战性,甚至对于那些完全康复的人来说也一样。生理与心理的变化会影响军人的个人生活、家庭关系、职业目标以及未来。中度到重度外伤性脑损伤对患者而言通常是一次改变人生的经历。作为外伤性脑损伤恢复和过渡过程的一部分,重要的是,社会工作者应为患者和他/她的家庭成员提供早期教育、干预以及持续的支持。

案例：阿尔伯特

阿尔伯特(Albert)向门诊部讲述了他的故事：他由于榴弹发射器的爆炸而遭受了严重的外伤性脑损伤，而且他的左眼也受了重伤。神经影像学检查表现为前额挫伤、硬脑膜下血肿和复杂的凹陷性颅骨骨折(主要是左前额区域)。LOC估计为30～60分钟，PTA大约为两个星期，由于阿尔伯特当时正服用镇静剂，而这会干扰到他的记忆，因此对他外伤性脑损伤的严重性检测并不十分精确。在患外伤性脑损伤后的几年里，他开始有癫痫症状，主要出现在他左前额区域，与其之前损伤的部位是一致的。他被要求做神经心理学评估，以评估他目前的认知功能，并提供治疗建议。

评估的时候，阿尔伯特一直有头痛、睡眠中断以及平衡的困难。他严重的眼伤最终导致其左眼失明。在认知上，他描述自己在记忆力和集中注意力上有困难，这些都是从事件发生后开始的。自从癫痫发作后，他的妻子注意到他在生理和认知上变得迟缓，并且很容易沮丧。他的各方面功能正在变差。在癫痫发作之后，他开始有焦虑和抑郁的症状，包括有自杀的念头。阿尔伯特描述的某些PTSD症状跟事故和手术后眼睛的变化有关。

阿尔伯特的神经心理学评估结果显示：他认知区域的大部分功能是完整的，但是存在独立完成任务的困难，这和左前额的大脑区域受损有关。评估结果和患者的外伤性脑损伤病史、神经影像学结果及癫痫发作现实是一致的。另外，头痛、永久性身体残疾的适应和心理症状(如抑郁、烦躁)也导致了他目前的临床状况。

阿尔伯特的临床表现、医疗病史和认知测试结果是一致的。他遭受了由榴弹发射器爆炸引发的严重外伤性脑损伤。在康复过程中，他接受了即刻治疗、中期治疗以及康复治疗。左眼手术及失明使得康复的步伐变得缓慢。在外伤性脑损伤之后几年，癫痫开始发作，这使得恢复情况变得复杂，并根本性地改变了康复的过程和步骤。在阿尔伯特的妻子及VA的支持下，他带伤退役，并向他全新的市民化生活过渡。

阿尔伯特的案例向我们呈现了一个有并发性伤害的严重外伤性脑损伤，这些并发性伤害对他的康复过程和时间安排产生了影响。与阿尔伯特的案例相比，下一个案例介绍了罗伯特复杂而不同的诊断。罗伯特的案例说明，除了应对中度至重度外伤性脑损伤有所了解外，了解一些头部反复受伤的知识也是重要的。在很短的时间内，一系列轻微的头部受伤也可能会使得恢复的速度变慢(Cifu & Drake, 2006)。因此，当与中、重度外伤性脑损伤人群一起工作时，熟悉所有伴随着受伤与恢复过程的细微之处显得尤为重要。

案例：罗伯特

罗伯特呈现的是一个更为复杂且不同的诊断，他是在伊拉克战争刚发生的几天后被转介到诊所的。他曾是海军陆战队步兵中的一员，在费卢杰(Fallujah)遭遇了残酷的叛乱活动。罗伯特在72小时内遭受了5次脑震荡。每次震荡都以紫心勋章作为奖励。

正式的神经心理学检测查出罗伯特有着广泛的认知缺陷。他还有严重的前庭平衡问题，这影响着他的日常活动。他因眩晕而不能驾驶机动车辆，即使作为乘客，他也会遭受晕车之苦。因此，从某种程度上来说，他宁愿步行也不愿乘车，虽然他有平衡障碍。他也被确诊有过度唤起，以及不断加重的惊吓反应和闯入性思维的症状，所有这些都和PTSD的诊断相一致。在三年后重新评估时，罗伯特仍然表现出认知损伤。由于这些缺陷的存在，他无法长久地保住一份工作。他的临床表现与“重复性脑损伤综合征”(Repetitive Head Injury Syndrome)相似，这是一种发生在一系列脑部创伤之后的状况，个体会经历认知能力的缓慢下滑(Cifu & Drake, 2006)。在这么短的时间跨度内发生一系列脑震荡之后，罗伯特的情况并不能简单地套用本章前面提供的分类表所介绍的关于外伤性脑损伤严重性的判断。罗伯特的缺陷还在持续，并使他日渐衰弱，因此，相比轻度脑损伤，其症状与中度脑损伤更为相似。

五、军队中的轻度脑损伤

在普通居民和军人中，有70%～90%的脑损伤被诊断为轻度的(Kraus et al., 1996; Thornhill et al., 2000; World Health Organization, 1992)。“轻度”一词是在创伤的急性阶段用来进行诊断分类的一个描述，它并不是根据个体自陈的症状来定义的。轻度外伤性脑损伤和脑震荡在临床上是同义词，可以交替使用。对于轻度外伤性脑损伤，并没有一个一致的标准去定义它，因此熟悉它的基本知识是重要的。

六、对轻度外伤性脑损伤的其他诊断性考虑

在过去几年里，一个新的名词出现在文献中。最新研究表明，意识改变(alteration of consciousness，AOC)或精神状况改变应该被视为外伤性脑损伤的最小阈值。这和先前所持的把意识丧失作为诊断症状标志的信念相反(McCrea，2008)。意识改变包括精神状态的急性改变，如困惑、迷失方向、思维放慢、感到"眩晕"或有"振铃"感。临床显示，意识改变已经成为军队中诊断因爆炸引起的轻度外伤性脑损伤的一个关键性标志。在战争中经历多次爆炸对军人来说是很常见的。

头部受伤后，个体的格拉斯哥昏迷指数(GCS)在13到15分之间，意识丧失的间隔不足30分钟，脑创伤后遗忘症持续不到24小时，就会被认为患有轻度外伤性脑损伤(见表10.1)。这也包括那些有意识改变(AOC)的人。对那些轻度外伤性脑损伤患者而言，包括核磁共振成像(MRI)和计算机断层扫描(CT)的神经影像在内的结果是不明显的。1993年，美国康复医学会(The American Congress of Rehabilitative Medicine，ACRM)建立了如下指导原则(Kay，Harrington & Adams，1993：86－87)。

> 轻度外伤性脑损伤是一种创伤引起的大脑功能的生理性紊乱，至少显示为以下几个方面之一。(1) 任何片段性的意识丧失(LOC)。(2) 事故后迅疾地对事件失忆。(3) 事故发生时精神状态的任何改变。(4) 局灶性神经功能缺陷可能是暂时的，也可能不是，但严重程度不会超过以下标准：(1) 片段性意识丧失约为30分钟或更少；(2) 30分钟后，格拉斯哥昏迷指数在13到15分之间；(3) 脑创伤后遗忘症(PTA)持续不超过24小时。

(一) 轻度脑损伤的相关症状

脑震荡后立即出现的症状可以分为以下3个方面。

1. 生理：头痛、恶心、呕吐、疲劳、视力模糊、对光线/噪声敏感、眩晕、平衡问题和睡眠障碍。

2. 认知：注意力的变化、专注力、短期记忆、处理信息的速度、判断和执行能力。

3. 行为/情绪：易怒、烦乱、抑郁、焦虑、冲动和侵犯。

这些症状可能单独出现也可能一起发生。如果它们在受伤后立即发生，可能只能被归因于外伤性脑损伤，而无法被之前已经存在的状况或其他的医疗或心理原因所解释。正如读者所注意到的，以上所列出的症状与外伤性脑损伤并无不同。事实上，这些症状也会在健康个体和那些有其他如抑郁或慢性疼痛的人身上频繁出现，就像在原因部分所描述的那样(Department of Veterans Affairs，2009)。

(二) 轻度外伤性脑损伤带来的脑震荡后综合征

当脑震荡后症状持续了至少 3 个月，就会被诊断为脑震荡后综合征(Postconcussion Syndrome，PCS)(American Psychological Association，1994)。脑震荡后综合征在轻度脑损伤的民事诉讼领域中一直是长期存在且有争议的诊断。从历史上来看，脑震荡被视为意识的短暂变化，与大脑中的病理改变无关。任何认知功能或行为功能的改变被期望只会持续很短的时间。在过去，器质性原因因为不断的抱怨而被摒弃，取而代之的是心理的或动机的归因(Snyder & Nussbaum，1998)。

有关脑震荡后综合征症状的非特异性的争论持续了很久：它们究竟确实属于神经学现象，还是由心理学的或非伤害的相关因素所维持。组成脑震荡后综合征的一系列症状完全是由病人自陈的。几项研究表示，在没有确诊受过脑部创伤的人群中，包括慢性疼痛患者、情绪障碍患者、被人身伤害的人以及正常健康的成年人，其脑震荡症状的发生率也相对较高(Howe，2009；Lippa，Patorek，benge & Thornton，2010；McCrea，2008)。轻度外伤性脑损伤发生后，不少人希望随着脑震荡后综合征症状的解决，TBI 也得以康复。

七、轻度外伤性脑损伤的治疗与康复

最近有证据表明，脑震荡的病理生理学涉及一段时间的代谢紊乱，如众所周知的出现在受伤时的“神经代谢级联”(neurometablic cascade)。在大多数脑震荡的案例中，接下来就是快速逆转并在受伤后的几天时间内恢复到正常的代谢功能(McCrea，2008)。轻度外伤性脑损伤一般都预期会彻底缓解症状并获得康复。已经公开的研究表明，在轻度外伤性脑损伤患者中，他们的认知功能在开始的几周内提高得非常迅速，在一到三个月内就能恢复到基线的（以前的）认知水平（Schretlen & Shapiro，2003）。然而，在军队中，创伤的恢复取决于伴随着轻度外伤性脑损伤而来的共病症状的复杂程度。例如，认知功能的恢复可能会被慢性头痛、药物治疗、药物滥用、PTSD以及其他因素所阻碍。

运动型的脑震荡不用长期医疗照顾来处置，与之相似，战区发生的脑震荡往往也直接在战区进行医疗处置。军人的安全问题是首先要被考虑的。在战场上，脑震荡带来的急性症状可能会使军人处于危险中。脑震荡会影响到军人操控武器、操作重型机器以及遵循安全程序的能力。脑震荡之后，军人一般会有一段休息的时间（比如在战线的后方待上24小时），随后对病情进行再评估，只要症状消失就马上返回任务中。他们一般不要求复原。但是，即便是轻度外伤性脑损伤，也会造成行为和认知问题上的改变（如集中注意力存在困难、行动速度变慢），从而使军人处于纪律问题和工作表现变化的风险中。共病因素包括身体症状，如头痛、睡眠不足，这些共病因素会加重症状。由于战争环境的限制，由轻度外伤性脑损伤导致的微小变化在战区并不明显。但是，一旦军人被调回，他们就会发觉由脑损伤或可能不是脑损伤带来的一些改变。

干预轻度外伤性脑损伤的方式有很多。对轻度外伤性脑损伤的定义也缺乏一致的标准，对轻度外伤性脑损伤的研究与治疗很多，却只有很有限的有经验支持的干预方法。对康复的早期心理教育是重要的。对轻度外伤性脑损伤的干预经常针对表现出来的一些症状而进行。像头痛、抑郁、认知能力受损、心理困扰、功能障碍以及一般的脑震荡后综合征，这些症状就是很多已知干预的焦点（Comper et al.，2005）。团体干预，包括补偿性策略培训，会使抑郁和功能紊乱的症状有所缓解。

随着早期教育和干预的开展，大部分轻度外伤性脑损伤患者都能成功康复。在下一个案例中，迈克尔展现了一个从轻度外伤性脑损伤中完全康复的案例。但是，不是每个患者都和迈克尔的案例一样直接明了。对精神健康服务人员而言，在对轻度外伤性脑损伤患者评估各种治疗选择时注意共生因素是很重要的。

案例：迈克尔

迈克尔在完成了两场战斗任务后来到诊所（2007 & 2008）。他经历过两次爆炸，这让他经常产生短暂的眩晕，但在几秒钟或几分钟后又恢复正常。在这两次事件之后，他并没有得到医疗处理。之后不久，他又作为一名全职摄影师前往阿富汗服役。他在临床会谈中报告他能够完成任务，没有任何困难，他的指挥官表示同意。

他是应指挥官的要求来见工作者的，他的指挥官想要评估他在今后的军事任务中状态如何，因为他有可能曾经有过意识改变（AOC）和轻度脑震荡。他否认自己的心情变化及易怒次数的增多。他没有接受精神健康服务。他还否认自己有使用违禁药物的历史，也否认过去或现在有药物滥用的问题。他否认任何身体不适或认知困难。

总的来说，神经心理学评估的结果揭示了他在所有认知方面都功能完整。他的表现和外伤性脑损伤并不一致。如果患者的轻度脑震荡病史比前两年的情况有所好转，且无功能性的临床症状的话，他会被考虑去做全职工作甚至会被再部署。

八、共生障碍的恢复

尽管创伤后应激障碍和脑震荡后综合征的症状相交叉、很难区分，但有些症状却是各有特色的。创伤后应激障碍和作战压力是由过度唤起的边缘系统所驱动的，这个系统导致闪回、侵入性思考和再体验现象。这些症状不是外伤性脑损伤所独有的。

脑震荡后综合征的产生有一些生理基础，如头痛、眩晕、恶心以及呕吐。脑震荡/轻度外伤性脑损伤与创伤后应激障碍是不同的。脑震荡是历史事件，创伤后应激障碍则指接触创伤后的特殊情境或症状。如图 10.3 显示，在这两种障碍的交叉区域，是它们共有的症状，包括认知缺陷、易怒、失眠、

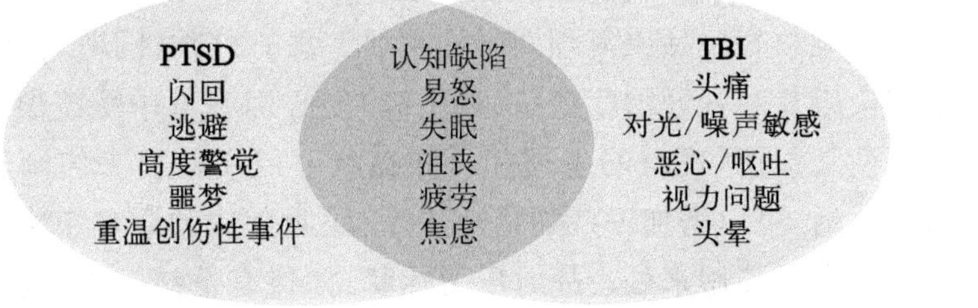

图 10.3　PTSD 和 TBI 症状交叉区域说明

沮丧、疲劳和焦虑。

共有症状的交叉区域和脑震荡后综合征的非特异性使得对脑震荡的诊断变得复杂，尤其是在战场上出现的脑震荡。因为战场上的环境因素非常复杂，所有注意力都集中在迫近的危险当中，认知功能与行为的细微变化（如更加易怒）容易被忽视。在诊所，军人经常提到，他们直到从部署中返回不再在战区作战才发现那些变化。战斗行动后的生活调整会使症状增加。情绪和行为的变化经常首先被家人发现。

鉴别诊断随着军人的多次调动和多次爆炸而越具挑战性。然而，正如之前所提到的，脑震荡是个历史事件，随后症状剧烈地表现出来。唯一的例外是，一名军人的症状没有被提早发现或构不成脑震荡。例如，如果一名军人参与到几个小时的炮战当中，因为激动和只想着求生而忽视了头痛或其他生理症状。另一个例子就是，一位多发伤患者在战场上受伤，为控制伤痛而使用麻醉剂。经常性地，这些患者甚至意识不到他们患有脑震荡，直到镇静剂和疼痛问题被控制住。在那个时候，经常会有认知或行为的改变出现。即使在这种情况下，我们仍然期望脑部功能可以快速康复。而创伤后应激障碍的症状正如大家所知道的，会在多年甚至一生中表现得时好时坏，就像一项对越南战争退伍老兵的再适应研究所显示的那样（Kulka et al.，1990）。

作为一个临床工作者，我们要经常问自己，是否我们太快将一个军人诊断或标签为“失调”，而他们自己可能从军事部署和脑部生理机能的变化中体验到的是“适应”的症状。除了了解创伤后应激障碍与外伤性脑损伤的共同之处外，还必须考虑其他可能导致日常活动受损的因素。医疗上的并发症如慢性疼痛、头痛、药物滥用、情绪失调和失眠等可能会影响生理及心理的状态。

如“案例：乔舒亚”所示，神经心理学测试在评定认知功能和症状的严重性上是很有用的。了解外伤性脑损伤的发病史和相关知识也很重要。提供早期心理教育包括康复预期同样重要。患有外伤性脑损伤的患者从聚焦于积极康复和处理治疗症状（如头痛）的心理教育中受益颇多。对于轻度外伤性脑损伤，现有的生理和认知症状可以用药物来控制，而且，如果有必要的话，可以增加一些如物理治疗、职业疗法和语言疗法的辅助治疗。精神健康干预用来处理战时压力症状，如伴有情绪障碍、自杀或他杀想法、易怒和侵犯的状况。

案例：乔舒亚

一名战地医护兵来到我们的诊所做疑似战地脑震荡的评估。他是由他妻子陪着来的，他妻子说他回家之后行为发生了很大的变化。乔舒亚(Joshua)刚从伊拉克和阿富汗战争的第五次部署中回来。他报告说他多次与爆炸点很近，导致他有时候会感到“眩晕”。有趣的是，乔舒亚提出了一个问题，他说我们经常在一些震荡的地方发呆凝思，他问“你认为我有任何因爆炸或震动而引起的生理晕眩吗?”问得好，因为当时我们很难知道他的大脑对这个冲击波或情绪冲击做出了什么身体反应和生理反应。

乔舒亚继续描述他的军事部署任务以及作为一名战地医护兵的工作。在战地，战地医护兵被接受服务的人称为“医生”，并且在大多数情况下，他们是第一个对伤者做出回应的。经过五次部署之后，乔舒亚变得很沉默、易疲劳，用他自己的话来说，就是变得疏远身边的人了。他报告说自己会有高度警觉和模糊的侵入性思考的症状，那些思考“重播”着在战地发生的事件。他有轻微的头痛症状，并曾服用一些非处方药来治疗。他的神经影像显示的结果并不显著。他开始注意自己从战区回来后的头痛状况。他抱怨最多的是记忆问题以及自己易怒的脾气。神经心理学的评估结果显示他有注意力缺陷。与他自陈的记忆问题相反，他在涉及工作表现方面的记忆在正常范围内——是好的。在认知上，他的资料和轻度外伤性脑损伤的情况也不一致，这暗示着他与爆炸事件相关的认知困难可能已经解决了。在面谈过程中，他的自评问卷和对一些症状的报告与PTSD的症状更吻合。

两个星期之后，乔舒亚和他的妻子回来反馈神经心理学的评估结果。他们刚开始打招呼时很严肃，乔舒亚解释他近期曾因有扰乱社会治安的行为而被逮捕过。他妻子认为这是她的错，因为她对回到一对年轻夫妻的常规生活感到很焦虑。她坚持让他陪自己去附近的酒吧，而他从最后一次被部署前开始就再也没有喝过酒了。然而，那一次，他喝了两杯。当音乐伴着“枪火”的节奏响起来，天花板上的灯光投射到各处，朦胧闪烁，酒精和周围环境的变化让乔舒亚很混乱，他以为自己回到了伊拉克战场。根据他妻子的描述，当时他大声吼道“趴下!”，并把几名顾客摁倒在地板上，朝着他们怒吼，让他们到安全的地方去。后来安保人员过来了，并把他带走了。他的妻子向安保人员解释他刚刚经历过他的第五次军事部署，事情才得以解决。当乔舒亚爬到一辆等待中的出租车后座上时，司机转过头来问“我们去哪儿”，这个司机看上去是个中东人，乔舒亚的反应很糟，他殴打了司机，后来就被带到拘留所了。

回顾这个案例，在诊断时有几个因素可以被纳入考虑。乔舒亚经历过爆炸，可能他的意识改变也表明他受过脑震荡。但他并没有任何持续性的症状。他在没有药物治疗的情况下也可以很好地完成部署任务。当他从战区回来后，他开始注意到自己的轻微头痛现象。由于他的头痛发作离之前的爆炸事件有很长一段时间了，所以他的头痛被认为可能跟脑震荡无关。

他在接受评估时反映，最大的问题是他记忆变差了，情绪也比较易怒，在之前的测试中，这个问题也被注意到过。记忆问题经常会让病人感到困扰。乔舒亚的测试结果显示，他能够学习一些重要的东西并高效率地记住它。但他在保持注意力方面有些困难。长期以来，与PTSD有关的过度唤起已经干扰到他保持注意力的能力了(Vasterling & Brewin, 2005)。易怒情绪可能会和脑震荡以及PTSD有一定的关系。

如果对作战压力给这名战地医护兵带来的影响有任何疑惑的话，那么他在酒吧导致他被逮捕的那个反应是他的PTSD活动症状的一个独特表现(如闪回、重温创伤性事件)。不幸的是，乔舒亚的情况发生在他们当地的退伍军人法庭开办之前，而这个法庭可以给退伍军人们提供治疗，而不是简单给一个犯罪的判决或记录。

九、结论和未来考虑

外伤性脑损伤，尤其是由爆炸引起的轻度外伤性脑损伤，是近几年战争的主要伤病。从伊拉克战争/阿富汗战争到“新黎明行动”，战争一直在继续。独自暴露于战斗中是足以改变军人们一生的经历，他们也会受到个人复原力和脆弱程度的影响。轻度外伤性脑损伤使复原变得复杂，还有之后的适应普通公民的生活。从身体限制到情绪束缚，战士们从战场上回来的时候在某种程度上就已经被他们的战争经历改变了。在战争中，没有不受伤的军人(Jose Narosky，2011)。

作为一名临床工作者，了解现有的医疗标准是重要的，这些标准说明爆炸和脑损伤之间不能画等号，最低程度的意识改变是评估脑损伤的一个阈值。关于爆炸对大脑影响的研究还处于起步阶段。正如现有的研究所呈现的那样，神经影像学如单光子发射计算机化断层显像(SPECT)、弥散张量成像(DTI)和脑磁图(MEG)将会为关于大脑康复的遗留问题提供答案。根据我们现有的知识基础，治疗军人的轻度外伤性脑损伤的方法和治疗因运动受伤的人的方法相似。教育的重点是让症状变得正常化，并保护他们免受进一步的伤害。对康复治疗的积极预期是被期待的。还有一个重要事项是，要记住，伴随轻度外伤性脑损伤的症状有很多，而且没有任何两个患者的症状是相同的。了解损伤的严重性、对康复的预期和并发因素，将有助于引导你做出一个正确的治疗方法推荐。

本章问题讨论：

1. 一名运动员来到你的办公室，告诉你他周末时正在打网球，突然被球拍击中，倒在地上，晕厥了 20 秒，醒来后记不起先前打球的那一小时所发生的事，他告诉你他感到“眩晕”。他脑震荡的严重性是哪个程度？

2. 一个海员定期来你的诊所。在最近一次拜访中，他告诉你他常感到眩晕、易怒、思考困难、头痛、沮丧。他最近还有脑震荡或轻度外伤性脑损伤以及作战压力的情况。他的哪一种症状和作战压力有关？哪一种症状可能和他的脑震荡或轻度外伤性脑损伤有关？哪一种症状是两者交叉的部分？

3. 你正在和一名海军陆战队员进行一次会谈，她告诉你她患有轻度脑震荡，片段性遗忘时间为 10 分钟，脑外伤后遗忘时间为 1 小时，并且还有其他轻微症状。在翻看她的医疗记录时，你发现她被侵犯过，并有阳性的脑影像检查结果。她报告的片段性遗忘症状和脑外伤后遗忘症状与医疗记录是一致的。那她外伤性脑损伤的严重性是哪个程度？

4. 除了外伤性脑损伤外，还有什么能影响格拉斯哥昏迷评分？

5. 在第一次脑震荡解决之前，发生第二次脑震荡可能意味着什么？

参考文献：

American Psychological Association. (1994). *Diagnostic and statistical manual of mental disorder* (4th ed.). Washington, DC: Author.

Brenner, L. A., Homaifar, B. Y., Gutierrez, P. M., Harwood, J. E. F., Adler, L. E., Terrio, H.,... Warden, D. (2010). Neuropsychological test performance in soldiers with blast-related mild TBI. *Neuropsychology*, *24* (2), 160 - 167.

Cantu, R. C. (1998). Return to play guidelines after a head injury. *Clinics in Sports Medicine*, *17*, 45 - 61.

Cifu, D. & Drake, A. (2006, August 17). Repetitive head injury syndrome. *eMedicine.com*. Retrieved from http://www.emedicine.com/sports/topic/113htm.

Comper, P., Bisschop, S. M., Carniden, N. & Tricco, A. (2005, October). A systematic review of treatments for mild traumatic brain injury. *Brain Injury*, *19* (11), 863 - 880.

Department of Defense Numbers for Traumatic Brain Injury. (2009). DVBIC.org.

Department of Veterans Affairs. (2009). *VA/DOD clinical practice guideline for the management of concussion/mild traumatic brain injury* (Version 1.0). Department of Veterans Affairs, Department of Defense.

Howe, L. L. S. (2009). Giving context to post deployment post concussive-like symptoms: Blast related potential mild traumatic braining injury and co-morbidities. *Clinical Neuropsychologist*, *23* (8), 1315 - 1337.

Huckans, M., Pavawallan, S., Demadura, T., Kolessar, M., Seelye, A., Roost, N.,... Storzbach, D. (2010). A pilot study examining the effects of cognitive strategy training treatment on selfreported cognitive problems, psychiatric symptoms, functioning, and compensatory strategy use in OIF/OEF combat veterans with persistent mild cognitive disorder and history of traumatic brain injury. *Journal of Rehabilitation Research & Development*, *1* (41), 43 - 60.

Jennett, B. (1996). Epidemiology of head injury. *Journal of Neurology, Neurosurgery & Psychiatry*, *60*, 362 - 369.

"Jose Narosky." (2011, June). Quote, n.d. http://www.quotationspage.com/quotes/Jose_Narosky/.

Kay, T., Harrington, D. E. Adams, R., Anderson, T., Berrol, S., Cicerone, K.,... Malec, J. (1993). Definition of mild traumatic brain injury. *Journal of Head Trauma Rehabilitation*, *8* (3), 86 - 87.

Kraus, J., McArthur, J., Silberman, T. & Jayaraman M. (1996). Epidemiology of brain injury. In R. K. Narayan, J. E. Wilberger Jr., J. T. Povlishock (Eds.), *Neurotrauma* (pp. 13 - 30). New York, NY: McGraw-Hill.

Kulka, R. A., Schlenger, W. E., Fairbank, J. A., Hough, R. L., Jordan, B. K., Marmar, C. R. & Weiss, D. S. (1990). *Trauma and the Vietnam war generation:*

Report of findings from the national Vietnam veterans readjustment study (p. 322) New York, NY: Brunner/Mazel.

Langlois, J. A., Keglar, S. R., Butler, K. E., Gotsch, R. L., Johnson, A. A., Reichard K. W.,... Thurman, D. J. (2003, June 27). Traumatic brain injury discharges. Results for a 14-state surveillance system. *Morbidity and Mortality Weekly Report (MMWR) Surveillance Summaries*, *52* (4),1 - 18.

Lezak, M. D., Howieson, D. B. & Loring, D. W. (2004). *Neuropsychological assessment* (4th ed.). New York, NY: Oxford University Press.

Lippa, S. M., Patorek, N. J., Benge, J. F. & Thornton, G. M. (2010). Postconcussive symptoms after blast and nonblast-related mild traumatic brain injuries in Afghanistan and Iraq war veterans. *Journal of the International Neuropsychological Society*, *16* (5), 856 - 866.

McCrea, M. A. (2008). *Mild traumatic brain injury and postconcussion syndrome*. New York, NY: Oxford University Press.

Morgan, J. E. & Ricker, J. H. (2008). *Textbook of clinical neuropsychology*. New York, NY: Taylor & Francis.

Rancho Los Amigos National Rehabilitation Center website. (2006). http://www.rancho.org/gi_history.htm.

Schretlen, D. J. & Shapiro, A. M. (2003, November). A quantitative review of the effects of traumatic brain injury on cognitive functioning. *International Review of Psychiatry*, *15*, 341 - 349.

Snyder, P. J. & Nussbaum, P. D. (1998). *Clinical neuropsychology: A pocket handbook for assessment*. Washington, DC: American Psychological Association.

Thornhill, S., Teasdale, G. M., Murray, G. D., McEwen, J., Roy, C. W. & Penny, K. I. (2000). Disability in young people and adults one year after head injury: Prospective cohort study. *British Medical Journal*, *320*, 1631 - 1635.

Vasterling, J. J. & Brewin, C. R. (2005). *Neuropsychology of PTSD: Biological, cognitive, and clinical perspectives*. New York, NY: Guilford Press.

Warden, D. (2006). Military TBI during the Iraq and Afghanistan wars. *Journal of Head Trauma Rehabilitation*, *21* (5),398 - 402.

World Health Organization. (1992). *International statistical classification of diseases and related health problems* (10th ed.). Geneva, Switzerland: Author.

第十一章　外伤性脑损伤和社会工作实务

Margaret A. Struchen, Allison N. Clark & Allen Rubin

作为"伊拉克自由行动"和"持久自由行动"中突出的创伤类型，TBI在军人中有着高发病率，而且现在它在美国普通民众中和国际上也有高发病率（Finkelstein，Corso & Miller，2006；Kraus & McArthur，1999；Selassie et al.，2003；Zaloshnja et al.，2005），因此，在健康照顾机构或其他服务于军人或退伍军人的机构工作的社会工作者都可能碰到一些患有TBI的个案服务对象。前面一章为社会工作者提供了关于TBI生理方面的、对它的评估和它涉及的心理社会功能方面的知识。本章将在上述信息的基础上，详尽描述那些知识在社会工作实践中的运用意义。本章呈现的很多信息都来自《系统取向的社会工作实务——外伤性脑损伤患者的服务》（*Systematic Approach to Social Work Practice: Working with Clients with Traumatic Brain Injury*）（Struchen & Clark，2007），这本手册是为那些并不专门服务于TBI患者，但有可能在他们的实务工作中遇到这些个案的社会工作者服务的一项资源。

社会工作者在服务TBI患者的社会工作实践中的角色可能包括：代表服务对象的利益做一些倡导；治疗团队和服务对象家庭之间的联络员；转介资源；向服务对象和/或他们的家庭提供咨询服务或提供支持系统；制订出院计划；倡导与TBI相关的公共政策；告知服务对象及其家庭有关经济援助和社会援助的来源；帮助服务对象及其家庭申请这些援助。社会工作者个体在何种程度上扮演其中的各个角色在很大程度上取决于他或她所在的机构。在扮演这些角色的问题上，本章依据问题焦点模型（problem-focused model）描述了一个实用的方法，以帮助工作者服务于这些患有TBI的服务对象。这个模型概述了社会工作者在用康普顿和加拉威（Compton & Gallaway，1989）确定的六大干预步骤时可能会考虑到的知识、态度和技能。这六个阶段为：

1. 接触（Contact）；

2. 问题识别、数据收集和预估(Problem identification, data collection, and assessment)；

3. 个案计划(Case planning)；

4. 干预(Intervention)；

5. 评估(Evaluation)；

6. 结案(Termination)。

此外，提供的信息兼顾到了创伤的严重性和长期性这两个方面，因为问题呈现和治疗需要会因这两方面的不同而有所差异。本章的余下部分是按上述六个阶段来组织的，并且强调对每个阶段的态度问题、知识需要进行干预，还包括对特殊技巧的建议。对于有兴趣在这些问题上做更深入探讨的读者，前面提到的手册可以从免费网站(www.tbicommunity.org)上下载。

一、接触

接触阶段包括最初接近服务对象和他或她的支持系统，其目的是去建立融洽的关系，并对问题识别和定义进行一些基础性的工作以及目标识别。在与患有中度或重度 TBI 的军人或退伍军人接触的初始阶段，社会工作者应该考虑自己对 TBI 持有的所有先入为主的想法，以及他或她对各种感觉的、运动的、认知的和情感/行为的障碍的舒适水平。对于那些在急性创伤照顾机构中工作的社会工作者而言，评估与那些服务对象接近和互动的舒适水平是必要的，这些服务对象可能是普通插管的、气管被切开插管的、有颅骨缺损的等，或与之类似的。这些机构中的社会工作者应该意识到，自己需要能够容忍急性创伤照顾机构中的所见所闻。如果社会工作者与有感觉运动损伤、认知损伤或行为损伤的个体互动时感到不适，那么在机构环境中与 TBI 患者一起工作时，舒适水平也可能是一个问题。最后，社会工作者应该对可能存在的所有障碍有所察觉，这些障碍来自对服务对象寻求帮助的动机如诉讼或再度获益有先入为主的观念。

社会工作者在接触阶段需要掌握的知识包括 Boyd 和 Asmussen 在第十章中讨论的那些，如了解有轻度与中度或重度 TBI 的服务对象体验到的典型的、不同的问题。鉴于这样的认识，社会工作者应该检查服务对象的病历或与医务人员交谈，并了解服务对象如何才能很好地回应医务人员。若与患有中度或重度 TBI 的服务对象工作，尤为重要的是在接近服务对象之前就要获得这样一些信息。特别是在一些急性创伤照顾机构中，这样的服务对象可能在回应社会工作者上是有能力限制的，甚至是没有能力的。为这些服务对象工作，社会工作者可能需要与其某位家庭成员或法定代表人进行初步接触。

在急性期，所有重度 TBI 的个体都应该被评估他们表现出的定向水平和混乱程度(无论是通过翻看过往病历，还是通过简短的定向评估)，因为有些服务对象虽然能够与社会工作者对话，但并不能精确地复述过去，或者只能对互动回忆起一部分甚至根本回忆不起来。上一章提供的一些评估工具可以在这方面发挥作用。一份简短的定向评估也可以在短短几分钟内非正式地进行：例如，询问服务对象他们的名字；他们的出生日期；他们的年龄；目前的日期、月份或年份；他们住在哪个城市；他们现在在哪种类型的医疗机构；昨天发生了什么；是什么导致了他们住院的；最近是否有人来看望过他/她。如果服务对象在很多这样的问题上难以回答，那么，寻找一位家庭成员或其他决策者来协助他/她将是适当的。

纵观与这类服务对象一起工作的过程，社会工作者应不断地对医疗信息进行评估，来了解服务对象什么时候是充分响应的、是愿意参与与社会工作者的互动的。

对医疗信息的评估也将告知社会工作者有关服务对象感觉或运动功能损伤的经历，这将影响他们与服务对象之间的互动。例如，服务对象可能有视觉损伤，这就要避免交给他们需要阅读的东西；或他们可能有运动功能损伤，所以应避免和他们握手。在评估医疗信息时，熟悉与 TBI 相关的医学术语是有好处的。如果搜索 TBI 词汇表，你可以找到一些有用的在线的 TBI 词汇。一个涉及军队 TBI 的网址是：http://www.military.com/benefits/content/veterans-health-care/tbi-glossary.html。

在接触阶段，另外一个很重要的方面是知道如何与有认知困难的服务对象互动，比如认知加工过程缓慢、关注困难、记忆困难、存在视觉空间问题或者问题解决困难；还有知道如何和有行为/情绪问题的服务对象互动，如启动不佳、失控/冲动、情绪不稳定。与有这些困难的服务对象互动的小贴士被归纳在表 11.1 中。

表 11.1　与有认知困难或行为/情绪问题的服务对象互动的建议

认知困难	认知加工过程缓慢	使用短句子； 在一段时间内只表达一个想法； 在一段时间内只鼓励一个人说话； 耐心等待服务对象的反应； 鼓励服务对象进行语义重述，以确保该消息已经被理解； 如果必要的话就重复信息； 提供一份能够补充你的语言信息的书面小结

续　表

<table>
<tr><td rowspan="4">认知困难</td><td>关注困难</td><td>把会谈计划得短一点，分几次进行，而不是一个长的会谈；
限制导致分心的其他来源（如关掉电视、关门以挡住走廊的噪声）；
使用短句子，并在一段时间内只表达一个想法；
提问和/或礼貌地提请服务对象加强关注</td></tr>
<tr><td>记忆困难</td><td>提前一天提醒服务对象你们的约见，或者在约见的当天上午提醒也可以；
告知服务对象的家人或朋友预约时间；
提供一份信息的书面小结给服务对象，他/她以后也能参考这份信息；
提供要求以后约见的书面说明</td></tr>
<tr><td>视觉空间困难</td><td>把服务对象安排在靠近他/她所参与的这个空间的一侧，这样可以避免惊吓到服务对象；
把你想让服务对象看到或读到的材料放置于他/她所参与的这个空间的一侧；
用红笔沿你所陈述的书面材料的纸张边缘描一条红线，红线应该位于纸张上与服务对象忽略的那一边相对的那一侧，这条线可以作为一个“锚定”，以帮助服务对象完整地扫描到材料</td></tr>
<tr><td>问题解决困难</td><td>考虑：
• 提供完成给定任务需采取步骤的书面列表；
• 邀请一位家人或朋友参加讨论，这样服务对象将有“靠山”来帮助他/她完成工作</td></tr>
<tr><td rowspan="3">行为/情感问题</td><td>启动不佳</td><td>提供提示给服务对象，以确定他们是否有问题；
找一个家庭成员或朋友帮助提示服务对象开始和完成任务的要求；
开发一个提示系统，它可以帮助服务对象跟进任务（如具有提醒功能的办公人员电话，让护理人员和治疗人员使用日历或备忘簿，用电子日历通过电子邮件来提示服务对象）</td></tr>
<tr><td>失控/冲动</td><td>在你与 TBI 服务对象的初步接触中，你可以尝试处理冲动问题：
礼貌地把服务对象重新引导向现在谈话的主题；
让你的语调冷静而平稳；
如果安全不是一个问题，那么忽略掉问题行为，并用专注和赞美来强化被期待的行为</td></tr>
<tr><td>情绪不稳定</td><td>当服务对象存在情绪不稳定时，你可以试试：
• 礼貌地再引导服务对象；通常，用另一个主题分散服务对象的注意力可以弱化服务对象的情感反应；
• 尽量不要再过度参与到这种情感表现中，因为这可能会加剧服务对象的反应</td></tr>
</table>

二、问题识别、数据收集和预估

在这个阶段，社会工作者开始发展与服务对象的治疗关系，收集服务对象对他们问题的看法和确定干预目标。与接触阶段一样，社会工作者的舒适程度是重要的。社会工作者需要对获得的医疗信息感觉舒服（如前面所讨论的），询问识别出表 11.1 中的问题，并处理其他潜在的共病问题，如药物滥用和精神疾病。同样，社会工作者需要了解服务对象所体验到的轻度、中度至重度的 TBI，就如前一章中所讨论的那样。

服务对象的医疗记录是信息的最初来源，尤其对中度至重度的服务对象而言。检查医疗记录中的相关领域信息：受伤的日期；其严重程度；神经外科手术的结果和类型（如果适用）；身体、认知、情感和行为上的改变；获得的治疗和治疗的进展；辅助装置；活动限制和建议。留意何时获得有关损伤的时间和与服务对象接触的时间的信息是重要的。例如，如果你正在查看神经心理学评估的结果，这个评估是在病人患重度 TBI 两个月之后做的，你现在看到的是已受伤三年的服务对象，那么这些评估结果已经没有多少用处了。这项初始评估相对重要的是它可能意味着这个患者已经有些改善了。你可能会想要寻求更近一些的评估，或者你可能想要重新评估。如果这是不可能实现的，你将需要更多地依靠你的临床面谈去了解服务对象目前的状态。

由于你可能无法得到医疗记录，也有可能你得到的是过时的信息，还可能你缺乏一些相关的信息，那么，你的临床面谈可能对收集目前体验到的问题的相关信息是非常重要的。由于有些服务对象缺乏对他们自身困难的觉察，或可能难以自己列明自己的问题，那么，首先以一般的方式使用一套提问的策略将是有用的（例如，“你有没有注意到自从你受伤之后你的想法有变化呢？”），然后问一系列更具体的问题（例如，“你有什么记忆困难吗？”）。除了获取有关身体、认知和情感/行为的信息外，询问服务对象是否注意到自受伤那时起他的功能有什么改进或恶化也是重要的。

因为家庭和其他成员组成的支持系统在帮助服务对象最大限度地发挥自己的潜能，并在过渡到社区生活中起着重要作用，因此社会工作者需要评估家庭压力源和情绪困扰、家庭角色和角色期望的改变，以及能够帮助这个家庭的物质资源和社会资源的可及性，如需要实际的交通协助和照顾孩子，需要压力管理技巧和/或支持性辅导或治疗服务，以及需要关于 TBI 的教育资源。

评估期间，从家庭获得的信息涉及受伤前的家庭角色和受伤之后对这些角色的家庭期望。例如，以前孩子的首要照顾者现在是否必须全职工作？当这些角色转变的时候，可能会经受什么情绪困扰？哪些资源是可以在家庭系统内获得的，这些资源有助于履行各种角色以满足必要的家庭功能吗？这个信息应该从多个家庭成员那里获得，谁都有可能对这些问题有不同的观点，包括有脑损伤的服务对象。

同样重要的是，要从总体上去了解服务对象受伤前的心理社会功能。例如，持续的药物滥用问题可能会妨碍服务对象从 TBI 中恢复。同样，了解受伤前关于教育、就业、医疗问题、心理健康/疾病、法律问题等的历史，将有助于工作者识别影响服务对象功能的潜在资源、促进者和妨碍者。

在与 TBI 患者一起工作时，至关重要的是探索他们的优势，以及找出问题存在的领域。需要评估的优势类别包括感觉/运动、认知和情感/行为的功能。例如，如果 TBI 已经使得服务对象出现记忆问题，但他们拥有组织优势，那么，社会工作者就可以帮助他们提出一个办法，即用他们的组织优势来跟踪所需要的信息。同样，支持如平静、友好或幽默感等情绪优势，也可以帮助服务对象提升社会功能。除了了解服务对象的内在优势外，社会工作者也应该了解服务对象的外部优势：如服务对象在他/她的支持系统内所拥有的亲友数量（以及与这些关系人接触的质量和频率）、经济资源和可利用的交通资源。

最后，重要的是要注意到每一个脑损伤者都是不同的。例如，有些遭受重伤的人可能遇到突出的记忆问题，而另一些受重伤的人却可能只有轻度的记忆问题。人们体验到的结果取决于损伤的严重程度、损伤的位置（大脑的什么部分被伤害）、损伤的机制及其他因素。虽然有些问题在中度到重度伤害中更常见，但是，一个被诊断为轻伤的人经历在中度至重度伤害的患者中更普遍的症状也是有可能的。因此，无论伤害的严重程度如何，对所有功能领域进行全面的评估，将是进行有效的个案计划和干预的关键。

三、个案计划

在这个阶段，社会工作者在前一阶段所收集的信息基础上，根据服务对象的决定和偏好发展出一个干预计划。这个过程涉及社会工作者在遇到服务对象的这个临床机构的背景下，整合从医疗记录、从服务对象和他/她的家庭支持系统中获取有关当前状态、资源和最终目标的各种信息。认识到在多大程度上平衡服务对象的目标和家庭的目标，以及在社会工作者自身的服务需求评估中，社会工作者在多大程度上感觉舒适，都显得尤为重要。当需要的时候，社会工作者对服务对象寻求其他专业人士的帮助或咨询感到舒适的水平也应该被列入考虑范围，尤其是当那些受雇机构里缺乏与健康照顾有关的学科时。在其他机构，与其他健康护理专业人士持续合作也是非常重要的，我们也建议在跨学科或多学科团队中工作的社会工作者对自己的舒适程度进行自我评估。

干预计划的第一部分涉及制订现实的治疗目标。社会工作者关于什么是“现实的”的看法将牵涉到整合收集到的预估信息，以及从前一章获取的关于轻度、中度、重度水平 TBI 的限制和能力的相关知识。这个过程的一个具有挑战性的方面是要保持“以案主为中心”的焦点，平衡服务对象和其家人的期望，以及从其他来源收集到的数据，如对认知和行为的优势和不足的评估。

社会工作者的目标应该是帮助服务对象和他们的家庭确定治疗目标，这个目标应该基于服务对象当前功能水平的现实和可实现的程度来制定。当前的现实和对服务对象受伤前的能力状况的认识之间存在着反差，这个反差可能让服务对象和他们的家庭很痛苦。社会工作者因此需要使用他们的同理和治疗关系技巧，以及对哀伤和丧失问题及服务对象降低自尊的可能性保持敏感。因此，在帮助服务对象形成切合实际的目标时，一方面需要极大的敏感度，另一方面也不要直接否定服务对象对很快达到长期目标的不切实际的愿望。与否定服务对象的这种希望相反，社会工作者应该肯定他们的长期目标，同时制订短期的和中期的步骤，以朝着长期目标去努力。例如，对非常渴望立即恢复管理工作的服务对象，我们可能会鼓励他们先从某些类似的工作开始，可能是(但不一定)当志愿者。因此，社会工作者要能够支持服务对象的希望，同时帮助他们采取初步的、现实的步骤去达成他们的长期目标。社会工作者务必避免向服务对象表达他们永远也不会达到他们的目标的想法。浇灭这样的希望可能会适得其反，并且会伤害治疗关系，而良好的治疗关系是所有社会工作干预有效的一个必要前提。

在概念化的目标里，考虑好你在哪个时间点上开始与服务对象就他受伤后的特定恢复过程一起工作是很重要的。对只有轻度 TBI 的服务对象而言，很可能在受伤后的最初几个月其功能就会恢复到接近受伤前的水平。但并不是每个人都以相同的速度好转，并且很多因素(如年龄、药物使用、后来又受伤，或过去有好几次轻度 TBI 的历史)可能会减缓恢复，虽然认识到这些是重要的，但是这个指导原则可以帮助你确定当前的目标。如果你见到这个服务对象是在他伤后早期，你可以帮助他树立使症状变得正常和改善可能性的目标。虽然医疗预后是医学界的责任，但你也可以给出指导意见，以帮助服务对象了解和管理目前的症状，同时设定康复的预期，并强化逐步恢复活动的原则。如果一个轻度受伤的服务对象在伤后稍晚的时间出现症状，那可能意味着他的问题更多的是一个更慢性的性质。在这种情况下，长期困难被认为是多因素的，并且可以反映损伤的各个方面，如受伤前的功能、与受伤引起的改变有关的心理反应以及环境因素（比如，与服务对象不工作没有收入有关的压力）。

对于中度至重度受伤的服务对象而言，最快速的改善发生在受伤后的前 6 个月，继续的改善则发生在伤后的 6～12 个月。然而，后面这些改善通常并不像在早期康复阶段看到的那样戏剧性或快速。受伤后 1～2 年，不同个体的改变差异很大，有些个体持续显示缓慢的、渐进的改善，而另一些则几乎没有改善。受伤 2 年以后，损伤趋于稳定，虽然功能上的改变仍然是可能的，但往往需要通过使用补偿性的策略才能达到。

如果一名社会工作者在服务对象中度至重度外伤性脑损伤之后的最初几个月里接触到服务对象，那么，很重要的一点是，工作者应该认识到：在受伤后的这一年，服务对象的功能很可能会有显著的改善。因此，目标设定需要考虑短期需求，以处理目前的功能状况；也要考虑长期需求，那时的功能已经得到了很大的改善。目标可能需要随时间而被修改，另外还需要用跟进或转介的办法来对目标进行再次评估，只有这样，目标才可以调整到能满足服务对象的当前能力水平和功能需求的程度上。如果见到的服务对象是在他受伤数年之后，目标可能会是更稳定的，你的建议将可能是更长期性的。

个案计划的另一个重要部分涉及了解社区、州和国家的资源，那么，哪些资源能让服务对象和他们的家庭了解更多关于 TBI 的知识，并获得更多的支持服务呢？在这方面，有三个重要的全美组织可供参考：

1. 美国脑损伤协会（Brain Injury Association of America）；
2. 北美脑损伤协会（North American Brain Injury Society）；
3. 国防和退伍军人脑损伤中心（Defense and Veterans Brain Injury Center，DVBIC）（DVBIC 还资助了一个综合性网站发布有关 TBI 的信息和资源）。

为了帮助服务对象制订干预计划，社会工作者应该持续地更新以下地方性或区域性的资源列表，以帮助服务对象及其家庭联系到下列资源（见表 11.2）。

表 11.2　针对 TBI 服务对象的关键资源列表

最近的 VA 医疗中心 当地的药物滥用治疗机构 慈善产业，或其他支持性就业及职业教育机构 食品券 由公用事业组织、电话公司、交通系统、娱乐组织和机构给残疾人提供的服务 宣传和法律援助机构 司机康复服务 职业康复服务 当地精神卫生机构和家庭服务中心	社会保障局 医疗补助和医疗保险 上门送餐服务 康复和特定脑损伤支持团体 当地的卫生保健专业人士，如： • 精神科医生 • 神经心理学家 • 语音语言病理学家 • 职能治疗师 • 物理治疗师 • 康复咨询师 • 娱乐治疗师

四、干预

干预是对已经制订好的计划的实施。认识以下影响干预的因素很重要：

- 对因启动滞后而显得动力不足的服务对象所持的态度；
- 对受认知损伤影响的服务对象对于治疗计划服从性的观点；
- 对在干预中家庭成员参与的作用的信念；
- 个体社会工作者可能要灵活地和创造性地建立实务方法，以满足服务对象的需求。

在这个阶段，社会工作者可能会执行多个角色，帮助服务对象和家庭实现他们的目标。这些角色可能包括作为服务对象的倡导者帮助服务对象链接并引导他们找到表 11.2 中所列的那些资源，以及支持服务对象和家庭成员使用他们的个人应对能力。就如前一章所讨论过的，在所有这些角色里，尤其重要的是社会工作者用一种适合服务对象的受损和功能水平的方式来扮演这些角色。例如，对有记忆问题的服务对象而言，他们需要更多额外的时间来学习新的东西，而这些东西可能需要工作者为服务对象重复多次。对于有关注困难的服务对象来说，在服务对象的房间或社会工作者与服务对象会谈的咨询室内出现的任何潜在的干扰因素都需要尽可能减少，比如关闭电脑显示器，把手机调成静音，保证提供一个组织有序的空间。如果服务对象有语音/语言的问题，社会工作者应该保持耐心，并保证有额外的时间让服务对象来说。应该让服务对象知道，慢慢地说或努力找到正确的措辞是可以的。几个实用的建议可以提供给有 TBI 的服务对象及其家属，以帮助他们处理各种感觉、运动、认知、情感和行为问题。这些被详细概括在斯特鲁琴和克拉克(Struchen & Clark)的手册中。可以协助社会工作者与他们的 TBI 服务对象沟通的具体做法已经被列在表 11.1 中了。

此外，社会工作者可以通过对与服务对象有接触的辅助人员(如接待员、收费员等)进行训练来确保让患有 TBI 的服务对象有一个更满意的临床体验，这样，有各种身体的、认知的和行为问题的服务对象可以被礼貌地、灵活地接待。培训应包括所有与服务对象有互动的工作人员。增加对 TBI 服务对象可能体验到的潜在困难的理解可能有助于防止消极互动的产生。例如，有些 TBI 患者可能口齿不清或者有“构音障碍”(dysarthria)，这可能容易被误解为“喝醉”(intoxication)，而服务对象也可能在电话中意识到自己被认为是“醉了”。对这种可能存在的情况的了解，可以防止让服务对象产生潜在的负面体验。也许，最常见的影响工作人员与 TBI 服务对象沟通的困难是记忆困难，它可能导致服务对象错过约见和在准备约见材料时犯错误(比如忘记携带所需的书面作业)。鼓励办公室或诊所的工作人员提供书面通知和提醒电话，以提高服务对象的参与及跟进约见和其他指示。

五、评估

在这个阶段，社会工作者应评估治疗计划中的目标得以实现的程度。熟悉循证实务过程的读者会把这个阶段当作治疗过程的最后阶段。充分涵盖在这个阶段的社会工作者所需要知道的所有内容超越了本章的范围。所以，我们鼓励读者研究鲁宾(Rubin, 2008)在斯特鲁琴和克拉克手册的第 102—111 页提供的信息(后者涉及将研究和评估工作应用于 TBI 干预措施本身的评价)。

六、结案

经过前面几个阶段，时间到了要临床医生与服务对象结束关系的时候，结案阶段必须在上面讨论过的相同的知识和敏感性基础上继续进行。鉴于 TBI 服务对象可能在他们与社会工作者的关系结束之后仍然有持续不断的需求，所以对社会工作者非常重要的一点是做好必要的转介及提供其他服务资源的准备，比如那些列在上面个案计划阶段的资源，以及为有长期需求的服务对象提供扩展个案管理服务。

尽管本章提供了一些与TBI服务对象工作时需要考虑的重点，有兴趣的读者仍可能希望查阅社会工作者所需要了解的更广泛的态度、知识和技能，以最大限度地提高服务这类人群的有效性。这些信息显示在本章所引用的实践手册中。该手册是美国残疾及康复研究所(National Institute on Disability and Rehabilitation Research)资助的“TBI患者社区融合的康复研究和培训中心”项目(Rehabilitation Research and Training Center on Community Integration for Persons with Traumatic Brain Injury)(H133B031117)的一部分，该项目的目的是通过为社会工作、心理学和基层医疗照顾领域的非专业工作者提供教育来改善对TBI患者的健康照顾。

案例：戴维

戴维(David)是一个24岁的男子，他在19岁生日后不久加入了海军陆战队。大约12个月前，在伊拉克的IED爆炸中他遭受了严重的脑损伤。根据对他病历的查阅，一个3个星期前进行的神经心理学评估报告了戴维在几个认知领域包括注意力、学习和记忆、问题解决、推理和处理速度方面的功能损伤。该报告还描述了他在谈话技巧上的问题，以及他无法用右手操纵试验材料的状况。对病历的回看显示，他目前每周参加2次物理治疗和职业治疗。他出现在你办公室的时候，你发现他走路时使用拐杖，在使用他的右手臂和右手上受到限制。在你们的会谈过程中，他表达了强烈的想要返回军队的愿望。

案例问题讨论：

1. 戴维有学习和记忆新信息方面的障碍。什么样的实务调整将帮助戴维记住本节会谈中已讨论的重要信息?

2. 戴维表达了强烈的想要回到军队的愿望。你觉得戴维的这个目标现实吗? 你会怎么跟他一起谈论这个目标?

3. 如果唯一的一项神经心理学评估是在他受伤后2个月做的，你的问题识别、数据收集和评估会做出什么样的改变?

4. 你要求戴维填写几份表格，填完之后再交还给你，但他无法完成这个任务。为了帮助戴维及时完成这些表格，戴维需要哪些额外的支持?

七、结论

本章的目的是强化一些知识和技巧，这些知识和技巧对通过六个阶段的干预来服务外伤性脑损伤的服务对象是有用的；本章也描述了一些重要资源，使社会工作者在他们的临床互动中能感受到更多的舒适和自信。对态度、知识和技能的自我评估是提高你临床互动效果的有益的一步。此外，为受伤后有认知和行为障碍的人做灵活和务实的调整可以帮助你适应已建立的临床实践方法，也可以满足你的 TBI 服务对象的独特需求。

本章问题讨论：

1. 你对那些因轻度外伤性脑损伤而卷入诉讼或寻求残疾补偿金的人的态度是什么？

2. 服务对象伤前的心理社会功能如何影响你的问题识别和个案计划？

3. 服务对象的注意力、记忆力和问题解决能力差会如何影响你们一起工作？

4. 你如何处理服务对象不切实际的治疗目标，同时保持“以案主为中心”的服务焦点？

参考文献：

Compton, B. & Galaway, B. (1989). *Social work processes*. Homewood, IL: Dorsey Press.

Finkelstein, E., Corso, P. & Miller, T. (2006). *The incidence and economic burden of injuries in the United States*. New York, NY: Oxford University Press.

Kraus, J. F. & McArthur, D. L. (1999). Incidence and prevalence of, and costs associated with traumatic brain injury. In M. Rosenthal, E. R. Griffith, J. S. Kreutzer & B. Pentland (Eds.), *Rehabilitation of the adult and child with traumatic brain injury*. Philadelphia, PA: Davis.

Rubin, A. (2008). *Practitioner's guide to using research for evidence-based practice*. Hoboken, NJ: Wiley.

Selassie, A. W., Zaloshnja, E., Langlois, J. A., Miller, T., Jones, P. & Steiner, C. (2008). Incidence of long-term disability following traumatic brain injury hospitalization, United States, 2003. *Journal of Head Trauma Rehabilitation*, *23* (2), 123–131.

Struchen, M. & Clark, A. (2007). *Systematic approach to social work practice: Working with clients with traumatic brain injury*. Waco, TX: Baylor College of Medicine. Available at www.tbicommunity.org/resources/publications/SW_Manual2009.pdf.

Zaloshnja, E., Miller, T., Langlois, J. A. & Selassie, A. W. (2005). Prevalence of long-term disability from traumatic brain injury in the civilian population of the United States. *Journal of Head Trauma Rehabilitation*, *23* (6), 394–400.

第十二章　评估、预防和治疗现役军队中的药物使用障碍

Allen Rubin & Willie G. Barnes

纵观历史，药物滥用已经成为美国军事设置(military settings)中的重要问题。为减少酒精消费的有害影响所采取的各种努力早在18世纪70年代就受到了关注。1794年，国会通过了一个正式的在美国军队中预防药物滥用的计划(Kennedy, Jones, Grayson, 2006)。在美国内战期间，酒精被当作医疗物品来使用，朗姆酒的日常消费十分普遍，部分原因是酒精被认为可以增强士兵们在参加战斗前的应对技能。在内战期间，陆军和海军都采取行动限制酒精的可获得性，预防过度饮酒。同样也是在内战期间，鸦片(有时被混在威士忌酒中)被用于截肢手术中，据估计，大约有120 000名内战老兵后期发展成了重度鸦片依赖者(Freeman & Hurst, 2009)。

在越南战争中，药物滥用的模式发生了改变。尽管酒精滥用问题仍然突出，但是大麻的用量在不断增加，与此同时，大麻在普通市民社会中的消费也呈上升趋势。大麻在战争后期使用的普遍性程度超过了海洛因。1971年，陆军开始对鸦片、巴比妥酸盐(精神类药物，安眠药的一种)、安非他明(精神类药物，抗抑郁药的一种)进行尿检。从越南战争中返回的现役士兵如果尿检呈阳性就要接受为期三十天的治疗项目。

尽管现役士兵一直把药物滥用作为一种应对厌倦情绪或者应对和麻痹自己在作战中的创伤压力的方式，但是药物滥用的确有损士兵[这里以及本章其他地方所用的"士兵"(soldier)这一术语是指普通意义上的士兵，可以与"军人"(service member)交换使用，适用于所有军种]在战斗中的战斗能力。例如，即使是少量的酒精也能对精神敏捷度和视觉追踪造成影响。摄入大量酒精后立即被派遣的士兵很可能会在战斗中经历一个十分危险的认知能力下降的问题。除此之外，慢性酗酒还会损伤记忆(Lande, Marin, Staudenmaier & Hawkins, 2011)。

把武器交到可能遭受精神、情绪改变类药物影响的士兵手中，在战争中可能会导致毁灭性的后果。例如，如今有些军人的工作职责包括处理危险材料、核武器、坦克、飞机以及保护其他军人的生命安全。因此可以理解军队里严苛的药品检测项目和对药物滥用的零容忍，因为它们威胁到了军人的训练和使命、健康和安全，以及军事安全、军队的秩序和纪律。

尽管这些威胁在以前的战争中也一直是一个问题，但是对药物滥用的担心从没有像现在一样得到重视，尤其是关于酒精的。随着战争技术的提高，即使是适量的酒精也会有损至关重要的决策能力，并对军事行动产生消极影响(Lande et al.，2011：483)。由于寻求治疗被污名化，因此，现代军队里药物滥用的确切盛行程度难以被量化统计。然而，我们清楚地知道，与旷日持久的全球反恐战争相关的巨大压力导致了 2003～2009 年近一倍的陆军士兵被诊断为酗酒或酒精滥用，类似的还有在海军陆战队中观察到的增长现象(Zoroya，2006)。由于相对更多的战斗任务和更长的部署周期，这两个军队分支的成员在酒精依赖现象的增长方面显得尤其脆弱。这些压力在这本书的其他章节中曾做过详细讨论，为避免重复，此处不再赘述；因此，本章将关注现役、预备役和国民警卫队军人的药物滥用的预防、评估和治疗方法。

一、预防

为了应对越南战争中药物滥用现象不断增长的问题，国会在 1971 年颁布了一项法案，授权国防部长在武装部队内部开展识别、治疗和促进药物依赖者康复的项目。作为回应，国防部长要求武装部队的各个分支开展预防药物滥用的项目。早期的预防措施强调检测和教育。在 20 世纪 80 年代之后，标准化的预防项目在各个军种中得到发展，并得到目前所有军队的授权。专项训练被提供给各级指挥官和不同科室的预防专家。预防措施的例子如下(Kennedy et al.，2006)：

- 一个支持地方指挥部有关预防药物滥用的最佳实践方式的公告网站，它也提供与军队各分支的链接，即 http://www.defense.gov/specials/drugawareness/usanews.html；
- 在军队所有分支中，由药物滥用咨询师开展现场药物筛查和预防教育；
- 通过军队印刷厂、电台和电视媒体宣传预防信息和项目的可利用性；
- 提供预防简报，以教育军事部署中的各级指挥部门，介绍关于他们前往地区的非法药物和/或成瘾性药物的信息；

● 在发生酒精滥用相关事件后，违规军人会被转介到一个早期干预计划中，并接受15～20小时的教育和讨论来提高其对酒精滥用的有害影响的认识。

如今，对物质使用障碍的预防已经在社区模式（community-based model）的基础上被创立起来了。这种模式尤其适用于远离永久性军事基地从而经常感到被军队社区排斥的国民警卫队成员和预备役人员。预防项目包括永久性军事基地上的各类社区成员。活动趋势与药物滥用的频率紧密相关。全国性的预防活动如十月份的“红丝带”（Red Ribbon）周（庆祝无药品生活方式的一周）被命令在所有军种中推行。

社区模式的一个实例是空军部队中使用的社区能力模式（community capacity model）。据许布纳、曼西尼、鲍恩和奥特纳（Huebner, Mancini, Bowen & Orthner, 2009）的描述，社区能力模式包括两个关键部分：社区及其成员为大众福利共担责任，以及为满足社区需求和当面临威胁社区成员安全和福祉的情况时展现出的利用机会的集体能力。共担责任部分指“集体性的忧患情绪”，而集体能力部分涉及采取行动。该模式通过激活正式的和非正式的支持网络来构建社区能力。

正式网络包括军队领导以及军队和民间组织，它们通过社区参与活动支持个人和家庭，帮助其建立社区共同意识。非正式网络指同事、邻居、朋友之间形成的松散的、志愿性的个人关系。该模式强调这两种类型网络之间的配合，例如，通过参加正式的社区组织活动，居民们可以结交新朋友，在之后感到有压力时可以互相支持。该模式有意识地利用正式系统建立非正式支持系统。在有压力时，正式系统的专家可以帮助个体和家庭找到需要的服务，非正式系统则可以帮助他们获得这些服务。许布纳等学者在描述社区能力模式之后列举了一系列研究，证明该模式有利于减少军人的抑郁症、自杀和其他不良后果。

另一方面，军队正在向公共健康模式转变。阿赫特和莱文森（Akhter & Levinson, 2009）列出了运用这个模式的五个主要步骤：(1) 收集广泛的资料；(2) 提供主要的预防策略；(3) 识别出从二级预防中受益的人；(4) 提供充足的治疗资源，包括各种不同水平的照顾服务；(5) 挑战环境中那些可能增加冒险性选择的障碍因素。在多数军队永久性军事基地中有预防协调员、风险降低专家和员工协助专家，他们一同工作，致力于提高总体兵力的健康水平。

二、评估

正如上文所提到的，到越南战争结束时，要求军队识别、治疗和促进药物或酒精依赖士兵康复的相关法案被通过。有五种方法可以识别士兵是否需要接受治疗：(1) 医疗转诊；(2) 法律调查/逮捕；(3) 命令驱动；(4) 生化测试(包括酒精呼吸测试)；(5) 自我引荐。除非鉴定是由军事基地之外的民间机构提供的自我诊断，否则必须通知指挥官该士兵需要进行治疗这件事。因此，有军队正式编制的临床医生执行评估时面临一个平衡难题。指挥官想要了解这个士兵是否能够胜任其军事职责的需要与正在接受评估的个体的需要，对主治医生来说是一个两难的局面。无论军队的哪个分支，国防安全的利益都是最重要的。士兵提供知情同意书，并被告知保密限制以及隐私法则声明。他们意识到，与酒精或药品相关的罪行或事件会对他们职业生涯产生潜在影响。拒绝参与治疗或者缺乏配合都会导致被开除出军队。

根据《伊拉克战争临床医生手册》(*Iraq War Clinician Guide*, Lande, Marin & Ruzek, 2004)所述，药物滥用的筛查应该在撤离战区前和撤离期间进行。执行部署前筛查的临床医生应该通过询问个体部署前的情绪和应对方式来开始筛查。

> 对绝大多数个体而言，迫在眉睫的军事部署通知揭开了无数的认知反应和行为反应。这些反应通常是个体健康应对机制对消息做出的温和而短暂的反应。而少数情况下，对部署的恐惧和不确定会使人陷入适应不良的反应状态中。在这一群体里，相当多的人会转向药物滥用，并将其作为平息战前不良情绪的方式。
>
> (Lande, Martain & Ruzek, 2004: 79)

在评估完情绪和应对方式之后，医生被建议以以下这种解释来特别关注药物滥用问题："有人认为多喝一点酒、多抽几根烟或者多上一会儿网可以减轻压力，你在自己身上注意到过这些感受吗?"(Lande et al., 2004: 79)。如果回答显示有药物滥用倾向的可能性，医生会对其药物滥用的数量和频率进行一个正式的筛查。如果回答显示药物使用的量有问题，医生接下来将会询问 CAGE 四个问题：

C：你是否曾经想到要减少(Cut)自己的饮酒量？

A：是否有人因批评你的喝酒行为而激怒(Annoyed)过你？

G：你是否曾经对自己喝酒的行为感到很糟或者内疚(Guilty)？

E：你是否曾经用在早晨喝酒来缓解你的紧张，或者曾把摆脱宿醉[即醒酒(Eye-Opener)]作为自己的首要任务？

CAGE问题的信度已经获得了经验性的支持，它能够精确预测70%～80%的军人是否有药物依赖问题(Freeman & Hurst, 2009)。

根据CAGE问题的回答所反映的使用频率和数量，需要一个更加深入的临床评估，其中包括依据《精神障碍的诊断和统计手册》(第四版)(*DSM-IV*, American Psychiatric Association, 2000)而做出的诊断。由于现在的军人队伍中的物质使用障碍和创伤后应激障碍共病的频率较高，PTSD检查表(PTSD Check List, PCL-M，军事版本)也被推荐作为药物滥用评估的部分依据。PCL-M有很好的心理测量的支持，并且可以在网站(www.pdhealth.mil/guidelines/appendices.asp)上查询到。

之前进行的部署前的筛选过程也可以在军队的部署期间和部署之后使用。如果在部署过程中，评估结果显示需要将个人从战区行动中撤出，则临床医师应该向个人告知可能对他或她的军事生涯所造成的消极影响。临床医师也应该提供有用的治疗选择以及关于康复后再部署的可能性的信息。军队的临床医师也被要求告知指挥官有关药物滥用问题的所有信息。《伊拉克战争临床医师指南》中有以下阐述：

> 禁止饮酒和食用非法药物的命令存在于战争部署的环境中。因此，一旦某个士兵被确定涉及饮酒或用药事故，他的军事指挥官也会被牵连。指挥官们在如何处理这些情况上有不同的倾向，但是，总体上，他们会平衡他们对个体军人治疗需求的关注和部队纪律的要求。指挥官们经常在平衡这些合理关注上寻找方向，并且通常会感谢精神健康从业者对他们决策的帮助。有时候，在某些部队中会出现不合适的对药物使用或滥用问题的高容忍度。这更可能出现在国民警卫队或预备役部队中。在伊拉克，有些精神健康临床医师报道说，在某些部队中，酒精使用的普遍程度已经达到军官、军士和低等级士兵一起喝的程度。尽管此种情况不多，但是这样的情况对于军队的合适功能和精神健康干预都会造成巨大的挑战。
>
> (Lande, Marin & Ruzek, 2004: 81)

与筛选物质使用障碍有关，部署健康评估模型（Deployment Health Assessment Model）是一个更综合性的健康评估筛选过程，它目前被陆海空三军的各个分支用在部署前评估、部署后评估，以及士兵部署后回家 90～100 天做的再次评估上。这一评估工具被军人通过电子化的方式加以完成，而且评估内容是很多的。例如，部署后的版本（The Post-Deployment Health Assessment，PDHA）有七页多，其中包括的项目涵盖了生理和心理两方面的健康问题（包含许多症状，如肌肉疼痛、易怒、皮肤起疹等症状），还有是否在部署期间遇到对创伤性事件，以及与 PTSD 症状有关的内容；还有部署期间暴露在从动物咬伤到有毒化学药品和类似物品带来的病原体以及疫苗接种的情况等。在这个评估工具中，只有一项是关于药物滥用的，它是问军人在部署之前和部署期间饮酒的频率和数量，以及改变饮酒习惯的愿望。

三、陆海空三军的治疗项目

正如兰德等学者所说的，陆海空三军的每一分支在对物质使用障碍的治疗项目上很大程度都遵循雇员协助计划的典范。治疗是强制性的，重点关注军事作战准备和军力维持两方面。指挥人员和临床工作者组成了一个复原团队，这个团队由一名临床医师领导。这一方案把强制与治疗相结合。被治疗的士兵也是这个团队中的一分子，他有积极的治疗前景，并被要求了解成功完成治疗的期望和好处，然而同时他也要理解不能遵循治疗指导的后果。被治疗的士兵还需了解病人的权利和接受医疗保险的保障，从而减少自身的恐惧。

指挥官和临床工作者的责任是不同的，专业的临床工作者负责做出临床决定。临床工作人员要有专业执照，也要在药物滥用康复工作领域被认证。临床工作人员要根据损伤的等级来完成综合的生物—心理—社会评估和药物滥用评估，并给出他们的治疗建议。被诊断为有物质使用障碍的个体通常会被要求进行为期至少 3 个月也可能长至 1 年的治疗。项目强度从 12 小时的教学项目到门诊治疗不等。对于那些需要更多密集治疗的病人来说，治疗方案还会包括解毒、非全日住院、密集性门诊治疗或住院治疗。治疗方案根据治疗的需要建立在最少干预、最小限制性治疗环境的基础上。治疗由一个强调动机提升而非对抗性治疗效果的多学科团队提供。

四、两种经验支持的门诊病人治疗方法

尽管对门诊病人治疗效果的对照结果研究还很少，但两个循证方法已经被运用在现役士兵身上。这两个方法是“寻找安全”(Seeking Safety)和“动机性面谈”(Motivational Interviewing)。这两种方法都将在稍后被描述。这些描述来自斯普林格和鲁宾(Springer & Rubin，2009)的一本药物滥用治疗纲要中有关方法的一些章节。读者就如何提供每种方法有疑问，可以向那本书寻求更深入、更详细的指导。

(一) 寻求安全(寻找力量)

正如纳雅维特(Najavits)所探讨的那样，寻求安全是一种认知行为疗法，其核心目标是鼓励服务对象克服药物滥用带来的混乱和破坏，并获得更大的安全。在本书中，“安全”这个术语不仅指从药物中寻求安全，而且还指从危险的关系(如一起服药的朋友们)和极端的症状如自杀性行为和分裂中寻求安全。寻求安全指出了药物使用和创伤之间的联系，却没有指出暴露疗法的缺点，即它可能会通过深入到创伤事件的细节中来动摇早期的恢复。寻求安全这种方法的优势之一是，它在治疗那些有物质使用障碍和精神疾病如 PTSD 共病问题的个体时具有适用性(另一 CBT 方法对这些共病障碍则显示出治疗不当)。

寻求安全的会谈从登记关于服务对象正在做什么的问题开始。然后，服务对象会大声朗读一段引文来培养他们对会谈的情绪性参与。接下来，临床医生会询问这段引文的含义，并将其与会谈的主题联系起来。大多数会谈后，临床医生都会让服务对象读一份关于新应对技巧的讲义，然后由临床医生对这份讲义的重点进行小结，并询问服务对象这些重点和他们有怎样的关联。接下来的会谈会致力于讨论这个主题是怎样和服务对象的生活产生联系的，并反复演练新的应对技能。在会谈结束时会进入一个核查阶段，服务对象识别他们在会谈中得到了什么，同时还存在什么问题，并且回答临床医生的问题：“你的新的承诺是什么?”

纳雅维特声明，寻求安全已经被应用于 VA 机构和现役军队机构中。她建议，当应用于这些军队机构时，“寻求安全”这个名称应该被“寻找力量”所代替，因为“军人必须踏入伤害之路”，因此，“寻求安全”这一术语或许对他们来说是不正确的。大多数军人和退伍军人是男人，“力量”这一术语或

许会比“安全”更有吸引力。她还建议用“训练”代替“治疗”，因为后者或许带有污名化色彩。其他建议有以下几个方面。

● 运用那些强调发生在军队机构中的联系的例子（例如：像战士们或者团队间的那种联系）。

● 强调对军队与退伍军人的突出关注：感情上的困难（它们经常在军队情境中被贬低或被“改造”）；暴力犯罪问题（感觉“像一个魔鬼”）；背叛，如当他们返回后得不到支持；重新适应市民生活的困难；权威和控制的问题。军队中女性的问题也是一个主要的挑战，因为她们中有很高的比例经历过军队性创伤，其数量远远超过男性，并且这些女性尝试在高度男性为主的文化中行使职责。

● 理解军队中的创伤和药物滥用是如何发生的。创伤性经历在军队机构中非常典型，包括军队性创伤、处理尸体或尸体的残肢、目睹同伴死亡、外伤性脑损伤等。药物滥用在有的战争中被鼓励（如在越战年代），在有的战争中则被劝阻（如在最近的年代）。

（二）动机性面谈

正如桑普森、斯蒂芬斯和维拉斯克斯（Sampson, Stephens & Velasquez）所讨论的，动机性面谈（MI）是一种意在增强和强化服务对象做出改变的动机和承诺的咨询方式。动机性面谈最早是由 Miller 和 Rollnick（1991）发展出来的，这种咨询方式在策略上是矛盾的，这种矛盾体现在：它是一种在案主中心形式下的指示性方法，依赖积极倾听和温和的回应技术。例如，当动机性面谈应用于物质使用障碍的士兵时，临床医生要探析士兵本身对这个障碍的担心，还要帮助士兵清楚地讲出原因，以改变问题行为。尽管非指示性咨询的原则会被应用于动机性面谈，但是 MI 的咨询师还是会挑选合适的时机，用指示性的策略进行干预，同时避免争辩性质的劝说。

动机性面谈的指导方法和大多数临床医师听到这个词而想象出来的方法并不一样。相反，桑普森等学者提出的方法指出（2009：6）：

> 第一，动机性面谈不是如传统观念中的指示性面谈那样意味着使用很多的面质、劝告和教化技巧。相反，动机性面谈的指示性是通过很多节的面谈辅导（sessions）来体现的，这些面谈辅导以目标为焦点，服务对象和咨询师共同探索具体的行为目标，如增加清醒……动机性面

谈不仅仅是温暖的、模糊的，也是同理的、接纳的、真诚的。尽管同理和接纳在动机性面谈的实践中是很重要的，但这种方法也被纳入了指导性（在目标取向的意义上）的策略中，从而被用在改变实践中。

动机性面谈不是要对服务对象做什么，相反，它是用一系列的技巧和策略把相关步骤整合起来的一门艺术，也是一门技术。

另外，尽管有大量的研究证明了在动机性面谈之后产生了显著的行为改变，但是动机性面谈并不是"弹个响指"那么容易，并不是能立即带来转变的；相反，我们了解到动机性面谈可能只是播下了一颗促进行为最终改变的种子。

动机性面谈也不是一种等级制的、组织严密的方法，在那种方法中，咨询师被视为提供智慧、建议和解决方案的专家。动机性面谈是一种平等的交流，它承认并尊重人们负责任的自我决定的权利。在动机性面谈中，咨询师把自己的目标和时间计划放在一边，从服务对象的立场开始，邀请他们探索、设定自己的目标……服务对象看起来就像一个强大的代理人，拥有与生俱来的意愿和能力去设定有意义的目标，并朝着完成目标的方向去努力。因此，咨询师的任务不是直接对服务对象给予激励、设定目标、提供解决方案，而是在与服务对象所结成的强大的工作同盟中从服务对象身上引出并培养这些因素。

动机性面谈可以被分为两个阶段。第一个阶段对于拥有很少甚至根本没有改变意愿的士兵来说是适用的。在第一阶段，焦点在于建立融洽的关系，探索士兵对于改变的不情愿与矛盾情绪，增强他或她改变的意愿。咨询师用 OARS 方法来达成以上目标，该方法指的是：

- 开放式提问（Ask **O**pen questions）；
- 肯定式陈述（**A**ffirming）；
- 回应式倾听）（**R**efleating）；
- 摘要（**S**ummarizing）。

OARS 策略也用在第二阶段中，但是焦点在于强化对改变的逐步投入，以及为了达到具体的改变目标而制定行动计划。

桑普森等学者通过以下的对话来说明开放式提问（2009：13）：

咨询师：如果有的话，你对饮酒有什么担心吗？（而不是："你是否担心你的酒精使用问题？"）

案主：好吧，我只是在做我自己。我的妻子总是对我喝啤酒的事喋喋不休，我的老板也到了忍无可忍的地步——他警告我再不戒酒就辞退我。

咨询师：虽然在某种程度上一切好像还不错，可同时你还是有一点担心酒精会对你的家庭和工作产生影响的。

桑普森等学者通过以下的对话来说明肯定式陈述(2009：13)：

案主：我真的很想保持清醒，我应该清醒地对待我的孩子。

咨询师：你的孩子对你真的很重要，你想成为一个被他们敬仰的好父亲。

案主：没错。你知道吗，我上个星期滴酒未沾，而且我想孩子们真的会为此感到高兴。

咨询师：嗯，戒酒确实给你的生活带来了改变。这对你的孩子来说是多么重要的事啊！

桑普森等学者通过以下的对话来说明回应式倾听(2009：16)：

案主：我只是希望大家不要再对我喝酒的事唠叨不停了，这真的让我很烦。(伴有下垂的肩膀、压抑的语调、悲伤的表情)

咨询师：每个人都很为你担心。这让你感觉很糟糕。

案主：我觉得我已经让他们一次又一次地失望了。

咨询师：你更想让他们为你而感到骄傲。

案主：是的，我想像一只雄鹰，骄傲地翱翔在天空，俯瞰着一切，看着他们为我感到骄傲。

咨询师：骄傲地飞翔。那真是太棒了。

案主：这是我脑海里的一幅伟大的画面。要让他们为我骄傲。

桑普森等学者通过以下的对话来说明摘要(2009：17—18)：

案主：这些日子大家渐渐不再唠叨，这让我感到很惊喜。但是当我回到老地方时，不喝酒对我来说确实很困难。我承认上个星期状态确实有所下滑。我只是难以抵抗这样的诱惑。

咨询师：周围人不再竭力劝阻你让你觉得有些惊喜。

案主：是的，我从未奢望过会这样——这真的让人很开心。

咨询师：一个令人满意的惊喜。

案主：那当然！但是状态下滑让我很担忧。我讨厌对自己的行为失去控制。

咨询师：掌控自己的生活真的是很重要的，也是你非常重视的。而状态下滑让你有些担心。跟我说说这个吧。

案主: 我快被它搞疯了。而且我担心,如果我不能让生活回到正轨上,我将再次失去孩子们的抚养权。我无法忍受这个。他们对我来说是这世上最重要的,真的是我唯一在乎的。

咨询师: 孩子是你的一切。酒精意味着你会失去他们,那将是你无法承受的痛苦。

案主: 是的!(含泪地)下次我一定远离那些地方,它们对我没有任何好处。

咨询师: 让我们看看我是否理解了你的意思。喋喋不休的催促开始渐渐停息,这让你感到惊喜和满意。但当你回到老地方时,你无法抗拒喝酒的欲望,可同时你内心的另一部分担心这样的退步(酗酒)会再次使你失去生命里最重要的东西——你的孩子。你决心要回到正轨,不再对老地方感到留恋。我有遗漏的地方吗?

案主: 就是这样。我想回到我的孩子们身边,不再误入歧途。

指导 MI 的四个原则是:

- 表达同理(Express empathy);
- 探索矛盾(Develop discrepancy);
- 化解抗拒(Roll with resistance);
- 增强自我效能(Support self-efficancy)。

第一个原则,表达同理,包括积极倾听和回应案主表达的意义和感受。

第二个原则,探索矛盾,包括帮助案主衡量行为改变的利弊。桑普森等学者通过以下的对话来说明探索矛盾(2009: 10):

案主: 我对这个事感到很矛盾,我想戒酒,但是如果不喝酒我又若有所失。它俨然成了我形影不离的朋友。

咨询师: 如果戒酒,你会觉得内心失落,可是你又真切地渴望寻求改变。那喝酒对你来说有什么样的慰藉?

案主: 我想它能够让我忘记烦恼,可以让我逃避现实。

咨询师: 它帮你应对很多难题。那喝酒对你来说还有什么是不好的方面呢?

案主: 哇!我的妻子要和我离婚,我将不能随时见到我的孩子。这让我很痛苦。

咨询师：所以酒精虽然能带给你“解脱”，但你的妻子和孩子对你来说很重要，而且你可能会因此失去他们。

案主：是的，那该多么糟糕啊！

第三个原则，化解抗拒，指用一种非防卫的，且可以避免面质和争论的方法来对案主的抗拒做出反应。桑普森等学者通过以下的对话来说明化解抗拒(2009：11)：

案主：这是我的人生。其他人没权利和资格告诉我该怎么做！你不会有每个人都在周围对你指手画脚的处境。

咨询师：你当然是正确的。你是你自己人生的主宰，你是你自己人生的专家。那么，现在讨论我们身上的什么问题才是对我们有益的呢?

第四个原则，增强自我效能，包括提供支持和对案主改变的能力抱持乐观的态度，并且询问案主过去的成功经验。桑普森等学者通过以下的对话来说明这个原则(2009：11)：

案主：这实在是很难。我已经尝试过很多次要彻底地把酒戒掉。

咨询师：你真的很想做些改变——不再喝酒对你而言真的很重要。那么，告诉我，在你过去的经验中，什么经历对你有点作用？也就是说，你什么时候有过一段时间成功做到了不喝酒？

案主：嗯，当我不去酒吧，也不再接触我那些成天喝酒的老朋友的时候。

咨询师：所以远离那些诱惑能够帮助你成功戒酒。还有什么吗?

案主：我也把酒搬出屋子，我直接把它们扔掉了。

咨询师：多好的方法啊！听上去它帮助你达成了目标。

OARS策略和四个指导原则被用在引出案主关于改变他们药物使用行为的陈述中。如果需要操作具体细节和更多工具，读者们可以参考桑普森等学者在斯普林格和鲁宾(Springer & Rubin, 2009)(所写的)手册中的相关章节。

五、治疗患有药物滥用和其他共病障碍问题的退伍军人的生态系统视角

前面两个经验支持的治疗方法虽然已经在军队环境中被使用，但是它

们不是专门发展来治疗现役军人和退伍军人的。韦斯等学者确定了在治疗中与军人群体建立并保持关系上面临的挑战，它们与军队的训练和部署计划以及军队生活方式和文化的特性有关，因为它们强调自身的独特价值观、行为准则、对情感的克制和勇士精神。因此，韦斯等学者建议：要想与现役军人和退伍军人有效开展工作，需要为前面两个被经验支持的方法提供一个系统—生态的背景。另一个原因是，系统—生态方法在现役军人和退伍军人的药物滥用和其他共病障碍现象的处理中非常流行。比如，物质使用障碍不仅常和 PTSD 共病，也常和 TBI 共病。但是在当代军人和退伍军人中还经常出现一种三方共病，即很多个体会同时遭受三种障碍。

韦斯等学者提出，无论使用哪一种临床干预方法，都要“包含个体的/系统的变量和文化的/世界观的变量”(2012：8)。“案例：乔”和接下来的讨论解释了系统—生态方法是如何用整体的、系统的方法考虑上述变量的。它也同时解释了动机性访谈和寻找力量(寻求安全)在系统—生态方法中的运用。该案例和案例讨论都来自韦斯等学者(的著作)(2012：155—157)。

案例：乔

乔是一名 23 岁入伍的现役海军陆战队下士(E - 4)，他来向一个民间机构寻求持证社会工作者的咨询服务。他通过国防部的一项短期咨询/危机干预服务的协议来寻求最多 11 次的面谈服务。他说他对在军队设置中寻求服务感到不安，因为他害怕会给他的工作造成消极影响，也担心参与咨询服务会被他的指挥官发现。乔报告说，因为酗酒，他的妻子威胁说要跟他离婚。他告诉社会工作者，他并不是一个嗜酒如命的人，因为他只在周末的时候去喝酒，这让他难以理解妻子的反应。他也坦白，上个星期在光顾了当地酒吧后他开车出了车祸(车子失去控制开进了坑里)。他报告说他从来没有过重大车祸的经历，也没有酒后驾驶的违法行为(DUIs)。在接下来的一次面谈时，乔的妻子玛丽(年龄 23 岁)与乔一同前来，并反映说他们的一个 4 岁和一个 5 岁的孩子都不想理睬乔。她进一步详细叙述了孩子们似乎不愿和父亲接触的事实。但是，没有报道说这个家庭有家庭暴力或儿童虐待事件。乔的军种是 0311，海军陆战队的步兵。他曾两次参与在阿富汗的作战行动。他的妻子认为他的酗酒随着每次部署愈演愈烈。在三年前的第一次部署里，他的胳膊中弹，并且受到简易爆炸装置的冲击。因为乔常表现出注意力和记忆力上的问题，他的妻子怀疑他患有外伤性脑损伤。但是乔从不接受正规的神经病学评估或治疗。一年前，他参加了第二次部署，在一次交火中，乔失去了他最好的朋友，而且他认为，如果有更好的指挥和空中支援，这次损失本可以避免。他承认那场战斗改变了他。乔被授予两个战斗行动奖和一个紫心勋章。乔说他曾经爱过海军陆战队，并想为它奋斗一生。在他参加了最后一次部署后，他报告说他对海军陆战队失去了信心，并且不打算再被征用。他还报告说他对发生在上一次部署中的一件事感到不安，根据案主所说，当时他的团队领导故意刺伤了自己的腿，这样他就可以被提早送回家了。乔的妻子当时怀孕五个月了，但不幸流产了，部队不批准乔在军事行动结束前提前回来。乔对海军陆战队的不满在于失去了很多战友，以及海军陆战队对军士刺伤自己的处理方式。乔报告自己有睡眠问题，并且不断地梦见有人在向他射击。

乔是萨尔瓦多裔，出生在得克萨斯州。乔报告说他的母亲在他10岁的时候抛弃了家庭。根据乔的说法，她因为存在精神方面的障碍而离开了他和他弟弟，把他们俩扔给了他们的父亲照顾，他们的父亲为了养活他们，同时在两个工厂工作。乔的母亲几年后因肝硬化去世，与她酗酒有关。去年，乔的父亲也因肺癌去世，这跟他过去的工作环境（石棉接触）有关。乔与他的弟弟联系并不多，他的弟弟也参了军。没有证据表明乔的父母是逃脱暴力内战的萨尔瓦多移民，但他们的许多家庭成员（尤其是他母亲那边的）被迫害和被杀害。他有一些在世的叔叔和阿姨在美国，他定期与他们通过电话和互联网联络，但由于他的军事部署任务和繁忙的工作以及资金短缺，他一直没能拜访他们。乔成长于一个严守教规的天主教家庭，虽然他相信上帝，但因为失去战友而怀疑自己的信仰，他认为重拾他的宗教信仰可能会对他有所帮助。

案例讨论：乔

在第一阶段，乔必须意识到治疗的保密性和一些有关保密性的限制。在民间背景下，乔的治疗记录不会成为他军事医疗记录的一部分，他的指挥官也不可能接触到他的治疗记录，除非乔提供书面的授权书。他寻求治疗的动机应该被好好地探索。他担心自己被标签化为酗酒者一事应该得到社会工作者的注意，社会工作者必须向他阐明，在没有官方诊断的情况下，只有乔自己才可以把自己标签化为一个酗酒者。动机性访谈可以用来让乔做好治疗准备，向乔指出他使用酒精的代价，比如伤害他和妻子、孩子之间的关系，危及妻儿的安全和他自己的安全，还会带来法律后果，对他的工作造成影响，乃至对其经济状况产生影响等。减少饮酒或者放弃饮酒的动机必须是一种内在的驱动力（比如，内在的控制力和责任感），只有这样，这种动机才是有意义且持续的。此外，还要提升乔的获得感，通过价值澄清让他清楚地陈述什么是他最看重的，比如他与妻子和孩子的关系以及他养家的能力。还可以从他所处的文化和民族中去探索他的价值观，具体来说，这种价值就是"家庭观念"，一种从父辈那儿继承下来的观念。乔也很珍惜自己的扩大家庭，希望能去拜访他们。而且，他的先辈在一个被战争摧残的国家里艰难生存，如同所有非法移民一样冒着生命危险穿越边境来到美国。这种创伤的代际传承也影响到了乔，他的父母似乎都是创伤幸存者，特别是他的妈妈，这些都会使得他在面对二次应激以及后来由战争引起的 PTSD 时表现得相对脆弱。另外，他妈妈的酗酒也是乔成为一个酒瘾者的基因风险因素。另一方面，他的父亲，他强烈与之认同的对象是反对饮酒的，因此在他的成长过程中，酒精不是荣耀的，也不可以在家里被使用，关于这些，可以和乔讨论一下。他对海军陆战队的贡献（特别是在他被部署第二次战斗任务之前）以及他对自己的战友和国家的责任感，也是除了他强烈的家庭观念以外可以被强调的另外一些优势因子。

寻找力量疗法(SS)可以在私人的实务部门给乔做个别辅导时使用，比如提高安全性，以及提供教育，让他了解有许多人都会有药物或行为的成瘾问题，以麻木他过于强烈的感受。这里，使用酒精就是为了让自己麻木和减轻压抑，这样可以使得强烈的情感更容易不计后果地被表达。需要指出的是，他正在体验着他的行为所带来的一些真实的、严重的后果，并且他是有能力控制这些行为的。也许临床医生可以帮助他发现他在打仗时以及在他原生家庭因战争而千疮百孔的动荡生活中所感到的潜在的无力感，还有他是如何像他父亲以及他的扩大家庭的家庭成员一样克服这些障碍的。在帮助服务对象获得适应性地处理问题的机制时，应该强调表达强烈感受的方法及其后果之间的联系。寻找力量疗法是一种有效的模型，但它对干预的推动作用只在康复的第一阶段显现。寻找力量疗法的活动可以帮助乔变得更加处于当下(be present)，去识别他在哪些情境中正体验着强烈的感受和战争记忆，并且去学习更具适应性的应对技巧，以管理好导致较少痛苦后果的与可以提升他的生活质量和关系质量的那些感受。

此外，社会工作者应该鼓励玛丽和乔一起参与夫妇咨询辅导，以认清 PTSD/SUD 给家庭成员和退伍军人带来的相互影响。玛丽可以与乔一起加入寻找力量疗法的治疗，治疗内容涉及"尊重时间""健康的关系""创造意义""红旗和绿旗""触发"和"基础"(Najavits, 2001)。事实上，他们全家都可以参与到一些基础性话题中，提供给他们一些放松活动并培养他们减轻压力的能力。探索家庭的生命周期和转换期的压力源也应该被考虑在内。让孩子也参与某些治疗过程有助于加强亲子依恋关系和家庭的复原力(Rutter, 1999)。此外，乔经受着许多丧失，他失去了他的父母，在战斗中失去了朋友，失去了未出生的孩子以及自己的军人身份，还有其他与创伤有关的丧失，这些都应该作为更深入的悲伤工作的一部分纳入对他的个人治疗，赫尔曼(Herman, 1992)推荐使用"哀伤"这个词，它对创伤恢复是必要的。部分哀伤处理可以通过信仰活动来完成。因此，社会工作者可以鼓励乔寻找海军基地的牧师的协助，以及/或者参与他自己选择的教堂的服务。

因为军队价值观强调团队凝聚力，乔可以在团队工作中获益，他会得到来自同辈的男性老兵的认可和支持，而这都是他需要的。如果服务对象不愿参加基地的精神健康和/或药物滥用服务，一旦他完成了和私人治疗师的简短治疗，他就可以被转介到当地的老兵中心，在那里，他可以获得继续的个案治疗或团体治疗。此外，一旦他离开军队，他就有资格获得退伍军人事务部的各项服务，并有一份引以为傲的退役津贴。退伍军人事务部还有一项新的授权可以帮助其家人。寻找力量疗法中也有一个个案管理的内容是用来协助退伍军人及其家庭获得一些需要的附加资源的。这个方法的关键是，如果我们想让退伍军人案主融入治疗并且保持治疗，我们必须采用服务对象自己的叙事，以及一套他们自己的信仰，包括文化背景产生的世界观，与一个告知和指导我们实践的生态系统视角。生态系统模型阐释了在关系世界中人性的复杂性，此外，在治疗整个人类个体和与其互动的那些系统时，许多因素需要被考虑到。这不是一个极简的线性治疗模型，它需要综合考虑很多因素之间的联系和互动，这个整体的模型需要助人者愿意不循常规地去冒险，和服务对象一起进入一个多重因素的世界。

六、牧师的角色

社会工作者和其他专业服务人员应该了解牧师能够为物质使用障碍患者提供的帮助。牧师是指挥官的私人工作人员之一，并且可以直接联系到指挥官而无须经过指挥链。与特权和保密信息相关的牧师被作为“宗教官员”保护起来，他们倾听所有人的“忏悔”，并向他们提供宗教支持和关怀，因此受到相关法律法规的保护。在历史的进程中，牧师的角色已经由一个无薪工作者发展为对各种服务和资源都具有广博学识的指挥官的顾问。牧师能够提供转介和资源给以下军队支持系统：资源管理、家庭生活顾问、伤亡援助队、宗教联盟、宗教基督教、教牧关怀和危机干预、外伤专家、作家、音乐家、圣礼的支持、医院牧师等。对返乡退伍军人的多个测试详细描述了战区数百位牧师们所展示出来的成效卓著的工作，包括教牧关怀、精神辅导、精神健康和怜悯之心，无论他们是天主教、犹太教、长老会、浸礼会、五旬节会、卫理公会、路德会还是第七基督复临安息日会的教徒（都提供了以上诸多服务）。

最早一批的回应者如牧师须具有相关的知识和能力来陪伴战士走过治愈和寻求健康美满的旅途，这一点至关重要。治愈之路是一个终身的过程，并且需要很大程度的耐心、理解、宽恕、希望和革新。牧师可以向我们受伤的战士提供精神的支持、鼓舞和理解。他们能够给战士受伤的记忆提供干预，来帮助战士们获得宽恕、恢复和治愈。战士面对的挑战就是要走过分离、依恋、恢复、重连、宽恕和革新的过程。

这一过程需要牧师耐心、富有同情心地去体验战士们和他们的家人所走过的路，因为这关系到如何把焦点解决短期治疗模式（de Shazer，1985）的基本假设应用于前面提到的主要过程之中。

该模式的五个基本假设是：

1. 如果我们关注成功，改变就会发生，所以焦点应该放在那些正确的和有用的东西上，而不是放在错误的或者麻烦的东西上；

2. 每一个问题都有可能被转化为解决方式的可识别的例外情况，所以对咨询师而言，重要的是去聆听那些在何时、何地、如何出现例外的线索，以帮助案主找到解决方案；

3. 即使微小的改变也会有连锁反应，当案主开始适应一个较小的改变时，反应链就会扩展成一个较大的改变；

4. 所有案主都有解决他们困难所需要的东西，所以应关注他们的技能和特长，而不是关注他们的不足之处，这是很重要的；

5. 案主的目标必须看上去是积极的，是指向案主想要改变的方向的，而不是消极的或反映他们所缺少的某些东西的。（Hall，2008）

不管助人专业的规则如何，很多研究（引自 Duncan，Miller，Wampold & Hubble，2009）都已经肯定了助人关系的普遍价值，有些研究表明：比起所选择的具体的干预方法，助人关系的力量对治疗结果的影响更大。可以促进治疗和工作同盟发展的具体技术有：

- 保持尊重、欢迎、接纳、温暖、同理、鼓舞、有信心、非评判、可信赖、开放的姿态；
- 安排频率适当、持续的会谈辅导；
- 有反馈地聆听（积极倾听技巧）；
- 提供正确的反馈和解释；
- 表达兴趣、同理心和理解；
- 积极处理过失和冲突；
- 设置适当的限制和界限；
- 对服务对象的民族认同、文化价值观和信仰保持敏感；
- 做好示范。

牧师们（和社会工作者一样）能够掌握这些关系技巧，因此他们可以向士兵提供一个环境，让士兵开始分享并更好地理解他们在药物使用问题上的矛盾之处。

七、总结

由于独特的应激源与全球反恐战争的持久性，对现役军队设置中的药物滥用问题的关注已经达到了顶峰。尽管这些预防和治疗普通公民药物滥用问题的方法有丰富的经验证据支持，但是在军队设置中的社会工作者和其他从业人员仍然面临着许多特殊挑战，需要更多的研究来探索这些方法用在军人这一特殊人群上的效果。本章介绍了一些更有“前途”的方法和处理方式，可能需要对它们做一些适当的调整，以适应军队的生活方式和文化。

本章问题讨论：

1. 哪些因素可以解释现役军队环境中药物滥用的高发性？

2. 在这一环境中，为什么药物滥用具有如此高的危险性？

3. 本章中有哪些预防或治疗的策略或方法在军队环境中看起来是行之有效的？为什么？

4. 根据本章的观点，作为一名服务于军人及其家庭的精神健康专业人员，哪些新技巧的应用可以促进你的工作？

参考文献：

Akhter, M. N. & Levinson, R. A. (2009). Social immunization: A public health approach for the management of substance abuse. *Journal of the National Medical Association*, *101*, 1176 - 1179.

American Psychiatric Association. (2000). *Diagnostic and statistical manual of mental disorders* (4th ed., text rev.). Washington, DC: Author.

de Shazer, S. (1985). *Keys to solution in brief therapy*. New York, NY: Norton.

Duncan, B. L., Miller, S. D., Wampold, B. E. & Hubble, M. A. (2009). *The heart and soul of change, second edition: Delivering what works in therapy*. Washington, DC: American Psychological Association.

Freeman, S. M. & Hurst, M. R. (2009). Substance use, misuse, and abuse: Impaired problem solving and coping. In S. M. Freeman, B. A. Moore & A. Freeman (Eds.), *Living and surviving in harm's way: A psychological treatment handbook for pre- and post-deployment of military personnel* (pp. 259 - 280). New York, NY: Routledge/Taylor & Francis Group.

Hall, L. K. (2008). *Counseling military families* (pp. 218 - 219). New York, NY: Routledge.

Herman, J. H. (1992). *Trauma and recovery: The aftermath of violence—From domestic abuse to political terror*. New York, NY: Basic Books.

Huebner, A. J., Mancini, J. A., Bowen, G. L. & Orthner, D. K. (2009). Shadowed by war: Building community capacity to support military families. *Family Relations*, *58*, 216 - 228.

Kennedy, C. H., Jones, D. E. & Grayson, R. (2006). Substance abuse services and gambling treatment in the military. In C. H. Kennedy & E. A. (Eds.), *Military psychology: Clinical and operational applications* (pp. 163 - 190). New York, NY: Guilford Press.

Lande, R. G., Marin, B. A. & Ruzek, J. I. (2004). *Substance abuse in the deployment environment. Iraq war clinician guide* (2nd ed., pp. 79 - 82). White River Station, VT: National Center for Post-Traumatic Stress Disorder, Department of Veterans Affairs. Retrieved from http://www.ncptsd.va.gov/ncmain/ncdocs/manuals/iraq_clinician_guide_ch_12.pdf.

Lande, R. G., Marin, B. A., Staudenmaier, J. J. & Hawkins, D. (2011). Substance use and abuse in the military. In E. C. Ritchie (Ed.), *Combat and operational behavioral health. Textbooks of military medicine* (pp. 473 - 484). Washington, DC: Borden Institute. Retrieved from http://www.bordeninstitute.army.mil/.

Miller, W. R. & Rollnick, S. (1991). *Motivational interviewing: Preparing people to change addictive behavior*. New York, NY: Guilford Press.

Najavits, L. M. (2001). *Seeking safety: A treatment manual for PTSD and substance abuse*. New York, NY: Guilford Press.

Najavits, L. M. (2009). Seeking safety: An implementation guide. In D. W. Springer & A. Rubin (Eds.), *Substance abuse treatment for youth and adults: Clinician's guide to evidence-based practice* (pp. 311 - 347). Hoboken, NJ: Wiley.

Rutter, M. (1999). Resilience concepts and findings: Implications for family therapy. *Journal of Family Therapy*, *21*, 119 - 144.

Sampson, M., Stephens, N. S. & Velasquez, M. M. (2009). Motivational interviewing. In D. W. Springer & A. Rubin (Eds.), *Substance abuse treatment for youth and adults: Clinician's guide to evidence-based practice* (pp. 3 - 53). Hoboken, NJ: Wiley.

Springer, D. W. & Rubin, A. (Eds.). (2009). *Substance abuse treatment for youth and adults: Clinician's guide to evidence-based practice*. Hoboken, NJ: Wiley.

Weiss, E. L., Coll, J. E., Mayeda, S., Mascarenas, J., Krill, K. & DeBraber, T. (2012). An ecosystemic perspective in the treatment of Posttraumatic Stress Disorder and substance use in veterans. *Journal of Social Work Practice in Addictions*, *12* (2), 143 - 162.

Zoroya, G. (2006, November 2). Troubled troops in no-win plight. *USA Today*. Retrieved from http://www.usatoday.com/news/nation/2006 - 11 - 01 - troubled-troops_x.htm.

第十三章　对退伍军人物质使用障碍的预防和干预

Rachel Burda-Chmielewski & Aaron Nowlin

本章讨论的是美国退伍军人的物质使用障碍。库尔卡等(Kulka et al.,1990)学者的一项研究就曾对越战退伍军人同时出现 PTSD 和物质使用障碍现象的流行进行了评估,研究发现：73%的越战男性退伍军人不仅有 PTSD 症状,而且还伴随着长期的酒精依赖。最近,退伍军人事务部(VA)对海湾战争的报告(2011 年 2 月发布)指出,在 2009 年,估计共有 110 487 名海湾战争的退伍军人接受了 VA 的治疗,其中 8 298 名接受了酒精依赖治疗,10 359 名接受了药物滥用的治疗。这个统计数据从 2005 年开始就持续增长着,2005 年估计 70 273 位接受 VA 治疗的退伍军人中,有 5 466 名接受了酒精依赖治疗,5 927 名接受了药物滥用治疗,相比之下人数明显增加了。

随着时间的推移,近年来就像越南战争时期的退伍军人一样,越来越多的退伍军人需要寻求药物滥用治疗。这可能是因为一个个体通常需要花费很长一段时间才能达到他感到有必要治疗的那个点,这个过程通常被称为"触底"(hitting bottom)。这个"底"的标准因人而异,也有不同的严重程度,但是那些上瘾的人通常会自己设法控制自己的瘾,甚至在考虑接受治疗前的一段时间内不承认自己的问题。这也是法院会对那些因为酒精或者药物滥用而犯罪的人做出强制治疗处理的原因。这些人通常不止参加过一次某种类型的酒精或药物治疗,并且因为接受治疗的动力是外在强制而不是内在自发的,成功率往往很低。

伊拉克和阿富汗退伍军人中的发病率

美国的军人将会被派到中东地区(尤其是伊拉克和阿富汗)大约十年(在本书编写的时候)。他们中的许多人在 3 到 17 个月内经历了各种各样的部署,并且大部分人都在这段时间内上过战场。由于这批退伍军人是新退出军队的，他们还处于刚找到进入 VA 医疗系统方法的阶段，并刚刚开始面对他们现在正在面临的或已经面临了一段时间的问题。帮助这部分人的主要障碍是污名化的问题，尤其是与精神健康有关的污名化问题。尽管军队文化已经在主动对此做出改变，但是仍然充斥着“忍耐”和“不应示弱”的思想。这些态度使军人很难对为他们可能存在的问题寻找帮助感到轻松。这个问题还有另外一个影响因素，就是军人们觉得任何被记录在档案里的问题都可能会影响他们的工作。一旦离开了军队，这些退伍军人可能还要花费一段时间接受 VA 的健康照顾，但是，那些打算退伍的军人（和后备役军人）可以在国防部举办的过渡援助活动和评估的现场直接报名参加 VA 的健康照顾服务。2010 年，超过 100 万从 OIE/OEF（“伊拉克自由行动”/“持久自由行动”）回来的退伍军人中，有大约 48%的人接受了 VA 医疗系统的服务。

西尔等（Seal et al., 2011）学者的报告指出，在 OIE/OEF 退伍的军人的精神障碍发病率持续上升，并且同时出现 PTSD 的情况。此外，西尔等学者也陈述了那些经过 VA 筛查的退伍军人中有 22%～44%被查出高危饮酒呈阳性，7%查出可卡因和大麻使用障碍呈阳性。我们相信，药物使用障碍（drug use dusorders, DUD）的发生率可能比报告的还要高，因为对那些选择公开的人而言，公开药物使用障碍通常会导致更大的对工作的负面影响。2008 年，一项对约 28 500 名现役军人的调查发现，12%的人有使用非法药物的经历，比 2005 年报告的增加了 5%（Bray et al., 2006）。

另一种物质使用不仅在今天的退伍军人中普遍发生，而且在现役军人中也不例外，那就是处方药滥用。军方会出于很多原因定期为军人开药，以减轻他们身体上的痛苦和心理压力，使之在训练或战斗中保持清醒和警觉（Winkel, 2009）。这些药物会使人上瘾，导致的问题也就越来越多。美国药物滥用研究所（National Institute on Drug Abuse, NIDA）公布的一项相关研究报告显示，军人中处方药滥用和酗酒的人有所增加，尽管酒精依赖是这一人群中最普遍的问题，但处方药滥用（的比例）从 2005 年到 2008 年增加了三倍（NIDA, 2011）。根据西尔等学者所说的，值得注意的是，至今还没有做过以 OIF/OEF 退伍军人为整体的物质使用障碍发病率的全国性研究。

一、并发障碍

酒精和药物滥用与精神疾病是常见的共病症，一项报道称，10 个人中有 6 个人在有物质使用障碍的同时有另一种形式的精神疾病（NIDA, 2007）。

(一) 并发是什么意思?

个体患有精神障碍显著增加了共病药物滥用的风险,美国药物滥用研究所(NIDA)的研究称,药物滥用和精神障碍同时出现通常有四个主要原因。第一个原因是精神障碍和成瘾的脆弱性在遗传上是重叠的。同一类型的遗传因素使得一个人在容易患精神疾病的同时也容易成瘾,换言之,患一种病会导致另一种病的患病风险增加。

第二个原因是重叠的环境诱因。"环境诱因"(environmental triggers)是指某人周围的直接环境中发生的事件可能会导致他痛苦,可能引发药物或酒精的使用,或者造成足够的困扰而加剧精神疾病。这些事件如压力、经历创伤,或早期接触药物的经历会导致精神疾病和成瘾,特别是当个体已经有前面所讨论的遗传缺陷时。

第三个原因是大脑的相似区域已经被发现受到药物滥用和精神障碍的双重影响。更具体来说就是,当药物被滥用时,处理酬赏和愉悦感的大脑区域直接受到了影响,在特定的精神障碍发生时也是相同的情况(NIDA, 2007)。

第四个原因是,药物滥用和精神疾病都是发育障碍,这意味着它们要么发生在儿童期,要么发生在青少年早期。因为这两个时期是大脑正在经历重大变化的发展时期,而早期接触药物的经历在某些方面可以改变大脑,由此增加产生精神疾病的危险。同样,精神障碍的早期症状也可以增加一个人在滥用药物和发生成瘾方面的脆弱性。

佩特拉基斯等(Petrakis et al., 2011)学者研究了退伍军人的共病率后发现,与少数民族、单身退伍军人,以及与服役无关的残疾的军人一样,男性显然更容易被诊断为患有并发障碍(物质使用障碍被视为非服役导致的残疾)。佩特拉基斯等学者还发现,这些障碍的发病率在这些人群中要比在总人口中高得多。

(二) 最常见的共病障碍

根据药物滥用和精神健康服务管理局(Substance Abuse and Mental Health Services Administration, SAMHSA)发表的文章,2009 年,精神健康和物质使用障碍是导致美国军人住院的主要原因。文章还称:"从伊拉克或阿富汗战场返回的军人中大约 18.5%有 PTSD 或抑郁症。"(Power, 2011: 39)佩特拉基斯等学者发现,在被诊断为患有六种特定精神健康障碍中的一种的 1 001 996 名退伍军人中,物质使用障碍的发生率为 21%~

35%。根据这一研究，“与 PTSD 相比较，情感性精神障碍与越战后的和从 OIF/OEF 退伍的军人的双重诊断有更强的关联，而焦虑症与从波斯湾战争退伍的军人的双重诊断有更强的关联，双相情感障碍和精神分裂症都与从 OIF/OEF 退伍的军人的双重诊断联系最紧密”。

发病率最高的共病存在于那些严重的精神疾病(如双向情感障碍和精神分裂症)中，这并不令人惊讶。因为这些疾病的用药依从性低，并且，比起那些患有轻度精神疾病的人来说，患有这些疾病的人有更严重的且会影响生活的症状。这些高发病率与在普通市民中进行的研究的发现是一致的。美国药物滥用和精神健康服务管理局的一份报告也支持这些结论。在全美药物使用和健康调查的最近一份报告中，关于共病的记录证实了有共病精神障碍诊断的成年人其物质使用障碍也很普遍。研究结果表明，物质使用障碍的可能性与精神疾病的水平直接相关。

据佩特拉基斯等学者的研究，临床经验和研究证据已经表明，患有 PTSD 的退伍军人中有很高的药物滥用患病率，同时，患有两种疾病的人比起只患有 PTSD 的人临床预后更差。佩特拉基斯等学者还发现，比起其他严重的精神疾病，PTSD 的发病率更高，并且在越战后的时代(1973 年至 1991 年)，服役的退伍军人发生共病的概率最高。出于这个原因，退伍军人在从部署地回来时以及从军队退伍前，都被进行 PTSD、抑郁症、药物滥用和自杀风险的筛查。所有从 OIF/OEF 退伍的军人在他们第一次去 VA 登记医保福利时也会做这些障碍的筛查，以明确他们的需要，并且在被筛查出阳性后，他们还会被给予适当的转介。

(三) 针对并发障碍的最好治疗实践

并发障碍的治疗一直都很有挑战性，因为人们很难同时获得精神健康服务和物质使用障碍服务，而可用的服务则很少处理这些问题的共同元素。此外，直到最近，在 VA 医疗系统内都没有专门的项目保障退伍军人可以获得共病障碍的治疗。有人可能会寻求药物滥用的治疗，或者寻求精神障碍的治疗，但是如果他们积极使用药物，一般诊所是不会给他们提供精神健康治疗的。这导致了一个问题，因为在并发障碍中，一般来说，精神障碍的症状会催生物质使用障碍，就像物质使用障碍会经常限制一个病人接受并发精神障碍治疗的能力一样。

确定物质使用障碍是否会使精神障碍的症状得以维持是治疗的重要组成部分。比如，情绪障碍的症状可能是由滥用某种药物引起的，甚至这个人没有达到滥用药物的程度也会出现情绪障碍。如果某人不遵医嘱，自行使用药物或/和酒精来治疗精神障碍的症状，且他们是为了清醒地进入治疗，药物使用的影响只是暂时被消除了，但是这些症状的根源却没有被处理，因此慢性复发就会出现。物质使用障碍、与吸毒戒毒无关的情绪障碍和焦虑症是美国普通民众中发病率最高的精神疾病。格兰特等学者(2004)发现，大部分的物质使用障碍与独立的情绪障碍和焦虑症之间在统计学意义上的关联是非常积极和显著的，这告诉我们，治疗情绪障碍或焦虑症之类的并发疾病不能与个体的物质使用障碍分开。这也意味着，对被确诊为并发精神障碍的人进行药理学干预(药物)应该继续，有些特定的药物对有药物依赖的服务对象是有用的，应该在治疗时被考虑。这些药物有纳曲酮(naltrexone)、赛宝松/美沙酮(suboxone/methadone)、阿坎酸(acamprosate)、戒酒硫(antabuse)。

VA 为患有并发精神疾病和物质使用障碍的退伍军人创建了双重诊断项目，为照顾双重诊断病人创造了可能。这些项目如加利福尼亚圣地亚哥 VA 医疗中心的药物滥用和精神疾病计划(Substance Abuse and Mental Illness, SAMI)，旨在通过同时治疗物质使用障碍和精神障碍来服务有双重诊断的退伍军人。如果被筛选、接纳进入 SAMI 项目，他们就会和其他拥有相同或者相近精神健康诊断(比如焦虑症或情绪障碍)的人被安排在同一个小组。在这个小组里，他们不仅会得到相同的治疗，而且针对他们特有的药物滥用或精神健康需求，会有相应的特别治疗。如果某些退伍军人没有必要接受团体治疗，项目组也会分配给他们一个专门的治疗师，让他们接受一对一的治疗。

治疗这类患者的干预措施有很多，包括安排他们在他们所处的任何一个治疗阶段与每个服务对象一起工作；在每个治疗阶段提供以案主为中心的治疗目标、个案管理和转介资源的服务；运用认知行为技术疗法对服务对象进行行为矫正；由初级精神病学家执行药物干预；预防复发的干预和技能的构建。开展双重诊断项目的目的在于让服务对象在门诊治疗三个月到一年的时间，之后，服务对象的症状会稳定下来，不再需要做定期治疗，也不需要在 VA 系统内转介到别的专科门诊(比如说只提供药物和酒精治疗的诊所、焦虑症诊所、情绪障碍诊所、军队的性创伤诊所、PTSD 诊所)做进一步的深层治疗。

二、预防和治疗方案

正如前面所讨论的那样，无论是现役军人还是退伍军人，都处在危险之中。除了对他们自身的影响之外，对劳动力的影响也是惊人的。因为疾病的进行性特征和很多共同发生的因素，对军队和普通市民社区的影响难以量化。此外，那些在军队中患上物质使用障碍(SUD)的军人，退伍时病症也会跟着他们，就像重度抑郁症或者 PTSD 一样。由于上述原因，大量的能源和资源已经被投入预防和治疗项目的开发与应用中。本章现在检查可用的项目和简要评价这些项目的效果。

正如我们在共病那部分所讨论的那样，准确的评估和明确的治疗方法同样重要，这样才能采取适当的措施(而不是"放之四海皆准"的方法)。适当地满足人们的需求，允许他们决定预防和治疗的过程是非常重要的。因此，动机提升被发现是早期预防和治疗的重要组成部分。动机性访谈对正在接受 SUD 治疗的服务对象尤其重要，因为他们中的大部分之所以会接受治疗主要是因为外在的推动。通过探索他们的动机，了解什么对他们是重要的，就可以对症下药，提高他们改变的欲望。有研究证据支持动机性访谈的成本效益(Garner，2009)。

当讨论到预防和治疗时，有两点必须牢记。其一是预防的开展需要服务对象保持诚实。许多现役军人害怕自我披露 SUD 症状，害怕被报复。正因为如此，与药物使用相关的问题最终演变为药物滥用和依赖，预防变得无效，只能使用治疗的方法。另一个关键点是，许多到 VA 接受评估的退伍军人已经出现 SUD 的症状，不再适用预防，更适合的应该是治疗。虽然早期干预仍然合适，但现在应该治疗，而不是预防。因此，应投入更多的努力去预防，尤其是在军人在役的时候。但这并不表示民间组织和退伍军人相关的服务组织(主要是 VA)不需要承担预防的责任，这只是解释了为什么退伍军人组织的首要关注点是治疗而不是预防。

三、针对现役军人的预防

现役各级军人中与药物相关问题的出现导致军队授权给每一位指挥官，他们有一个且通常有多个工作人员负责提升和协调对药物相关问题的认识和预防。除此之外，现役各级军队对每个人都实行违禁药物阳性测试结果零容忍政策，只要查出，就会给予行政处罚，99%的人会被"开除军籍"或被强制性地"非光荣"退伍。这些形式中的任何一种都会剥夺一个退伍军人的重要权利，如享受 VA 医疗中心的服务、退伍军人津贴和其他权利。这种认知在军人第一年服役的时候就已经被灌输了很多次，对后果的认识也许是遏制药物使用行为最主要的预防措施。另外,对酒精滥用会影响晋升或工作状态的担心也是限制滥用的预防办法。但是,惩罚本身在很多时候都被证明是无效的,惩罚不能改变现役军人的高危行为,因此非法药物犯罪在军队环境中仍然持续发生。

每个指挥官都会让药物滥用意识协调员去采取和使用预防措施,目的在于阻止物质使用障碍的发生。这些方法通常包括用广告宣传来贬低药物滥用,肯定负责任的行为等。还有为高危人群和高危行为设立教育课程。为每个军衔等级的军人提供的教育注重怎么尽早发现危险的征兆,在变成滥用或依赖之前努力改变它(如现役军人开始变得关注聚会、喝酒、上班迟到、工作效率下降的讨论)。

当现役军人接受诊所或医院的任何形式的治疗时,他酒精消费的频率和数量通常会被监督,一旦消费超出标准,就会收到警示消息,且必须直接与物质使用障碍的有关专家(这并不是一个真正的头衔,他可能是医生、心理学家、社会工作者,也有可能是药物和酒精咨询师,这个头衔在军队服务的不同分支中是不同的)进行沟通。现役军人和退伍军人之间的主要不同是,对于 SUD 筛查的阳性结果是否告知指挥官可能会取决于现役军人的工作要求,这也导致他们比退伍军人更有压力,要在物质使用发展成滥用前寻求早期的预防和治疗。

四、向退伍军人过渡

在从军队退伍之前,所有现役军人都要经过一次体检和对他们病情以及病史的审查。这是现役军人退伍前的一次接受适当咨询服务的机会。在大多数情况下,这个评估是简短的,更多的是流于形式,只有很少是彻底而周密的,这需要现役军人自己主张和发起一个更全面的评估。如果不这样,SUD 的潜在征兆或警示征兆往往很难在评估中被检测出来。

除了最终的体检,为了帮助他们做好离开军队的准备,现役军人都有机会参加一个教育课程,这个教育课程聚焦于帮助军人准备好从军队转出。课程的目的旨在让退伍军人为转变成普通民众做好准备。在过去,人们对于促进这种转变的关注很少,近年来已经逐步开始改善。但是,尽管有些改善,对于退伍是如何成为一种导致药物滥用问题出现的特殊风险、如何成为物质使用障碍的催化剂的,我们在这些研究上花费的时间还是太少。即使现役军人都意识到在转变的过程中会有很多潜在的压力困扰着他们(在本书的其他章节中讨论过)，但他们还是很少能够通过这些课程了解压力和物质使用之间的关系。在这些转变课程以外，所有的责任都由退伍军人自己承担，直到他/她到退伍军人服务机构或者 VA 求助。

五、VA 内的预防

正如在并发障碍部分所讨论的，物质使用障碍对人的精神和身体的影响都难以治疗，这也是 VA 强调要进行早期干预(原因如前所述，在 VA 内的预防主要指的是早期干预)的原因。对退伍军人的第一次治疗是由医疗服务人员进行的，一般发生在报名后不久(如果时间允许的话，通常报名当天就会见到服务人员)。

第一次见医疗服务人员的时候，退伍军人会收到一份问卷(除其他多种有关身体和精神健康的筛查外附加的问卷)，用来了解他们使用酒精的情况。这个标准问卷是 AUDIT－C，它会询问三个或以上关于酒精使用频率和数量的问题。得分越高，会被问越多的问题，并且会相应地被问是否愿意被转介给某一位服务提供者。因为军队文化和污名化的影响，退伍军人普遍倾向于少报症状，因此大部分的问卷都是不准确的。但是，如果准确地完成了问卷，物质使用问题被确认，那么一个短期咨询面谈就会被开展，在面谈中，服务对象会被鼓励去解决自己的药物滥用问题，或被转介去更综合的咨询服务。

一旦退伍军人开始意识到他们正处于发展物质使用障碍的危险之中，就证明这个短期咨询面谈发挥了积极的作用。AUDIT－C 是 VA 主要的早期干预和预防的工具，主要用来评估 SUD 的早期征兆，当然，VA 还有很多其他的筛选工具。这些工具可以评估自杀风险、PTSD、抑郁症的症状、性创伤、外伤性脑损伤。如果有人被检测出任何一项呈阳性反应，那他/她就需要面见医疗服务人员，然后接受一个更加深入的评估，检测是否有潜在的物质使用障碍或其他行为问题。正如前面所指出的那样，VA 检测系统已经成为早期干预的方法之一，虽然筛查工具有限，但是对早期干预而言有很多是不需要使用筛查工具的。这需要提供咨询面谈的医疗服务人员有敏锐的发现能力。他们都是经过训练的，可以很快发现误用、滥用、依赖的征兆。他们往往是在心理健康或精神病学领域工作，也有可能是在社会工作服务领域工作(如开展帮助无家可归者的外展活动和过渡期援助等)。

药物滥用和依赖的时间越长，治疗就越困难(主要与容忍和戒断有关，但同时也与越来越习惯以及对自我药疗的依赖有关)。正因为如此,早期干预的目的在于在变成药物滥用前处理药物误用问题(与法律、健康、人际关系有关的问题,仅举几例),或是在变成药物依赖前处理药物滥用问题(开始戒断和/或忍耐,使用的量比预期多,不能停止或减少使用,投入过多时间寻找药物或者酒精,生活方式变得消极,身体或精神问题恶化)。

退伍军人应该获得关于他们的症状和其他可获得治疗(AA 会议等)的教育。因为早期干预常常是在物质使用问题还没有达到严重地步的时候进行的,或是他们并不认为自己的问题很严重,尽管他们身边的人觉得严重;早期干预通常聚焦于提升他们的改变动机。这种方法被称为动机性访谈(MI)(Miller & Rollnick, 2002)。MI 是一种人性化的方式,主要理念是,如果一个人改变的动力在提高,那他改变的能力也会有极大的提升。而那些不是抵制欲望,而是持续使用物质来面对增加的问题的人,他们对于克制欲望往往是摇摆不定的(即纠结于停止或减少使用还是继续使用)。就像前一章所讨论的,对于那些受物质使用障碍困扰的人,MI 已经被证明是有效的(Cook, Wasler, Kane Ruzek & Woody, 2006)(前一章还提供了实施 MI 的具体细节)。

另外,像我们前一章讨论的那样,同时治疗 PTSD 和物质使用障碍的循证治疗方案着重于寻求安全疗法。它将 MI 技术和一种以没有威胁性的方式来探索现有行为的课程相结合。戒除一种既定行为不能靠强制,而应该随着治疗的进行,让给出承诺的行为更加聚焦且关联到服务对象的 PTSD 或物质使用障碍上。比如承诺在规定的一天时间内不喝酒,或者当感到生气的时候去洗澡,而不是去打游戏。这些小的承诺提升了服务对象的自我效能感和做出承诺并坚守承诺的能力。

MI 的一个核心理念是,人们必须认识到生活的重点在于与他们有害的行为(如药物使用)对抗,尽管他们对改变存在着矛盾纠结,但他们应该看重的事情还是和他们的行为不一致。在 MI 过程中,服务对象会被鼓励去辨识这个优先顺序,一个常见的例子是使用评级量表。从 1 到 10(10 是最高,0 最低),假设他们把药物使用放在第 5 级,而把婚姻放在第 9 级,很显然他们觉得婚姻比喝酒更加重要。如果这时候他自己发现药物使用在伤害他的婚姻,而不是医疗服务人员或者其他人告诉他的,这会是他们提高改变动机的良机。

尽管大部分早期干预技术的实施者主张 MI(以及其他的一些治疗工具)是治疗过程中的一部分,但它更多是用来加快治疗的,它本身并不能被视作一个完整的治疗过程。

一旦一个人被评定为处于物质使用障碍的风险中，或者他满足构成物质使用障碍的标准，他就会被转介到 VA 的项目，以获得独立评估物质使用障碍的机会。为了获得对个体功能的更完整的了解，以确定是否确实需要治疗，这些最初在 VA 进行的筛查会评估除了物质使用障碍以外的其他个人生活领域。这些领域包括生活安排、支持网络、以往的治疗尝试、物理或心理健康等。这些领域结合了综合性的具有反馈机制的筛查工具，以促使这些人对他们的诊断(如果这些诊断包括了更多误操作)和他们选择的治疗方式负责。除了建立滥用的标准，评估物质使用障碍的严重程度也很重要。如果他们最终选择要参加治疗，那方案就很简单——门诊、重症门诊、住院，或者三者结合。服务对象通常对于确定哪个是最合适的治疗方案是很配合的。然后项目组也会提出一个建议，它通常是在跨学科团队所做的评估的基础上提出的。

六、VA 和其他项目的治疗

从 20 世纪 90 年代中期开始，VA 经历了一个转变，从为 SUD 患者提供更多的住院治疗转变为提供更多的门诊治疗。认知行为治疗(CBT)是 VA 治疗物质使用障碍的最普遍的模式，部分原因在于它有强大的经验证据支持。几乎所有的 CBT 模式的团体、心理教育和个人治疗都探索服务对象在观念、感受和行为上的差异，它们被用于与个人和团体治疗过程相结合的服务，这些治疗过程是设计来帮助服务对象提升诚实度和支持度的。CBT 本质上是准备帮助服务对象识别自身认知加工的不同部分是如何影响他们的行为的。一旦这些问题被发现，服务对象就会被教育和提供支持来改变错误的认知。

一名有小到中等严重程度药物滥用或药物成瘾的退伍军人，他(在 VA 或军队或民间项目中)没有治疗史，第一次去 VA 寻求帮助，他将被转介给 VA 中的门诊治疗项目。如果服务对象是无家可归的，那么治疗建议可能包括在 VA 内部给他安排住宿，如果 VA 不能提供住宿，通常就会转介给与 VA 签订合作契约的民间组织。这一 SUD 的治疗要素往往没有得到正确的评价。在一个人的基本需求还没有得到满足的时候，我们很难处理他身体上或心理上的滥用/依赖。然而，如果人们认为专注于他们的基本需求就会获得做出改变的基本元素，这种结论也是不正确的，因为他们的改变动机可能比较低，也有可能有严重的并发障碍，或有其他精神病理学方面的原因抑制他们的改变意图。

治疗建议伴随着退伍军人乐于参与治疗的假设而存在。那些满足药物滥用或药物依赖标准但错过了早期干预的时点，并且缺乏参与治疗动机的退伍军人，从某种程度上来说正站在一个十字路口。他们或参与或拒绝治疗的决定可能影响他们接受其他类型的治疗的资格，如对焦虑症的 CBT 治疗或是职业康复计划。他们可能会被拒绝，直到他们能够保持一定天数的节制，并且进入 SUD 治疗。如果他们继续无视那些规定且拒绝 SUD 治疗，那么还有一个可以做的选择就是要么保持现状，要么开始进入动机性访谈。除了对退伍军人通常是非侵害、没有威胁的 MI 之外，服务提供者只能告诉他们：只要你改变主意，愿意接受治疗，你随时都能方便地获得治疗。

大部分 VA 机构提供短期的脱毒治疗，即当服务对象退出一个给定的化学治疗时给他提供医学管理支持。这个管理支持通过开处方药的方式来完成，无论是在门诊还是在住院部。一种普遍的误解是，脱毒只有在住院模式下才能被提供。事实是，如果服务对象是适合的且撤药的风险足够低，身体健康和精神健康都被充分考虑了，且复发可能性小，门诊脱毒可以与住院脱毒同样有效。

在鸦片类药物依赖的案例中，无论是街头购买还是通过处方获得鸦片类药物，类鸦片替代治疗通常是单独开处方的，或作为门诊治疗的一项辅助性措施被采用。丁丙诺菲（buprenorphrine）和美沙酮（methadone）是最主要的两种药物。那些用来帮助处理对酒精和/或阻抑剂渴望的治疗药物是阿坎酸和纳曲酮。这些药物被用来减少对酒精的渴望，或减少酒精使用的正强化功能。此外，戒酒硫会生成一种消极的生理反应，当个体使用它时，接下来就会开始消费酒精。

门诊治疗通常每周一次，包括一节 60～120 分钟的团体治疗，治疗中混合了与组员们的谈话治疗和互动，以及对 CBT 概念的介绍。这个团体治疗可能对这些退伍军人尤其有帮助，因为他们自退伍后就有一种脱位感，并在个体化的关注问题上缺乏与非退伍军人的识别。除了这种治疗，他们的投入被一个完整的整合评估所称道，这一评估探索个人全部的、与药物使用相关和不相关的问题，而这些问题会使退伍军人处于复发、病情恶化和其他问题的风险中。这些领域的案例综合探讨了药物滥用的历史、工作问题、教育背景、性功能障碍、灵性和许多其他方面。除了团体治疗和综合评估，退伍军人之所以愿意合作参与一个治疗计划，是为了强调他们显著的 SUD 问题，和创建改变的目标以处理这些问题。

在退伍军人患共病精神疾病的案例中，除了 SUD，他们通常选择参与治疗项目来治疗这两种病症。这个治疗与门诊治疗相似，此外，它还需要在治疗中同时聚焦于两种疾病（如重度抑郁或 PTSD）和 SUD。因为在没有使用戒断药物时治疗精神疾病是非常困难的，戒断通常是这类合并治疗的先决条件。一个例外是寻求安全疗法（也被称为寻找力量疗法，之前已经讨论过了，并在前一章中有更进一步的解释）。在这种疗法中，服务对象持续使用化学药剂，但却仍然适合做共病治疗，因为它通常适合首先单独集中在 SUD 治疗上，然后稳定下来就可以接受共病的合适治疗了。一旦服务对象实现戒断，他们通常会被转介到一个共病治疗项目中，或转介到一个只单独治疗他们精神疾病的项目中，与此同时，他们也参加疾病治疗后的照顾调养，或接着参加一个戒断康复项目。

当退伍军人表现出发展到了更加严重的化学依赖、多种药物滥用或依赖，或有治疗失败史时，他们会被转介到密集门诊治疗（IOP）或住宅计划（residential program）——之前解释过的。IOP 和住宅计划提供与 OP 或双重诊断 OP 项目本质上一样的治疗，只不过它们在最初的 30～90 天会更加密集。IOP 通常要求每周 20～30 个小时的治疗，而住宅计划要求的时间更多。这些相关治疗通常包括 CBT，也可能包括康复干预（如就业咨询、运动疗法和娱乐疗法）。

住宅计划自 1995 年以来在 VA 中的使用变得更加普遍（Humphreys & Horst，2006）。住院治疗与住宅式治疗计划的主要区别是可获得的 24 小时护理服务的数量，但除此之外，当服务是由 VA 提供时，这一区别可以忽略不计。在许多案例中，住宅式护理被 VA 外包出去，即由 VA 以外的机构来提供。在这些案例中，护理服务通常是受到限制的。住宅式治疗的细节与 IOP 相似，但如果服务对象致力于参与计划，就必须有更多可获得的服务计划。个体想要拥有一个庇护场所的需求不是采用住宅式治疗的唯一原因，但密集的 24 小时服务孕育出了几乎完全浸入式的积极的服务设置，它可以在治疗中预防或限制复发或再复发。由此可以更多地关注于个人的个别治疗计划。当患者已经完成了他们最初的治疗计划并且治疗成功，他们就已经提升了日后保持清醒的能力。

治疗的特殊领域的案例集中在：教育如何应对渴望（它是被期待的和正常的），改变娱乐习惯，提高和具体化拒绝的技巧，提升处理情绪和伤痛的技能，以及处理自我满足（Marlatt & Donovan，2005）。通过运用 CBT 处理技巧，服务对象能够做出更好的选择来支撑戒断，或通过处理相关问题来获得其他改变。

七、持续的护理

门诊、IOP和住宅式的治疗只是解决SUD的初始步骤。因为SUD(s)是进行性的，没有已知的治疗方式。通常情况下，当人们已经取得某种程度的成功，但又面临着生活环境中的一些挑战，如失业、夫妻分居、健康状况下降时，他们会更容易发生退步。在这里，退步(Marlatt & Donovan, 2005)被定义为当人们已经做到一段时间的戒断后，重新又开始短期使用化学药物。退步往往会导致人们回到以前使用药物的行为或者是复发。因为有退步和复发的风险，持续的护理是必要的，包括建立一个长期的康复或预防复发的计划。实际上，没有任何计划可以确保100%成功；但是，那些VA内部的治疗范例是为了那些积极想要保持长期清醒、预防复发的人创建的。在很多情况下，持续的护理涉及退伍军人的并发障碍治疗(包括精神科医生和治疗师的跟进)。

在SUD的预防和治疗领域，很难评判一个项目是否成功，因为有太多的不确定因素。研究缺陷在于缺乏足够长时间的、纵向的，且能在治疗后继续跟进的现实条件。通常情况下，对案例的后续跟进最多只有一年，但是化学依赖的康复是一个终生的过程，这样的跟进是不够的。

案例中的克雷格是一名OIF/OEF的退伍军人，他接受了VA医疗中心的治疗和援助。这个案例利用了本章讨论的一些概念，说明了从现役军人向退伍军人的过渡过程，同时也介绍了为服务对象提供他们需要和想要的福利和服务时可以采取的步骤。

案例：克雷格

退伍军人克雷格是一个24岁的白人男性，三年前以E-4的军衔从美国陆军退伍，在他的三年服役期中，他参加了一个在伊拉克的为期12个月的军事部署，一个在阿富汗的为期14个月的军事部署。两年前，他因为酒驾和一个袭击指控被强制要求完成一项药物和酒精的治疗。当时他喝醉了，陷入了一场打斗，并把对方打伤住进了医院，他自己最后也进了监狱，因此他寻求VA的帮助。

克雷格出生并成长于美国加利福尼亚州的洛杉矶，并和他的哥哥一起在他所谓的“正常家庭环境”中长大。他的父母在他10岁的时候离婚了，后来他主要由他妈妈抚养长大。他是从高中开始喝酒和抽烟的，那个时候他才16岁。纵观他后来几年的状况，他喝酒的情况越来越夸张，以致他18岁高中毕业时一周酒精中毒了3次，还在放学前后吸食大麻，一周2～3次。有一次，他还因为私藏大麻被留校察看，因为成绩太差以及出勤率太低，他只能以很低的GPA毕业。高中一毕业，克雷格就入伍了，并在毕业四个月后就开始了基本训练。

在军队的时候，克雷格喝得更凶了，几乎每晚都要和室友或者其他住在附近的战友一起喝酒，几乎每个周末的晚上他都会喝得失去意识、中毒；还有很多个早上，该去工作的时候他仍旧宿醉未醒，他的长官注意到后，因为他酗酒和战斗力下降警告了他。

在克雷格参加的两个军事部署中，他参与了定期徒步巡逻和直接作战，他的车队曾在伊拉克被一个简易爆炸装置(IED)击中了，虽然受伤不重，但导致他患上脑震荡及失去部分记忆。在参与阿富汗军事部署的一年后，他还亲眼看见了一些战友在一次埋伏中被杀了。从伊拉克回来后，他开始出现PTSD症状，但是他想要重新被部署任务，并不想因此引起大家的注意，所以没有上报症状。

克雷格从部队退役后搬了家，并重新进入大学读书，打算利用GI法案获得学士学位。他开始出现严重的PTSD症状，包括容易爆发愤怒、过度警觉、避免去人群拥挤的地方、做噩梦。他开始增加大麻吸食量，因为他发现大麻可以使他平静下来，可以降低他的焦虑感，他几乎把所有的时间都用在这上面了。同时，他开始大量饮酒，每天要喝半扎啤酒和好几杯白酒，通常是在下课后的那餐喝。克雷格开始不去上课，成绩越来越差，还发生了酒驾，最终在一个学期后被退学了。一天晚上，他在酒吧和他的朋友喝酒，与另外一个人发生了口角，当时在喝醉的状态下他开始感到愤怒，并殴打了那个人，导致该男子受伤住院。他被逮捕并关进监狱九个月，在那里接受了一些戒除酒精和毒品的教育。出狱后，作为缓刑的一部分，他被要求完成住宅式康复计划。他去了位于南加州圣地亚哥的VA医疗中心，接受酒精及药物治疗计划(Alcohol & Drug Treatment Program，ADTP)的治疗。

案例处理：

克雷格去到VA接受ADTP后，他立刻面见了成瘾治疗师(Additional Therapist，AT)，接受了初步的筛选和评估。治疗师通过了解他的整个社会心理历史、收集相关的信息，并获得他酒精和药物的使用情况及过去的治疗历史，来衡量他的动机以及确定用什么级别的治疗方案来处理他的问题。最后，治疗师得出结论，28天的住院康复治疗加上至少3个月的住宅式康复计划是最佳方式。克雷格同意了这个方案，并在一个星期后进入了医疗中心的ADTP项目。

在克雷格的28天住院过程中，他完成了一个完整的每日课程和团体治疗，每周一次和主治疗师的接触和一共12期的会谈。他也同样接受了OIF/OEF的护理管理团队的筛查，并接受由一个有执照的社会工作者担任他的个案管理者进行跟进，这个社会工作者负责监督他的治疗、提供资源的转介和他现在或以后可能需要的个案管理服务。

出院后，克雷格被安排参加每周一次的治疗后善后辅导小组，这是一个每周开展一次活动的AT促进小组，通过早期恢复和强化他们在住院时学到的技能来帮助像他一样的退伍军人。他同时也进入了圣地亚哥的退伍军人村，那里有着一个高度结构化的年度康复家园计划。他待在那里的时候得到了进一步的个案管理、每周的个案治疗、团队药物滥用治疗和相关课程培训、PTSD小组治疗，并且继续参加在医疗中心的治疗后善后辅导小组。他在这个机构待了3个月，直到被转移到北加州的VA的帕洛阿尔托(Palo Alto)住院PTSD项目，以获得更加结构化的、针对PTSD的治疗，但这个项目要求他在获准进入前保持一段时间的清醒。

八、结论

本章讨论了退伍军人的物质使用障碍。在讨论越战或其他近期战役的退伍军人患病率上升的问题后，还讨论了并发障碍的问题，以及这些问题对物质滥用风险的增加和恶化退伍军人预后的影响。另外，本章还描述了治疗和预防项目，强调长期持续护理的重要性。通过一个案例阐明从现役军人到退伍军人的过渡，以及为服务对象提供他们可能需要的福利和服务的步骤。

本章问题讨论：

1. 军队文化的何种独特性使得退伍军人发生物质使用障碍的风险提高了？

2. 哪一种方法已经被认为是治疗退伍军人药物使用障碍和精神障碍并发的最有效方法？

3. 在药物使用治疗中，早期干预的目的和好处是什么？

4. 动机性访谈的概念是什么？它是如何被运用在退伍军人的治疗中的？

参考文献：

Beck, J. S. (1995). *Cognitive therapy: Basics and beyond*. New York, NY: Guilford Press.

Bray, R. M., Hourani, L. L., Olmstead, K. L. R., Witt, M., Brown, J. M., Pemberton, M. R.,... Hayden, D. (2006). *Department of veterans defense survey of health related behaviors among military personnel*. Research Triangle, NC: Research Triangle Institute.

Cook, J. M., Wasler, R. D., Kane, V., Ruzek, J. I. & Woody, G. (2006). Dissemination and feasibility of a cognitive behavioral treatment for substance use disorders and posttraumatic stress disorder in the veterans administration. *Journal of Psychoactive Drugs*, *38*, 89 - 92.

Department of Veterans Affairs. (2010, December). *Veteran Population Projections: FY2000 to FY2036*. Washington, DC: National Center for Veterans Analysis and Statistics.

Fisher, A. H. Jr., Nelson, K. & Panzarealla, J. (1972). *Patterns of drug usage among Vietnam veterans*. Washington, DC: Office of the Chief of Research and Development (Army).

Garner, B. R. (2009, June). Research on the diffusion of evidence-based treatments within substance abuse treatment: A systematic review. *Journal of Substance Abuse Treatment*, *36* (4), 376 - 399.

Grant, B. F., Stinson, F. S., Dawson, D. A., Chou, S. P., Dufour, M. C., Compton, W.,... Kaplan, K. (2004). Prevalence and co-occurrence of substance use disorders and independent mood and anxiety disorders: Results from the national epidemiologic survey on alcohol and related conditions. *Archives of General Psychiatry*, *61*, 807 - 816.

Humphreys, K. & Horst, D. (2006). *Moving from inpatient to residential substance abuse treatment in the VA*, *5* (8). http://psychservices.psychiatryonline.org.

Kulka, R. A., Schlenger, W. E., Fairbank, J. A., Hough, R. I., Jordan, B. K., Marmar, C. R. & Weiss, D. S. (1990). *Trauma and the Vietnam War generation: Report of findings from the national Vietnam veterans readjustment study*. New York, NY: Brunner/Mazel.

Marlatt, G. A. & Donovan, D. V. (2005). *Relapse prevention: Maintenance strategies in the treatment of addictive behaviors* (2nd ed). New York, NY: Guilford Press.

McDevitt-Murphy, M. E., Williams, J. L., Bracken, K. L., Fields, J. A., Monahan, C. J. & Murphy, J. G. (2010). PTSD symptoms, hazardous drinking, and health functioning among U.S.OEF and OIF veterans presenting to primary care. *Journal of Traumatic Stress*, *23*, 108-111.

Miller, W. R & Rollnick, S. (2002). *Motivational interviewing: Preparing people for change* (2nd ed.). New York, NY: Guilford Press.

Najavitis, L. M. (2002). *Seeking safety: A treatment manual for PTSD and substance abuse*. New York, NY: Guilford Press.

National Institute on Drug Abuse (2007). *Addiction and co-occurring mental disorders*.. Retrieved from: http://www. drugabuse. gov/news-events/nida-notes/2007/02/addiction-co-occurringmental-disorders.

National Institute on Drug Abuse (2011). *Topics in brief: Substance abuse among the military, veterans, and their families*. Retrieved from: http://www.drugabuse.gov/publications/topics-in-brief/substance-abuse-among-military-veterans-their-families.

Petrakis, I., L.,Rosenheck, R. & Desai, R. (2011). Substance use comorbidity among veterans with posttraumatic stress disorder and other psychiatric illness. *American Journal on Addictions*, *20* (3),185-189.

Power, K. (2011). *Strategic initiative # 3: Military families*. Rockville, MD: Substance Abuse and Mental Health Services Administration. Retrieved from: www.smhsa.gov/militaryfamilies/.

Robins, L. N., Helzer, J. E. & Davis, D. H. (1975). Narcotic use in Southeast Asia and afterward: An interview study of 898 Vietnam returnees. *Archives of General Psychiatry*, *32* (8),955-961.

Rosen, C. S., Kuhn, E., Greenbaum, M. A. & Drescher, K. D. (2008). Substance abuse related mortality among middle aged male VA psychiatric patients. *Psychiatric Services*, *59* (3).

Seal, K. H., Cohen, G., Waldrop, A., Cohen, B. E., Maquen, S. & Ren, L. (2011). Substance use disorders in Iraq and Afghanistan veterans in VA healthcare, 2001-2010: Implications for screening, diagnosis and treatment. *Drug and Alcohol Dependence*, *116* (1-3),93-101.

Substance Abuse and Mental Health Services Administration, Office of Applied Studies. (2004, November 11). *The NSDUH report: Male veterans with co-occurring serious mental illness and a substance use disorder*. Rockville, Maryland: Author.

Substance Abuse and Mental Health Services Administration, Office of Applied Studies. (2007, November 1). *The NSDUH report: Serious psychological distress and substance use disorder among veterans*. Rockville, Maryland: Author.

Winkel, B. (2009). *The military and substance abuse*. Retrieved from: www.treatmentsolutionsnetwork.com/blog/index.php/2009/08/04/the-military-and-substance-abuse.

第十四章　军队中的自杀行为[①]

Colanda Cato

本章关注的主要是军队中对自我的暴力行为，尤其关注如何通过提升复原力来预防这种自我暴力行为。具体来说，本章涉及“全军总健康框架”(Total Force Fitness Framework)下军队预防措施的理论运用，而该理论框架在很大程度上依赖于循证理论和认知行为理论。

到目前为止，军队里军人自杀的数量在不断增长。在写作本章的时候，最近的自杀数量统计报告完成于2010年：295名服役人员自杀，其中所有军种的现役军人269人，预备役人员26人。近一半(48%)的自杀人员在死前3个月内曾到军队的治疗机构寻求过帮助。

很多人推测，军人自杀的不断增长和军队部署的数量、时间长度及作战行动的节奏相关。但是到目前为止，很多研究并没有发现军人被部署的次数和自杀有直接的联系。比如在2009年，大多数的自杀并不是发生在战场。事实上，只有13%(n=39)的自杀出现在OEF/OIF行动期间(Luxton et al., 2009)，79%(n=234)的自杀出现在美国本土。而且很多自杀事件发生在从未参与过军事部署的军人身上。

一项很著名的研究，即陆军中的“评估军人的风险和复原力之研究”(Study to Assess Risk and Resilience in Service members, STARRS)反驳了之前的研究发现，认为凡是被部署的男性和女性，其自杀风险都会增加。尤其是2004～2008年的数据显示，被部署的女性战士因自杀死亡的可能性比未被部署的女性战士高出3倍(男性的这两个群体也表现出相似的差异性，每10万士兵中分别是14.8∶21.1；Robins, 2011)。尽管有人总结说这个数据表明增加的自杀风险与军事部署相关，但是女性中相对较少的自杀

① 本章所表达的观点均是作者的观点，并不反映国防部、卓越防御中心或任何军队服务个体的官方立场。

死亡数量没有给出一个可靠的或者稳定的自杀风险/自杀率的估计。因此，我们不能从女性自杀的有限数据里得出确切的结论。然而这也说明，进一步研究被部署的男性和女性战士在退役回家之后的自杀率还是有必要的。

一、军队中潜在的自杀风险因子

军队里的自杀数据反映了与自杀相关的三个主要风险因子：人际关系、法律问题和经济问题[U.S. Department of Defense (DOD)，2010]。

美国疾病控制中心(Centers for Disease Control，CDC)识别了有关平民自杀的潜在风险因子。这些因子主要包括家族史、社会地位和他们获得的照顾及接触致命武器的机会。这样的风险因子还包括之前的自杀尝试、家族的自杀史，或儿童时期的受虐史及精神障碍史和药物滥用、感到绝望或者攻击倾向、当地其他人的自杀行为、被他人孤立、社交/职业/经济上的失败、身体疾病、接触致命武器和寻求帮助的失败[Centers for Disease Control (CDC)，2007]。社会工作者和其他服务提供者在进行军人的自杀风险评估时应该对平民的自杀风险因子与军队的自杀风险因子有个透彻的了解。而且，军人的自杀评估应该包括对平民的和军队的特殊风险因子进行的彻底检验。

潜在的自杀保护因子也同样在平民人口中被识别，我们相信，这些因子对军队社区也是有用的(见图 14.1)。对比平民的和军队的保护因子，可以发现，家庭和社区的支持可能是帮助预防自杀的关键因素。因此，社会工作者在帮助有自杀倾向的军人时应该为他们的家人提供必要的关于使用自我照顾方法的知识(比如深呼吸、冥想和意向引导等综合性策略)，以帮助他们管理和掌控自己的情绪，并更好地帮助处于自杀风险中的军人。社会工作者也

- 有效的精神疾病、身体疾病和药物滥用障碍的临床护理
- 容易获得各类临床干预和寻求帮助的支持
- 家庭和社区支持(连通性)
- 从正在进行的药物和精神健康护理中获得支持
- 获得问题解决、冲突解决和以非暴力方式解决争端的技能
- 不鼓励自杀和支持自我保护本能的文化和宗教信仰
- 限制接触到致命武器的机会
- 忍受挫折和调节情绪的能力

图 14.1 自杀的保护因子

来源：U.S. Public Health Service(1999)。

应该参与为家庭成员开展的心理教育，以为他们提供识别潜在的自杀征兆、限制接触武器的知识，以及干预和协助军人获得由训练有素的精神健康服务提供者提供的服务。这些行动不仅为个体家庭成员配备了自助工具，也提供工具帮助军人预防自杀死亡。

二、军队自杀预防的不足

军队自杀预防项目、相关活动和倡议的范围是很广阔的。识别和理解这些项目中关键的预防缺口能够批判性地告诉社会工作者要如何开展对军人的临床实务。这些关于军队预防活动和其不足之处的知识为给军人提供临床照顾提供了一个丰富的脉络背景。下面总结的就是最近的评论性活动所识别出的国防部自杀预防项目中的关键性不足。这个简要总结是建立在以下三个主要评论的基础上的：(1)《美国国防部特别行动小组关于三军成员的自杀预防报告》；(2) RAND 最近的出版物——《内在的战争：美军中的自杀预防》；(3)《促进军队健康、降低风险和预防自杀报告》。这些报告指出的不足主要包括下述四个有待完善的方面：(1) 领导参与；(2) 检测和研究；(3) 项目的可获得性和护理质量；(4) 复原力和技能建设。了解这些不足能够帮助社会工作者明白如何更好地与军队领导互动，了解在自杀身亡事件中跟进关键性的自杀风险变量的重要性，也有助于激发可能的自杀后评估活动，并在防止自杀身亡中起到降低风险和建立复原力的重要作用。

(一) 领导参与

所有早期的报告都强调军队领导在自杀预防中和在支持具体服务、国防部层面的预防监督项目中的角色地位及其所起的重要作用。这些报告共同强调军队领导在自杀预防中的重要作用，并且承认军队中的自杀预防之努力不会凭空出现，而是需要领导的配合。军队领导通过鼓励和示范求助行为来影响所在单位或周围社群中的文化改变，并起着重要作用。在与服役人员一起工作的过程中，有必要将他们纳入一个更大的社群中，让他们更好地理解自己的行为在所处社群中的影响。因此，在与透露出有自杀行为、想法、计划的军队服役人员一起工作时，社会工作者可以去接触一下他所在军事单位的领导。在得到该服役人员许可的情况下，与一名关键性的军事单位领导联系可能可以交换到特定的关于单位压力和需求的重要信息，以此帮助形成治疗计划和具体的干预措施。这个举动也能告知军队领导那些可能影响这个军事单位中其他人的显著压力。

（二）监测和研究

国防部、陆军和 RAND 的报告也承认需要对服役人员的自杀行为进行完善且标准化的监测和研究。这包括采用习惯命名法，并出台政策以更好地跟踪军队自杀行为、相关风险和保护因子。社会工作者治疗有自杀倾向的服役人员的行动在推进军队中的自杀监测和研究中扮演着重要的角色。作为临床干预的常规组成部分，识别和跟踪本章所讨论的关键性风险因子，如人际关系、经济问题和法律问题，有助于阐明自杀死亡事件中军队的自杀审查程序。

（三）项目的可获得性和护理质量

获得有品质的照顾以及减少获得照顾的阻碍在三个报告中都被提出，并且被认为是国防部保护措施中缺口最大的一个方面。这些报告同时也证明了行为健康服务人员包括社会工作者在数量上和质量上的不足[U.S. Army，2010；U.S. Public Health Service (PHS)，2009]，报告指出，目前我们既缺少足够的可获得的服务提供者，也缺少受过充分训练的、能够识别和妥善应对军队自杀风险的服务提供者。社会工作者可以通过持续地完善自己关于风险因子和保护因子的知识以及了解军队特殊需求和文化，来逐渐弥合这个缺口。这个行动将进一步扩大现有服务提供者的基数，并可能改善服务对象接受治疗的机会和降低自杀数量。

（四）复原力和技能建设

在每个报告里，复原力和技能建设都被认为是预防军人自杀的可能方法。不少报告指出，军队独特的具体需求潜在地提高了服役人员自杀的风险，而这或许能够通过提高和培养复原力、改善应对技能及方法（如认知重建）来得以减轻。最后，这些报告建议采用一揽子方法来促进整体健康，这个方法有助于促进服务对象选择健康行动（如减少酒精摄入、睡眠保健和锻炼）和发展生活技能（如问题解决、做出决定和金钱管理技能）。

本章下一部分概括的是社会工作者在传统的临床机构内外可以采取的帮助服役人员建立复原力的具体步骤。仅仅依靠识别和“治疗”有自杀风险者的传统方法限制了他们，使他们只能提供药物治疗机构的治疗。更早的研究表示，自杀死亡的人中有接近一半的人没有见过精神健康服务人员，这就意味着：在今后的社区外展服务中，建立复原力和养成技能对预防自杀是很有必要的。那些被训练来在社区机构中服务的社会工作者应该特别被安排去非传统机构中协助军队社区建立服役人员的复原力。

三、建立复原力：全军总健康背景下的自杀预防

这一部分的内容聚焦于复原力和全军总健康（TFF）的概念和定义。全军总健康背景下的自杀预防被从理论和实践这两个方面进行了讨论。全军总健康的每一个方面都有具体案例提供，以突出社会工作者和其他精神健康专业人员在帮助建立复原力和预防军队中的自杀时可以采取的关键步骤。

（一）什么是复原力？为什么要关注它？

传统的精神健康照顾系统是聚焦于不足或缺点的模式，即把识别、评估和治疗那些不足和缺点作为主要的方法。然而，像能力、幸福、心理健康和复原力的概念已经获得了重要的基础被运用，它们不仅仅是理论上的心理学概念，更是促进精神健康的途径。相应地，这些概念越来越多地被运用到一般性预防工作中。它是一种以优势视角来处理各种心理健康状况（包括自杀倾向）的方法。

需要重点指出的是，复原力不是一个新的概念。它已经被关注了很多年（Garmezy，1983；Masten，2001，2009）。它被定义为“积极的精神健康”（Jahoda，1958）、“激发动机”（White，1955）、“社会能力”（Gladwin，1967）、“个体的社会心理能力”（Tyler，1978）、“人格特征如顽强”（Kobasa，1979）、一般的“处理技巧”（Pearlin & Schooler，1982；见 Blechman & Culhane，1983）和“能力”（Gearon & Coursey，1996）、“习得的乐观主义精神”（Seligman，1991）。尽管没有一个共性的定义或关于复原力的具体措施，复原力建设也已成为精神健康提升的重要概念，是军队研究者和军队领导用来更好地理解和预防负面精神健康后果的新概念。正如之前提到的，国防部、军队和 RAND 三份报告中提到的幸福、技能建设、复原力都是自杀预防的重要方面。通过识别压力的几个重要阶段和提前采取步骤加强复原力，社会工作者能够在自杀预防中扮演积极主动的角色。

(二) 什么是全军总健康，以及它如何与复原力和自杀预防相联系？

军队和民间学术机构的研究者及临床工作者在参谋长联席会议主席(Chairman of the Joint Chiefs of Staff，CJCS；Admiral Michael Mullen)的要求下提出了全军总健康的概念。它的目标是建立一个包罗万象的模式，适用于所有军队分支，来发展一支健康有序的、由那些有复原力且较少体验到包括自杀在内的不良心理问题的服役人员所组成的军人武装。全军总健康由身心框架的八个方面组成，它利用个人、家庭和组织中的资源或技巧来达成(见图 14.2)。沃尔特等学者把全军总健康定义为：

服役人员个人、家庭和组织能够在所有情况下维持最佳幸福感和表现力的一种状态；它指涉的是全人而不仅仅是没有疾病或体弱(Walter，2010：103)。

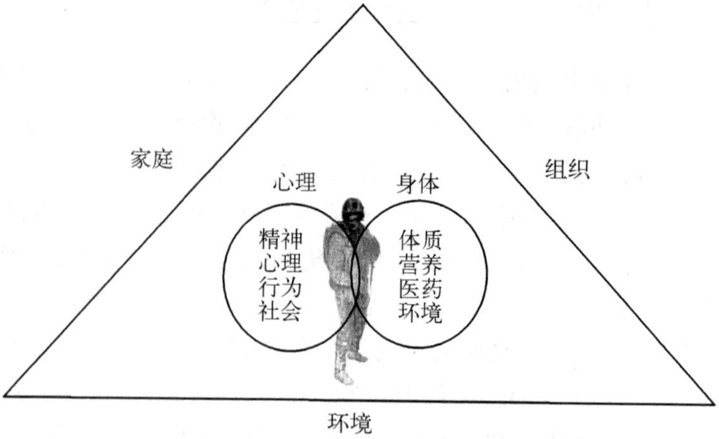

图 14.2　全军总健康在家庭、组织和环境框架中的身心各方面

来源：Jonas et al. (2010)。

全军总健康有明确的方法去提升服役人员的复原力，且社会工作者可以用它去进行临床干预。参谋长联席会议主席马伦(Mullen)上将最近的指示确认：全军总健康是一种方法论，它改变了幸福被理解、被评估、被获得的方式；它代表着一种新的服役人员及其家庭成员和普通民众获得精神健康的新方式(Mullen，2011)，它可以帮助我们提高使命感(CJCS Guidance，2011)和总体健康度。此外，这一概念认识到了聚焦于健康行为、实践、干预和减少对负面结果的脆弱反应的重要性。在军队里，全军总健康的成功依赖于一种信念，即复原力(或幸福)能够被建立和发展，并且个体能够自己或者在社会工作者及其他服务人员的帮助下学习促进幸福的关键技能。因此，全军总健康不是一个固有的、静态的特征。相反地，它是一个可塑的构造，它可以在适当的资源和支持条件下，或在过度急迫的需求和压力下得到提升。全军总健康九个方面中的每一个都已经在其他场合非常详细地被描述过(见 Jonas et al., 2010)。下面，我们将就每个方面进行简要的描述，并提供相关的支持性研究。(若想了解)社会工作者和其他服务人员如何通过学习每个方面的具体技巧来帮助服役人员预防自杀，(相关具体案例)也会被讨论到。

1. 医学健康

医学健康被定义为“一种由医学指标决定的心理和生理幸福的状态，它是建立起个人的使命完成度和世界范围内的可部署能力的先决条件”(O'Connor Deuster, DeGroot & White, 2010: 57)。每项服务的规定都准备到位，这些服务通常是为部署做医疗准备方面的评估，如建立医疗档案系统。通常，服役人员会在多个变量上被评估(评分标准从 1 分到 4 分)，包括他们的心理状态，它决定了一个服役人员能否获得被部署的资格。这样一个系统能够通过增加使用对各种不同状况的筛查而被扩展到军队的所有医疗治疗机构和门诊诊所中，其中将对自杀想法和已知的风险因子进行全民筛查。这可以通过现有的项目如美国空军行为健康优化项目(Air Force's Behavioral Health Optimization Program, BHOP; 见 U. S. Air Force, 2002)来完成，在这个项目中，有些服役人员被他们的医疗服务人员转介出去，以帮助他们获得初级护理机构的行为健康专家(如心理学家和社会工作者)的进一步关注和干预。此外，社会工作者在他们对服役人员的评估中可以继续做好自杀筛查，因为这对医疗服务人员而言是常规咨询的一部分，也可以把这一评估作为传统治疗计划的一部分合并进其他评估。

其他的项目如 Respect-Mil，也可以通过不仅仅对 PTSD 和抑郁做筛查而获得扩展，该项目包括专门的对已知风险因子和保护因子的自杀筛查。如果服役人员在具体的风险因子上得分很高的话，会被提供额外的自我照顾信息、转介服务和跟进照顾。这一努力不仅有助于使服务的覆盖范围扩大到那些不可能以别的方式寻求服务或被转介至传统的精神健康诊所的服役人员，也有助于消除精神健康干预的污名化问题，进而使其正常化。这些筛查会在所有服役人员因各种已知的风险(如部署前和部署后的风险)而进入初级护理机构时进行。这些筛查不应该完全依赖服务对象自我报告的信息，社会工作者和心理学家也应该考虑到被观察者的客观标准(如关系/婚姻状况、年龄、性别、体重、其他医疗情况/疾病、整体医疗健康状况)和相关的冒险行为。

2. 环境健康

环境健康被定义为“在任何环境中执行特定任务的职责和承受多重部署和战争压力的能力”(O'Connor et al., 2010: 57)。奥康纳等(O'Connor et al.)学者注意到了多重部署的压力，比如气温的变化和恶劣的生活条件，这些还混合了服役人员已经超负荷的重担。向即将部署的服役人员提供照顾的社会工作者可以提供相关教育资料给他们，如有关如何处理恶劣的环境条件，以及规律的水分摄取、平衡的饮食、营养餐在抵抗极端冷热气候的影响中的重要性。部署前采取这种行动可以通过防止脱水和维持最佳的能量水平来提高服役人员个人(和他们所属的整个军事单位)在部署期间的健康，尽管周围会有很多不利的条件。

3. 心理健康

贝茨等学者把心理健康定义为“心理、情绪和行为三方面能力的整合与优化，以及改善作战人员的表现和强化他们的复原力的能力”(Bates, 2010: 21)。为了了解如何发展心理健康，他们提出了一个军队需求—资源模型(Military Demand-Resource Model)，这个模型着重于三个主要组成部分：(1) 对服役人员的要求；(2) 包含内、外部两方面的资源环境；(3) 结果。心理健康结果可能是积极的，也可能是消极的；可能引出复原力，也可能导致发展出心理健康问题，还可能在处理部署带来的挑战时遇到巨大困难：这些挑战可能会导致自杀行为甚至自杀死亡。

为了更好地理解如何发展或保持心理健康，贝茨等学者提出了军队需求—资源模型，这一模型由内部因素如应对技巧、意识/评估/信念和参与(参与是指完全投入一个有明确目的的活动)组成。这些因素对减少或消除绝望已经产生了积极的影响，而绝望与较高的抑郁率和普通民众的自杀率相关。事实上，贝茨等学者提出，需要检验的一个关键作战行动结果是作为心理健康指标之一的军队服役中军人自杀死亡的数量。这个关联强调了提高心理健康(即复原力)和减少因自杀死亡的脆弱性方面的理论联系。现有的和今后的军队项目在多大程度上聚焦在提高心理健康上，可以决定军队是否能成功降低服役人员的自杀死亡率。

社会工作者和其他服务人员在与有自杀风险的服役人员一起工作时有一个明确的任务，就是要帮助他们提高这些自己的心理健康。无论是通过直接的病人护理，还是通过全民普及的教育课程，提供有关认知技能是什么以及如何和何时使用这些技能的信息，可以帮助服役人员培育心理健康。具体来说，社会工作者可以传授给服役人员一些认知技能，如重构或认知重建，这是一种认知行为技巧，它可以帮助个体从关注消极的、适应不良的和无用的思想和反应，调整到更具适应性的、现实的和更积极的认知。社会工作者可以教会他们：(1) 意识到并识别出扭曲的或错误的认知(见 Burns，1980)；(2) 理解挑战这种消极想法的重要性；(3) 要将这种无益想法替换为那些更具适应性的、更切合实际的想法。服役人员在多大程度上经常性地、有效地学习和利用这些技术，将决定着他们在问题情境产生时能多大程度地做好应对的准备。

4. 营养健康

根据蒙塔因等(Montain et al.，2010)学者的定义，营养健康由三个部分组成：(1) 膳食的质量；(2) 具体的营养需求；(3) 健康食品的选择。这三个部分被确定为身体健康和健康问题预防的关键元素。执行健康的饮食习惯和不过度使用膳食补充剂来保持体重，可以通过军事单位领导的榜样作用来造成影响，这些领导示范均衡的饮食，在训练期间提供足够的吃饭时间，并提供外部的关于健康饮食习惯的教育机会(这些教育机会是由军队委托的体重管理计划来提供的)。研究早已表明，维持健康的体重和适当的食物摄入量与身体健康的提高有关(Blair & Morris，2009)。研究还显示，积极的心理健康结果，如抑郁症状的减少，与通过适当的饮食习惯、营养和锻炼来健康地管理体重有关(Conn，2010；Deslandes et al.，2009；Donnelly et al.，2009；Goldberg & King，2007)。

5. 行为健康

布雷、斯普里拉、奥姆斯泰德和豪特(Bray，Spira，Olmsted & Hout)将行为健康定义为"个人的行为和他们积极或消极的健康结果之间的关系"(2010：39)。与全军总健康这一方面有关的行为包括睡眠卫生、适当的药物使用和应对行为。布雷等学者指出，根据 2008 年的《美国国防部现役军人健康行为调查》(*DOD Survey of Health Related Behaviors Among Active Duty Personnel*)，美国陆军和海军陆战队有最高比例的重度饮酒者，这是按照调查前 30 天一周内每次饮酒 5 杯或超过 5 杯这个标准来定义的。药物滥用也被《陆军报告》(*Army Report*)确定为一个潜在的自杀风险因子(U.S. Army，2010)。所以，减少酒精使用是促进健康行为的一种直接方式，也是预防潜在自杀的一种间接方式。因此，通过有针对性地减少药物滥用行为的策略来识别并提供支持给高风险行为(如不正确用药)的服役人员，能够帮助减少他们的脆弱性并提高他们的复原力(U.S. Army，2010)。

6. 社会健康

社会健康是指社会支持、任务凝聚力和社会凝聚力，以及归属感

(Coulter, Lester & Yarvis, 2010)。虽然社会支持和社会凝聚力是不言自明的，但是麦考恩(MacCoun, 1993)还是对任务凝聚力做了界定——“作为成员之间的共同承诺，实现一个目标需要集体的努力”。社会健康的概念可能是全军总健康最关键的成分之一，因为有研究表明，大多数现役军人依靠家人或朋友来应对压力(Bray et al., 2006)。

大量对普通民众的研究也强调了社会支持的重要性，数据显示，社会支持减少了发生精神健康问题的可能性(Bonanno, Galea, Bucciarelli & Vlahove, 2007; Resick, 2001)，促进了行为的积极转变(Groh, Jason & Keys, 2008)，防止了消极的行为后果(Grenier, Darte, Heber & Richardson, 2007)，并且促进了健康和提高了整体生活质量(Solomon, 2004)。对患有 PTSD 的服役人员的调查也得到了相似的结果(Brewin, Andrews & Valentine, 2000)。胜任力和复原力的理论模型表明社会支持或支持网络是发展和维持胜任力的关键因素，也是抵制心理健康问题的保护性因子(Blechman & Culhane, 1993; Gladwin, 1967; Tyler, 1978)。关于军队服务中的自杀预防的合理结论是要确保军队成员有一种归属感，以及在军队内部和外部有一个活跃的社会网络，当他们沮丧或平静的时候能够在其中交换信息、资源和建议。

社会工作者和其他服务于军人的工作者可以引用的两个现有的关于社会支持概念的例子，分别是陆军中的“战斗伙伴”和空军中的“边锋”。这些概念侧重于指一种鼓励服役人员在他们最初的军事训练和部署过程中向伙伴寻求相互照应的手段。社会工作者可以使用这些概念去要求服役人员，强调在有压力的时候能够获得“战斗伙伴”或“边锋”的帮助很重要，这不仅仅是在最初的军事训练或部署期间，也指在整个参与社会活动的时间。

7. 身体健康

全军总健康的身体健康指的是服役人员的力量、耐力、灵活性和物理机动性(Roy, Springer, McNulty & Butler, 2010)。规律的运动或其他方式的身体活动不仅能改善整体的身体健康，而且也能改善心理健康。具体而言，在行为健康领域，体育活动长期以来已经被认可和被推荐为有效的预防和治疗抑郁症的非医学手段(Craighead, Craighead & Ilardi, 1998; Mazzucchelli, Kane & Rees, 2010)。临床研究表明，体育锻炼有助于平衡情绪，保持健康的体重，改善自我形象和自尊，降低抑郁症状，减少焦虑(Dunn et al., 2005)。因此，服务于处于自杀风险中的服役人员的社会工作者可以将常规的体育锻炼纳入对他们的治疗计划中，或推荐使用私人教练来帮助开发更多深入的锻炼计划。

8. 精神健康

赫福德、弗里茨和罗兹(Hufford, Fritts & Rhodes, 2010)把精神健康定义为由七个部分组成的一个复杂概念:(1) 精神信仰,专注于生活的非物质方面,如对人类精神的信仰;(2) 精神价值,专注于道德和伦理;(3) 精神实践,包括身心技巧;(4) 关于目的和意义的核心信念;(5) 自我意识,着重反思和内省;(6) 超越自我的关系,它专注于与生活中的更大目的和意义的联系;(7) 独特的精神体验。精神健康的关键方面似乎与自杀预防直接相关(Koenig, McCullough & Larson, 2001,引自 Hufford et al., 2010)。精神健康的组成部分,如个人目的和超越自我,都聚焦在与他人或更大目的的关联上,这些在对服役人员的自杀预防训练和家庭干预中可能需要被强调。

为了构建服役人员的精神健康,社会工作者可以使用现有的具体服务的概念,如"士兵的信条"(Soldier's Creed)和"飞行员的信条"(Airman's Creed)来帮助服役人员把具体的军队工作职责与更宏大的目标相联系,并且发展出与使命相关的特定焦点。这些概念通过强调服役人员要把焦点放在"服役优先于个人"、成为"团队一员"和"把使命放在第一位"上来把精神健康的各个方面纳入进来。培养更高的归属感,以及帮助服役人员认同在部署与再部署(即回家)期间他们参与的常规军事活动存在更宏大的目标,是一种降低与自杀死亡有关的绝望、孤立和无助感受的潜在方法。

9. 家庭健康

军队家庭健康是一个与全军总健康相关联的新兴构造(Westphal & Woodward, 2010)。鲍尔斯、穆尔、凯托和波洛克(Bowles, Moore, Cato & Pollock)提出的军队家庭健康模式(The Military Family Fitness Model, MFFM)是一个"过程导向的、多层次的系统模型,它让服役人员、家庭、领导、政策制订者和项目经理明白如何才能实现/保持家庭健康"(2011: 8)。这一模式利用军队需求—资源模型(Bates et al., 2010),且建立在这样一个基础假设上,即在回应军队具体的和其他家庭需求上,家庭有个人、家庭和组织的资源可以利用。因此,社会工作者可以帮助服役人员和他们的家庭发展和利用在个人方面(如应对技巧)、家庭方面(如沟通和做出决定的技巧)和社区方面(如家庭意愿团体)的各种资源。在这些领域内进行技能建设的目的是提高家庭的总体健康,它反过来也会增强服役人员的个体健康。MFFM 的预期成果是减少不利影响,如家庭暴力、心理健康问题和自杀。

（三）军队中的复原力和家庭健康计划范例

陆海空三军和海军陆战队已经有了合适的政策，这些政策支持对自杀预防的整体观念与全军总健康的概念是一致的。后面将简述每一项具体的服务。这些计划提供了很好的社区预防活动的例子，社会工作者和其他健康照顾服务人员可以把它们作为帮助预防军人自杀死亡的具体模式或综合性方法来参考。

陆军的“士兵综合性健康”(Comprehensive Soldier Fitness，CSF)计划开始于 2009 年。CSF 是军队具体计划的一个重要范例，它涉及全军总健康的几个方面：身体的、社会情感的、精神的和家庭福祉的。这些计划的目标是增强士兵及其家庭的健康和建立复原力(Land，2010；http://csf.army.mil/index.html)。CSF 使用全球评估工具(Global Assessment Tool)，这是专门为军队评估士兵以及他们家庭的功能而制定的一个指标。CSF 计划的目的是建立复原力，但它也可能对预防自杀有间接的作用。虽然需要更多的研究来检验军队中预防自杀死亡的这些努力有什么确切的影响，但这种着重于服役人员的复原力建设的努力代表着陆军(和其他军种)的一种新思潮，即它更多地关注于预防方面。

与陆军的 CSF 计划相似的是空军的“飞行员综合性健康”(Comprehensive Airman Fitness)计划。这个计划是 2010 年在美国空军作战司令部内发起的，后来又扩大到空军机动司令部，它重点关注如何帮助空军成员和他们的家庭进行自我照顾，并鼓励空军成员向他人求助。计划着重在四个关键的领域：(1) 身体的健康；(2) 社会的健康；(3) 心理的健康；(4) 精神的健康。它依赖于教育空军成员及其家属与领导、同事，以及直系和扩大家庭的成员进行联系和沟通；庆祝或大或小的成就或成功；对个人或工作使命的担当；照顾自己、他人以及下属。

（四）军队自杀预防计划

虽然军队中有许多自杀预防指南，但一个比较著名的指南是美国空军的《空军自杀行为管理指南：策略、资源和工具》(以下简称《空军指南》)(U.S. Air Force，2004)。这个循证指南提供相关信息给心理学家、社会工作者、相关专业人士和领导人，以便及时关切有自杀倾向的服役人员。这本《空军指南》被美国自杀学者协会(American Association of Suicidologists)视作自杀预防的一项突出贡献，因为它提供了详细的具体风险因子、信息共享和跟踪、自杀风险评估和管理，以及处理自杀行为的重要建议（这些都列在了表 14.1 中），并且主张进行持续的照顾和合作。这些《空军指南》中的关键要素与 RAND(2011)、美国国防部（2010）和美国陆军（2010）对军队中的自杀的报告是一致的，它们都呼吁改善对风险评估、监测和处理的训练和指导。服务军人的社会工作者应该从《空军指南》中熟悉一些关键概念，以认识那些空军用来处理自杀风险的重要方法。

表 14.1 美国空军自杀处理建议

分　类	建　　议
自杀风险预估	最初的每项评估都要对自杀进行正式的预估，以作为进一步跟踪治疗的临床指示； 用合适的方法来预估自杀
决策框架	在预估信息的基础上确定自杀的风险水平，并匹配合适的具体干预措施
门诊管理策略	在正式的门诊治疗计划中明确地把那些自杀的症状和风险因子作为目标； 采取步骤来保护环境，限制自我伤害的可能性； 建立持续监测自杀风险的程序； 使用专门适用于现役军人的处理策略
文档策略	对自杀风险的预估情况进行记录，包括当前的和历史的风险因子，面谈观察，采取或只是考虑而不采取行动的原则，跟踪计划，包括在自杀可能性提高时的反应计划
与住院照顾协调	建立一套病人就医时的协调程序； 在病人住院或半住院之后，重新回到门诊照顾之前，重新评估病人的需要（包括自杀的可能性）
临床支持和同侪咨询	把高利息日志(high-interest log)用作一种对自杀可能性进行临床跟踪的程序，并在相关的特殊精神健康门诊之间共享信息； 定期咨询专业同行关于自杀病人的信息，并记录这个咨询的内容
确保照顾的可持续性	对所有过早放弃治疗的、先前有自杀倾向的患者使用标准化的跟踪随访和转诊的程序； 当主要服务提供者不易找到时，请确保临床服务的范围； 建立程序以确保在服务人员和病人进行过渡时保证照顾的可持续性

续　表

分　　类	建　　　议
与社区建立联系	对后期评估做一个书面计划，确保其他相关机构和个人(即保安部队、军士长等)也要了解这个计划； 精神健康服务人员和工作者是基地内与精神健康问题相关的主要资源，因此，他们应该作为单位领导解决自杀风险者的相关问题； 运用社区支持资源来处理有自杀倾向的行为

来源：《美国空军自杀行为管理指南：策略、资源和工具》，2004。

对海军和海军陆战队而言，行动压力控制(Operations Stress Control, OSC)和作战行动控制(Combat Operational Control, COSC)计划(http://www.usmc-mccs.org/cosc/)在很大程度上与全军总健康框架相对应。COSC的关键组成部分侧重于海军军人和海军陆战队员以及他们家人的心理健康和复原力建设。

COSC (http://navynavstress.com)由一名领导带头发起，但也获得了海军军人和海军陆战队员、同行和健康照顾从业者们如社会工作者、心理学家以及其他非专业人员的支持。COSC旨在协助预防、识别和治疗与战斗有关的应激反应，它可以在部署前、部署期间或部署后的任何时间提供给服务对象。虽然COSC在很大程度上侧重于对战斗应激的处理，但自杀预防通常也会在此过程中被处理，它鼓励海军军人和海军陆战队员在面对重大压力时寻求帮助。即使服役人员已经进行了治疗，社会工作者仍然可以接受其因想要自杀而求助的行为，这在各种服务中都一致，且是一个重点话题。

COSC计划的两个标志性特征是行动的压力控制和战备计划(Operational Stress Control and Readiness, OSCAR)与海军行动压力训练(Marine Operational Stress Training, MOST)计划。OSCAR计划提供了三个关键性支持：(1) 系统性的朋辈支持和高级顾问，它提供有关COSC的信息以及去哪里寻求帮助的信息；(2) 受过训练的行为健康和医疗服务人员和牧师，他们被安排在军事单位中提供基本的咨询和精神引导；(3) 资深的心理健康服务人员，他们被训练来对有重大压力或功能障碍的人提供更深入的支持。MOST计划的训练面向领导者、家庭成员和海军陆战队员，训练的重点是军队家庭如何重返社会，提供关于部署后潜在的压力源的信息，以及应对这类问题的方法，或提供可以成为一个支持性的领导者或家属的技巧。

COSC、OSCAR 和 MOST 计划强调的理念和全军总健康中社会、家庭、行为、心理和精神健康方面是一致的。例如，这些计划强调朋辈群体和家庭支持、合适的睡眠习惯/卫生、“适应性的应对方式”以提升“最佳功能状态和个人福祉”(United States Marine Corps, 2010: 1 - 9)。这些计划的现有元素可以进一步被用来教育海军军人和海军陆战队员有关自杀的风险因子，以及已经纳入这些计划的心理健康教育，它们提供关于健康的应对策略和行为信息。总之，COSC、OSCAR 和 MOST 计划强调通过提高与全军总健康相关的各个成分来减轻心理健康问题的重要性。我们迫切需要别的研究来实证性地确定 COSC 计划的关键性组成部分中的哪些是与减少自杀风险和提升复原力有关的。

一项最有希望的家庭复原力课程的循证范例是“家庭压力克服”(Families OverComing Under Stress, FOCUS; www.focusproject.org/home)。FOCUS(它将在第二十四章被进一步描述)旨在减轻部署的压力，改善部署之后军人家庭重返社区和重新团聚的情况。这些成果将有可能对服役人员及其家属的自杀死亡预防产生重大的影响。因此，FOCUS 为家庭成员提供了一个关键机会，让他们了解自杀风险和复原力因子，并利于将基于全军总健康理念的其他复原力组成成分直接纳入现有的训练模块。

四、讨论

为了更好地理解本章介绍的内容，下面着重讨论一种双管齐下的方法，它可能可以预防自杀。这一方法包括：(1) 识别自杀的风险因子，这在本章中已经被描述过了；(2) 通过聚焦于全军总健康的各个方面和关键性的干预来处理已知的风险因子。这一方法中的自杀预防策略并不是全面的。相反，它们对现有预防自杀面谈和干预策略的最佳实践(如合适地、全面地预估自杀行为的家族史，当自杀想法产生时限制或处理获取致命武器的途径，以及询问过去的自杀意图)做了积极的补充。

案例：空军一等兵琼斯

空军一等兵琼斯与他上司的妻子有一段为期 4 个月的婚外情关系。他的上司从部署回来后听说了这件事，威胁要揭露琼斯的“通奸”行为，并“毁了他的职业生涯”。因为心慌意乱，并相信他的职业生涯结束了，他会“被踢出军队”，琼斯开始用酗酒来减轻他的担忧。他开始担心得更多了，也变得抑郁，而进食量减少是因为“他不想吃”。他疏远家人、朋友和同事，并最终终止了所有的“交友”活动。他感到有巨大的罪恶感，因为他与一位为了国家利益冒着生命危险参与部署行动的人的妻子发生了婚外情。他害怕如果他的单位发现了这件事，那么“他将永远无法放下对这一行为的罪恶感和羞耻感而活下去”。他每晚只能睡4～5个小时，工作总是迟到，很难集中精力在常规任务上，并且他几乎所有的时间都表现得很悲伤和沮丧。一个长假的周末，在大量饮酒之后，琼斯最终用自己的佩枪向头部开枪自杀。

（一）识别风险因子

案例部分显示：空军一等兵琼斯的案例中描绘了一些关键的风险因子。例如，这名空军士兵体验了大量的抑郁症状（如心情抑郁、睡眠减少、食欲糟糕、注意力困难、工作困难、从交友活动中退缩）。他还存在一些高危行为，并接触到大量的潜在压力源（包括酗酒），并与另一名服役人员的配偶有婚外情关系，而这个同事恰巧是指挥链中的他的上司。此外，这名空军士兵还有自己的（致命性）武器，这显然没有被登记或被储存在基地的军械库里。

（二）支持保护因子

这种方法的第二部分就是通过支持保护因子来处理已知的风险因子。使用全军总健康的一系列概念如医疗健康、心理健康、行为健康和社会健康来识别具体的保护因子，从而借服务人员、指挥官和家庭成员的帮助来获得对风险因子的处理和支持，这可能有助于减少自杀事件。下面将介绍全军总健康的概念，以及具体的预防工作。

全军总健康的各个方面和可能的干预/预防建议

医疗健康。如上面的案例所示，饮酒过度可能已经被空军士兵的指挥链中的某些领导或家中的家人或朋友察觉了。在常规的医疗预约期间，或根据指挥官的建议，需要在医疗治疗机构中对这名空军士兵的酒精使用情况进行常规筛查，这预示着需要对他进行跟踪服务（或转介到其他的服务机构，或进行直接干预）。对社会工作者和其他服务提供者而言，询问服役人员的酒精（或其他物质）摄入量应该成为持续治疗或评估的一个常规部分。

心理健康。这个空军士兵开始担心并喝得更多，以减轻他的焦虑和担心，并借此来应付他的抑郁症状。这种伴随着过度内疚和羞愧的担心，可能与他害怕他的单位知悉他与上司妻子之间的关系有关，他担心当同事知道他在自己的上司被部署的时候与他妻子发生婚外情时会怎么看他。此外，他很担心自己会因这种行为被开除出军队，因为他觉得自己违反了军队的法律或行为守则。心理健康，就像在本章前面所描述的，包括对不合理认知的觉察，有技巧和能力去挑战扭曲的想法。

无论在消极事件发生之前还是之后，都应为服役人员提供认知工具（如认知重构），这能帮助他准确地评估形势、环境和防止极端的不良行为（如企图自杀或死亡）。与跳到不合理的或极端的结论及相信非理性的、不必要的和消极的想法（如"我的职业生涯结束了""军队中的其他人发现我的所作所为后会鄙视我"）不同，认知重构技术可以帮助这个空军士兵以不同以往的视角全面地评估自己的处境。尽管他认为自己做下了可耻的、该死的事情，但重构技术可以帮助他这么理解这件事情：虽然我的行为确实是不尊重我的上司，长远来看确实对我不利，但是其他的后果也可能不太严重。尽管他的指挥官可能会在与他谈论关于卷入与上司妻子的关系时表现出糟糕的情绪，但是作为一个后辈，他与他的上司和上司的配偶并没有发生法律的纠纷，所以军方采取任何步骤来"结束他的职业生涯"是非常不可能出现的。这个简单的认识，即他不会过早地被辞退，或是军队里的其他人甚至根本就不关心他和他上司妻子的关系，可能能够预防这名空军士兵的自杀行为。

行为健康。失眠、食欲下降和过多的酒精摄入是这名空军士兵的三个关键表现。陆军报告（The Army Report，U.S. Army，2009）和国防部全军调查（DOD TFR，U.S. DOD，2010）提出，酒精滥用是一种主要的高风险行为，它与许多军队自杀事件相关。对日常行为的观察于很多的军事指挥官以及家人和朋友而言是一个有益的监控自杀的方式。在上面的案例中，这名空军士兵指挥链上的领导是否注意到他上班迟到、难以集中精力在常规任务上或他在工作上表现出疲惫是未知的。然而，在工作中或家里，若他周围的人注意到他的某些行为方式的突出改变，如酒精消费过度或改变饮食和睡眠习惯，并鼓励他去实践良好的睡眠、卫生习惯，适量饮酒（或寻求医疗干预）和健康饮食，就有可能减少其自杀风险。

社会健康。这个案例中的空军士兵已经变得远离家人、朋友和同事了。最终，他停止了所有"和朋友一起出去"的活动。有人可能已经注意到了这一点，还可能会问他一切是否安好，这就提供了一个机会给这名空军士兵，让他讨论自己的现状，也提供一个机会去讨论他的行为、思想和感情。此外，与朋友或家人从事正常社交活动也是一个方法，可以让这名空军士兵关注到除与上司的负面互动之外的其他事情，并让其他人注意到他体验到的各种风险因子，也让这名空军士兵去讨论他的经历，并获得他的社交网络的支持。

五、结论

总之，社会工作者必须意识到可能会增加服役人员自杀风险的(军队)具体因子和其他因子。更重要的是，要意识到服务对象可以学会有助于减少已知的与自杀死亡相关的风险因子的各种技巧。社会工作者和其他提供精神健康服务的工作人员在多大程度上意识到这些风险因子和建设预防性复原力的技巧(如那些在全军总健康模型中被概述的)，就能在多大程度上潜在地拯救一个服役人员的性命。处理这些风险因子，尤其是通过促进复原力建设的全军总健康理念来处理这些风险因子，能进一步加强现有的自杀预防工作。

本章问题讨论：

1. 在与可能处于自杀风险中的服役人员一起工作时，应该考虑哪些具体的军队风险因子？

2. 哪些风险因子是普通民众和军队服役人员共有的自杀风险因子？

3. 如何把全军总健康的系列概念运用到处于自杀风险中的个体上？

参考文献：

Bates, M. J., Bowles, S., Hammermeister, J., Stokes, C., Pinder, E., Moore, M.,... Burbelo, G. (2010). Psychological fitness. *Military Medicine*, *175* (8), 21 - 38.

Blair, S. N. & Morris, J. N. (2009). Healthy hearts—And the universal benefits of being physically active: Physical activity and health. *Annals of Epidemiology*, *19* (4), 253 - 256.

Blechman, E. & Culhane, S. (1983). Aggressive, depressive and prosocial coping with affective challenges in early adolescence. *Journal of Early Adolescence*, *13* (4),

361 - 382.

Bonanno, G. A., Galea, S., Bucciarelli, A. & Vlahov, D. (2007). What predicts psychological resilience after disaster? The role of demographics, resources, and life stress. *Journal of Consulting and Clinical Psychology*, *75* (5), 671 - 682.

Bowles, S., Moore, M., Cato, C. & Pollock, E. (2011, April 27). *Military family fitness model*. Presented at Forging the Partnership: 2011 DOD/USDA Family Resilience Conference, Chicago, Illinois.

Bray, R., Hourani, L., Olmstead, K., Witt, M., Brown, J., Pemberton, M.,... Hayden, D. (2006). *2005 department of defense survey of health related behaviors among active duty military personnel: A component of the defense lifestyle assessment program* (DLAP). Research Triangle Park, NC: Research Triangle Institute.

Bray, R. M., Spira, J. L., Olmsted, K. R. & Hout, J. J. (2010, August). Behavioral and occupational fitness. *Military Medicine*, *175* (8), 39 - 56.

Brewin, C. Andrews, B. & Valentine, J. (2000). Meta-analysis of risk factors for posttraumatic stress disorder in trauma-exposed adults. *Journal of Consulting and Clinical Psychology*, *68*, 748 - 766.

Burns, D. (1980). *Feeling good: The new mood therapy*. New York, NY: Avon Books.

CDC. (2007). *Suicide prevention. Scientific information: Risk and protective factors*. National Center for Injury Prevention and Control, Division of Violence Prevention. Retrieved from http://www.cdc.gov/ncipc/dvp/suicide/Suicide-risk-p-factors.htm.

CDC. (2007). Centers for Disease Control and Prevention. *Web-based injury statistics query and reporting system* (WISQARS) [Online]. National Center for Injury Prevention and Control, Centers for Disease Control and Prevention (producer). Retrieved from http://www.cdc.gov/injury/wisqars/LeadingCauses.html.

CDC. (2010b). *Preventing suicide: A program activities guide. National Center for Injury Prevention and Control. Division of Violence Prevention.* Retrieved from http://www.cdc.gov/ncipc/dvp/preventingsuicide.htm.

Chairman of the Joint Chiefs of Staff. (2011). *CJCS guidance 2011*. Retrieved from http://www.jcs.mil/content/files/2011 - 01/011011165132 CJCS Annual Guidance_2011.pdf.

Conn, V. S (2010). Depressive symptom outcomes of physical activity interventions: Meta-analysis findings. *Annals of Behavioral Medicine*, *39* (2), 128 - 138.

Coulter, I., Lester, P. & Yarvis, J. (2010). Social fitness. *Military Medicine*, *175* (8S), 88 - 96. Craighead, W. E., Craighead, L. W. & Ilardi, S. (1998). Psychosocial treatments for major depressive disorder. In P. E. Gorman & J. M Gorman (Eds.), *A guide to treatments that work* (pp. 226 - 239). New York, NY: Oxford University Press.

Defilippis, S., Erbuto, D., Gentili, F., Innamorati, M., Lester, D., Tatarelli, R.,... Pompili, M. (2008). Mental turmoil, suicide risk, illness perception, and temperament, and their impact on quality of life in chronic daily headache. *Journal of Headache and Pain*, *9*, 349 - 357.

Deslandes, A., Moraes, H., Ferreira, C., Veiga, H., Silveira, H., Mouta, R.,... Laks, J. (2009). Exercise and mental health: Many reasons to move. *Neuropsychobiology*, *59* (4), 191 - 198.

Donnelly, J. E., Blair, S. N., Jakicic, J. M., Manore, M. M., Rankin, J. W. & Smith, B. K. (2009). Appropriate physical activity intervention strategies for weight loss and prevention of weight regain for adults. *Medicine and Science in Sports and Exercise*, *41* (2), 459 - 471.

Dunn, A. L., Trivedi, M. H., Kampert, J. B., Camillia, G., Clark, C. G. & Chambliss, H. (2005). Exercise treatment for depression: Efficacy and dose response. *American Journal of Preventive Medicine*, *28* (1), 1 - 8.

Garmezy, N. (1983). Stressors of childhood. In N. Garmezy & M. Rutter (Eds.), *Stress, coping, and development in children* (pp. 43 - 84). New York, NY: McGraw-Hill.

Gearon, J. S. & Coursey, R. (1996). *Defining competency among people with schizophrenia: An exploratory study*. Unpublished dissertation, University of Maryland, College Park, Maryland.

Gladwin, T. (1967). Social competence and clinical practice. *Psychiatry*, *30*, 30 - 34.

Goldberg, J. H. & King, A. C. (2007). Physical activity and weight management across the lifespan. *Annual Review of Public Health*, *28*, 145 - 170.

Grenier, S., Darte, K., Heber, A. & Richardson, D. (2007). The operational stress injury social support program: a peer support program in collaboration between the Canadian Forces and Veterans Affairs Canada. In C. Figley & W. Nash (Eds.), *Combat stress injury: Theory, research, and management* (pp. 261 - 293). New York, NY: Routledge.

Groh, D. R., Jason, L. A. & Keys, C. B. (2008). Social network variables in Alcoholics Anonymous: A literature review. *Clinical Psychology Review*, *28* (3), 430 - 459. Retrieved from http://www. ncbi. nlm. nih. gov/pmc/articles/PMC2289871/pdf/nihms43350.pdf.

Hufford, D. J., Fritts, M. J. & Rhodes, J. E. (2010). Spiritual fitness. *Military Medicine*, *175* (8), 73 - 87.

Jahoda, M. (1958). *Current concepts of positive mental health*. New York, NY: Basic Books.

Jonas, W. B., O'Connor, F. G., Deuster, P., Peck, J., Shake, C. & Frost, S. S. (2010). Why total force fitness? *Military Medicine*, *175* (8), 6 - 13.

Kobasa, S. C. (1979). Stressful life events, personality and health: An enquiry into hardiness. *Journal of Personality and Social Psychology*, *37* (1), 1 - 11.

Koenig, H. G., McCullough, M. E. & Larson, D. B. (2001). *Handbook of religion and health*. Oxford: Oxford University Press.

Land, B. (2010). Current department of defense guidance for total force fitness.

Military Medicine, *175* (8), 3 - 5.

Luxton, D., Skopp, N., Kinn, J., Bush, N., Reger, M. & Gahm, G. (2009). *Department of Defense suicide event report (DODSER) calendar year 2009 annual report*; National Center for Telehealth & Technology (T2); Defense Centers of Excellence for Psychological Health & Traumatic Brain Injury (DCoE). Retrieved from http://t2health.org/programs-surveillance.html#dodser.

MacCoun, R. J. (1993). Unit cohesion and military performance. In *National defense research institute, sexual orientation and U.S. military personnel policy: Policy options and assessment* (pp. 283 - 331). Santa Monica, CA: RAND.

Masten, A. S. (2001). Ordinary magic: Resilience processes in development. *American Psychologist*, *56*, 227 - 238.

Masten, A. S. (2009). Ordinary magic: Lessons from research on resilience in human development. *Education Canada*, *49* (3), 28 - 32.

Mazzucchelli, T. G., Kane, R. T. & Rees, C. S. (2010). Behavioral activation interventions for well-being: A meta-analysis. *Journal of Positive Psychology*, *5* (2), 105 - 121.

Montain, S. J., Carvey C.E. & Stephens, M. B. (2010). Nutritional fitness. *Military Medicine*, *8* (65), 65 - 72.

Mullen, M. (2011). On total force fitness in war and peace. *Military Medicine*, *175* (8), 1 - 2.

O'Connor, F. G., Deuster, P. A., DeGroot, D. W. & White, D. W. (2010). Medical and environmental fitness. *Military Medicine*, *175* (8), 57 - 64.

Pearlin, L. & Schooler, C. (1982). The structure of coping. *Journal of Health and Social Behavior*, *9*, 2 - 21.

PDUSD. (2008, March 3). *PDUSD P&R memo: Well-being of the force indicators*. Retrieved from http://www.tricare.mil/tma/ddrp/documents/2008.03.03%20Well%20Being%20of%20the%20Force%20Indicators.pdf.

RAND. (2011). Ramchand, R., Acosta, J., Burns, R., Jaycox, L. & Pernin, C. *The war within: Preventing suicides in the U.S. military*. Santa Monica, CA: RAND.

Resick, P. A. (2001). *Stress and trauma*. Hove, United Kingdom: Psychology Press.

Robins, S. (2011, March 25). Study: Women three times as suicide-prone while deployed. *Army Stars and Stripes*. Retrieved from http://www.stripes.com/news/special-reports/suicide-in-themilitary/study-women-three-times-as-suicide-prone-while-deployed-1.138885? localLinksEnabled5false.

Roy, T., Springer, B. A., McNulty, V. & Butler, N. (2010). Physical fitness. *Military Medicine*, *175* (8), 14 - 20.

Seligman, M. (1991). *Learned optimism: How to change your mind and your life*. New York, NY: Knopf.

Solomon, P. (2004). Peer support/peer provided services: Underlying process, benefits and critical ingredients. *Psychiatric Rehabilitation Journal*, *27* (4), 392 - 401. Retrieved from www.parecovery.org/documents/solomon_peer_support.pdf.

Tyler, F. (1978). Individual psychosocial competency: A personality configuration. *Education and Psychological Measurement*, *38*, 209 - 323.

U.S. Air Force. (2002, March). *Primary behavioral health care services practice manual*, *version 2.0*. Retrieved from http://www.integratedprimarycare.com/Air%20Force%20Manual/primary%20care%20practice%20manual.pdf.

U.S. Air Force (2004). *Guide for managing suicidal behaviors: Strategies*, *resources*, *and tools*. Washington, DC: Air Force Medical Operations Agency, Population Health Support Division. Retrieved from www.health.mil/dhb/mhtf/mhtf-report-final.pdf.

U.S. Army. (2009). *2009 Army posture statement: Comprehensive soldier fitness information paper*. Retrieved from http://www.army.mil/aps/09/information_papers/comprehensive_soldier_fitness_program.html.

U.S. Army. (2010). Army suicide prevention task force. *Army health promotion risk reduction suicide prevention report 2010*. Retrieved from http://usarmy.vo.llnwd.net/e1/HPRRSP/HP-RR-SPReport2010_v00.pdf.

U.S. DOD. (2007). Department of Defense task force on mental health 2007. *An achievable vision: Report of the department of defense task force on mental health*. Falls Church, VA: Defense Health Board. Retrieved from http://www.health.mil/dhb/mhtf/mhtf-report-final.pdf.

U.S. DOD. (2010). Department of Defense task force on the prevention of suicide by members of the armed forces, 2010. *The challenge and the promise: Strengthening the force*, *preventing suicide and saving lives*. Falls Church, VA: Defense Health Board. Retrieved from http://www.health.mil/dhb/downloads/Suicide%20Prevention%20Task%20Force%20final%20report%208 - 23 - 10.pdf.

U.S. Marine Corps. (2010, December). *Combat and operational stress*. NTTP, 1 - 15M, MCRP 6 - 11C. Retrieved from http://www.med.navy.mil/sites/nmcsd/nccosc/coscConference/Documents/COSC%20MRCP%20NTTP%20Doctrine.pdf.

U.S. Public Health Service. (1999). *The surgeon general's call to action to prevent suicide*. Washington, DC: U.S. Department of Health and Human Services. Retrieved from http://www.surgeongeneral.gov/library/calltoaction/default.htm.

U. S. Public Health Service. (2009). *National strategy for suicide prevention compendium of federal activities*. NSSP Compendium-Final 3 - 27 - 09. Washington, DC: U.S. Department of Health and Human Services.

Walter, J. A., Coulter, I., Hilton, L., Adler, A. B., Bliese, P. D. & Nicholas, R. A. (2010). Program evaluation of total force fitness programs in the military. *Military Medicine*, *175* (8), 103 - 108.

Westphal, R. J. & Woodward, K. R. (2010). Family fitness. *Military Medicine*, *175* (8), 97 - 102.

White, R. W. (1955). Motivation reconsidered: The concept of competence. *Psychological Review*, *55*, 297 - 333.

内容提要

本书是美国军队社会工作领域的一本权威著作，内容具体而全面。本书分两个部分：第一部分介绍了军队社会工作的基础，包括美国军队社会工作的简史、美国的军队文化、军中的女性、军队社会工作的伦理、二次创伤；第二部分介绍了对军人和退伍军人行为健康问题如 PTSD、TBI、药物滥用、自杀等的干预。